품질경영론 4판

Quality Management

| 윤재홍 지음 |

한 경 사

저자

윤재홍 jhyoon@dau.ac.kr

연세대학교 행정학과졸업

The University of Kansas 졸업(M.B.A.)

연세대학교 대학원 경영학과 졸업(경영학 박사)

현재 동아대학교 경영학과 명예교수

논문 산학협력단 핵심역량이 기술이전과 교육성과에 미치는 영향에 관한 연구(기술혁신연구) 등 59편

저서 「기술경영(이프레스, 2014)」, 「서비스운영관리(이프레스, 공저, 2016)」, 「기술창업경영론(이프레스, 공저, 2016)」 등 20권

품질경영론(4e)

저　자　윤재홍

발 행 일　2023년 7월 17일 1쇄

발 행 처　**한경사**

발 행 인　이계남

등록사항　제10-1951호 2000년 4월 14일

주　소　서울시 마포구 신수로 59-1 3층

전화번호　02_717_7264~5

팩스번호　02_717_7226

홈페이지　hankyungsa.co.kr

전자우편　hankyungsa@hanmail.net

I S B N　978-89-6844-455-5　(93320)

가　격　35,000원

머리말

최근의 기업들은 여러 가지 상황에 직면해 있다. 이러한 여건을 극복하기 위해서 어느 때보다도 경쟁우위를 가져올 수 있는 요소에 기업들은 관심을 갖게 된다. 다른 기업들보다 경쟁력을 가질 수 있고 이러한 힘든 상황을 극복할 수 있는 방법 중의 하나가 우수한 품질경영임은 이론의 여지가 없다. 특히 최근의 품질경영은 종래의 하드웨어 중심의 관리에서 앞으로는 인공지능(AI), 사물인터넷(IoT) 등 소프트웨어가 융합되고, 제품과 서비스가 결합한 서비타이제이션(servitization) 등으로 품질을 통한 혁신에 관심이 집중되고 있다.

이 책은 기업들이 경쟁력을 높이기 위한 품질경영을 어떻게 해야 하는지에 관한 것이다. 단순히 검사위주의 품질 시대를 지나 종합적 품질경영, 고객 중심의 프로세스 혁신인 식스시그마의 시대(품질 3.0)를 지나 디지털 품질경영(품질 4.0)의 시대를 맞고 있다. 이는 제품과 서비스의 설계, 생산, 사용단계에 디지털 기술을 적용해 품질을 경영하는 활동이다. 그러나 최근에 대학의 커리큘럼뿐만 아니라 기업 현장에서도 품질경영에 대한 관심이 점차적으로 줄어들고 있는 듯하여 안타까울 뿐이다.

최근 품질경영의 추세도 고객요구를 충족시키기 위한 기업의 프로세스를 어떻게 구축해야 바람직한지에 대한 관심이 높아지고 있다. 특히 사전적 예방관리, 문제발생시 대응관리, 이를 수행하기 위한 조직문화와 거버넌스의 구축이 필요하다. 시스템적으로 프로세스를 구축하고 미래에 맞게 이를 혁신하는 것이 무엇보다 중요하다. 이러한 추세에 발맞추어 품질경영의 내용을 구성하였다. 따라서 목차도 글로벌 기준에 맞게 말콤발드리지 국가품질상의 평가기준에 맞게 목차를 만들었다.

이 책은 경영학을 전공하고 품질경영에 관심을 가지고 있는 학생들, 기업의 경영자나 중간관리자들 그리고 다양한 기업 컨설턴트들, 품질경영 담당자들에게 새로운 접근으로서의 품질경영을 충족시켜 줄 수 있을 것으로 기대된다.

이 책의 내용은 다음과 같이 3편, 13장으로 구성되어 있다. 제1편은 품질경영의 기초로 1장 품질경영의 기초와 품질경쟁력이다. 2장은 품질경영철학과 품질경영 평가모형으로 품질의 개념, 역사 등 전반적인 품질과 품질경영철학, 품질경영 평가모형을 이해하는 데 목적이 있다. 3장은 현장에서 많이 활용될 수 있는 ISO 등 국제품질인증제도로 글로벌 표준(global standard)을 다루었다. 4장은 서비스 품질로 제품이 아닌 서비스와 관련된 내용을 다루었다.

제2편은 고객의 요구와 프로세스 개선활동이다. 2편의 구성은 다음과 같다. 5장은 품질경영의 궁극적인 목적인 고객 중시 — 고객만족경영을 다루었다. 6장은 경영자가 품질경영을 대하는 리더십, 품질전략계획을 다루었다. 말콤발드리지 평가 기준에는 구분되어 있으나 여기서는 통합적으로 다루었다. 7장은 측정분석 및 지식경영으로 품질경영의 성과를 나타내는 품질비용을 다루었다. 8장, 9장, 10장은 프로세스 관리, 혁신, 그리고 지속적 개선을 위해 프로세스 혁신을 위한 식스시그마, 프로세스 관리 그리고 프로세스 지속적 개선과 도구를 다루었다. 마지막으로 11장에서 인적자원관리를 알아보았다.

제3편은 품질을 통한 경쟁력 향상으로 12장 설계품질의 관리를 그리고 결과물인 제조품질의 관리를 13장에서 다루었다.

이 책의 편집원칙은 다음과 같다.

첫째, 품질경영 활동을 계획하고 집행하는데 기본적으로 경영자들이 갖추고 있어야 할 지식을 중심으로 경영자의 시각(manager's viewpoint)에서 의사결정 능력, 문제해결 능력을 향상시키는데 중점을 두었다. 둘째, 품질경영을 말콤발드리지 심사기준에 맞추어 고객의 요구에 대한 기업이 적합한 프로세스를 계획하고 실행하는 것이 품질을 향상시키는 방법이므로 목차 구성을 이에 맞추는 데 초점을 맞추었다. 셋째, 가능하면 최근에 논의되고 있는 품질경영의 중심적인 이론들을 잘 이해하기 위해 최근의 사례들을 소개하고자 하였다. 각 장들의 앞과 뒤에 사례를 첨부하여 가능한 한 많이 소개하려고 하였다. 넷째, 독자들의 이해를 돕기 위해 각 장마다 학습목표를 제시하여 수강하는 학생들이 품질경영을 이해하는 데 어려움을 느끼지 않도록 노력하였다.

이 책의 목차의 순서를 그대로 같이 따라갈 필요는 없을 것 같고 강사의 의도대로 선택하여 강의를 진행하여도 큰 무리는 없을 것으로 생각된다. 독자 여러분의 격려에 힘입어 네 번째 개정판을 내게 되었는데 앞으로도 많은 질책과 격려를 부탁드린다. 품질경영의 이론을 중점적으로 소개하고자 노력하였으나 이 노력이 성취되었는지는 미지수이며 결국 부족한 부분은 저자의 책임이다. 끝으로 가족들에게 고마움을 전하며 개인적으로 금년은 교수 생활의 은퇴 삼 년째를 맞이하는 해로 세월의 무상함을 느끼기에 감회가 새롭다.

2023년 7월

저자 윤재홍

차례

2편 고객요구와 프로세스 개선활동

제8장 프로세스 혁신을 위한 식스시그마 247

제9장 프로세스 관리 279

3편 품질을 통한 경쟁력 향상

PART 01

품질경영의 기초

1장 품질경영의 기초와 품질경쟁력

2장 품질경영철학과 품질경영 평가모형

3장 ISO 등 국제품질인증제도

4장 서비스 품질

제1장 품질경영의 기초와 품질경쟁력

학습목표

1. 품질을 다양한 관점에서 정의해본다.
2. 품질의 역사, 한국 품질의 역사에 대해서 알아본다.
3. 종합적 품질경영의 의미에 대해서 알아본다.
4. 품질을 통해 어떻게 경쟁우위를 창출할 수 있는지 이해한다.

사례

신뢰는 돈… 믿음을 주면 지갑을 연다

#1. 한국 면세점에서 수천만 원짜리 시계를 3~4개씩 사가는 중국인 관광객을 심심찮게 볼 수 있다. 한국이 중국보다 값이 싸냐고 물어보면 아니란다. 그렇다면 왜? "적어도 한국 면세점에선 가짜를 파는 일은 없지 않으냐"는 답이 돌아왔다.

#2. 실리콘밸리의 한국인 사업가 하형석 미미박스 대표에게 물었다. 실리콘밸리에서 가장 인상적인 부분은? "투자자가 그 자리에서 수표를 쓴다는 거였다. 왜냐고 물어보니, 실리콘밸리에서는 한 번도 기업가가 투자자를 속인 적이 없다고 답하더라. 만약에 누가 그들을 속였다면, 어차피 그 사람은 다시는 그 땅에서 뭔가를 할 수 없다."

#3. 경쟁사의 10분의 1에도 못 미치는 상품 종류를 갖춘 할인점이 있다. 그래도 고객들은 매년 30~50달러의 연회비를 내고 물건을 사간다. 그리고 고객의 90%는 매년 다시 연회비를 낸다. 미국 기업 역사상 가장 짧은 시기인 6년 만에 매출 30억 달러를 달성한 코스트코 이야기다. 비결은 뭘까? "뭐든지 여기서 사면 다른 곳에서 사는 것보다 싸다"는 게 회원들의 이야기다.

위의 세 가지 이야기에는 공통점이 있다. 바로 '신뢰'다. 중국인 관광객(유커)들은 한국 면세점을 믿기에 지갑을 연다. 실리콘밸리에서 '자발적 창조경제'가 가능한 이유는 '신뢰'라는 사회적 자본 덕분이다. 신뢰 자본은 거래 비용을 줄이고 효율성을 높인다. 경제 주체들이 쓸데없는 의심과 불안에 에너지를 낭비하지 않고 본질에 집중하게 되니 생산성이 높아진다.

코스트코 역시 신뢰를 파는 곳이다. "좋은 품질의 제품을 최저가에 살 수 있다"는 믿음이 회원들을 북적이는 매장으로 이끈다.

'신뢰가 돈이다'라는 명제에 동의하는가? 그렇

다면 어떻게 신뢰를 쌓을 것인가? 전통적인 방법 두 가지와 새로운 방법 한 가지가 있다.

전통적 방법은 일관성이다. 한마디로 예측 가능해야 한다. 술 한잔 후 아들의 형편없는 성적표를 보며 "아빠도 옛날에 그랬어!"라며 호방하게 웃던 대인배 아빠. 그 아빠가 맨정신에 아들의 형편없는 성적표를 보며 화를 낸다면? 아들은 아빠에 대한 신뢰를 잃는다. 이 사람은, 이 회사는 이럴 때 한결같이 행동할 것이라는 타인의 예상에서 벗어나면 안 된다. 기업으로 치면 핵심 가치(core values), 즉 '우리 회사가 망하는 한이 있더라도 지켜야 할 원칙'이 살아 작동하는 회사가 신뢰를 얻는다.

두 번째 전통적 방법은 단기 이익보다는 장기 이익에 초점을 맞추는 것이다. 코스트코는 창업 때부터 '마진 15%룰'을 지킨다. 마진이 더 이상 생길 때는 오히려 판매 가격을 낮춰 버린다. "15% 이상 이익을 남기면 기업의 규율이 사라지고 탐욕을 추구하게 된다. 당장은 좋을지 몰라도 길게 봤을 때 고객들이 떠나고 기업은 낙오한다"는 게 짐 시네갈 창업자의 철학이다.

신뢰를 얻는 새로운 방법은 '권력을 독점하지 않는 것'이다. 미국 노스이스턴 대학의 데스테노 교수는 "사람은 사회, 경제적 지위가 높아질수록 신뢰할 수 없는 사람으로 변해간다"고 말한다. 이유는 놀랄 만큼 단순하다. 누구든 권력을 독점하게 되면 다른 사람의 도움이 덜 필요해진다. 스스로 자신의 이익을 지킬 수 있는 충분한 힘을 갖고 있기 때문이다. 한마디로 남들 앞에서 거칠 게 없어지고 굳이 남의 신뢰를 얻기 위한 수고로움을 덜하게 된다. 이는 마치 독점기업의 폐해와 같다. 견제 없는 권력이 부패하는 것과 같은 이치다.

반면 절대 권력이 없는 사람에겐 신뢰가 중요하다. 신뢰받아야만 다른 사람의 도움과 지지를 얻을 수 있기 때문이다. 그래서 불편하더라도 노력하게 된다. 신뢰받는 리더의 상당수가 스스로 자신을 낮추고, 자신의 힘을 절대화하지 않는 시스템을 만든 이유도 여기에 있다.

어떤 기업의 리더가 회사 돈 10억 원을 한강물에 던져 버렸다고 가정하자. 그는 분명 횡령이나 배임으로 법적 처벌을 받게 될 것이다. 신뢰라는 자본을 가벼이 여기지 말자. 신뢰를 깨뜨리는 리더는 회사 돈을 한강물에 던져 버리는 리더와 다를 바 없다. 신뢰는 곧 돈이기 때문이다.

자료: 조선비즈, 2015년 6월 11일.

제1절 품질의 정의

1. 품질의 개념

품질은 제품 및 서비스의 고유 특성의 집합이 요구사항을 충족시키는 정도라고 정의할 수 있다. Feigenbaum은 '소비자의 기대에 부응하는 여러 특성의 전체적인 구성', Juran

은 '용도에 대한 적합성으로 제품이나 서비스가 지니고 있는 주어진 요구를 만족시키는 능력에 관계되는 특징 및 특성의 전체', Taguchi는 '제품이 출하된 후에 사회에서 그로 인해 발생하는 손실을 품질'로 본다고 하며 **사회적 관점의 품질**을 정의하였다.

현대 경영에서 품질은 새로운 개념이 아니다. Procter & Gamble사의 "우리가 해야 할 첫 번째 일은 고객이 구매할 고품질의 제품을 생산하는 것이다. 만일 고품질의 제품을 효율적이고 경제적으로 생산한다면 우리는 많은 수익을 낼 것이고 이러한 수익을 당신들과 공유할 것이다"라고 그의 종업원들에게 이야기했다. Akers(1991)는 경쟁이 심한 글로벌 환경에서 기업생존의 가장 기본적인 요소가 품질이라고 주장하였다.

품질은 개념이 매우 광범위하여 개개마다 다르다. 품질의 정의를 조사한 바에 따르면 완벽함, 일관성, 낭비제거, 배달 속도, 정책과 절차에 순응, 재회 공급과 사용가능한 제품, 처음부터 올바르게 만드는 것, 고객을 기쁘게 하고 즐거움을 주는 것, 모든 고객에게 봉사하고 고객만족 달성하는 것 등으로 다양한 응답이 나타났다. 비록 품질의 시작이 제품과 서비스에 대한 결점과 에러를 줄이는 것에 초점을 맞추었더라도, 조직은 매일 업무를 수행하면서 품질에 주의를 기울이지 않는다면 지속적 개선을 달성할 수 없음을 인식하기 시작했다.

관리자들은 고객에게 주의를 기울임과 동시에 장기적인 관계개발, 전략 개발, 성과측정 및 데이터분석, 종업원 보상과 교육, 리더십 등이 품질, 고객만족, 사업성과 향상에 도움이 된다는 것을 인식하기 시작했다. 다시 말해 "경영을 위한 품질(Big Q)"이 "품질을 위한 경영(Little Q)"만큼 중요하다는 것을 인식하게 되었다. 조직은 그들의 관리 시스템에 품질 원칙들을 적용하기 시작하면서 종합적 품질경영 경영(TQM)의 개념이 보다 보편화되었다. 품질에 대한 다양한 관점을 이해해보자.

1) 판단적 관점

소비자에 의해 사용되는 품질에 대한 일반적 개념은 우수성이나 탁월함과 동의어로 사용되는 것이다(즉, 품질은 좋은 제품). 이러한 관점은 **탁월함**(transcendent)으로 품질을 정의한다. 그러나 탁월함은 추상적이고 주관적이며 탁월함의 기준은 사람들마다 상당히 다양하다. 그러므로 탁월함에 대한 정의는 관리자들이 실행하기 매우 어렵다. 이는 의사결정의 기준으로 품질을 측정하고 평가하는 수단을 제공하지 못하기 때문이다.

2) 제품 기반 관점

제품은 기술적으로 많은 품질특성을 지니고 있다. 그것을 평가하는 대상은 제품과 서비스의 성능이나 성질이다. Garvin(1988)은 성능, 특징, 신뢰성, 적합성, 내구성, 서비스력, 미관 그리고 인지된 품질 등 여덟 가지를 제시했다. 이는 뒤에 다시 설명한다.

제품 기반 관점에서 품질은 특정의, 측정가능한 변수에 대한 기능으로, 품질 차이는 일부 제품 속성에 대한 양의 차이이다. **제품 특징이 더 많은 제품이 더 품질이 좋다**는 것이다. 그렇기 때문에 품질은 종종 가격과 관련되어 생각된다. 그러나 비싸다고 모두 고품질의 제품은 아니며, 이 또한 탁월성의 개념과 마찬가지로 개개인마다 다르게 인식될 수 있다.

3) 사용자 기반 관점 — 고객 관점

사용자 관점에서 품질은 고객이 원하는 것에 의해 결정된다는 것이다. 이 관점에서 품질은 **사용상의 적합성**(fitness for use)이라고 정의할 수 있다.

Juran(1991)은 소비자를 만족시키는 제품과 서비스의 품질이 좋은 품질이라고 하였고, 사용품질은 기술성, 심리성, 시간성을 의미한다. 여기서 기술성은 강도나 경도와 같은 제품의 품질 특성을 말하고, 심리성은 맛, 아름다움, 신분의 위치 등과 같은 성질을, 그리고 시간성은 신뢰성, 보전성과 같이 시간과 관련된 특성을 말한다.

소비자는 생산방식이나 방법에 관심이 없다. 다만 원하는 제품과 서비스의 가격과 품질이 소비자에게 중요하다. 따라서 고객이 원하는 제품, 서비스를 만들어내는 것이 주요 과제다.

4) 가치 기반 관점

가치 기반 관점에서 품질은 **유용성**이나 **가격에 대한 만족(가성비)**과 관련된다. 여기서 고품질의 제품은 경쟁 제품만큼 유용하고, 경쟁제품보다 더 낮은 가격으로 팔리는 제품이거나 비슷한 가격대에서 더 큰 유용성이나 만족을 제공하는 제품이다. 품질에 대한 가치 기반의 접근은 제품 특성(품질의 고객 관점)과 내부 효율성(운영 관점)을 비교 평가하여 기업 목표 수립에 반영해야 한다.

5) 제조 기반 관점 — 생산자 관점

제조 기반 관점에서 품질은 **제품 시방**(specification)**에 대한 일치성**으로 정의된다. 시방이란 제품과 서비스 설계자에 의해 수립된 목표(이상적 가치)와 허용공차이다(예: 0.236(목표) ± 0.003(허용공차) = 0.233~0.239). 시방 혹은 설계도는 품질 측정의 수단을 제공하므로 품질에 대한 핵심 정의가 된다. 그러나 만일 소비자가 중요하다고 생각하는 속성을 반영하지 못한다면 시방은 의미가 없다.

6) 통합 관점

제품품질이 가치사슬 전반에 관련된 모든 구성원들에 중요하다 할지라도, 품질이 가치사슬 내 구성원 각각에서 어떻게 중요한지 이해할 필요가 있다.

우선 **고객**은 제품과 서비스 생산에 영향을 미치며 주로 탁월성(판단 관점)의 관점이나 제품 기반 관점에서 품질을 본다. 생산된 제품과 서비스는 고객의 요구와 일치되어야 한다. 이를 위해 기업에는 마케팅 기능이 존재하며, **마케팅**에 종사하는 사람들에게는 고객 요구와 일치하는 제품이 고품질의 제품임을 나타내는 사용자 기반의 정의가 유용하다.

제조업체는 고객 요구를 제품과 프로세스 시방으로 변환해야 한다. 따라서 **제품 설계자**는 마케팅 목표와 일치하도록 성과와 비용을 평가하기 위해 가치기반 관점을 사용해야 하고 **생산 담당자**들은 생산 기간 동안 설계 시방에 따라야 하므로 제조 기반 관점의 정의를 사용한다. 생산-유통 사이클은 제품이 제조 공장에서 고객에게 이동될 때 완성된다(도매나 소매상 또는 고객에게 전달). 그러나 제조업자와 고객과 관계는 이것이 끝이 아니다. 고객들은 설치나 사용자 정보, 교육과 같은 다양한 서비스를 요구하고 이는 제품의 일부로써 품질관리에서 무시될 수 없다.

7) 고객 지향적 관점

1980년대 후반에 많은 기업들은 품질에 대해 고객 지향적 관점을 사용하기 시작했다. 품질은 고객의 기대와 일치하거나 고객 기대를 뛰어넘는 것이다. 이 정의를 이해하기 위해서는 우선 고객에 대한 정의가 필요하다.

대부분의 사람들은 제품이나 서비스를 마지막으로 구매하는 사람(소비자)만을 고객으로 생각한다(외부 고객). 그러나 회사 내 공급자들로부터 제품이나 서비스를 받는 회사 내 모든 종업원들 또한 고객이 될 수 있다(내부 고객). 그러므로 고객 지향적 관점에서 종업원의 업무는 **특정 내부 고객과 외부 고객의 요구를 모두 만족시키는 것**이다.

2. 경영과정과 산출물로서 품질

경영과정과 산출물(제품, 서비스)을 기준으로 품질을 정의해보면 다음과 같다.

1) 경영과정 기준

경영과정(고객요구 파악 — 설계 — 생산 — 판매 — 시장/고객)을 기준으로 한 품질의 정의는 다음 네 가지가 있다.

- 요구품질: 품질을 사용하는 사람의 입장, 즉 고객의 입장이다. 고객만족을 위한 출발점이 된다. 시장조사, 경쟁사분석, 기술변화의 인식, 판매원 의견수렴을 통해 종합적으로 평가한다. 예컨대 자동차의 색상, 휴대폰의 색상이나 노트북의 크기 등이다.
- 설계품질: 기업의 품질정책 및 제조능력을 고려하여 추상적인 요구품질을 구체적인 설계도면으로 명문화한다. 제품의 크기, 모양, 강도, 성능 등이다.
- 제조품질 또는 적합품질: 생산현장에서 생산된 제품의 품질이 설계품질과 얼마나 적합하게 제조되었는지를 나타낸다. 원자재의 품질, 설비능력, 공정능력, 기술수준, 인력의 숙련 정도에 따라 결정된다.
- 사용품질 또는 시장품질: 제품이 판매되고 고객이 사용했을 때 최종단계에서 평가가 이루어진다. 이때는 서비스의 질, 클레임 처리, 보증 및 보상, 인간관계, 애프터서비스, 보전, 신뢰성 등에 대한 만족의 정도를 인식함으로써 결정된다.

2) 제조품질

제조된 품질은 다음과 같이 여덟 가지 품질 차원을 가지고 있다(Garvin, 1988).

- 성능(performance): 제품의 주된 운영특성(예: 자동차에서 가속능력, 속도, 안전성 등)
- 특징(feature): 제품의 2차적인 특성(외관, 기능)
- 신뢰성(reliability): 제품이 제시된 사용환경에서 일정기간 동안 고장 나지 않을 확률

- 적합성(conformance): 생산제품이 설계규격에 일치하는 정도
- 내구성(durability): 제품이 물리적으로 파손되거나 교체되어야 하는 사용연수
- 서비스 능력(serviceability): 신속하고 용이하게 제품을 수리할 수 있는 능력
- 감성(aesthetics): 제품의 시각, 촉각, 청각, 미각, 후각 등 오감과 관련된 품질
- 인지된 품질(perceived quality): 회사의 광고, 이미지, 상표 인지도 등을 통한 주관적 평가

3) 서비스 품질

서비스 품질의 중요한 차원은 다음과 같다.

- 시간(time): 고객이 얼마나 기다리는가?(은행창구)
- 적시성(on time): 약속시간에 얼마나 잘 수행되는가?(기차시간)
- 완전성(completeness): 요구한 모든 항목이 포함되어 있는가?
- 호의(courtesy): 고객과 접촉하는 종업원의 태도는 친절한가?
- 일관성(consistancy): 모든 서비스가 일관적으로 표준화, 규격화되어 반복되는가?(서비스 변동의 최소화)
- 인접성(accessibility)과 편의성(convenience): 서비스 받기가 용이한가?(서비스 센터의 수 및 위치)
- 정확성(accuracy): 서비스가 최초에 올바르게 수행되는가?
- 반응성(responsiveness): 종업원이 빠르게 반응하는가?(입력에 대한 반응성)

제2절 품질의 역사

1. 세계의 품질역사

품질의 역사는 고대 이집트의 피라미드 건축이나 로마의 건축물 및 중세의 도제제도에서도 존재하였지만 공식적인 관리기능으로 인식되기 시작한 것은 20세기에 접어들어서이다. 품질의 발전은 혁명적인 변화보다는 점진적이고도 지속적인 진보의 결과라고 볼 수 있다.

1) 장인정신의 시대

중세 유럽에서는 제조업자와 검사자 둘 다 숙련된 장인으로 취급되었다. 이 당시 품질 보증은 비공식적이었으며 품질은 제품을 생산하는 사람에 의해 최종 제품 단계에서 확인 시대로 장인자주검사의 시대라고 한다. 이는 산업혁명 출현으로 사라지게 되었지만 현대 품질 보증에 중요한 기본이 되었다.

2) 20세기 초

(1) 검사위주의 품질 시대

작업자에 의한 품질검사 시대, 직장에 의한 품질검사 시대, 전문 검사자에 의한 품질검사 시대로 나눈다.

① 작업자에 의한 품질검사 시대

19세기말 대부분의 제조활동은 장인과 도제 하의 견습공에 의하여 수행되었고 책임은 작업자가 졌다. 18세기 중반에 프랑스의 총포제작자인 Honore Le Blanc는 교체 가능한 부품을 사용한 표준형의 머스켓총을 제작하는 시스템을 개발했고, 미국의 Thomas Jefferson이 이 아이디어를 산 후 1798년에 Eli Whitney와 머스켓총 10,000개 공급 계약을 체결하게 된다. 교체가능한 부품의 사용은 품질관리에 주의를 요하게 되었으며 부품은 표준에 맞춰 생산하게 되었다(반면 장인에 의해 제작된 고객화된 제품은 품질 보증을 제공하지 못했다). 이러한 교체가능한 부품의 가치에 대한 인식은 산업 혁명을 이끌었으며, 품질보증은 생산 프로세스의 중요한 요소로 만들었다.

18세기나 19세기까지만 하더라도 오늘날 우리가 알고 있는 형태의 품질관리란 존재하지 않았고, 20세기에 접어들어 대량생산이 시작되면서 부품의 호환성이 매우 중요한 관심사가 되었다. 이에 따라 정해진 작업순서에 따라 호환성 있는 부품을 생산할 수 있는 전용기계가 등장하였으며, 지그(jig)나 치공구들도 부품의 호환성을 높일 수 있도록 설계되었다. 이러한 노력에도 불구하고 서로 맞지 않는 부품들이 여전히 만들어질 수 있었으므로, 최종조립에서의 문제를 줄이기 위해 제조공정상에서 엄격한 검사가 불가피하였다.

② 직장에 의한 품질검사 시대

20세기 초반에 활동하였던 과학적 관리의 창시자 Taylor는 실행 기능에서 계획 기능을 분리(관리자와 엔지니어)하는 새로운 철학을 주장했다. 이러한 특정 작업에서의 업무 분리와 효율성에 초점을 맞춤으로서 품질보증은 검사자의 업무가 되었다. 제조업자는 고품질의 제품을 생산할 수 있게 되었지만 많은 검사로 인한 비용과다를 초래하게 된다. 그러나 검사는 20세기 초반의 품질관리의 주요수단이었다. 제1차 세계대전을 거치면서 생산의 대규모화로 직장의 업무가 가중하여 그 대안으로 전문검사자에 의한 품질검사 업무가 이루어지게 되었다.

③ 전문 검사자에 의한 품질검사 시대

실제로 생산 조직은 품질부서를 신설했고, 품질에 대한 책임은 품질부서가 담당하게 되어 많은 상위 관리자들은 최종 결과물의 품질과 효율성에 그들의 주의를 기울였다.

Henry Ford는 1900년대 초에 '종합적 품질경영 실행'이라 부르는 것의 기반을 개발했다. 이러한 발견은 그가 1932년 일본을 방문했을 때 이루어졌으며 그의 저서 "My life and Work"에 잘 나타나 있다.

The Bell System은 산업의 품질보증에 대한 초기 현대 역사를 이끌었다. 그들은 검사 부서를 만들었으며, 소속된 품질보증에 대한 선구자들과 함께 '품질보증'이라는 신조어를 만들고 품질향상과 품질문제 해결을 위한 많은 기법을 개발했다.

(2) 통계적 품질관리(SQC)의 시대

1931년에 발간된 Shewhat의 저서 "생산제품의 경제적 품질관리(Economic Control of Quality of Manufactured Products)"는 통계적 품질관리의 시대를 여는 계기가 되었다. Shewhat는 1920년대에서 1930년대에 걸쳐 벨 전화연구소에서 근무한 통계학자 중 한 사람이었다.

품질관리의 선구자들 — Walter Shewart, Harold Dodge, George Edward— 은 품질을 개선하고 유지하기 위하여 새로운 검사 이론과 방법을 개발하였고, 품질관리도, 샘플링기법, 경제적 분석도구 등을 현대 품질보증활동의 기초가 되었다.

① 관리도

제품의 변동을 조사하고 파악하기 위하여 제품의 특성은 사용된 재료, 작업자의 기능, 설비의 상태, 작업 방법에 따라 어느 정도의 변동이 발생한다.

② 샘플링검사

제품의 적합품과 부적합품을 판정하는 데는 검사의 방법이 적용된다. 전수검사를 실시하면 많은 검사 비용과 시간이 소요되기 때문에, 생산의 효율성을 높이기 위하여 로트 중 일부만 검사하고, 이를 근거로 전체 로트를 받아들일 것인가 말 것인가를 결정하는 방법이다.

제2차 세계대전이 발발하고 군수품의 대량생산이 문제로 등장하자, 관리도와 샘플링검사는 군수물자의 생산과 조달에 광범위하게 적용되어 상당한 효과를 보게 되었고, 종전 후 이러한 통계적 품질관리방법들이 민간 기업에 널리 보급되었다. 2차 세계대전 동안 미군은 통계적 샘플링 절차를 사용하고 공급자에게 엄격한 표준을 강요했다. 전시 생산위원회(War Production Board)는 The Bell System에서 개발한 통계적 방법에 대한 무료 교육과정을 제공했다. 따라서 통계적 품질관리는 널리 알려지게 되었으며 결국 제조 산업에 적용되었다. MIL-STD라 이름 붙여진 샘플링 표가 군용 규격을 위해 개발되었으며 오늘날에도 널리 사용되고 있다. 또한 품질개념의 개발과 촉진 적용을 위해 이 시기에 "Industrial Quality Control"이라는 전문저널이 발간되었으며 미국품질관리협회(ASQC)(American Society for Quality Control)가 설립되었다.

(3) 품질보증 시대

품질보증(QA)(Quality Assurance)이라는 용어는 1920년대부터 사용되기 시작하였고, QA 용어를 가장 먼저 사람은 ASQC의 초대 회장인 G. Edwards였다. 그는 품질은 작업자가 아니라 경영자가 책임을 져야 한다는 의미로 QA라는 말을 사용하였다.

품질보증 시대는 제조부문에 초점을 맞춘 통계적 품질관리가 경영전반으로 확대된 시기였다. 문제의 사전예방이 여전히 일차적인 관심사였지만, 품질관리의 도구가 통계학의 영역을 넘어서게 되었다. 품질보증 시대의 탄생에는 다음과 같은 네 가지 요소(품질비용, TQC, 신뢰성 공학, ZD)가 중요한 역할을 하였다.

이 시대의 특징은 다음과 같다.

첫째, 조직 전체가 품질문제에 참여한다(total).

둘째, 불량품 발생 후에 고치는 것이 아니라 생산의 원천(quality at a source)인 공정에서 방지하도록 한다.

셋째, 처음부터 일을 제대로 한다(DIRTFT)(Do It Right At The First Time).

넷째, 미국에서는 무결점운동(ZD)(zero defect) 그리고 일본에서는 품질관리 분임조 활동(Q. C. circle)이 개발되어 실행되었다.

(4) 종합적 품질관리 시대

1951년 GE(General Electric)의 품질책임자였던 Feigenbaum이 종합적 품질관리라는 개념을 제창하였다. 그 의미는 품질이 어떤 한 부서에만 국한되는 것이 아니라, 기업의 전부서와 직원들에게 확대되는 것을 말한다.

Feigenbaum(1988)은 일반적으로 제품이 이 여덟 단계의 사이클을 거쳐 소비자 손에 들어간다고 하였다. 이 8단계의 사이클은 마케팅, 설계엔지니어링, 구매, 제조엔지니어링, 감독과 생산, 검사와 기능테스트, 반출, 판매와 서비스이다.

제품과 서비스의 품질은 아홉 가지 요소(9Ms)에 의해서 직접 영향을 받는다. 이 아홉 가지 요소는 Feigenbaum의 시장(market), 자금(money), 관리(management), 인력(manpower), 동기부여(motivation), 자재(material), 기계(machine), 정보기술(modern information), 제품요구사항(mounting product requirement)이다.

3) 2차 세계대전 후(종합적 품질관리 시대)

2차 세계대전 전 후 1940년대 후반과 1950년대 초 동안, 미국은 일용품의 부족으로 인하여 생산이 최우선 순위였다. 품질은 관리자에게 있어 우선순위가 아니었으므로 품질개선이나 불량 예방에는 거의 관심이 없었으며 단지 대량 검사에만 의존하였다.

2차 세계대전은 품질의 중요성을 부각시켰다. 2차 세계대전에서 패한 일본은 JUSE(The Union of Japanese Scientists and Engineer)의 강력한 지원 아래 품질에 대한 관심을 가졌고, Deming과 Juran을 통해 품질기법을 전수받아서 1970년대 성과가 나타나기 시작했다. 일본제품의 우수성이 나타나기 시작한 시점은 전사적 품질관리(CWQC)(company-wide quality control)를 개발한 때부터이다.

4) 미국의 품질혁명(1970년대 말)

1980년대는 소비자, 산업, 정부에 의해 품질에 대한 현저한 인식 변화와 성장이 이루어진 시기였다. 1950년대와 1960년대 동안 미국 소비자들에게 있어 "made in Japan"은 열등한 제품으로 의문 없이 자국 제품을 구매했다.

그러나 1970년대 고품질의 외국제품이 미국시장에 등장함으로써 구매의사결정에 신중을 기하게 되었다. 즉, 미국 소비자들은 일본제품과 미국제품 사이에 품질에 대한 차이점을 인식하기 시작했고, 따라서 같은 가격의 제품이면 더 높은 품질과 신뢰성을 요구하게 되었다. 이에 정부 안전 규제, 제품 리콜, 제조물 책임법 등이 등장하게 되었고 이는 "구매자여 주의하라"에서 "생산자여 주의하라"로 사회적 태도를 바꾸었다.

현재 경영에 있어 품질은 생존의 핵심이 되고 있다. 품질의 탁월성은 세계 경쟁에 있어서 핵심으로 인식되고 있으며 그 개념이 산업 전반에 확산되고 있다. 주요한 미국 기업 대부분이 직접적인 내부 운영 향상뿐 아니라 외부 고객의 안전을 위하여 광범위한 품질 향상 캠페인을 펼치고 있다.

품질 혁명의 가장 큰 영향을 미친 Deming은 비록 일본을 도왔지만 미국 기업들의 요청에 의해 1980년부터 1993년 그가 죽기 전까지 그의 리더십과 기술로 미국 기업들의 품질혁명에 많은 도움을 주었다.

5) 품질경영 초기 성공

1970년대 초기 미국의 경쟁력은 국제시장에서 점점 약화되었고, 일본과 독일의 경쟁력은 점점 더 강화되었다. 그래서 1970년대 말 미국의 경영자들은 경쟁력 강화를 위하여 구체적으로 노력하기 시작했다.

일본은 SQC를 활용하여 '종합적 품질경영(TQM)(Total Quality Management)'으로 발전시켰다. TQM에서는 CEO 주도로 전사적으로 품질방침을 세우고 추진결과를 진단하였으며 분임조 활동을 통해 종업원의 참여를 조직적으로 유도하였다.

미국은 절치부심의 심정으로 일본의 혁신활동을 연구, 식스시그마를 창안(1980~1990년대)하였다. 국가 차원에서 품질 향상을 장려하기 위해 1987년 말콤 발드리지 국가품질상(MBNQA)(Malcolm Baldrige National Quality Award)을 제정하였다.

1980년대 초 미국 기업들의 경쟁력 약화로 국가적 위기감이 확산되고, 미국 정부와 학계는 일본의 Deming상 제도를 통해 구축된 품질경영 평가시스템이 국가경쟁력 향상에 크게 기여했다고 판단하였다.

1980년대 중반 식스시그마가 창안되어 품질개선에 기여하였으며, 식스시그마는 품질경영 활동의 교본으로 자리 잡은 일본의 TQM을 극복하기 위해 개발된 방법론이다.

"If Japan Can, Why Can't We?"로 1980년 6월 24일 NBC TV에서 70분 동안 방영된 다큐멘터리였다. 일본의 품질 수준 향상에 도움을 주었던 Edward Deming이 출연하여 일본 자동차와 전자가 세계 시장을 장악할 수 있었던 이유를 설명하였다. 일본기업들이 Deming의 품질철학을 받아들여 개선에 성공한 사례에 대해 설명하고 미국기업들의 현재 상태와 비교하였다. 이 프로그램은 당시 미국 경영자들에게 큰 충격을 주었다.

1984년 미국 정부는 10월을 National Quality Month로 정했고, 1985년 NASA는 Excellence Award for Quality and Productivity를 발표했다. 또한 1987년 Malcolm Baldrige National Quality Award가 탄생했으며 1988년에 Reagan 대통령은 Federal Quality Prototype Award과 정부기관을 대상으로 한 President's Award를 창설했다. 1980년대 후반부터 1990년대까지 품질에 대한 관심은 말콤 발드리지 국가품질상(MBNQA)의 영향으로 인하여 전례 없는 비율로 증가하게 되었으며 일본과 미국 사이의 품질 차이는 좁혀지게 되었고 미국은 그들이 잃었던 부분의 대부분을 되찾게 되었다.

품질 실행은 서비스 부문이나 학교나 병원 같은 비영리 조직으로 확장되었다. 1990년에 품질은 성공을 위한 거의 모든 조직의 탐구대상이 되었다. 1990년대 중반 수천 권의 전문서적이 출간되었고, 품질관련 컨설팅이나 교육이 성행했으며, 기업들은 그들의 지식과 경험을 공유하였으며, 또한 새로운 품질 대상들을 만들었다.

그리고 품질경영은 고객만족을 목표로 품질변동의 원인을 파악하여 프로세스를 개선하고자 하였다.

6) 제품품질 향상에서 성과 향상까지

비록 품질의 시작이 제품과 서비스에 대한 결점과 에러를 줄이는 것이 초점을 맞추었더라도, 조직은 매일의 관리적 실행에 있어 품질에 주의하지 않는다면 지속적 개선을 달성할 수 없음을 인식하기 시작했다. 관리자들은 고객에게 주의를 기울임과 동시에 장기적인 관계개발, 전략 개발, 성과 측정 및 데이터분석, 종업원 보상과 교육, 리더십 등이 품질, 고객만족, 사업성과 향상에 도움이 된다는 것을 인식하기 시작했다. 다시 말해 "경영을 위한 품질(Big Q)"이 "품질을 위한 경영(Little Q)"만큼 중요하다는 것을 인식하게

〈표 1-1〉 품질경영과 경영품질의 차이

Little Q(품질경영)	구분	Big Q(경영품질)
품질 시스템	초점	경영 시스템
품질 관련 부서	주체	경영 시스템을 구성하는 모든 요소
한시적	변화	기업문화
부서 결과	중시	기업 성과
품질	관심	환경, 미래, 사회

되었다. 조직의 그들의 관리 시스템에 품질 원칙들을 통합하기 시작하면서 종합적 품질 경영(TQM)의 개념이 대중화되었다.

7) 실망과 비판

TQM에 대한 과대광고 화려한 미사여구에 기업들은 품질 프로그램 제정을 서둘렀다. 그러나 너무 서두른 나머지 매우 실망스런 결과를 낳게 되었고 많은 실패를 경험하게 됨에 따라 TQM은 비판을 받게 된다. 하지만 TQM의 실패 이유는 품질 관리의 기본원칙 때문이 아니라 열악한 품질 전략이나, 불완전하게 실행된 품질 전략과 같이 불합리한 접근과 관리 시스템에 뿌리를 두고 있다.

최근에는 근본적인 품질 원칙에 대한 새로운 관심으로 고객중심의 결과 지향적 접근인 식스시그마가 대두되었다. 식스시그마는 상위 관리의 마음에 드는 수익 지향적 개념으로 수 년 동안 실험되고 인증된 많은 품질 도구와 기법들을 통합한다.

8) 현재와 미래의 도전

오늘날 실제 도전은 관리자들이 품질 경영과 성과 향상에 기초를 둔 기본 원칙에 대한 관점을 상실하지 않는 것이다. 품질은 "결승점이 없는 경주"이다. 세계 시장 대두와 국내 및 국가 간 경쟁은 전 세계의 조직들이 그들의 생존을 위해 품질 향상에 의존해야 함을 인식시켰다. 이러한 경향은 미래 경쟁 수준을 향상시킬 것이다.

그러므로 품질에 초점을 유지하기 위해 자원을 할당하는 것은 매우 중요하다. 특히 경제침체 시대에서 더욱 그러하다. 그러나 사업은 품질 향상 이전에 경제적 판단을 먼저 필요로 하며 품질은 손익향상을 유도해야 한다.

2011년 미국품질협회(American Society for Quality)는 21세기 품질의 미래에 영향을 미칠 여덟 가지 요소들을 제시하였는데 이는 다음과 같다.

첫째, 글로벌 책임이다. 모든 조직은 지역의 결정이 세계 시장에 미치는 영향을 이해해야 하며 지구의 한정된 자원에 대한 수요가 증가함에 따라 자원의 낭비는 용납될 수 없다는 것을 인식해야 한다. 글로벌 책임(global responsibility)은 인권존중, 노동환경의 개선, 올바른 경영방침, 소비자에 대한 관심 그리고 사회적 책임을 포함한다.

둘째, 소비자 의식이다. 소비자들은 인터넷, Twitter, Facebook 등을 통해 구매결정에 도움이 되는 많은 지식을 가지고 있으므로 기업들은 경쟁사에게 고객을 잃지 않으려면 고객의 불만처리, 그들의 기대나 요구를 잘 파악하고 신속히 대처해야 한다.

셋째, 글로벌화이다. 기업들은 새로운 시장 진출 기회만을 생각하지 말고 점차적으로 커지고 있는 해외 저가 노동력과 글로벌 공급사슬에 따른 위험에 대처해야 한다.

넷째, 불확실성의 증가이다. 기술의 빠른 발전이 시장의 불확실성을 높이면서 이에

〈표 1-2〉 품질의 역사와 부문

<table>
<tr><td>기타,
사무간접부문</td><td></td><td></td><td></td><td rowspan="6">식스시그마

QS 9000
IT 90000</td></tr>
<tr><td>영업,마케팅,
구매,회계</td><td></td><td></td><td rowspan="5">종합적 품질경영
(TQM)

ISO 9000
(국제표준인증)</td></tr>
<tr><td>애프터서비스</td><td></td><td></td></tr>
<tr><td>개발 R&D</td><td></td><td rowspan="3">종합적
품질관리
(TQC)</td></tr>
<tr><td>자재설비</td><td></td></tr>
<tr><td>제조</td><td>품질관리(QC)</td></tr>
<tr><td>시대 및 주요내용</td><td>1930~1950년대
제조공정중심</td><td>1960~1970년대
소집단 활동
종합적 문제해결</td><td>1980년대
품질 인증 및
품질경영</td><td>1990년대
프로세스 혁신
간접부문
품질경영</td></tr>
</table>

따른 새로운 기회의 창출과 함께 위험성 또한 증가하였다. 그렇지만 이런 추세에 적응할 수만 있으면 기회 또한 무한대로 펼쳐진다.

다섯째, 미래인력의 확보이다. 뛰어난 능력을 가진 인재를 영입하기 위한 경쟁이 치열하게 전개될 것이다. 기술의 발전과 더불어 일의 장소 및 방식에 변화가 일어날 것이고 기업들은 인력의 활용방법에 유연하게 대처할 필요가 있다고 본다.

여섯째, 인구의 노령화가 가속될 것이다. 평균 수명의 연장으로 각 국가들을 포함한 단체들의 의료보험과 사회복지 프로그램과 관련된 비용이 증가할 것이다. 인구통계학자들은 2025년에는 인구의 과반이 65세 이상이 될 것으로 예측하고 있다.

일곱째, 21세기 품질이다. 품질은 과거 50년, 심지어는 과거 5년과도 같지 않다. 이제 단순히 제품과 서비스만의 품질이 아니라 소비자와 조직 전체의 경험을 포함하는 것이다. 이것은 품질전문가들이 보기에 더 많은 기회, 즉 품질 자체가 새롭고 창의적인 방법이라는 것에서 사회문제에도 적용할 수 있는 새로운 기회로 확장될 것이다.

마지막으로 혁신이다. 혁신은 기존의 것과 다른 새로운 것을 추구하는 것으로 기업이 살아남기 위해서 반드시 추구해야 할 중요한 역할이 된다. 따라서 미래에도 기업성장의 열쇠가 될 것이다.

2. 한국의 품질 역사

한국의 품질 역사는 그렇게 길지 않다. 그러나 최근 한국은 품질에 있어서도 선진국 못지않은 명성을 듣고 있다. 한국은 오래전부터 국가가 품질을 주도하여 왔다.

한국 품질의 역사는 선진국들과 비교하여 역사가 비교적 일천한 편이다. 그러나 여기서는 한국 품질의 역사를 다음 여섯 단계들로 구분하여 설명하고자 한다.

1) 준비 시대(1949~1960년)

우리나라에 산업표준화가 도입된 것은 규격이나 기술수준을 처음 명문화한 1949년 농산물 검사법 및 상표법이다. 그리고 1950년에 수산품 검사법이 공포·시행되었다. 한국의 품질관리는 민간자금으로 충주비료공장을 건설하는 과정에서, 한국 기술자들이 미국의 기술자들로부터 전수받는 품질관리가 효시였다. 이것을 계기로 서서히 품질관리

기법들이 기업들에게 전파되기 시작하였다. 이 시대는 품질에 대한 의식이 결여되었으며, 별 관심도 없는 시기였다.

2) 국내표준화 시대(1961~1974년)

1961년에 들어서면서부터 서서히 품질에 대한 인식을 갖기 시작하였다. 그러나 이 시기에는 국내 산업의 표준화를 장려하기 위해 품질활동이 거의 정부 주도로 이루어졌으며, 기업들은 아직 품질에 대한 의식이 약하였다. 선진국은 공업화와 더불어 표준화를 추구하였지만, 우리나라는 경제 개발 장기계획을 달성하기 위한 기초 수단으로 표준화를 추구하였다. 1961년에는 경제개발 5개년계획의 일환으로 공업표준화법을 제정·공포하였다.

1962년에는 300종의 KS 규격이 제정되었고, 한국표준규격협회(www.ksa.or.kr: 현 한국표준협회)가 발족되었다. 1963년에는 KS 표시제도가 실시되어 마포산업(현 금호전기)이 처음으로 백열전구로 KS 허가를 받았으며, KS 규격으로 수출이 증대되고 품질이 급격히 향상되었다. 또 한국표준규격협회와 한국생산성본부에서 품질관리를 보급하기 위해 합동으로 품질강좌를 개설하였다.

이때부터 우리나라에서 품질관리 활동이 시작되었다고 할 수 있다. 그리고 국제표준화기구인 ISO와 국제전기기술위원회인 IEC에 가입하였다. 그리고 1965년에는 한국품질관리학회(www.ksqm.org: 현 한국품질경영학회)가 창립되었고, 사내표준화를 체계적으로 실시하기 시작했으며, 1967년에는 공산품 품질관리법과 규격표시제도가 제정되었다. 1971년에는 정부에서 공업표준화 10개년 계획(1971~1980년)을 수립하였으며, 1973년에는 상공부에서 공업진흥청을 발족하여 표준화를 널리 장려하였다. 그리고 1974년에는 전기용품 안전 관리법이 제정되었다.

3) 품질분임조 시대(1975~1978년)

이 시기부터 한국에는 품질분임조를 중심으로 본격적인 품질관리활동이 시작되었다고 볼 수 있다. 1975년에는 정부가 그 해를 '품질관리의 해'로 정해 공업진흥청에 품질관리추진본부를 설치하였고, 한국표준협회가 사무국으로 지정되었다.

그리고 역시 이 해에 제1회 '전국 품질관리 및 표준화 대회'와 제1회 '전국 품질관리 서어클 경진대회'를 개최하여 처음으로 품질관리대상(현 품질대상)을 수여하였다. 또 품질분임조 활동이 본격적으로 시작되었다. 1977년에는 공업표준화법의 개정과 함께 한국표준규격협회가 한국공업표준협회로 이름을 바꾸었다. 그리고 1977년을 품질관리 정착의 해, 1978년을 품질관리 심화의 해로 규정하였다.

4) 생산현장 품질관리 시대(1979~1988년)

이 시기부터는 기업체가 본격적으로 품질관리 활동을 선포하였다. 그래서 정부 위주의 품질활동이 기업체로 많이 이전되었다. 특히 1980년대에는 신기술, 신소재 및 정보화 등 고도화 다양화된 산업환경의 변화로 표준화가 매우 중요하였다. 또 GATT 표준코드로 공업표준화에 대한 국제화가 요구되었다.

1981년에는 처음으로 분임조가 사무, 판매, 서비스 분야로 확대되었다. 1984년에는 KS 규격의 국제화 사업이 추진되었다. 그래서 1980년대의 산업 표준화 추진은 회사규격, 단체규격, 국가규격으로 이어지는 체계적인 공업표준화를 산업계에 정착시켰다. 그러나 이 시기의 품질활동은 주로 생산현장 중심의 운동이었다.

5) 국제표준화 및 품질경영 시대(1989~1995년)

한국의 품질운동을 기업의 능동적이고 자발적인 행동보다는 정부의 주도 하에 이끌려 수동적이고 소극적으로 시행되었다. 그래서 한국 제품의 품질에 한계가 있었다. 이 시기에 한국의 품질활동은 경영자의 참여 의지가 부족했고, 추진 방법에도 품질을 위한 종합적인 접근이 부족하였다고 하였다.

이 시기부터는 국제경쟁이 치열해지고 국제표준화가 발생하기 시작하였다. 그래서 정부에서도 1990년부터 국가표준화를 국제표준화로 추진하였다. 1992년부터는 품질관리의 개념을 확대해 품질경영이라는 명칭이 사용되었다. 즉, ISO 9000 시리즈를 받아들여 한국 산업규격인 KSA 9000-9004를 이용하면서부터이다. 또 품질관리 분임조를 품질기술 분임조로 명칭을 바꾸었고, 공업표준화법을 산업표준화법으로 개정하였다. 1993년에는 공산품 품질관리법을 품질경영촉진법으로, 그리고 공업표준화법을 산업표준화법으로 개정하였다. 또 ISO 9000 품질인증제도를 도입하였으며, 종래의 품질관리분임조 경진대회를 품질기술분임조 경진대회로 명칭을 바꾸었다.

1994년에는 국내 산업 기술수준의 선진화를 통해 품질경영의 기반을 구축하기 위해 품질경영 5개년 계획(1994~1998)을 추진하였다. 그리고 또 품질 기술분임조 경진대회를 품질분임조 경진대회로 이름을 바꾸었다. 1995년에는 다시 산업표준화법을 개정하여 100 PPM 인증 제도를 실시하였다.

6) 경영품질 혁신 시대(1996년~현재)

1996년에는 삼성전관이 우리나라 기업으로는 최초로 식스시그마 경영혁신을 도입하였다. 2000년에는 싱글 PPM 운동을 실시하였고, 12월 산업자원부는 품질경영촉진법을 '품질경영 및 공산품 안전관리법'으로 개정·공포하였으며, 2001년 7월부터 시행에 들어갔다. 또 2002년에는 한국품질재단(www.kfq.or.kr)이 품질의 중요성을 강조하기 위해 신품질이라는 개념을 들고 나와 신품질포럼을 창설하였다.

또한 ISO 9000 등 인증심사원으로 구성된 한국인정원(www.kab.or.kr)이 있다.

제3절 종합적 품질경영

1. 종합적 품질경영의 정의

품질 문제는 기업의 모든 측면으로 스며들었으며, 이러한 품질에 대한 범위의 확장은 종합적 품질경영의 개념을 출현시켰다. **종합적 품질경영**은 끊임없이 더 낮은 비용으로 고객만족을 지속적으로 증대시키기 위한 목적을 가진 사람-중심의 관리 시스템이다. 종합적 품질경영은 전사적 차원의 시스템적 접근(분리된 영역이나 프로그램이 아니다)이며 높은 수준의 전략을 위한 필수적 요소이다.

종합적 품질경영은 전사적 영역, 모든 종업원에서 적용되며, 공급사슬과 고객사슬 전후로 확대되어 적용된다. 종합적 품질경영은 조직 성공의 핵심으로서 지속적 변화를 위해 학습과 적응을 강조한다. 종합적 품질경영의 근본은 철학적이고 과학적인 방법에 있다. 종합적 품질경영은 시스템, 문제해결 방법, 도구를 포함한다. 시스템은 변화를 추구하고, 철학은 변하지 않는다. 종합적 품질경영은 개개의 존엄과 위원회 활동의 파워를 강조하기 위한 가치에 입각하고 있다.

Procter & Gamble사는 종합적 품질경영을 고객의 기대를 이해하고 고객 기대와 일치하거나 고객 기대를 뛰어넘기 위해 조직 내 모든 사람들이 꿋꿋이 지속적으로 개선 노력을 하는 것이라 주장했다.

종합적 품질경영은 다음 네 가지 개념을 포함한다.

첫째, **품질계획**(quality planning)으로 품질방침, 목표 및 책임을 결정하는 것이다.

둘째, **품질관리**(quality control)로 품질요구사항을 충족시키는 데 사용되는 운영상의 기법 및 활동을 말한다.

셋째, **품질보증**(quality assurance)으로 품질을 계획하고, 확보하며, 확인하고, 약속하고 전달하는 활동을 총칭한다. 이는 내부 품질보증(경영자에게 신뢰감을 주는 것)과 외부 품질보증(고객 또는 제3자에게 신뢰감을 줌)으로 구분된다.

마지막으로 **품질개선**(quality improvement)으로 조직과 고객에게 부가적인 이익을 제공하기 위해서 활동 및 공정의 유효성과 효율성을 증대시키기 위해서 조직 전반에 걸쳐 취해지는 조치이다.

2. 종합적 품질경영의 원리

종합적 품질경영은 전통적인 실행과 매우 다르다. 과거의 기업들은 종업원 등 내부 고객, 공급업체 및 최종 고객을 포함하여 외부의 고객의 요구사항 및 기대들을 이해하지 못했다. 그리고 관리자와 전문가들은 생산시스템들을 통제하고, 감독했을 뿐이다.

종합적 품질경영은 고객과 이해관계자 중심, 조직의 전원참여와 팀워크, 프로세스 중심과 지속적 개선의 세 가지 기본원칙에 기초한다.

1) 고객과 이해관계자 중심

고객은 품질의 중요한 감정자, 평가자다. 가치나 만족의 지각은 가치와 만족의 지각들은 고객의 구매, 소유권과 서비스 경험 등을 통한 많은 요인들에 의해 고객에게 영향을 주게 된다. 따라서 기업은 규격에 대한 일치나 결함 감소, 불만 해결 이상의 노력을 해야 한다. 고객과 가까이 위치한 기업은 고객이 무엇을 원하고, 어떤 제품을 사용하며 무엇을 기대하고 있는지 안다. 따라서 그들은 정말로 고객이 만족하는 신제품들을 디자인하고 신속하게 소비자와 시장 요구들을 대응해야 한다.

품질에 있어서는 외부 고객뿐 아니라 내부 고객의 중요성도 인식해야 한다. 고객과 공급자 두 역할을 다 담당하는 내부 고객인 종업원들은 최종 제품과 그들의 작업이 어떻게 연계되어 있는지 이해해야 한다.

고객 초점은 소비자와 내부 고객과의 관계 이상으로 확대되어야 하며, 중요한 이해관계자들인 종업원과 사회의 이해관계자에 초점을 맞추어야 한다. 그러므로 종합적 품질 조직은 종업원에게 의지, 열정을 설명, 실행하고, 개발과 성장에 대한 기회를 제공하며, 지식을 공유해야 한다. 그러므로 종합적 품질 조직은 사원들에게 의지를 보여줘야 하고 발전과 성장을 위한 기회를 제공해야 하고, 보통의 보상시스템 이상의 인식을 부여해야 하고, 지식을 공유해야 하고, 위험 관리를 장려해야 한다.

따라서 이해관계자로서 사회를 바라보는 것은 세계적 조직의 속성으로 사업 윤리, 환경문제 등 사회적 책임을 위한 행동을 필요로 한다.

2) 조직 내 모든 사람들의 참여와 팀워크

종합적 품질경영의 또 다른 중요 요소는 팀워크이다. 팀워크는 고객-공급자 관계에 주의를 기울이고 시스템적 문제(특히 다기능적 측면에서의 문제)의 해결에 있어 전 종업원의 참여를 조장한다.

문제해결 팀(problem-solving team)은 1940년 작업장 문제해결을 위해 미국에서 도입되었다. 그러나 작업자의 제안을 관리자들이 무시함으로써 결국 실패로 끝났다. 그러나 일본은 1962년에 품질관리 분임조(Q.C. Circle)라 불리는 비슷한 팀의 실행으로 극적인 효과를 보았다. 오늘날 팀워크와 권한위임을 혼합한 자율 관리팀(empowerment team)의 활용이 종업원 참여와 권한위임을 촉진하는 방법이 되고 있다.

전통적으로 조직은 계층적인 관리 단계를 수직적으로 연결, 통합하였다. 그러나 종합적 품질은 조직단위 사이에 수평적 결합을 요구하며, 상호기능 팀(CFT)이 이러한 역할을 제공한다. 또한 조합, 고객, 공급자, 교육기관과의 파트너십 또한 팀워크를 조장하며 이러한 파트너십은 한 조직의 핵심 능력과 파트너의 장점을 결합할 수 있게 하여 상호 이익을 창출할 수 있게 한다.

3) 프로세스 중심과 지속적 개선

조직을 바라보는 전통적 방법은 수직적 차원에서 보는 것이다. 그러나 업무는 계층적이 아닌 수평적이고 전사적(다기능적)으로 행해져야 한다. 프로세스는 업무가 고객을 위해 어떻게 가치를 창조하느냐이며 우리는 이러한 프로세스를 생산환경 내의 프로세스로 생각한다. 그러나 조직 내 거의 모든 활동들이 프로세스이다. 프로세스 관점은 하나의 작은 부분에 초점을 맞추는 것보다 모든 필요활동을 연계하고 전체 시스템에 대한 이해 증가에 초점을 맞추어야 한다.

지속적 개선은 작게 점차적으로 변화하는 **점진적 변화**와 **급진적 혁신**의 두 가지로 나눌 수 있다. 이러한 지속적 개선은 몇 가지 형태를 가진다.

- 새롭고 향상된 제품과 서비스를 통한 고객 가치 강화
- 에러, 결점, 낭비 및 그들 관련 비용 감소
- 모든 자원의 사용에 있어 생산성과 효율성 증대
- 고객 불만 해결이나 신제품 도입과 같은 프로세스의 대응시간과 사이클 타임 성과 향상

프로세스 중심은 이러한 시너지 효과를 이해하고 문제의 원천을 인식하는 데 도움을 줌으로서 지속적 개선의 노력을 지원한다.

1950년 Deming은 지속적 개선의 중요성을 강조했다. PDCA의 과정은 투입물, 프로세스, 결과물의 관계를 설명할 뿐만 아니라, 소비자의 공급자의 역할, 조직 프로세스의 상호의존성, 소비자 연구의 유용성, 지속적 개선의 중요성을 설명하고 있다.

Deming은 고객 요구의 더 나은 이해를 통한 제품과 서비스의 지속적 개선은 범세계 시장을 획득하는 데 중요한 핵심이라고 하였다.

실제로 지속적 개선은 학습에 의존하며 학습 사이클은 계획수립 → 계획실행 → 진보 평가 → 평가 결과물을 기초로 한 계획 수정의 네 단계로 구성된다. 그리고 학습조직은 미래에 창출된 능력의 지속적으로 향상시키는 조직이다. 학습조직에 있어 단지 살아남는다는 것은 불충분하다. '생존 학습(종종 '적응 학습'으로 불림)'은 중요하다.

그러나 학습조직에 있어, '적응 학습'은 생성적 학습과 통합되어야 하며, 이때 학습은 미래에 창출될 능력을 강화시킬 것이다. 지속적 개선과 학습은 일상적 작업의 일부로서 개인, 단위 작업, 조직 수준에서 실행되고, 중요한 변화에 영향을 미치는 기회를 유도해야 하며, 조직전체의 공유에 초점을 맞추어야 한다.

- **적응적 학습**(adaptive learning): 변화하는 환경에 반응하거나 대처하는 의미로 수동적이고 현재 지향적인 학습 개념이다.
- **생성적 학습**(generative learning): 조직의 현재능력을 확장시킴으로써 미래의 기회를 발견하는 의미이며, 적극적이고 미래 지향적인 학습 개념이다.

3. 종합적 품질경영(TQM)을 통한 품질 우수기업의 경쟁성과

품질경영상이나 말콤 발드리지 품질상을 수상한 기업들은 품질이 경쟁우의의 원천이 될 수 있으며, 경영성과를 높이는 요인이 된다는 사실을 보여주었다. 미국 GAO(General Accounting Office)의 연구는 종합적 품질경영(TQM) 활동이 기업성과에 미치는 영향을 측정할 수 있는 네 가지 기업 활동 영역을 제시하였다.

- 종업원 관계
- 운영성과
- 고객만족
- 재무적 성과

종업원 관계에 있어서 종업원의 만족, 참여율, 이직율, 안전과 건강, 제안내용의 채택 등이 상당히 향상되었다. **운영성과**에 있어서 신뢰성, 납기의 적시성, 주문처리 시간, 결점과 불량, 제품소요 시간, 재고자산회전율, 품질비용, 전체적인 원가절감 등에서 좋은 결과를 보여주었다. 전체적으로 **고객만족**이 향상되었고, 따라서 고객 불만이 감소하고

〈그림 1-1〉 종합적 품질경영과 경쟁성과

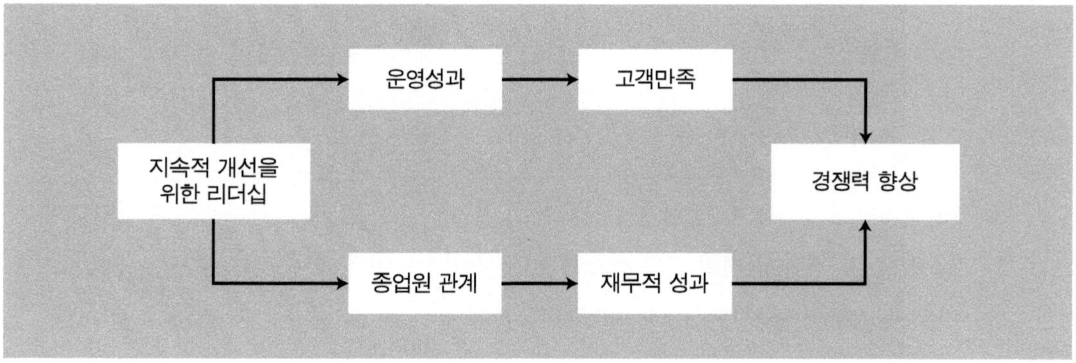

고객유지가 증가하였다. **재무적 성과**측면에서 시장점유율, 종업원 1인당 판매, 자산 수익률, 판매수익률 등이 향상되었다.

4. 종합적 품질경영의 중요 요소

종합적 품질경영의 중요 요소들은 다음과 같다.

1) 고객만족경영

고객의 필요성을 이해하고, 시장 변화에 발맞추기 위해서는 고객의 소리를 듣고, 학습을 통해 고객만족도를 측정하며, 그들과 관계유지를 위한 전략이 필요하다. 고객 요구는 조직의 전략적 계획수립, 제품 설계, 프로세스 향상, 작업자 교육과 연계되어야 한다.

2) 리더십과 품질전략기획

모든 관리자들은 품질을 위한 조직의 리더로써 행동해야 한다. 모든 관리자(CEO)의 업무는 성과 향상을 위해 분명한 가치와 높은 기대치를 선정한 후 기업 프로세스로 정립시켜야 한다. 중간관리자들은 작업자들을 고무시키고 동기를 부여하기 위한 역할 모델이 되어야 하며, 관여, 학습, 혁신, 창조를 조장해야 한다. 전략적 경영계획의 수립은 조직 전반의 품질 성과의 향상을 유도해야 하며 그리고 많은 변화(고객 기대, 새로운 사업기회, 세계화, 정보기술의 활용 등)들을 예상해야 한다.

3) 인적자원관리

기업의 품질 및 성과 목표를 일치시키는 위해서 작업자나 종업원들은 조직에 헌신적이어야 하고, 교육·훈련이 지속적으로 필요하며, 적극적인 참여가 요구된다.

이들은 적절한 작업 시스템, 보상, 교육훈련, 작업환경 등에 대한 설계와 관리를 통해 달성될 수 있다. 이 영역에서 주요한 도전은 인적 자원의 통합과 인적자원관리와 사업 방향 및 전략적 변화 프로세스를 일치시키는 것이다. 이를 위해 종업원 지식, 기술, 만족, 동기부여, 안전 등을 데이터화해야 한다.

4) 프로세스 관리

프로세스 관리는 고객의 요구와 일치하는 제품과 서비스를 개발하고 전달하기 위한 프로세스 설계를 포함하여 그 결과 프로세스는 필요할 때 실행되고 지속적 개선을 이루어 나간다. 프로세스 관리를 통해 설계 단계에서부터 문제를 예방할 수 있으며, 세계화에 빠르고 유연한 변화 대응이 가능하게 된다. 또한 프로세스 관리는 조직의 핵심능력뿐 아니라 가치창출을 조장하는 지원 프로세스를 포함해야 한다.

5) 정보와 지식 경영, 경영 성과의 측정

현대 경영은 성과 측정, 관리, 지속적 개선을 위해 데이터와 정보에 의존한다. 정보는 신뢰성 있고, 정확해야 하며, 시기적절해야 한다. 조직의 지식을 전파하고 공유하는 것은 효과적인 관리시스템에서 매우 중요하다.

종합적 품질경영은 조직의 성과를 지속적으로 측정한다. 성과의 측정과 관련하여 품질비용이라는 것은 양질의 제품이나 서비스를 생산함에 있어서 발생하는 모든 경영상의 비용을 의미하는데, 예방비용, 평가비용, 내부 실패비용 등이 있으며, '고객의 요구수준을 초과한 비용'과 '기회비용' 등이 포함된다.

성과의 측정 후의 적절한 인정과 보상시스템은 종합적 품질경영 프로그램에 중요하며, 특히 품질 개선과정이 이루어지는 일상적인 작업집단에게는 더욱 중요한 의미를 갖는다. 인정이란 개인이나 집단의 실적을 칭찬함으로써 격려하는 것을 의미한다. 보상이란 성과와 관련하여 재정적인 혜택을 주고 인정해 주는 것을 의미한다. 실적을 증가시키고 참여적인 문제해결에 의한 지속적인 성과향상을 위해서는 인정과 보상을 통한 적극적인 동기부여가 중요하다.

6) 경쟁적 벤치마킹

시장에서의 기업성과는 항상 경쟁적인 관점에서 파악되어야 한다. 기업이 경쟁력을 지니기 위한 전략의 수립과 시행, 그리고 경쟁력의 근원으로 작용할 수 있는 기술 및 품질능력의 확보 등은 모두가 고객을 근원으로 하여 경쟁적인 상황에서 이루어지는 것이다. 이러한 측면에서 경쟁적 벤치마킹(competitive benchmarking)은 기업의 지속적 성과향상에 기초가 되는데, 기업이 경쟁사와 자신에 대한 평가를 하여 시장에서의 우위성 확보를 활용할 수 있게끔 하는 지속적인 경영과정을 의미한다. 여기에서의 목표는 가장 뛰어난 경쟁사보다도 더 나은 성과를 올리는 것이다.

기업이 행하는 종합적 품질향상 프로그램의 주요 구성요소인 제품과 서비스, 경영과정과 절차, 그리고 인적자원에 관해 경쟁적인 위치를 파악하고 적절한 측정기준을 마련하는 것이 중요하다. 따라서 성과향상에 가장 바람직한 실천행동을 파악하고 이를 실행하기 위하여 직접적인 경쟁사뿐만 아니라 다른 여러 기업과의 성과를 비교, 측정하여 기준을 설정해야 한다. 이와 같이 경쟁적 벤치마킹은 경영활동을 구체화하고 성과측정과정을 개발하기 위하여 산업 내·외의 경쟁사를 지속적으로 평가하는 체계적 과정이라고 정의할 수 있다. 그러므로 경쟁적 벤치마킹은 종합적 품질경영 프로그램에 중요한 요소가 된다.

제4절 품질과 경쟁우위

1. 품질향상에 따른 사업성과

일반적으로 시장에서 경쟁우위는 시장점유의 우수성을 달성하기 위한 기업의 능력으로 나타낸다. Wheelwright는 강력한 경쟁 우위의 여섯 가지 특징을 다음과 같이 설명하였다.

1. 경쟁우위는 고객이 원하고 요구하는 것에 의해 나타난다. 기업은 경쟁자가 가지지 못한 가치를 고객에게 제공해야 한다.
2. 경쟁우위는 사업 성공에 중요한 공헌을 한다.
3. 경쟁우위는 조직의 특정 자원과 환경 내 기회를 일치시켜야 한다.
4. 경쟁우위는 견고하고 지속력 있어야 하며, 경쟁자가 모방하기 어려워야 한다.
5. 경쟁우위는 더 나은 개선을 위한 기초가 된다.
6. 경쟁우위는 전체 조직의 방향과 동기를 제공한다.

따라서 각 특징은 품질과 관련되며 품질은 경쟁우위의 중요 요소라고 하였다.

〈그림 1-2〉 품질과 이윤의 관계

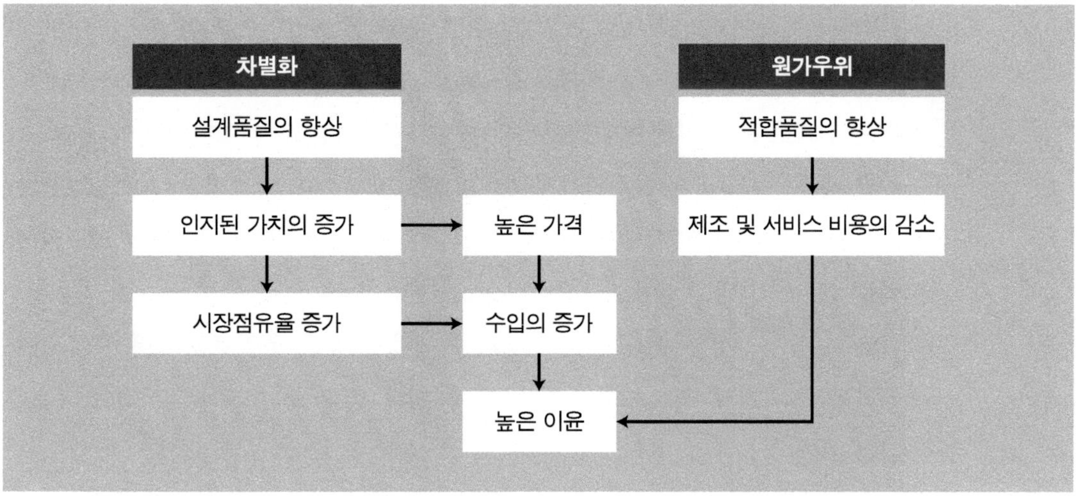

경쟁우위를 실현시키는 품질의 중요성은 1980년대에 몇 개의 연구들에 의해 밝혀졌다. PIMS사는 1,200개의 회사들의 데이터베이스를 유지하고 회사의 실증으로 제품품질의 영향을 연구했다. PIMS 연구자들은 다음과 같은 내용을 발견했다.

- 제품품질은 사업 수익성 결정에 중요 요소이다.
- 최상 품질의 제품과 서비스를 제공하는 사업은 초기 시장 진입과 높은 시장점유율을 확대할 수 있다.
- 품질은 모든 종류의 제품과 시장 상황에 대하여 더 높은 투자 수익률을 올리는데 긍정적인 역할을 한다.
- 품질 개선 전략을 실시함으로써 단기간 이윤이 감소할 수 있지만 시장점유율 증대를 가져올 수 있다.
- 높은 품질을 생산함으로써 프리미엄 가격을 책정할 수 있다.

2. 품질을 통한 경쟁우위

품질을 통한 경쟁우위를 확보하는 방법에 대한 설명으로 두 가지 접근 방법이 있다.

1) 차별화와 원가우위

경쟁우위와 관련하여 일반적으로 두 가지 경쟁우위의 원천인 차별화와 원가우위와 관련이 있다. 시장에서 제품가치는 **설계품질**(design quality)에 따라 좌우된다. 제품성능이나 특성 또는 신뢰도 등을 향상시킴으로써 제품을 차별화시킬 수 있으며 기업의 품질명성을 높이고 제품가치를 높게 인식시킬 수 있다. 또한 높은 가격을 책정할 수 있고 시장점유율도 높일 수 있다. 결과적으로 설계향상을 위한 비용을 상쇄시키고 남을 정도의 높은 수익을 창출하게 되는 것이다.

제조과정에서의 **적합품질**(conformance)은 재작업, 불량품, 품질보증 비용 등을 감소시키기 때문에 제조 및 서비스 비용을 낮출 수 있다. Crosby는 그의 저서에서 다음과 같이 말하고 있다.

> 품질은 누가 가져다주는 선물이 아니다. 그렇다고 돈이 드는 것도 아니다(Quality is free). 추가비용은 품질이 나쁜 제품을 만듦으로써 소요되는 것이며, 이것은 처음부터 일을 제대로 하지(DIRTFT) 못했기 때문에 발생되는 것이다. 품질은 돈이 들지 않을 뿐만 아니라 이익을 남길 수 있는 최선의 방법이다. 모든 일을 처음부터 올바르게 함으로써 모아지는 한푼 한푼의 돈이 그대로 당신의 안주머니에 쌓이게 되는 것이다. 그 누구도 우리 산업의 앞날을 예측할 수 없는 오늘날에는 이익을 증진할 수 있는 방법이 별로 많지 않다. 만약 당신이 완전한 품질을 만들기에 주력한다면 당신은 매출액의 5%에서 10%에 이르는 이익을 늘릴 수 있을 것이다. 바로 이것이 힘 안 들이고 얻을 수 있는 이익이다.

2) 모래성 이론

고객중심의 환경 하에서 품질은 기업경쟁의 가장 기초로서 토대가 되고 있다. INSEAD 대학의 Ferdows 교수 등은 기업의 경쟁력을 모래성을 이용하여 비교 설명하였다. 이는 모래성은 기초가 넓고 튼튼해야 무너지지 않는다. **모래성 이론**(sand cone theory)에 의하면 모래성의 가장 밑 부분의 토대를 이루는 것이 품질이고, 그 위에 납기, 유연성 그리고 원가로 성과가 누적되어 기업의 경쟁력이 발생된다는 것이다.

결국 품질이 제대로 만들어지지 않으면 납기, 유연성, 원가 등 기업의 모든 경쟁요인이 실현될 수 없다. 이는 곧 품질을 관리한다는 것은 기업의 경쟁력을 관리한다고 해도 과언이 아니다. 우리나라의 대표적인 S그룹의 회장이 새해 임원회의에서 세계의 무한경

〈그림 1-3〉 모래성 이론

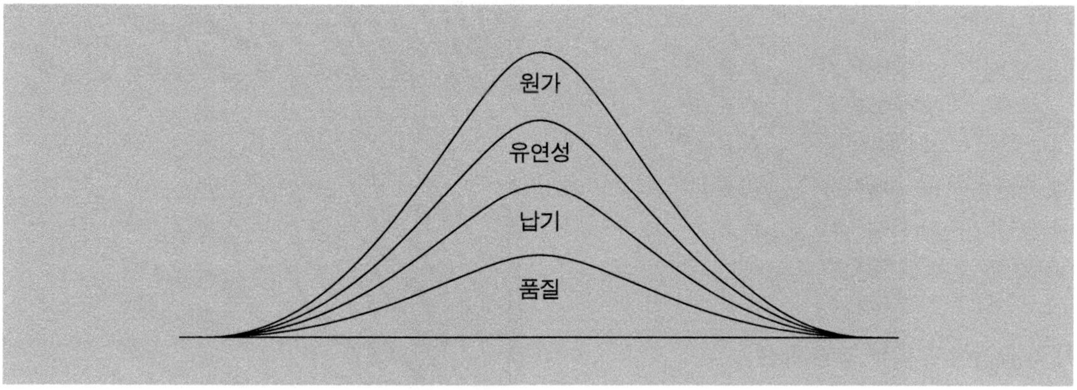

쟁에 살아남기 위하여 '질에 의한 경영'을 강조한 바 있다. '질에 의한 경영'은 품질경영의 중요성을 밝힌 것이다.

사례

현대자동차 품질경영

자동차용 프레스 금형 부품을 생산하는 화신은 2015년부터 미국 전기차 제조업체인 Tesla에 부품을 본격적으로 공급하기 시작했다. 김영구 화신 품질기획팀 부장은 "미국 Tesla와 부품 공급 계약을 하는 데 현대자동차의 '품질 5스타' 인증이 큰 역할을 했다"고 전했다. 화신은 현대차에서 품질 인증을 받은 뒤부터 신뢰도가 상승, Tesla 외 Ford와 Volkswagen 등 다른 글로벌 제조사에도 부품 공급을 확대하고 있다.

현대자동차의 품질 5스타 인증 제도가 국내 자동차 부품업계에서 '수출보증서'로 통해 인증을 받기 위한 업체들의 경쟁이 치열해지고 있다. 글로벌 자동차업계 톱5인 현대차의 위상이 올라가면서 품질보증제의 공신력도 높아졌기 때문이다.

현대차는 협력업체의 부품 품질을 높이고 협력업체에 대한 공신력 있는 품질 평가를 위해 2002년 품질 5스타 제도를 도입했다. 정몽구 현대차그룹 회장이 강조해온 '품질 경영'의 객관적인 평가 잣대가 품질 5스타다.

현대차 관계자는 "자동차는 2만여 개의 부품으로 이뤄지기 때문에 완성차 업체의 노력만으로는 품질 경쟁력을 높일 수 없다"며 "부품에 대한 글로벌 톱 수준의 품질, 기술 경쟁력을 확보하기 위해 협력업체를 대상으로 품질 인증 제도를 시행하고 있다"고 소개했다.

부품업체가 품질 5스타 인증을 받기 위해서는 까다로운 기준을 충족해야 한다. 생산공장의 품질경영 체계와 납품한 부품 불량률 등을 점수화해 85점 이상이면 품질 5스타를 준다. 현대차는 2009년부터 90점 이상 점수를 받은 부품사에 품질 5스타보다 한 단계 높은 '그랜드 품질 5스타' 인증을 주고 있다. 이 평가는 매년 이뤄지며 한 해라도 기준에 미달하면 인증을 취소한다.

현대차에 따르면 경신, 동희산업, 화신 등 31개사가 품질 5스타를, 세종공업, 남양공업, 성우하이텍, 희성촉매 등 4개사가 그랜드 품질 5스타 인증을 받았다. 현대차에 부품을 납품하는 1차 협력사 331개 중 상위 10% 정도가 5스타 인증 업체다.

해외 공장에도 품질 경영 확산

품질 5스타 제도는 현대차 자체의 품질 향상으로 이어졌다. 미국 시장조사업체 J.D.Power가 실시한 신차 품질 조사에서 현대차는 2002년 일반 브랜드 23개 가운데 16위였지만 2009년 1위 자리에 올랐다. J.D.Power가 2016년 1월 17일 발표한 2015년형 모델의 초기 품질 조사에서도 기아차가 21개 일반 브랜드 중 1위, 현대차가 2위에 올랐다. 품질 경쟁력에 힘입어 현대차 제네시스는 2009년 북미 올해의 차에 뽑혔고, 2012년엔 아반떼가 이 상을 받았다.

현대차는 2015년부터 품질 인증 제도를 한층 강화했다. 품질 5스타와 별도로 '글로벌 품질 5스타'를 신설한 것. 글로벌 품질 5스타는 현대차와 함께 외국에 동반 진출한 부품업체의 해외 공장을 대상으로 품질을 평가하는 제도다. 2015년에 1년간 평가를 진행해 2016년에 처음 인증을 부여했다. 화신과 화승R&A, 세원물산, 서연이화 등 9개사가 글로벌 품질 5스타를 받았다. 최고 등급인 그랜드 글로벌 품질 5스타 인증업체는 자동차 배기시스템 제조사인 세종공업이 유일하다. 이 회사의 정용식 품질담당 부장은 "현대차의 품질 인증 기준을 충족하면 공장의 품질이 조기에 안정을 이루고 원가절감에도 도움이 된다"며 "중국, 북미, 유럽 등 총 7개 공장이 모두 품질 5스타를 받아 글로벌 시장에서 품질 경쟁력을 확보했다"고 말했다. 세종공업은 이를 바탕으로 글로벌 업체들과 부품 공급을 위한 협의를 진행하고 있다.

▼ 현대자동차 품질 5스타 종류

구분	종류
국내	그랜드 품질 5스타, 품질 5스타
국외	그랜드 글로벌 품질 5스타, 글로벌 품질 5스타

▼ 현대자동차 품질 5스타 인증업체

구분	업체
그랜드 품질 5스타 (4개사)	세종공업, 남양공업, 성우하이텍, 희성촉매
품질 5스타 (31개사)	경신, 유라코퍼레이션, 화신, 일지테크, 도희산업, 서연이화, 코리아오토글라스, 일진베어링, 한국파워트레인, 화승R&A 등
그랜드 글로벌 품질 5스타(1개사)	세종공업
글로벌 품질 5스타 (9개사)	세원물산, 화신, 남양공업, 경신, 화승R&A, 동희산업, 서연이화, 성우하이텍, 유라코퍼레이션

자료: 한국경제, 2016년 2월 15일.

연습문제

1. 품질의 역사를 설명하라.
2. 우리나라 품질의 역사를 나열하라.
3. 품질을 정의하라.
4. 제조관점, 서비스 관점에서 품질을 정의하라.
5. 종합적 품질 경영을 정의하라.
6. 종합적 품질경영이 어떻게 경쟁우위를 달성하는지 설명하라.
7. 품질을 통한 경쟁우위의 확보의 관계를 설명하라.
8. 품질을 통한 경쟁우위를 설명하는 모래성 이론이란 무엇인가?

참고문헌

김기영 외 공저 (1999), 품질경영, 박영사.

김연성 외 공저 (2015), 품질경영론, 제5판, 박영사.

안영진 (2014), 경영품질론, 박영사.

이창원 외 공역 (2015), 품질경영, 한경사.

Aker, J. F. (1991), "World-Class Quality: Nothing Else Will Do," *Quality Progress*, 24, No. 10, pp. 26-27.

ISO 9001:2000(Quality Management Systems - Guidelines for Performance Improvement) 제2판(2000년 발행).

Evans, J. R. and Lindsay, W. M. (2014), *The Management and Control of Quality*, 9th ed., South-Western Cengage Learning.

Feigenbaum, A.V. (1986), *Total Quality Control*, 3rd ed., McGraw-Hill, Inc., p. 16.

Garvin, D. A. (1988), *Managing Quality: The Strategic and Competitive Edge*, Free Press.

Juran, J. M. (1991), "Strategies for World-Class Quality", *Quality Progress*, March, pp. 81-85.

Wheelwright, S. C. (1989), "Competing through Manufacturing," *International Handbook of Production and Operations management*, London, Casell Educational, Ltd., pp. 15-32.

제2장
품질경영철학과 품질경영 평가모형

학습목표

1. 품질경영 대가들의 품질철학을 이해한다.
2. 이들 품질철학을 실무에 정착시키기 위한 품질경영의 기본 틀에 대하여 알아보고자 한다.
3. Deming, Juran, Crosby, Feigenbaum 그리고 Ishikawa의 철학에 대하여 학습한다.
4. 말콤 발드리지 품질상, 일본의 품질경영상, 유럽의 품질경영상의 유래와 평가기준에 대해서 이해한다.
5. 한국의 국가품질상에 관하여 알아보고자 한다.

사례

제48회 국가품질경영대회

KNQA
Korea National Quality Award
Since 1975

'제48회 국가품질경영대회(산업통상자원부 국가기술표준원 주최·한국표준협회 주관)'가 수상자 및 수상기업 등 2,000여 명이 참석한 가운데 2022년 11월 23일 경기도 고양시 일산 킨텍스 그랜드볼룸에서 열렸다. '국가품질경영대회'는 품질경영 혁신 활동으로 탁월한 성과를 창출해 국가산업 경쟁력 향상에 이바지한 유공자와 우수 기업을 발굴·포상하고 있다.

2022년 '국가품질경영대회'는 '다시 도약하는 디지털 품질강국, 대한민국'이라는 슬로건을 내걸고 훈·포장 6점, 대통령표창 18점, 국무총리표창 13점 등 총 402점을 포상했다.

총 402점 포상으로 산업현장 사기 높여

개인 부문에서는 한영재 노루홀딩스 회장이 금탑산업훈장을 받았다. 한 회장은 신기술 친환경 제품 개발로 업계 최다(最多) 특허를 획득하고, 국산화 및 세계 시장 개척에 앞장서 국가 경제 발전에 기여했다. 은탑산업훈장은 김형남 삼성전자 부사장, 철탑산업훈장은 윤명훈 LG화학 여수공장 주재임원 전무가 수상했다. 산업포장에는 강용석 서연이화 대표이사, 故송경현 경향산업(유) 대표

▼ 국가품질상 부문별 주요 수상자

개인 부문

(훈장 3, 포장 3, 대통령표창 8, 국무총리표창 11, 장관표창 15)

훈격	소속	직위/직급	성명
금탑산업훈장	노루홀딩스	회장	한영재
은탑산업훈장	삼성전자	부사장	김형남
철탑산업훈장	LG화학	전무	윤명훈
산업포장	서연이화	대표이사	강용석
	경향산업(유)	대표이사	故송경현
	에스코알티에스	대표이사	김영권

단체부문

(대통령표창 10, 국무총리표창 2, 산업통상부장관표창 9)

훈격	소속	직위/직급	성명
대통령 표창	국가품질 대상	공공	한국동서발전
	국가품질 경영상	공공	한전원자력연료
		ESG경영	KB금융지주
			중소벤처기업진흥공단
		생산	제일전기공업
		고객만족	청호나이스
	국가품질 혁신상	품질경쟁력	평화산업
		4차산업	엘에스일렉트릭 청주사업장
		탄소중립	신한은행
		서비스	공항철도
국무총리 표창	국가품질 혁신상	서비스	(재)경남테크노파크
			이든앤앨리스마케팅

이사, 김영권 에스코알티에스 대표이사가 각각 이름을 올렸다.

단체 부문에서는 총 21개사(社)가 국가품질상 대통령표창·국무총리표창·장관표창을 받았다. 대통령표창은 국가품질대상에 한국동서발전, 국가품질경영상에 한전원자력연료, 국가품질혁신상에 KB금융지주·중소벤처기업진흥공단(ESG경영 부문), 제일전기공업(생산 부문), 청호나이스(고객만족 부문), 평화산업(품질경쟁력 부문), 엘에스일렉트릭 청주사업장(4차산업 부문), 신한은행(탄소중립 부문), 공항철도(서비스 부문)가 수상의 주인공이 됐다. 국가품질혁신상 국무총리표창은 (재)경남테크노파크·이든앤앨리스마케팅(서비스 부문)이 영광을 안았다.

근로자 9명에 '국가품질명장' 증서

'국가품질경영대회'는 '국가품질 명장(名匠)'과 '우수품질 분임조'를 선정, 각각 대통령 명의의 증서와 메달을 수여해 권위를 높이고 있다. 이번 대회에서는 장인정신이 투철한 현장 근로자 9명에게 '국가품질명장' 증서를 수여했다.

품질분임조는 산업 현장에서 자율적으로 개선 활동을 펼치는 소규모 그룹으로 현재 5만 3,000여 팀 53만여 명이 연간 약 3조 원의 개선 효과를 창출하고 있다. 2022년 본선은 2022년 8월 29일~9월 2일 경북 경주시에서 열렸는데, 총 266개 팀이 15개 부문에서 경쟁해 금·은·동상을 각각 수상했다.

자료: 조선일보, 2022년 11월 24일.

제1절 Deming의 품질경영철학

Deming은 1920년대와 1930년대 통계적 품질관리 태동기에 Western Electric사에 근무하였으며 통계전문가로 훈련받았다. 제2차 세계대전 동안 그는 미국에서 많은 기술자를 대상으로 통계적 품질관리(SQC)를 가르쳤으나 경영층의 관심을 끌지 못하였다. 전쟁이 끝난 뒤 Deming은 일본으로부터 통계적 품질관리를 교육해 달라는 초청을 받았다. 일본의 최고경영자들은 그에게 교육받기를 간절히 원했으며, 그는 일본 산업계에서 영향력 있는 21명의 최고경영자를 대상으로 강의하였다. 그들은 Deming의 가르침을 산업에 확산시켰다. 1970년대 중반에 이르러 일본제품의 품질이 서구제품의 품질을 능가하였고 일본기업은 서구시장에 깊숙이 침투하였다.

일본과학자 및 기술자조합에서는 Deming이 통계적 품질관리구축에 끼친 업적을 기리기 위하여 1951년에 Deming상(Deming Application Prize)을 실천하였다.

1980년에 미국의 NBC방송이 "If Japan Can … Why Can't We?"라는 제목으로 방송으로 방송을 내보내기 전까지 Deming이 미국에는 알려지지 않았다. 이 프로그램으로 인하여 Deming의 이름은 기업경영자들 사이에 널리 알려졌으며, Ford사는 자기 회사의 품질을 향상시키기 위하여 그를 초대하였다. Deming이 품질분야에 미친 영향은 너무나 지대하며 많은 책들이 그의 철학을 설명하려고 시도하고 있다.

1. 품질 변동과 공정품질 관리

Deming은 설계 및 생산 공정에서 품질의 변동 가능성을 최소로 줄여서 제품과 서비스의 품질을 개선할 것을 강조하였다. 즉 **공정 중심의 품질관리**를 강조하였다. 그에 따르면 설계 규격을 벗어나는 품질의 변동은 곧 성과의 일관성을 저해하고 결국 품질 문제를 야기시켜 낭패를 당하게 한다는 것이다. 이와 마찬가지로 서비스의 경우도 비일관성으로 인하여 고객을 실망시키고 결국 기업 이미지에 손상을 입히게 된다.

모든 눈송이가 다르듯이 동일 생산 공정에서 생산된 산출물이라 할지라도 모두 같지 않다. 왜냐하면 생산 공정에는 품질의 변동을 야기하는 수많은 원천이 있기 때문이다. 예컨대, 재료의 수입로트가 다를 경우에 강도, 두께 또는 수분 함유량 등이 다를 것이다. 절단 작업의 경우에 제조하는 동안 도구는 마모되고, 기계 진동으로 인하여 최초 설정환경의 변화를 야기하고, 전압의 불안정으로 인하여 동력의 일관성이 결여됨으로써 절단작업의 품질 변동을 초래한다. 또한 작업자가 작업 기계에 부품 등을 일관되게 고정시키지 못할 경우 품질변동이 생긴다.

재료와 도구, 기계, 작업자, 그리고 작업환경 등에 기인한 이러한 모든 품질 변동의 복잡한 상호작용은 쉽게 이해될 수 없다. 품질 변동은 어떤 개별 원인에 의하여 임의적으로 나타나며 보통 통계적으로 예측할 수 있다. 품질 변동의 원인 중에서 공정상의 자연적인 부분의 요인을 **우연 원인**(common causes)이라 한다. 예컨대 프레스 공정의 금형이상이나 센서 이상 등이 그것이다. 또한 작업 환경의 차이, 작업자 숙련도 차이, 자재·생산 설비 특성의 차이에서도 발생한다.

생산 공정에서 관찰되는 품질변동의 80~90%는 일반적으로 우연 원인으로 설명된다. 나머지 10~20%는 **이상 원인**(assignable causes)—특수 원인(special cause)—에 기인한다. 이상 원인은 공정의 고유한 원인(우연 원인)이 아니라 외부 원인에 의하여 야기된다. 공급자로부터 구입한 재료의 불량, 작업자에 대한 교육 부족, 도구의 지나친 마모, 혹은 측정기구의 오·조정 등은 이상 원인의 예들이다. 우연 원인에 의한 일상적인 형태를 벗어나는 특수한 품질 변동을 이상 원인은 야기한다. 그러므로 이러한 품질 변동들은 통계적 방법을 사용하여 쉽게 감지할 수 있고, 이들을 제거하는 것이 경제적이다.

오직 우연 원인에 의해서만 관리되는 시스템은 '안정적'이다. 안정된 시스템을 이해하고, 이상 원인에 의한 품질 변동과 우연 원인에 의한 품질 변동의 차이를 이해하는 것은 어떤 시스템을 관리하기 위하여 매우 중요하다. 경영자들은 공정을 개선하는 데 있어서 다음 두 가지의 기본적인 실수를 할 수 있다.

1. 어떤 흠, 불평, 실수, 중단, 사고, 부족 등이 실제로 우연 원인에 기인하더라도 이상 원인에 의한 것으로 다루는 것
2. 어떤 흠, 불평, 실수, 중단, 사고, 부족 등이 실제로 이상 원인에 기인하더라도 우연 원인의 탓으로 돌리는 것

첫 번째 경우, 안정적 시스템에 손대게 되면 오히려 시스템 내의 품질 변동을 증가

시키게 될 것이며, 두 번째 경우에 있어서는 원치 않는 품질 변동이지만 통제할 수 없는 것으로 간주함으로써 이 품질 변동을 제거할 수 있는 기회를 놓칠 수 있다. 품질 변동은 최소화되어야 한다.

생산자와 고객 모두는 품질 변동을 감소시킴으로써 이익을 얻을 수 있다. 생산자의 경우는 검사 필요성의 감소, 원료 낭비 및 재작업 감소, 생산성 향상 등과 같은 이익을 얻게 되며, 고객들은 모든 제품이 비슷한 품질 특성을 가지고 있다는 것을 보증받게 된다. 특히 고객이 기업일 경우, 자신의 생산 및 서비스 운영 활동에 많은 제품을 사용하게 되어 이러한 보증은 더욱 중요하게 고려된다.

품질 변동은 경영 비용을 증가시킨다. Sony사의 일본 TV공장과 미국 샌디에이고 공장의 원가와 품질을 비교한 아사히 신문의 기사에 따르면, 미국 공장에서 생산된 거의 모든 제품의 색상밀 도는 설계 규격 범위 내에 있었으나, 일본에서 생산하여 미국에 선적된 제품 중 일부는 색상 밀도가 설계 규범을 벗어나 있었다(그림 2-1 참조).

그러나 미국 공장 제품의 제품 단위당 평균 손실은 0.89달러로 일본 공장 제품보다 훨씬 높았다. 이는 미국 공장에서 생산된 제품 중에서 설계 규격 범위를 벗어난 제품들이 공장 내에서 재작업이 이루어짐으로써 공장 원가가 증가되었기 때문이다. 게다가 단지 설계 규격 범위 내에서 조정된 제품은 색상 밀도의 단일목표(target value)에 거의 일치하는 제품에 비하여 고객의 불만의 소지가 더욱 높다. 따라서 서비스 비용이 더욱 많이 소요된다.

〈그림 2-1〉 미국기업과 일본기업의 제품품질 변동비교: TV부품

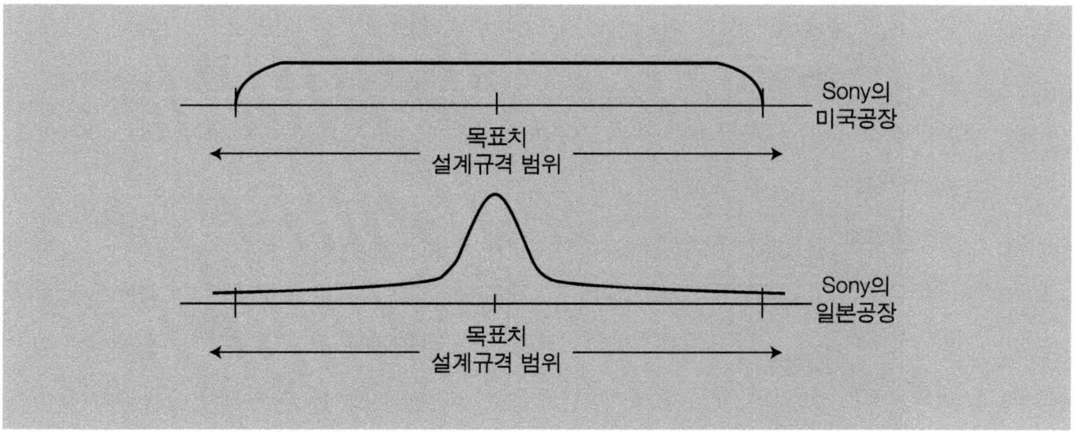

자료: Jamaes W.Dean, Jr. and James R.Evans (1994), *Total Quality: Management, Organization, and Strategy*, West Publishing Co., p. 41.

〈그림 2-1〉에서 보면 미국 공장에서 생산된 제품 중에서 색상 밀도의 목표치에 일치하는 제품이 적다. 이에 반하여 일본 공장에서 생산된 제품의 생산 밀도 품질의 분포를 보면 비록 일부 제품은 설계 규격을 벗어나 있지만 대부분의 경우, 목표치에 근접해 있음을 알 수 있다. 따라서 전체 원가는 일본이 적다.

우연 원인에 의한 품질변동을 줄이는 유일한 방법은 공정의 기술, 즉 기계, 작업자, 자재, 방법, 측정시스템을 바꾸는 것이다. 공정은 생산 담당자의 통제 하에 있다기보다는 경영자의 통제 하에 있다, 따라서 생산 담당자에게 고품질 수준의 제품을 생산할 것을 강요하는 것은 가능하지 않을 수 있으며 오히려 생산에 지장을 초래할 수 있다.

〈그림 2-2〉 품질변동의 발생원인

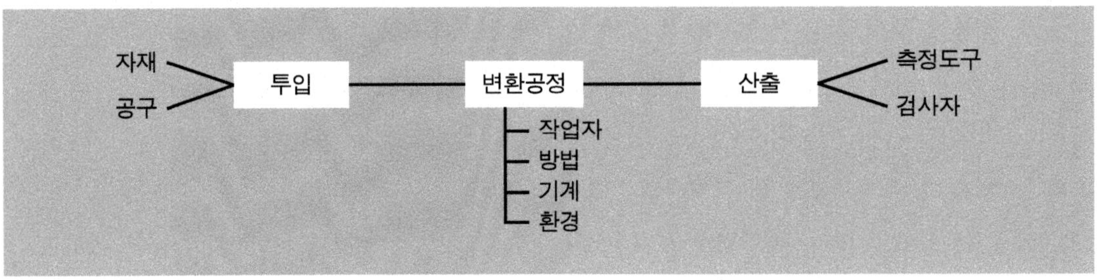

자료: 황의철 (2000), 품질경영, 박영사, p. 21.

2. 품질의 경영관리적 접근 — Deming 사이클과 품질개선의 효과

품질 변동을 감소시키기 위하여 지속적인 관리 활동이 요구되며, 이는 계획(Plan) → 실행(Do) → 확인(Check) → 조처(Action)의 PDCA 관리 사이클을 통하여 실행된다. Deming은 PDCA 관리 사이클을 품질개선의 지속적인 방법으로 활용하여 "Deming 사이클"을 제시하였다.

품질의 변동을 감소시키기 위하여 Deming은 '제품설계 — 생산 — 검사 — 판매 — 시장조사 — 재설계 …'로 전개되는 지속적인 사이클을 강조하였다. 그는 기업의 품질 관리 활동을 설명하면서 "기업은 제품의 품질에 대한 책임감, 품질을 중시하는 기반 위에서 ① 소비자의 요구를 조사·연구, ② 소비자의 요구를 만족시키는 품질의 제품을 설계, ③ 설계로 제품을 생산, ④ 제품을 소비자에게 판매하는 조사·설계·생산·판매의

〈그림 2-3〉 Deming 사이클

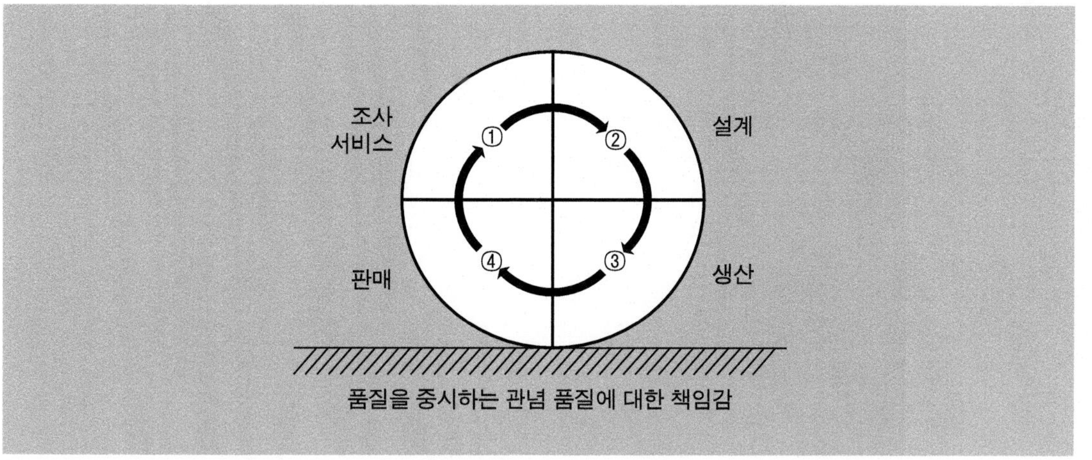

자료: 황의철 (2000), 품질경영, 박영사, p. 21.

사이클을 지속적으로 반복하는 것"의 중요성을 강조하였다. 이것이 〈그림 2-3〉에 나타낸 Deming 사이클이다.

Deming 사이클을 통하여 품질이 개선되면 이는 곧 생산성 향상으로 연결되어 궁극적으로는 기업 경쟁력이 향상된다. 이러한 그의 주장은 〈그림 2-4〉의 '**품질 개선의 연쇄작용**(chain reaction)'과 같다. 즉 품질이 향상되면 재작업 감소, 실패 감소, 지연 감소, 시간 및 자재의 효율적 사용 등으로 인하여 원가가 절감된다. 그리고 원가의 절감은 생산성 향상으로 이어진다. 품질 개선 및 원가 절감으로 인하여 기업의 시장점유율이 증가하여 사업이 안정되며 더 많은 업무를 창출한다. 이러한 사실에 근거하여 품질개선에 대한 최고경영자의 책임이 매우 중요하다는 사실을 Deming은 강조하였다.

〈그림 2-4〉 품질개선의 연쇄작용

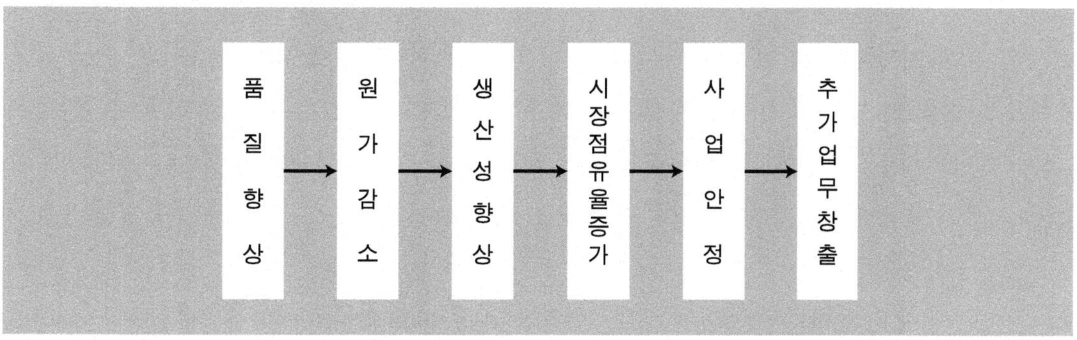

〈표 2-1〉 Deming의 품질개선 14실행항목

① 경영참여
② 새로운 철학의 학습
③ 원가절감 및 공정개선을 위한 검사의 목적 이해
④ 가격보다 품질중심의 구매의사결정
⑤ 전사적으로 일관된 품질개선노력
⑥ 훈련의 제도화
⑦ 감독과 리더십의 제도화
⑧ 두려움의 제거
⑨ 팀 노력의 극대화
⑩ 작업자에 대한 강요제거
⑪ 생산목표할당 및 목표관리의 제거
⑫ 작업자들의 자존심 보호
⑬ 전 조직원의 교육 및 자기개선 실시
⑭ 변혁을 위한 조치

3. Deming의 '품질개선 14실행항목'

Deming 철학을 종합적으로 설명하기 위하여 Deming은 '**품질개선 14실행항목**(Deming's 14points)'을 제시하였는데, 이는 기업이 생존하고 경쟁력을 갖기 위해서 해야 할 일들을 기술하고 있다.

〈표 2-1〉에 열거된 Deming의 품질개선 14가지 실행항목은 다음과 같다.

1) 경영참여

기업은 이익만을 위하여 존재해서는 안 된다. 기업의 참된 목적은 고객과 종업원들에게 기여하는 데 있다. 이를 위하여 장기적인 관점에서 기술혁신, 교육훈련, 연구 활동 등을 실시해야 한다. 일본기업들은 미국기업에 비하여 많은 시간을 연구개발 활동에 투입한다. 일본기업들은 미래의 여러 해 동안 높은 시장점유율을 실현하기 위하여 단기적인 이익을 기꺼이 포기한다. 그러므로 조직은 명확한 사명과 목적을 명시하는 것이 필요하다.

모든 조직원에게 회사나 다른 조직의 목표 및 목적을 기술한 문서를 만들어 제공한다. 경영자는 지속적으로 조직원들이 이 문서의 내용업무에 본인들이 참여하고 있다는 사실을 강조해야 한다.

2) 새로운 철학의 학습

과거 품질관리는 사후적인 검사 위주로 결함이 있는 불량제품을 제거하는 것에 치중하였으나 오늘날 이것만으로 충분하지 않다. 불량품이 생산되지 않는 것이 더욱 중요하다. 오늘날과 같은 세계경제환경 하에서 성공하려면 노사 간의 상호협동에 기초한 고객지향적 접근과 지속적인 개선활동이 필요하다. 중역에서 주주에 이르기까지 모두가 새로운 철학을 배워야 한다.

3) 원가 절감 및 공정개선을 위한 검사의 목적 이해

일상적인 검사는 단지 불량을 발견하는 의미 외에 제품의 가치를 증가시키지는 못한다. 누군가가 문제를 발견하고 고착화시켜 버리기 때문에 오히려 검사가 불량을 조장한다. 이러한 절차는 원가를 증가시키고 생산성을 감소시킨다. 작업자는 자신의 업무에 대해 책임을 져야 하며, 또한 품질을 보증하기 위하여 요구되는 적절한 행동을 취해야 한다.

경영자는 품질변동이 생산 공정에 어떻게 영향을 주는지 알고 있어야 하며, 품질변동의 원인을 제거하기 위한 단계적 조치를 해야 한다. 검사는 그 자체가 최종수단으로 이용되는 것이 아니라 품질개선을 위해 정보를 수집하는 도구로서 사용되어야 한다.

4) 가격보다 품질중심의 구매의사결정

전통적으로 구매의사결정은 품질보다는 경쟁 입찰을 통하여 원가중심으로 이루어졌다. 구매단계에서 품질을 제대로 관리하지 못하면 원재료 및 부품의 불량으로 인하여 생산최종단계에서 불량제품이 생산되어 결국 경쟁 입찰에서 싸게 구입함으로써 절약한 금액 이상의 원가증가를 유발하게 된다. 구매부서는 생산부서의 공급자이므로 새로운 역할을 이해해야 한다. 공급자는 전체시스템의 한 분야이다.

소수의 정예공급자와 장기적인 거래관계를 구축함으로써 충성도를 높이고 품질개선을 실현할 것을 Deming은 강조하였다. 대체로 경영자들은 거래선의 파업이나 자연

재해 등 다양한 원인으로부터 자사생산차질을 방지하기 위하여 다수 거래선을 정당화시켜 왔다. 그러나 이는 수송비증가, 수량할인손실, 거래구축비용의 증가, 재고증가, 관리비용증가등과 같이 다수 거래선을 유지하기 위한 숨겨진 원가(hidden cost)를 제대로 인식하지 못한 결과이다. 더더욱 중요한 사실은 다수 거래선을 유지하게 되면 구매품의 품질변동이 증대되어 결국 최종제품의 품질변동을 증가시키게 된다.

이에 반하여 공급자를 소수정예화하게 되면 품질변동을 감소시키고, 낭비 및 재작업 감소, 품질변동에 대한 조치의 필요성을 제거하게 된다. 공급자와 장기적인 관계를 유지하게 되면 공급자의 생산성 향상, 원가절감을 실현하게 되고, 의사소통이 향상되어 결국 공정개선의 기회를 증대시키게 된다.

5) 일관된 품질개선노력

품질개선에 대한 서구경영자들의 전형적인 접근은 자동화시스템 도입과 같은 대규모, 비싼 기술혁신의 구도 속에서 해결하려는 사고를 가지고 있다. 그러나 일본제조업이 성공한 이유는 제품설계 및 생산 활동에 있어서 지속적, 소규모, 점진적 품질개선활동에 있다. 제품설계의 개선은 고객 요구 이해, 지속적 시장조사, 기타 정보원천을 이용함으로써 가능하다.

생산 활동의 개선은 안정된, 예측 가능한 생산 공정을 구축하기 위하여 품질변동의 원인을 제거함으로써 실현될 수 있다. 통계적 방법은 하나의 수단으로 이용된다. 품질개선활동은 생산 활동에서는 물론이거니와 수송, 엔지니어링, 유지보수, 판매, 서비스, 그리고 관리활동 등 조직의 전 분야에 걸쳐서 일관되게 이루어져야 한다.

6) 훈련의 제도화

종업원이 업무를 충실히 실행하기 위해서는 적절한 도구와 지식이 필요하다. 이것을 제공하는 것은 경영자의 책임이다. 모든 종업원은 특정한 업무기술훈련은 물론 품질문제 해결 및 품질개선에 요구되는 통계적 도구에 관한 훈련을 받아야 한다. 이러한 훈련을 통하여 품질개선 및 생산성 향상이 실현될 뿐 아니라, 종업원들에게 회사가 자신들을 돕기 위하여 최선을 다하고 있으며, 자신들의 미래를 위하여 투자하고 있다는 사실을 인식하게 함으로써 사기를 고양시킨다. 일본기업의 경우, 경영자가 되고자 하는 사람은 생산현장에서 4~12년을 근무한다. Honda 미국 공장에서는 모든 종업원이 생산현장에서 회사생활을 시작한다.

7) 감독과 리더십의 제도화

감독자는 경영층과 작업자 사이에서 의사소통채널의 역할을 수행한다. 경영층의 품질 향상에 대한 약속을 작업자에게 전달하는 것은 감독자의 기능이다. 효과적인 리더가 되기 위해서는 감독자가 벌을 주는 것이 아니라 작업자가 일을 잘할 수 있도록 도와주는 태도의 변화가 필요하다. 이렇게 할 때 작업자는 자존심과 긍지를 가질 뿐 아니라 작업에 많은 관심을 가지게 된다. 리더십의 새로운 방법을 사용하는 것은 신뢰와 협조의 분위기를 조성하고 기업의 목표를 달성하는 데 도움이 된다.

8) 두려움의 제거

작업에 있어 두려움을 처벌의 두려움, 실패의 두려움, 무지의 두려움, 변화의 두려움 등이 있다. 많은 작업자들은 작업 목표의 미달로 인한 처벌을 두려워한다. 또한 자신들이 통제할 수 없는 시스템의 문제로 발생한 상황에 대한 처벌을 두려워한다. 두려움은 단기적, 이기적 사고를 조장하며, 전체의 이익을 위한 장기적인 향상을 조장하지 않는다. 따라서 작업자의 작업에 대한 두려움을 제거하도록 노력해야 한다.

9) 팀 노력의 극대화

개인 간, 부서 간에 있는 장벽은 품질을 저하시킨다. 조직 내에서는 감독자와 작업자 사이 같은 계층 간에 또는 부서 간에 장벽이 존재할 수 있다. 이러한 장벽은 정보의 흐름을 방해하여 조직의 목적과 일치하지 않는 개인이나 부서의 목적을 추구하게 만들 수 있다. 이러한 현상은 승진이나 성과평가에 대한 내부적인 경쟁의 결과이다. 팀워크는 내부 고객과 내부 공급자 간의 벽을 허물어뜨리는 데 중요하다. 초점을 고객 요구를 충족시키고 프로세스를 개선하는 데 맞춰야 한다. 팀워크는 기업의 목표를 실현하는 중요한 수단이다.

10) 작업자에 대한 강요제거

방법과 수단을 제공하지 않고 작업자에게 일방적으로 강요하는 것은 오히려 경영층에 대한 불신과 불만을 증가시키는 역효과를 초래한다. 그러므로 강요보다는 신뢰와 리더십을 통하여 동기부여해야 한다.

품질 개선을 목적으로 하는 일반적인 강요는 보통 품질 문제가 발생하는 원인이 작업자에 대한 동기부여 부족에 있는 것으로 가정한다. 그러나 시스템 자체가 작업자의 성과를 제약할 경우, 작업자는 동기부여 방법만으로 품질 개선을 수행할 수 없다. 도리어 그들은 좌절하게 될 것이고 성과는 훨씬 감소하게 될 것이다.

11) 생산목표할당 및 목표관리의 제거

수치로 표시된 생산목표의 할당은 단기적 관점을 반영하며 장기적인 개선을 강조하지 못한다. 특히 보상이나 성과평가가 할당목표달성과 연결되어 있을 경우에 더욱 그러하다. 작업자는 목표에 도달하는 손쉬운 방법으로 품질에 접근한다. 만약 할당목표가 달성되면 생산을 계속하거나 품질을 개선할 자극이 더 이상 존재하지 않는다.

목표달성을 위한 방법이 제시되지 않은 임의적인 경영목표는 별 의미가 없다. 전형적인 목표관리시스템은 과정보다 결과를 강조하고 단기적인 행동을 조장하므로, 경영자는 시스템을 이해하고 시스템 내에서 일어나는 변화를 이해하며 또한 장기적인 관점에서 시스템을 개선시켜야 한다.

12) 작업자들의 자존심보호

Taylor시스템은 작업자를 하나의 수단으로 인식하였다. 작업자에게 단순한 과업이 주어지고, 열악한 기계, 도구, 자재가 제공되며, 결함이 있는 재공품일지라도 판매압력을 충족하기 위하여 작업을 계속할 것을 지시받고, 작업에 대하여 전혀 알지 못하는 감독자에게 보호한다. 어떤 종업원은 동료의 해고로 인한 부분을 보완하기 위하여 저녁과 주말에도 작업할 것을 강요받는다.

Deming은 작업자 자존심을 상하게 하는 것으로 적절치 못한 업적평가 제도를 들고 있다. 개별 작업자에 대한 업적평가로 인하여 종업원 간의 팀워크가 파괴되고, 단기적인 결과를 중시하고, 위험을 회피하고, 고객에게 서비스하는 것을 중시하지 않게 된다. 따라서 작업자로부터 자존심을 빼앗는 장벽을 철폐하는 것이 경영자의 책임이다.

13)교육

앞에서 언급한 '훈련의 제도화'에서의 훈련은 작업 기술을 강조하는 반면, 교육은 자기개발을 말한다. 기업은 각 개인의 가치를 개발할 책임이 있다. 사람에 대한 투자는 중요한 동기부여방법이다.

14)변혁을 위한 조치

품질경영철학은 중요한 문화적 변화이며, 많은 기업이 그 실행상의 어려움을 잘 알고 있다. 따라서 최고경영자는 절차를 개발하여 전 조직원을 포함시켜야 한다.

4. 일곱 가지의 치명적인 병폐

Deming의 품질개선 14가지 실행항목을 실천하지 못하면 일관된 목적의식의 결여, 단기적 이익의 중시, 적절하지 못한 업적평가, 관리자의 잦은 교체, 가시적인 수치에만 의존하는 경영, 과도한 의료비 지출, 과도한 제품책임비용 등 일곱 가지 치명적인 병폐가 발생한다고 한다.

제2절 Juran의 경영철학

1. Juran의 품질개념

Juran은 품질에 관한 통계적 방법이 개발되던 시기인 1920년대에 Western Electric사에서 산업공학자로서 근무하였으며, 1951년 "Quality Control Handbook"을 발간한 이후 품질관리 전문가로서 세계적 명성을 얻게 되었다.

Juran은 Deming 바로 직후인 1950년대에 일본으로 건너가 품질원리를 가르쳤다. 그는 품질불량으로 인한 원가증가의 문제를 해결하기 위하여 모든 관리계층을 포함하는 품질에 대한 새로운 사고, 특히 상위경영자에게 품질관리를 하기 위한 훈련과 경험을 요구하였다.

Juran은 조직 내에서 지위가 다르면 사용하는 언어도 다르다고 주장하였다(Deming은 모든 조직원이 '통계'라는 공통 언어를 사용한다고 믿었다). 최고경영자는 '돈'의 언어를 사용하고, 작업자는 '일'의 언어를 사용하고, 중간경영층은 이들 두 언어를 모두 말할 수 있어야 하며, 또한 '돈'과 '일' 사이를 번역할 수 있어야 한다. 그러므로 최고경영자의 관심을 끌기 위하여 품질문제를 그들이 쉽게 이해할 수 있는 '돈' 언어로 설명해야 한다. 따라서 품질문제에 있어서 품질원가에 대한 회계 및 분석이 중요하다.

Juran은 품질을 '사용상 적합성(fitness for use)'으로 정의하였다(Deming은 특정한 정의를 내리지 않았음). 이것은 네 가지 범주— ① 설계품질(quality of design), ② 적합품질(quality of conformance), ③ 유효성(availability), ④ 서비스(field service) 품질 —로 세분화되었다. 설계품질은 시장조사, 제품개념, 설계규격을 강조하며, 적합품질은 기술, 인력, 경영을 포함한다. 유효성은 신뢰성, 유지 가능성, 그리고 물적 지원 등을 강조한다. 서비스 품질은 신속성, 능력, 성실성을 포함한다.

Juran은 품질을 기업 전체 및 개별부서 등 두 가지 차원에서 조명하였다. 즉 기업 전체의 사명이 고품질의 제품을 만드는 것이다. 개별부서도 Deming처럼 Juran도 경영활동이 시장조사, 제품개발, 설계, 생산계획, 구매, 생산공정 관리, 검사 및 테스트, 고객의 피드백 등으로 지속적으로 순환한다고 주장하였다. 이러한 기능들이 상호의존적이기 때문에 전사적인 품질관리(TQM)가 더욱 필요하다. 상부경영자는 품질경영과정에서 적극적이고 정열적인 리더십을 발휘해야 한다.

2. 품질삼분법

품질불량의 80%가 경영층이 통제할 수 있는 요인들에 의하여 발생하며, 이러한 문제를 해결하기 위해서는 건전한 품질경영활동을 통해 꾸준하게 품질향상노력을 기해야 한다고 Juran은 강조하였다. 이에 따라 그는 ① 품질계획, ② 품질관리, ③ 품질개선이라는 **품질삼분법**(quality trilogy)을 제안하였다. 즉,

〈그림 2-5〉 Juran의 품질삼분법

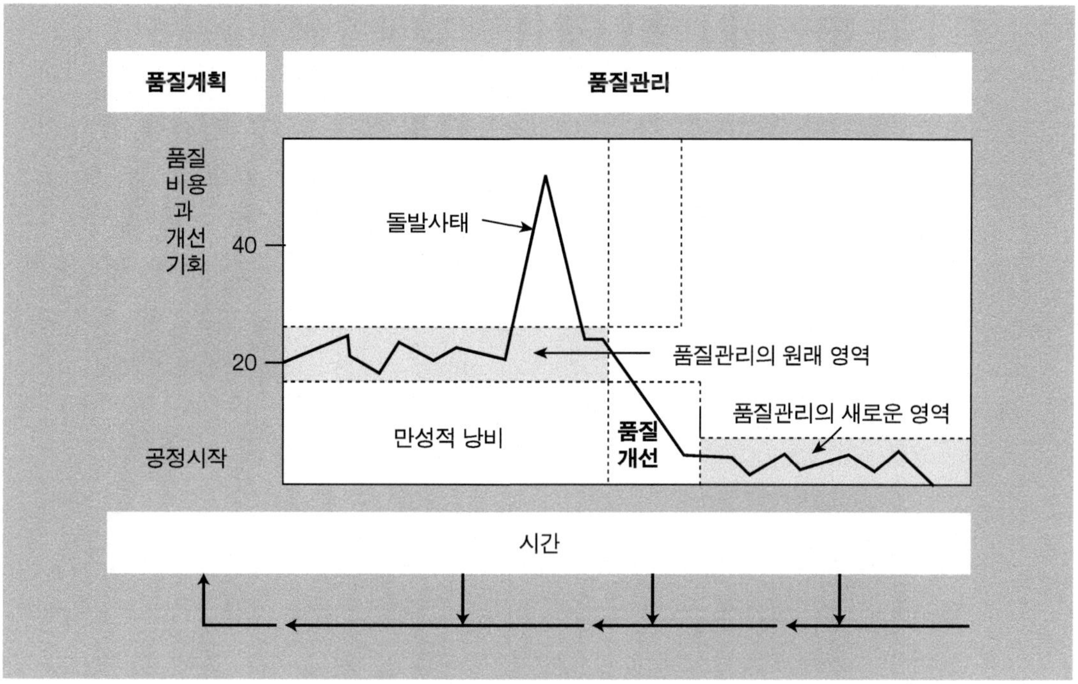

1. 품질계획: 품질 목표를 달성하기 위하여 준비하는 과정
2. 품질관리: 생산 활동 중에 품질목표를 달성하기 위한 과정
3. 품질개선: 선례가 없는 새로운 차원의 성과를 달성하기 위한 과정

〈그림 2-5〉는 Juran의 품질삼분법을 보여주고 있다.

1) 품질계획

품질계획(quality planning)은 기업 내부 고객과 기업 외부 고객을 선정하고, 고객의 요구를 결정하고, 그리고 고객 요구에 부합되는 제품특성을 개발하는 것에서부터 시작된다. Deming과 같이 Juran도 누가 자기의 제품을 사용하는지, 예컨대 다음 부서에서 사용하는지 혹은 다른 조직에서 사용하는지 파악할 것을 요구했다. 그러면 최소의 결합비용으로 고객과 공급자의 요구를 충족시킬 수 있는 제품을 생산할 수 있는 공정, 생산조건하에서 품질목표를 달성할 수 있는 공정이 설계되어야 한다. 품질에 대한 전략계획수립은 기업의 재무계획수립 과정과 유사해야 한다. 즉 단기적, 장기적 목표를 결정하고, 우선순위를 정하고, 이전 계획과 결과를 비교하고, 다른 전사적 전략목적과 계획이 조화되어야 한다.

2) 품질관리

품질관리(quality control)는 관리대상을 결정하고, 자료를 객관적으로 평가하기 위하여 측정단위를 설정하고, 성과표준을 정하고, 실제성과를 측정하고, 실제성과와 성과표준의 차이를 해석하고, 그 차이에 대하여 조치를 취하는 것 등을 포함한다. 여러 가지 점에 있어서 품질관리는 Deming이 품질변동의 원인을 규정하고 작업시스템을 개선하는 것을 강조한 것과 맥을 같이 한다.

3) 품질개선

Deming과는 달리 Juran은 품질개선(quality improvement)을 위한 세부 프로그램을 구체화하였다. 품질개선 과정은 먼저 개선요구를 찾아내고, 개선을 위한 특정 프로젝트를 구체화하고, 프로젝트를 진행할 조직을 구성하고, 원인 진단 및 처방 제공, 처방이 생산조건 하에서 효과적이라는 사실을 입증하고, 개선을 지속하기 위한 통제 실시 등을 포함한다. 언제나 대다수의 품질 개선 프로젝트는 기업의 모든 영역에서 진행되어야 한다. 이를 실천하는 조직을 Juran의 **프로젝트팀**이라고 부른다.

대다수의 기업에 대한 Juran의 평가에 따르면, 품질관리는 품질삼분법 영역 중에서

〈표 2-2〉 품질관리 분임조 활동과 프로젝트 팀의 차이

	품질관리 분임조 활동	Juran의 프로젝트 팀
과제의 범위	부서 내에 국한	여러 부서 포함
과제의 크기	다수 관심사 중의 하나	소수 중대사 중의 하나
팀 구성	부서 내에서 선정	여러 부서에서 선정
구성원 선발	자발적 참여	강제적 선발
구성원 계층	일선 작업자	통상 중간관리자 및 전문가
계속성	문제해결 후 다른 문제해결을 위해 존속	특정 과제 해결되면 프로젝트 팀 해체

우선순위가 가장 높으나, 대다수의 기업이 자기 기업은 이 영역에서는 매우 자신 있다고 느낀다. 그러나 품질계획과 품질개선의 우선순위는 높지 않지만 대부분 조직에서 상당히 취약한 영역이다. Juran은 품질계획 및 품질개선에 더욱 많은 노력이 요구된다고 하였다.

Juran은 이러한 결론을 몇 개의 사례를 통하여 뒷받침하였다. 일본기업은 미국기업과 동일한 기술, 재료, 공정을 사용하더라도 더 좋은 품질과 생산성을 실현한다. 1950년대 이래로 일본기업은 경쟁상대인 서구기업에 비하여 훨씬 빠른 속도로 품질개선 프로젝트를 수행해왔다. 그 결과 1970년대에는 일본제품의 품질이 서구제품의 품질을 추월했고 급속한 속도로 개선되었다.

품질개선에 대한 일본의 노력은 광범위한 훈련프로그램과 최고경영자 리더십의 지원 하에 이루어졌다. 품질개선, 원가절감, 자료수집 및 분석을 위한 도구에 관한 훈련과 더불어 관리적, 품질 지향적 개념에 관한 훈련이 Juran철학의 가장 중요한 요소이다. 일본의 경험으로 미루어 볼 때 경쟁우위, 실패비용절감, 생산성 향상, 재고감소, 납기단축 등에 있어서 품질훈련결과의 중요성은 전혀 의심할 여지가 없다고 Juran은 주장하였다.

제3절 Crosby의 철학

1. Crosby의 품질개념

Crosby 박사는 1961년 무결점(ZD)(zero defect) 개념을 창안하였으며, 품질개선(QI) 개념을 정립한 Juran과 종합적 품질관리(TQC)개념의 창시자인 Feigenbaum 등과 함께 품질경영분야 3대 석학으로 꼽힌다.

Crosby는 생산라인의 검사자로 근무한 이후 14년 동안 ITT(International Telephone & Telegraph)사에서 품질 부사장으로 근무하였다. ITT를 떠난 이후 1979년 훈련프로그램을 개발하여 제공하기 위하여 Philip Crosby Associates를 설립하였다.

"품질비용감축", "품질은 공짜" 등 8권의 경영관련 저서는 세계적인 베스트셀러가 되었으며, 오늘날 품질경영의 교과서로 활용되고 있다. 특히 전 세계 품질혁명을 유도했던

"품질은 공짜(Quality is Free, 1979)"라는 저서는 15개 언어로 번역되어 250만 부가 팔렸다. 이 책에서 그는 품질경영의 중요성을 강조하기 위하여 "품질은 하키가 아니라 발레와 같다"라고 발레에 비유하였다. 일반적으로 발레는 사전에 미리 예견하여 계획된 것으로 어디에서 어떤 일이 발생할지 알 수 있는 것인 반면, 하키는 사건 발생 후 대응하는 스포츠란 점이 다르다. 하키 경기와 같이 즉흥적으로 판단하고 행동하여 상대방 선수와 공방전을 벌이다가 경기가 종료되면 그것으로 모든 것이 끝나는 그러한 것이 품질이 아니다. 품질은 발레처럼 장기적인 계획 하에 훈련을 거듭하여 조화 있는 아름다움의 극치를 이룰 때 관중으로부터 박수갈채를 받는 것과 같다는 것이다.

2. 품질경영의 절대 4원칙

Crosby 품질철학의 본질은 "**품질경영의 절대 4원칙**(Absolutes four rules of Quality Management)"에 있으며 다음과 같다.

1) 품질 = 고객의 요구조건

품질이 단순히 '좋은 것', '빼어난 것'이 아니라 고객이 원하는 요구를 들어주는 것이다. 즉 기술자가 요구하는 규격이 아니라 고객이 요구하는 것에 대한 응답이 품질이다. 그러므로 고객의 요구조건(requirements)은 오해가 없도록 명확해야 한다. 일단 과업이 실행되면, 요구조건에 대한 일치 여부를 측정할 수 있어야 한다. 만약 일치하지 않으면 이는 곧 품질에 문제가 있음을 말한다.

2) 품질 = 예방

품질은 문제를 야기하는 개인이나 부서에 의하여 확인되고 해결되어야 한다. 품질의 생성은 품질부서가 아니라 기능부서에서 이루어지므로 품질문제에 대한 책임도 기능부서에 있다. 즉 품질은 품질생성원천에서 해결해야 한다. 품질부서는 단지 적합성을 측정하고, 결과를 보고하고, 품질개선을 위하여 긍정적인 태도를 취할 수 있도록 유도한다. 이것은 Deming의 품질개선 14실행항목 중 세 번째와 같다.

품질생성부서에서 사전에 사소한 결점을 찾아낸다면 나중에 문제가 발생했을 때 수정하는 비용을 그만큼 절감할 수 있게 된다. 예컨대 자동차 부문에서 예방에 40달러 가량만 추가 지출하면 문제가 해결될 것을, 예방하지 못했을 경우에 수백만 달러의 손실을 초래할 수 있다는 것이다.

3) 품질성과 = 품질비용

품질비용은 불일치의 비용이다. 많은 기업이 매출액 중 15~20%를 품질비용으로 지출한다고 Crosby는 말한다. 품질경영프로그램이 잘 운영되고 있는 기업의 경우는 품질비용 중에서 불량예방비와 품질 평가비에서만 주로 매출액의 2.5%범위 내에서 품질비용이 발생한다. Crosby는 불량품질로 인한 품질비용을 측정하고 공표할 것을 요구한다. 품질비용자료는 품질문제에 대한 경영자의 관심을 유발하기에 유용한 자료이다. 또한 이 자료는 수정조치를 위한 기회선택과 시간흐름에 따라서 품질개선을 추적하는 데 유용하다.

4) 품질수행표준 = 무결점

무결점은 수행표준이다. 무결점은 기능공에게 부여된 과업지시와 상관없이 그에게 부여된 수행표준이다. 무결점이 강조하는 의미는 "처음 할 때 잘하라(Do It Right At The First Time)"는 것이다. 그것은 결함을 발견하고 수정하는 것보다는 결함을 방지하는 데 집중하라는 것을 의미한다.

사람들은 실수(error)를 불가피한 것으로 인식하는 경향이 있다. 그러므로 그들은 실수를 받아들일 뿐만 아니라 실수를 예상한다. 우리들 작업에서 다소의 실수가 발생하더라도 그다지 문제 삼지 않는다. 대다수의 인간실수는 지식부족이 아니라 관심부족으로 일어난다. 관심부족은 우리가 실수가 불가피한 것으로 가정할 때 일어난다. 만약 우리가 이러한 상태를 주의 깊게 고려하고 처음에 작업이 올바르게 될 수 있도록 일관되게 의식적으로 노력한다면, 원가를 증가시키고 개인의 기회를 줄이는 재작업, 원료낭비, 수리 등의 낭비요인을 제거할 수 있다.

5) 문제해결을 위한 품질백신

문제를 해결하기 위해 첫째, **결의**(determination)로 조직의 분위기를 바꾸기 위해서는 이 방법 밖에 없다는 것을 구성원들에게 이해시키는 것이다.

둘째, **교육**(education)으로 품질에 관한 공통된 이념, 방법의 공유, 품질개선 과정에서 각자의 역할의 이해이다.

셋째, **실행**(implementation)으로 품질개선을 프로그램을 통해 실행에 옮기는 것이다.

Juran, Deming과 달리 Crosby의 프로그램은 주로 행동적이다. 그는 통계적 기법의 사용보다는 기업문화와 태도를 변화시키기 위한 경영 및 조직과정에 더 많은 관심을 가지고 있다. 그러나 Crosby의 접근은 품질경영에 대하여 기업이 어떻게 해야 하는지에 관하여 세부적인 접근방법을 제시하지 못하고 있다. 결국 조직시스템보다는 관리 사고에 초점이 맞추어진다.

〈표 2-3〉 품질 철학의 비교

	Deming	Juran	Crosby
품질의 정의	시장에 적합하고 낮은 비용의 균일성과 신뢰성의 정도	사용상의 적합성	고객 요구에의 일치
최고경영층의 책임	품질문제 85%의 책임	품질문제 20% 미만은 작업자 때문	품질에 대한 책임
성과표준/모티베이션	성과측정을 위한 통계학 사용, 무결점에 비판적	완전한 작업을 위한 캠페인의 준비	무결점
접근방법	지속적 개선에 의한 변동 감소, 대량검사 중지	품질에 있어 인간적 요소 중시	예방, 검사 철폐
구조	경영의 14가지 실행항목	품질삼분법	품질경영의 절대 4원칙
통계적 공정관리	통계적 방법의 사용	SPC 사용 건의	합격품질수준 반대
개선의 기초	변동의 지속적 감소, 방법 없는 목표의 제거	프로젝트별 팀워크, 목표설정	공정의 개선 목표
팀워크	종업원의 의사 결정 참여, 부서 사이의 장벽 철폐	팀워크, 품질분임조	품질개선 팀워크, 품질은 무료임
품질비용	최적수준 없음, 지속적 개선	품질은 무료가 아님, 최적수준 있음	부적합비용, 품질은 무료임
납품업자 등급	등급이 없음	등급이 있음: 납품업자로 하여금 개선토록 함	등급이 있음: 품질감사 불필요

제4절 기타 경영철학

1. Feigenbaum의 경영철학

품질경영철학으로 첫째, 품질의 책임은 품질부서에 있는 것이 아니고 조직구성원 모두에게 있다고 하면서 품질의 기능 간 관리(cross-functional management)를 강조하였다. 둘째, 품질문제는 작업현장에서 작업자에 의해 규명하고 해결하되 가급적 생산공정의 초기 단계부터 실천해야 한다는 원천적 품질관리(quality at the source)를 주장하였다. 마지막으로 품질비용(QCost)을 실패비용, 평가비용과 예방비용으로 구분하였다.

2. Ishikawa의 경영철학

Ishikawa는 첫째, 전사적 품질관리(CWQC)(company-wide quality control)를 제시하였는데, 이는 품질, 비용, 납기준수 등 기업의 목적을 달성하는 활동에 모든 종업원과 부서를 참여시켜야 한다고 하였다. 둘째, 최고경영자부터 말단 작업자에 이르기까지 품질향상의 노력이 이루어져야 한다고 하면서 이를 위해서는 품질분임조 활동(quality control circle)은 끝없는 품질개선을 위한 교육과 훈련을 받아야 하며 그룹 내에 공개적인 의사소통과 참여가 절대적으로 필요하다고 하였다. 마지막으로 문제점분석을 위한 도구로 특성요인도(cause and effect diagram)를 개발하였다.

제5절 말콤 발드리지 품질경영 평가 모델

1. 말콤 발드리지 품질상의 품질경영 평가

1) 말콤 발드리지 품질상의 탄생배경

미국이 1987년에 제정한 "말콤 발드리지 품질상"은 대일(對日)경쟁력 역전드라마를 성공시킨 비결 중 하나로 꼽힌다. 미국의 생산성이 감소하게 되자 레이건 대통령은 1982년 생산성에 관한 국가적 연구를 위임하는 법률제정에 서명하였다.

"미국생산성 및 품질본부(이전에는 미국생산성 본부)"는 생산성에 관한 백악관 회의 결과에 따라 1983년에 7회에 걸쳐 컴퓨터 연계회의를 실시하여 다음과 같은 내용의 최종보고서를 제출하였다.

일본의 Deming상에 버금가는 국가품질상이 제정되어 매년 상의 기준이 되는 요건을 성공적으로 실행한 기업들에게 수상해야 한다. 이러한 요건과 수반되는 시험절차는 Deming상 시스템과 유사하게 운영할 경우에 더욱 효과적이다.

발드리지 품질상은 이 상을 제안했던 당시 상무장관의 이름이다. 350명의 전문가가 4단계에 걸쳐 서류심사 및 현장실사를 거쳐 수상 기업을 선정하고, 경영조언도 아끼지 않는다. 미국은 이 상을 통해 '영웅적 기업'을 만들고 수상 기업에는 5년간 기업경영의 노하우를 공개하도록 의무를 지웠다. 덕분에 1996년까지 100만여 미국기업들이 말콤 발드리지 품질상의 평가기준을 기업평가기준으로 삼고 있다. 리엔지니어링-벤치마킹-학습조직 같은 혁신기법들이 이 상 제도를 통해 급속히 확산되었다. 1988~1996년중 수상업체는 모두 28개, 수상 기업들의 평균 주가수익률은 92%, 미국 500대 기업의 평균치보다 3배나 웃돈다.

2) 품질경영 기본요소 및 평가항목

품질상의 심사는 최고 수준의 품질성과와 경쟁력에 도달하고자 노력하는 기업이 우수한 평가를 받을 수 있도록 설계된 평가기준에 따라서 품질상 심사가 이루어진다. 심사는 품질우수성을 달성하기 위하여 필요한 평가항목과 이 항목들 간의 상호관계를 평가한다.

평가 요소들의 구조는 네 가지의 기본요소와 일곱 가지의 평가항목으로 구성되어 있으며, 기본요소와 평가항목의 관계는 〈그림 2-6〉과 같다.

3) 기본요소

(1) 리더십 3요소

경영자는 리더십을 발휘하여 시스템을 운영한다. 즉 가치와 목표를 창출하고, 시스템을 구축하며, 품질목적과 성과목적을 달성할 수 있도록 유도한다.

〈**그림 2-6**〉 말콤 발드리지 품질경영상의 평가 모델

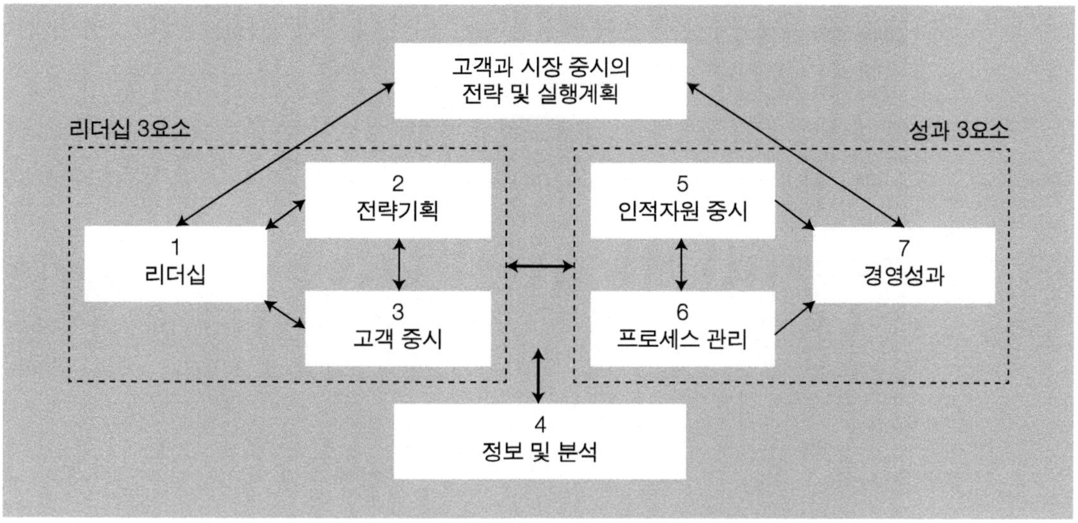

(2) 고객 및 시장 중시의 전략 및 실행계획

시스템은 고객을 중시하는 사고 위에서 고객만족의 실현을 통하여 품질성과와 운영성과를 달성할 수 있도록 명확하게 정의되어야 한다.

(3) 정보 및 분석

리더십 3요소와 성과 3요소를 연결시키는 데 핵심역할을 수행한다.

(4) 성과 3요소

성과측정은 지속적으로 고객가치를 개선하고 기업성과를 향상시키기 위하여 필요한 일련의 행동에 대한 결과를 제공한다.

4) 평가항목

말콤 발드리지 품질상을 받기 위하여 기업들은 위의 네 가지 기본요소를 구성하고 있는 다음 일곱 가지 평가항목분야에서 빼어나야 한다.

(1) 리더십

리더십(leadership) 범주는 경영진이 조직의 가치, 비전 및 기대성과를 설정하고 전파하여 조직의 모든 단계에서 수행하도록 하는지를 평가한다. 또한 고객과 이해관계자 중시, 권한부여, 학습 및 혁신 등을 조직 내에 어떻게 전파하고 있는지도 평가한다. 리더십의 핵심요소들을 살펴보면 다음과 같다.

1. 경영의 방향 설정: 조직의 방향 설정은 비전, 사명, 가치, 목표 및 전략 등과 같은 요소들을 결정하는 것에서 출발한다. 이러한 요소들은 경쟁력을 강화하는 수단으로 활용되어야 하며, 이해관계자의 요구를 적절하게 파악하여 조정하는 기능을 해야 한다.
2. 경영진의 리더십: 경영진은 조직에게 요구되는 변화에 능동적으로 대처하면서 동시에 조직이 추구하는 목표를 달성할 수 있도록 경영 여건을 선도해야 한다.
3. 혁신의 환경조성: 개선 및 혁신과 창의성은 지속적인 발전의 원동력이다. 이를 촉진하기 위해서는 혁신지향적 조직구조를 설계하고, 종업원들의 직무정의의 개선과 혁신에 대한 책임을 명시할 필요가 있다.
4. 조직의 성과관리: 경영진이 조직의 성공 여부, 경쟁적 성과, 장단기 목표에 대한 진척도 및 변화하는 조직의 요구사항 대비 달성도를 평가하는 것이 중요하다.
5. 지배구조: 지배구조의 건전성은 지속 가능 경영 기반을 확보하는 데 필수불가결한 요소다.
6. 사회적 책임: 사회적 책임은 기업에 요구되는 법적, 경제적 역할 수행의 범위를 넘어서 기업이 사회구성원의 일원으로서 사회와의 바람직한 관계를 형성하기 위해 수반하는 제반 활동을 모두 포함한다.

(2) 전략기획

전략기획(strategic planning) 범주는 우선 조직의 전략수립 프로세스의 효과성을 평가하고 조직이 전략수립 프로세스에 따라 어떻게 전략목표를 개발하고 수립된 전략목표의 효과성을 점검하는지를 평가한다. 전략기획 범주의 핵심요소를 정리하면, 다음과 같다.

1. 전략수립 프로세스: 비전을 달성하기 위한 전략목표를 개발하는 절차를 설정하고 계획수립 기간, 주요 참여자가 포함되어야 한다.

2. 전략목표 설정: 전략달성 시 기대되는 성과목표를 설정하며, 이에 대한 일정표를 개발한다.
3. 실행계획수립: 구체적인 방안으로 실행계획을 개발한다.
4. 실행계획 전개: 전사적 수준에서 실행계획을 각 부서별로 전개한다.
5. 성과추정: 실행계획의 기대성과를 나타내줄 수 있는 성과지표를 개발하고, 향후 2~5년의 성과를 추정한다.
6. 실행계획 평가 및 개선: 실행계획의 유효성과 수립절차의 타당성을 평가하고 개선한다.

(3) 고객 중시

고객 중시(customer focus) 범주는 고객과 시장의 요구사항, 니즈, 기대 및 선호를 어떻게 분석하고, 활용하는지 평가한다. 주요 핵심요소를 보면 다음과 같다.

1. 고객 명확화: 고객이 누구인지를 잘 알아야 한다는 것이다.
2. 고객정보 수집 및 공유: 고객을 안다는 것은 사실상 고객의 특성과 기업과의 거래관계를 안다는 의미이다.
3. 고객정보분석: 파악한 정보를 토대로 마케팅 전략을 수립하고, 신상품 설계에 활용하는 등의 활동을 전개하기 위해서는 과학적이며, 체계적인 정보분석이 이루어져야 한다.
4. 고객 관계 구축: 고객 중에서 기업에 도움이 되는 고객은 누구이고, 어떻게 그 고객과 관계를 구축할 수 있을 것인가에 대해 연구하고 노력을 기울여야 한다.
5. 고객만족도 조사: 고객이 제품이나 서비스 및 기업에 대해 어느 정도 만족 상태에 있는지를 조사하고, 그 결과를 고객의 미래 행동에 영향을 미치는 구체적인 제품과 서비스의 특징, 전달 및 고객관계에 유용한 정보를 제공해야 한다.
6. 고객만족 관리: 고객만족을 측정하고, 분석한 다음에 고객만족도를 높이기 위한 향상 활동을 실천해야 한다.

(4) 측정·분석 및 지식경영

측정·분석 및 지식경영(measurement, analysis and knowledge management) 범주는 경영의 기

본기능인 계획, 실행, 통제의 순환적 과정에 도움을 주어야 한다. 계획은 기업의 장·단기 방향과 목표를 수립하는 과정이다. 실행은 계획에 따라 업무를 진행시키는 과정이다. 통제는 실행이 계획대로 진행되고 있는지를 비교 평가하고, 계획과 실행과의 차이가 발생한다면 그 원인과 문제점이 무엇인지 찾아야 한다.

측정·분석 및 지식경영은 정보의 선정에서부터 정보의 수집, 관리, 분석, 공유 및 정보의 활용에 이르는 여섯 단계로 구성된다. 이 범주는 기업의 정보관리 능력, 지식경영 능력을 분석하고, 평가하는 것이다.

첫째, **측정·분석 및 조직성과 개선**은 기업의 경쟁력 향상을 위해 기초 인프라가 되는 매우 중요한 분야이다.

둘째, **정보, 정보기술 및 지식의 관리**는 조직의 지식경영 수준을 평가하는 항목으로, 지식은 학습, 경험 등에 근거한 개인의 통찰력, 판단력, 개선능력 등을 포함하는 무형의 자산을 의미한다.

(5) 인적자원 중시

인적자원 중시(workforce focus) 범주는 조직의 전반적인 사명, 전략 및 실행계획과 연계하여 인적자원의 역량을 충분이 활용하기 위해 조직이 인적자원을 어떻게 고용하고, 배치하고, 개발하는지에 초점을 맞추고 있다. 이러한 인적자원 요소의 핵심을 살펴보면, 다음과 같다.

1. 인적자원 핵심요소 결정: 조직원들이 최대한의 역량을 발휘할 수 있도록 하기 위해서는 무엇이 가장 중요한지를 생각해야 한다. 이는 조직의 역사, 유형, 업종, 기업문화 등에 따라 달라질 수 있다.
2. 잠재력/리더십 개발: 조직원들의 다양한 잠재력을 파악하고, 이를 최대한으로 발휘할 수 있게 만드는 경영자의 능력이 중요하다.
3. 인적자원 만족도 조사 및 활용: 내부 직원의 만족도는 중요한 기업의 지표로 연도별로 비교되고, 유사한 업종에 있는 다른 조직과도 비교, 분석되어 피드백되어야 한다.
4. 인적자원 역량 관리: 인적자원의 역량은 교육훈련 및 동기부여에 의해 크게 향상될 수 있다. 따라서 개발과 성장의 기회를 지속적으로 제공하여, 구성원의 역량을 개발하고, 경력관리를 통해 올바르게 활용될 수 있도록 지원해야 한다.

〈**표 2-4**〉 MB상 평가기준의 범주, 항목, 세부영역의 변경추이

구분	1988년	1989년	1990년	1991년	1992년	1993년	1994년	1995년	1996년	1997년	1998년	1999년	2014년
범주	7	7	7	7	7	7	7	7	7	7	7	7	7
항목	62	44	33	32	28	28	28	24	24	20	20	19	17
세부영역	278	192	133	99	89	92	91	54	52	30	29	27	27

5. 인적자원 고용, 배치 및 개발: 한 사람이 수천 명을 먹여 살리는 역량 중심의 시대에는 창의적인 인재를 고용하고, 개발하여 창의적인 능력을 발휘할 수 있도록 지원해야 한다.
6. 업무환경: 기업은 구성원들의 요구사항을 파악하여, 자발적으로 일할 수 있는 업무환경을 구축하고, 체계적인 보상시스템과 사기진작의 기회를 제공하여, 고객에게 봉사하고, 조직의 전략적 목표달성에 공헌하는 조직문화를 확보해야 한다.

(6) 프로세스 관리

프로세스 관리(process management) 범주는 조직이 핵심역량과 업무시스템을 어떻게 결정하고 고객가치 전달 및 조직의 성공과 지속성을 달성하기 위한 업무시스템과 핵심프로세스를 어떻게 설계, 관리, 개선하는지를 평가한다. 프로세스 범주는 2개 항목으로 설계되었다.

첫째는 **업무시스템 설계항목**으로 조직이 핵심역량을 어떻게 결정하고, 고객가치를 전달하기 위해 업무시스템과 핵심 프로세스를 어떻게 설계하며, 장래에 발생할 수 있는 긴급사태에 대비하면서, 조직의 성공과 지속성을 어떻게 달성하는지 평가한다.

둘째는 **운영효과**로 비용의 통제, 공급사슬관리, 작업장 안전과 긴급상황 대처 프로세스를 어떻게 이행하고, 관리하고, 개선하는가를 평가한다.

(7) 경영성과

경영성과(result) 범주는 재무적 관점 이외의 다른 분야에 대해서도 균형적으로 관심을 가져야 하며, 사회 공헌 활동에 이르기까지 보다 포괄적인 부분도 포함된다.

1. 제품과 서비스 성과: 기업의 개선활동, 효율화, 합리화는 제품과 서비스 성과향상을 위한 활동이다.
2. 고객 중시 성과: 고객만족 성과와 고객가치 인지성과로 구성되며, 정기적으로 측정되고, 분석되어야 한다.
3. 인적자원 중시 성과: 종업원 만족도, 직원능력 개발정도로 구성된다.
4. 리더십 및 지배구조 성과: 지역사회에 대한 기여 성과와 환경안전 프로세스 수준 등이 포함된다.
5. 재무와 마케팅 성과: 시장점유율과 주요 재무성과로 구성된다.

5) 품질경영 평가시스템

발드리지 품질상의 평가시스템은 〈표 2-5〉와 같이 일곱 가지 평가항목에 대한 심사가 이루어진다. 각 평가항목은 또한 세부평가항목으로 나누어져 평가된다. 2016년 현재 범주는 7가지, 항목은 17가지 그리고 세부영역은 27가지이다. 평가항목의 배점을 살펴보면 사업성과 범주가 1,000점 중에서 450점을 차지하고 있다. 이러한 사실로 미루어 볼 때 결국 고객만족에 얼마나 치중하고 있는가 하는 품질경영의 기본접근방향을 생각해볼 수 있다.

이 상의 대상 업종은 제조업, 중소기업, 서비스업이며, 이들 세 업종의 기업 중에서 매년 2개 기업이 말콤 발드리지 품질상을 받을 수 있다.

6) 말콤 발드리지 품질상의 효과

특정조직에 대한 품질개선을 평가하는 청사진으로서 말콤 발드리지 품질상의 평가기준이 사용된다. 첫째, 자기 기업의 품질 프로그램이 효과적으로 실행되고 있는지 평가하고 둘째, TQM 프로그램을 만들어 실행하고 셋째, 공급자 및 동업자와 좀 더 원활한 의사소통을 하며 넷째, 작업자를 교육하고 훈련시키기 위하여 말콤 발드리지 품질상의 평가기준을 사용한다.

자체평가수단으로 이 기준을 사용하게 되면 첫째, 이 기준은 객관적인 평가 틀을 제공하며 둘째, 높은 표준 설정이 가능하며 셋째, 다른 시스템이나 조직이 가지고 있는 특성과 비교를 용이하게 해준다.

우리가 아는 수많은 품질철학 및 품질개선 프로그램이 있다. 품질개선활동을 시작

〈표 2-5〉 말콤 발드리지상 배점기준(2017~2018년 기준)

범주/심사항목	배점
1. 리더십	120
1.1 경영진의 리더십	70
1.2 지배구조와 사회적 책임	50
2. 전략기획	85
2.1 전략의 개발	40
2.2 전략의 전개	45
3. 고객 중시	85
3.1 고객의 소리	40
3.2 고객관리 체계	45
4. 측정·분석 및 지식경영	90
4.1 측정·분석 및 조직성과의 개선	45
4.2 정보, 정보기술 및 지식의 관리(지식경영, 정보, 정보기술 관리)	45
5. 인적자원 중시	85
5.1 인적자원환경	40
5.2 인적자원관리체계	45
6. 프로세스	85
6.1 작업 프로세스(작업 프로세스 전제조건, 설계, 핵심 프로세스, 작업중 성과측정 지원 프로세스, 프로세스 성과, 프로세스 개선, 혁신 관리)	45
6.2 운영 효과(비용 통제, 공급사슬관리, 작업장 안전, 긴급상황대처)	40
7. 경영성과	450
7.1 제품과 서비스 성과	120
7.2 고객 중시 성과	85
7.3 인적자원 중시 성과	85
7.4 리더십 및 지배구조 성과	80
7.5 재무 및 마케팅 성과	80
합계	1,000

자료: www.wikipedia.org

하고자 하는 기업은 종종 자신들의 품질시스템과 목적을 정의하는 데 어려움을 겪곤 한다. 말콤 발드리지 품질상은 품질문제의 전 영역을 설명하고 있으며, TQM의 전체 그림을 그리기 위한 시스템을 구축하는 것을 도와준다.

품질상의 평가기준은 기업에서 내부 의사소통, 외부에서 공급자와 의사소통, 정보를 공유하고자 하는 타 기업과 의사소통을 원활하게 도와준다. 또한 말콤 발드리지 평가기준은 중점적으로 이루어져야 할 의사소통의 대상을 제시하고, 전략, 방법, 프로세스, 모방 대상들을 비교하는 틀을 제시해준다.

2. 일본의 경영품질상

일본의 품질경영상은 일본과학기술연맹에 의해 창설된 Deming상으로부터 시작되었다. 이 상으로 인해 일본의 기업들이 품질경영을 하는데 기반을 세웠으나 품질관점의 변화로 인해 최근에 품질경영적인 접근과는 거리가 있었다. 2014년의 Deming상의 배점 기준은 〈표 2-6〉과 같다.

〈표 2-6〉 Deming상의 배점기준(2014년)

범주	항목	점수
1. 품질경영에 관한 경영방침과 전개(20)	a. 업종. 업태, 규모 및 경영환경에 따른 명확한 경영방침과 함께, 적극적인 품질 중시, 고객 지향의 경영목표와 전략이 책정되어 있을 것	10
	b. 경영방침이 조직적으로 전개되어, 전 조직이 일관되게 실시되어 있을 것	10
2. 신상품개발 및 업무의 개혁(20)	a. 신상품(제품 또는 서비스) 및 업무의 개혁이 적극적으로 이루어지고 있을 것	10
	b. 신상품은 고객의 요구를 만족시키고 있을 것. 업무의 개혁은 경영의 효율화에 크게 공헌하고 있을 것	10
3. 상품품질 및 업무의 질의 관리와 개선(20)	a. 일상관리: 표준화와 교육훈련에 따라 일상 업무에서 트러블이 거의 발생하지 않고, 각 부분의 주요 작업이 안정되어 이루어지고 있을 것	10
	b. 계속적인 개선: 품질과 그 외의 관한 개선이 계획적·계속적으로 이루어져, 시장 및 후속 프로세스로부터 클레임 불량이 매우 미미한 수준으로 유지되고 있을 것. 고객만족도가 향상되고 있을 것	10
4. 품질, 양, 납기, 원가, 안전, 환경 등의 관리시스템의 정비(10)	상기의 관리시스템에 있어서, 조직에 따라 필요한 시스템이 정비되어 유용한 시스템이 되어 있을 것	10
5. 품질정보의 수집·분석과 IT(정보기술)의 활용(15)	시장의 품질정보, 조직 내의 품질정보의 수집이 체계적으로 행해져, 통계적 방법, IT와 잘 맞아서 상품의 개발·개선 및 업무의 질 관리, 개선에 유용하게 이루어지고 있을 것	15
6. 인재의 능력개발(15)	인재의 육성. 능력개발이 계획적으로 이루어지고 있고, 상품의 품질 및 업무의 질의 관리와 개선이 잘 이루어지고 있을 것	15

자료: 2014 (재)일본과학기술연맹 http://www.juse.or.jp/deming_en/challenge/index.html

이에 일본은 1993년 NTT, Toyoda, NEC 등 품질 담당 책임자모임을 갖고, 1995년 고객만족포럼 21(CS forum 21)을 통해 고객가치 경영을 추진하고, 1996년 일본 경영품질상(JQA)(Japan Quality Award)을 제정하여 시행하였다.

2017년 기준으로 일본경영품질상 평가모델은 〈표 2-7〉과 〈그림 2-7〉에 나타나 있다.

일본 경영품질상 심사 기준의 특징은 첫째, 리더십을 리더십과 사회적 책임으로 구분하고 배점을 높였다. 둘째, 프로세스 관리 범주의 배점을 높이고 전략의 책정, 정보의 공유와 활용의 점수를 낮추었다.

〈표 2-7〉 일본 경영품질상의 심사기준(2017년 기준)

범주	항목	배점
1. 경영간부의 리더십(120점)	1.1 리더십 발휘구조	120
2. 사회적 책임(50점)	2.1 사회적 책임	50
3. 고객 · 시장의 이해와 대응(100점)	3.1 고객 · 시장의 이해	40
	3.2 고객에 대한 대응	30
	3.3 고객만족의 명확화	30
4. 전략의 책정과 전개(60점)	4.1 전략의 수립	30
	4.2 전략의 전개와 확인	30
5. 개인과 조직의 능력 향상(100점)	5.1 학습환경	50
	5.2 사원 교육훈련, 자기개발	20
	5.3 사원만족	30
6. 프로세스 관리(120점)	6.1 기간(基幹) 업무의 프로세스 관리	60
	6.2 지원(支援) 업무의 프로세스 관리	30
	6.3 협력업체의 능력 향상	30
7. 정보의 공유와 활용(50점)	7.1 정보 데이터의 공유화	10
	7.2 경쟁사 비교 벤치마킹	30
	7.3 정보 데이터의 분석 및 활용	10
8. 경영활동의 성과(400점)	8.1 인재 개발과 학습환경의 성과	100
	8.2 품질 활동의 성과	100
	8.3 사업 성과	100
	8.4 고객만족과 시장에서의 평가	100
합계		1,000

〈그림 2-7〉 일본경영품질상 평가 모델(2017년)

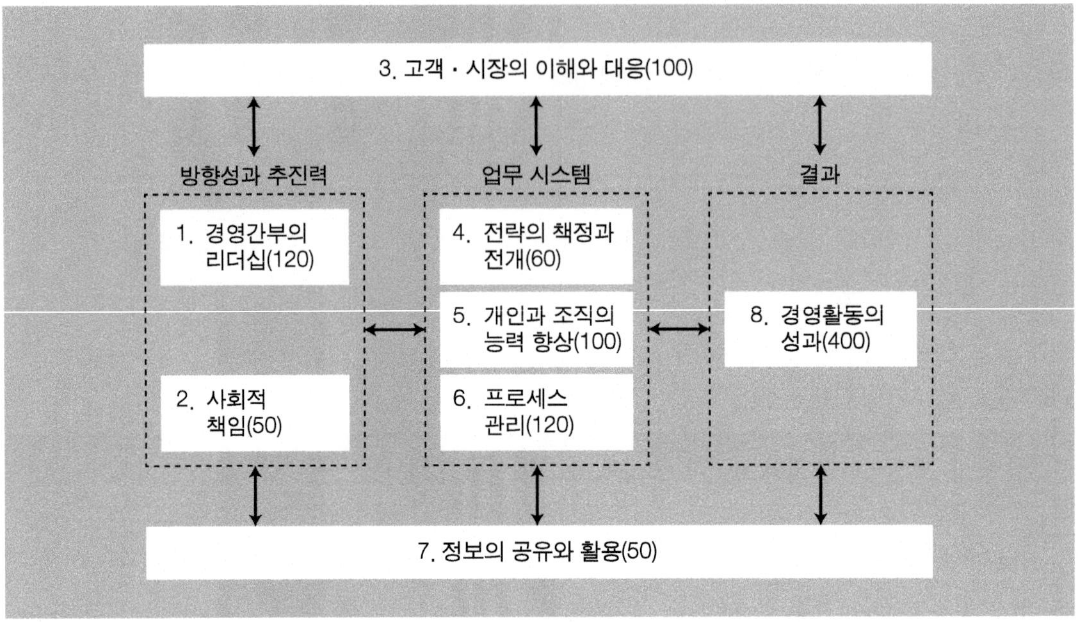

자료: http://www.jqaward.org

3. 유럽의 품질경영상

유럽의 품질경영상의 기원은 품질경쟁력의 확보를 위해 유럽의 대표적인 다국적 기업 14개 업체들이 모여 1988년에 유럽품질경영재단(EFQM)(European Foundation for Quality

〈그림 2-8〉 유럽 품질상 평가 모델

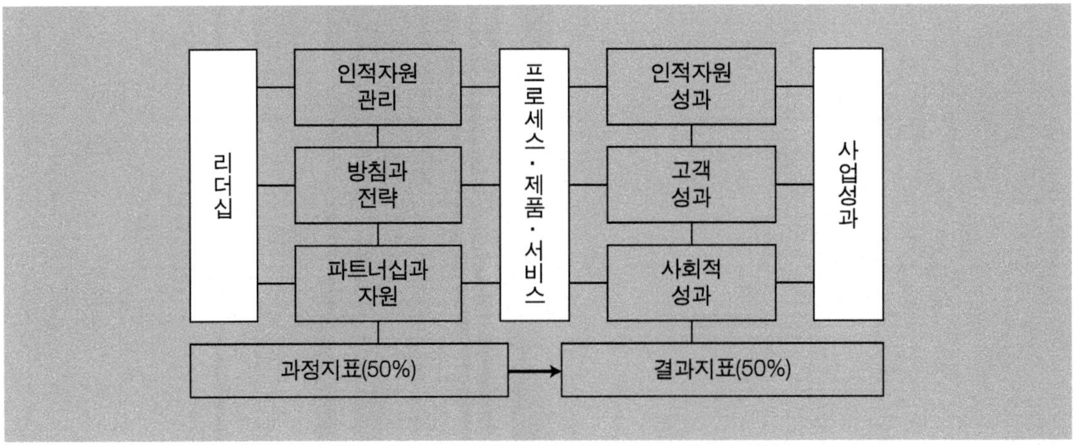

〈표 2-8〉 유럽품질상 심사기준(2017년)

범주	항목	배점
1. 리더십	1a. 리더의 사명과 역할 1b. 경영시스템의 참여,개선,발전 1c. 고객, 파트너 및 사회대표와의 교류 1d. 탁월한 기업문화 창조 1e. 조직변화의 선도	100점
2. 방침과 전략	2a. 이해관계자의 요구 반영 2b. 정보에 근거한 방침과 전팍 2c. 방침과 전략의 개발, 검토 및 조정 2d. 핵심 프로세스를 통한 전개	80점
3. 인적자원관리	3a. 인적자원 계획, 관리 및 개선 3b. 종업원 지식과 역량 개발 3c. 종업원 참여와 권한 위임 3d. 조직과 종업원 간의 대화 3e. 종업원 보상과 안정	90점
4. 파트너십과 자원	4a. 외부 파트너십 관리 4b. 재무자원 관리 4c. 건물, 설비, 자재 관리 4d. 기술관리 4e. 정보와 지식 관리	90점
5. 프로세스, 제품, 서비스	5a. 프로세스 설계와 관리 5b. 프로세스 개선 5c. 상품/서비스의 설계와 개발 5d. 상품/서비스의 생산과 전달 5e. 고객관계의 관리	140점
6. 고객 성과	6a. 인식 측정 6b. 성과 척도	200점
7. 인적자원 성과	7a. 인식 측정 7b. 성과 척도	90점
8. 사회적 성과	8a. 인식 측정 8b. 성과 척도	60점
9. 사업성과	9a. 주요 사업성과 9b. 주요 성과 척도	150점
합계		1,000점

자료: www.efqm.org

Management)을 설립하였다. 이후 이 재단을 중심으로 1991년 유럽 품질상(EQA)(European Quality Award)을 제정하고 운영해오고 있다.

4. 우리나라의 국가품질상

우리나라의 경우 1993년 품질경영 촉진법을 제정하고 TQM에 초점을 둔 품질 경영상을 제정하였다. 1994년에 한국 품질대상을 신설하였다. 한국표준협회(KSA)가 주관하고 지식경제부에 결과를 보고하고 있다(www.ksa.or.kr).

1) 포상의 목적

품질경영 활동에 공을 세워 국가경쟁력 향상에 크게 기여한 기업, 기업인 및 근로자를 선발하여 서훈·표창함으로써 사기를 진작시키고 품질경영의 새로운 결의를 다지고 위한 것이다.

2) 관련 법규

- 품질경영 및 공산품안전관리법 제6조(품질경영우수기업의 선정 등)
- 품질경영 및 공산품안전관리법 시행령 제5조(포상 등)

3) 연혁

- 1975.10.30: 제1회 전국품질관리 및 표준화대회
  대회 총재를 김종필 국무총리가 맡음
  정부 주도하의 품질관리 체제 도입 시기
- 1992.11.20: 제18회 전국품질경영대회
  노태우 대통령 참석
- 1994.11.25: 제20회 전국품질경영대회
  김영삼 대통령 참석

〈표 2-9〉 포상의 종류와 대상

부문	종류	포상대상	훈격
국가품질 경영유공 (단체)	• 국가품질대상 ▸ 제조_대기업 ▸ 제조_중견기업 ▸ 제조_중소기업 ▸ 공공 ▸ 서비스 ▸ 의료 ▸ 교육 • 국가품질경영상 ▸ 제조_대기업 ▸ 제조_중견기업 ▸ 제조_중소기업 ▸ 공공 ▸ 서비스 ▸ 의료 ▸ 교육 • 국가품질혁신상 ▸ 고객만족 ▸ 명품창출 ▸ 사회적가치창출 ▸ 생산혁신 ▸ 서비스혁신 ▸ 설비혁신 ▸ 인재개발 ▸ 제품품질혁신 ▸ 품질경쟁력혁신	기업·공공기관·단체 등 * 국가품질대상은 국가품질 경영상 수상이력이 있는 단체에 한해 신청 가능	대통령 표창
	▸ 서비스품질우수상	기업·공공기관·단체 등	대통령표창 국무총리표창 장관표창
국가품질 경영유공 (개인)	품질경영 유공자	대표 및 임원 관리자 및 근로자 품질경영 유관기관 종사자	훈·포장 대통령표창 국무총리표창 장관표창
품질 분임조	우수품질분임조상	전국품질분임조경진대회에서 우수한 성적을 거둔 분임조, 제안자	대통령명의 메달
국가품질 명장	국가품질명장(제조, 서비스)	기업체 근로자	대통령명의 증서 및 패
품질 경쟁력 우수기업	품질경쟁력우수기업	기업·공공기관·단체 등	산업통상자원부 장관 선정증서 (한·영문) 및 패

자료: www.ksa.or.kr

〈표 2-10〉 포상 선정 내용

부문		선정내용
국가품질경영 유공(단체)	국가품질대상	국가품질경영상 수상 후 전사적 품질경영활동을 지속적으로 추진하여 품질혁신 및 생산성 향상에 매우 탁월한 성과를 거둔 기업 · 공공기관 · 단체 등 • 세부분야: 제조(대), 제조(중견), 제조(중소), 공공, 서비스, 의료, 교육
	국가품질경영상	전사적 품질경영활동을 추진하여 품질혁신 및 생산성 향상에 탁월한 성과를 거둔 기업 · 공공기관 · 단체 등 • 세부분야: 제조(대), 제조(중견), 제조(중소), 공공, 서비스, 의료, 교육
	국가품질혁신상	보유한 자원을 환경에 맞게 효율적으로 활용하여 특정한 분야에서의 품질혁신 성과가 우수한 기업 · 공공기관 · 단체 등 • 세부분야: 고객만족, 명품창출, 사회적가치창출, 생산혁신, 서비스혁신, 설비혁신, 인재개발, 제품품질혁신, 품질경쟁력혁신
	서비스품질우수상	지속적인 서비스 품질혁신 활동으로 서비스품질이 우수한 기업 · 공공기관 · 단체 등
국가품질경영 유공(개인)	품질경영유공자	품질경영 성과 창출 및 확산에 현저한 공이 있는 자
품질분임조		전국품질분임조경진대회에서 우수한 성적을 거둔 분임조, 제안자
국가품질명장		분임조 및 품질혁신 활동이 우수한 현장 추진자
품질경쟁력 우수기업		품질경영 활동이 활발하여 우수한 품질경쟁력을 갖추고 있는 기업 · 공공기관 · 단체 등

자료: www.ksa.or.kr

〈표 2-11〉 역대 국가품질대상 수상기업

수상년도	수상업체	수상년도	수상업체
2018	울산항만공사	2007	수상기업 없음
2017	한국남부발전(주)	2006	LS산전(주)
2016	한국전력기술(주)	2005	한국서부발전(주), (주)삼진엘앤디
2015	동부화재해상보험(주)	2004	도레이 새한(주)
2014	(주)대한솔루션, 한국중부발전(주)	2003	유니슨(주)
2013	LS산전(주), 한국남동발전(주)	2002	삼성전자 TN총괄 무선사업부
2012	S&T중공업(주)	2001	기아자동차(주), 한국OSG(주)
2011	(주)성우하이텍	2000	한국중공업
2010	수상기업 없음	1999	인천제철
2009	한전KPS(주), (주)유라코퍼레이션	1998	새한
2008	수상기업 없음	1997	현대중공업 조선사업부문, 삼성전관

* 2010년 국가품질대상으로 명칭 변경(구 한국품질대상)

〈표 2-12〉 국가품질상(제조, 공공, 서비스 부문) 심사기준 및 배점항목

심사항목		배점	소항목
I. 리더십(120)	1. 경영진의 리더십	70	1) 비전과 가치 2) 커뮤니케이션과 조직성과
	2. 지배구조와 사회적 책임	50	1) 조직의 지배구조 2) 합법적 및 윤리적 사업 수행 3) 사회 공헌
II. 전략 기획(85)	1. 전략의 개발	40	1) 전략개발 프로세스 2) 전략목표
	2. 전략의 전개	45	1) 실행계획 개발과 전개 2) 성과 추정
III. 고객과 시장 중시(85)	1. 고객과 시장 지식	40	1) 고객과 시장 지식
	2. 고객관계와 고객만족	45	1) 고객관계 구축 2) 고객만족 관리
IV. 측정, 분석 및 지식경영(90)	1. 측정, 분석 및 조직성과의 개선	45	1) 성과의 측정 2) 성과의 분석, 검토 및 개선
	2. 정보, 정보기술 및 지식의 관리	45	1) 정보자원의 관리 2) 데이터, 정보 및 지식의 관리
V. 인적자원 중시(85)	1. 인적자원관리 체계	45	1) 인적자원 충실화 2) 인적자원개발 3) 인적자원 헌신의 평가
	2. 인적자원 복지와 근무환경	40	1) 인적자원 잠재력과 수용능력 2) 근무환경
VI. 운영관리 중시(85)	1. 업무시스템 설계	40	1) 핵심역량 2) 업무프로세스 설계 3) 긴급사태 대비
	2. 업무프로세스 관리와 개선	45	1) 업무프로세스 관리 2) 업무프로세스 개선
VII.경영성과 (450)	1. 제품과 서비스 성과	100	1) 제품과 서비스 성과의 수준과 경향
	2. 고객 중시 성과	70	1) 고객 중시 성과의 수준과 경향
	3. 재무와 마케팅 성과	70	1) 재무와 마케팅 성과의 수준과 경향
	4. 인적자원 중시 성과	70	1) 인적자원 중시 성과의 수준과 경향
	5. 프로세스 성과	70	1) 프로세스 효과성 성과의 수준과 경향
	6. 리더십 성과	70	1) 리더십과 사회적 책임 성과의 수준과 경향

자료: www.ksa.or.kr

〈표 2-13〉 말콤 발드리지 품질경영상 수상기업들

연도	수상자	분야
2019	Howard Community College	교육
	Adventist Health White Memorial	병원
	Mary Greeley Medical Center	병원
	Center for Organ Recovery & Education	비수익기관
	City of Germantown, TN	비수익기관
	Illinois Municipal Retirement Fund	비수익기관
2018	Integrated Project Management Company, Inc., Burr Ridge, IL	중소기업
	Donor Alliance, Denver, CO	비수익기관
	Memorial Hospital and Health Care Center, Jasper, IN	병원
	Alamo Colleges District, San Antonio, TX	교육기관
	Tri County Tech, Bartlesville, OK	교육기관
2017	Adventist Health Castle, Kailua, Hawaii	병원
	Bristol Tennessee Essential Services, Bristol, TN	중소기업
	Stellar Solutions, Palo Alto, CA	중소기업
	Southcentral Foundation, Anchorage, AK	병원
	City of Fort Collins, Fort Collins, CO	비수익기관
2016	Don Chalmers Ford, Rio Rancho, New Mexico	중소기업
	Momentum Group, Irvine, California	중소기업
	Kindred Nursing and Rehabilitation Center Mountain Valley, Kellogg, Idaho	병원
	Memorial Hermann Sugar Land Hospital, Sugar Land, Texas	병원
2015	MidwayUSA, Columbia, Mo	중소기업
	Charter School of San Diego, San Diego, Calif.	교육기관
	Charleston Area Medical Center Health System, Charleston, W.V.	병원
	Mid-Ameria Transplant Services, St. Louis, Mo.	비수익기관
2014	PricewaterhouseCoopers Public Sector Practice, McLean, VA	서비스업
	Hill Country Memorial, Fredericksburg, TX	병원
	St. David's HealthCare, Austin, TX	병원
	Elevations Credit Union, Boulder, CO	비수익기관
2013	Pewaukee School District, Pewaukee, WI	교육기관
	Sutter Davis Hospital, Davis, CA	병원
2012	Lockheed Martin Missiles and Fire Control, Grand Prairie, TX	제조업
	MESA Products Inc., Tulsa, OK	중소기업
	North Mississippi Health Services, Tupelo, MS	병원
	City of Irving, Irving, TX	비수익기관

〈표 2-13〉 말콤 발드리지 품질경영상 수상기업들 (계속)

연도	수상자	분야
2011	Concordia Publishing House, St. Louis, MO	비수익기관
	Henry Ford Health System, Detroit, MI	병원
	Schneck Medical Center, Seymour, IN	병원
	Southcentral Foundation, Anchorage, AK	병원
2010	MEDRAD, Warrendale, PA	제조업
	Nestlé Purina PetCare Co., St. Louis, MO	제조업
	Freese and Nichols Inc., Fort Worth, TX	중소기업
	K&N Management, Austin, TX	중소기업
	Studer Group, Gulf Breeze, FL	중소기업
	Advocate Good Samaritan Hospital, Downers Grove, IL	병원
	Montgomery County Public Schools, Rockville, MD	교육기관
2009	Honeywell Federal Manufacturing &Technologies, Kansas City, MO	제조업
	MidwayUSA, Columbia, MO	중소기업
	AtlantiCare, Egg Harbor Township, NJ	병원
	Heartland Health, St. Joseph, MO	병원
	VA Cooperative Studies Program Clinical Research Pharmacy Coordinating Center, Albuquerque, NM	비수익기관
2008	Cargill Corn Milling North America, Wayzata, MN	제조업
	Poudre Valley Health System, Fort Collins, CO	병원
	Iredell-Statesville Schools, Statesville, NC	교육기관
2007	PRO-TEC Coating Co., Leipsic, OH	중소기업
	Mercy Health System, Janesville, WI	병원
	Sharp Healthcare, San Diego, CA	병원
	City of Coral Springs, Coral Springs, FL	비수익기관
	U.S. Army Armament Research, Development and Engineering Center (ARDEC), Picatinny Arsenal, NJ	비수익기관
2006	MESA Products, Inc., Tulsa, OK	중소기업
	Premier Inc., San Diego, CA	서비스업
	North Mississippi Medical Center, Tupelo, MS	병원
2005	Sunny Fresh Foods, Inc., Monticello, MN	제조업
	DynMcDermott Petroleum Operations, New Orleans, LA	서비스업
	Park Place Lexus, Plano, TX	중소기업
	Richland College, Dallas, TX	교육기관
	Jenks Public Schools, Jenks, OK	교육기관
	Bronson Methodist Hospital, Kalamazoo, MI	병원

〈표 2-13〉 말콤 발드리지 품질경영상 수상기업들 (계속)

연도	수상자	분야
2004	The Bama Companies, Tulsa, OK	제조업
	Texas Nameplate Company, Inc., Dallas, TX	중소기업
	Kenneth W. Monfort College of Business, Greeley, CO	교육기관
	Robert Wood Johnson University Hospital Hamilton, Hamilton, NJ	병원
2003	Medrad, Inc., Indianola, PA	제조업
	Boeing Aerospace Support, St. Louis, MO	서비스업
	Caterpillar Financial Services Corp., Nashville, TN	서비스업
	Stoner Inc., Quarryville, PA	중소기업
	Community Consolidated School District 15, Palatine, IL	교육기관
	Baptist Hospital, Inc., Pensacola, FL	병원
	Saint Luke's Hospital of Kansas City, Kansas City, MO	병원
2002	Motorola Inc. Commercial, Government and Industrial Solutions Sector, Schaumburg, IL	제조업
	Branch-Smith Printing Division, Fort Worth, TX	중소기업
	SSM Health Care, St. Louis, MO	병원

자료: www.wikipedia.org

- 2000.11.21: 제26회 국가품질경영대회
  전국품질경영대회에서 '국가품질경영대회'로 명칭 변경
- 2006.11.24: 제32회 국가품질경영대회
  한명숙 국무총리 참석

매년 11월 전국품질경영대회에서 포상하며, 2000년에 국가품질경영대회로 명칭이 변경되었다.

사례

한국동서발전

한국동서발전은 '친환경 에너지 전환 선도기업'이라는 비전을 새롭게 정립하고, 신재생·친환경 중심의 '에너지 전환'과 에너지 절약을 위한 '에너지 효율화' 사업에 앞장서고 있다. 특히 '2050 대한민국 탄소중립' 달성을 위해 구체적인 추진 전략까지 수립했다. 이와 함께 안전 최우선 경영을 바탕으로 한 안전보건 추진 체계 구축, 지역사회와의 동행에도 노력하고 있다.

미래 에너지산업 선도하는 한국동서발전

한국동서발전은 기후변화협약 등 전력산업 환경 변화에 능동적으로 대응하기 위해 에너지 공기업으로서 최선을 다하고 있다. 신재생 에너지원 중점 개발, 최적의 신재생 에너지 포트폴리오 구성, 고효율 신재생 에너지 기술 경쟁력 확보 등 2030년까지의 마스터플랜을 수립했다. 이로써 약 5,000MW 규모의 신재생 에너지원을 확보했다.

또한 '2050 대한민국 탄소중립' 달성 과정에서의 역할과 발전 방향에 맞춰, '2050 동서발전 탄소중립 로드맵'을 수립했다. 'EWP 탄소중립위원회' 발족으로 탄소중립 실천 의지를 표명했고, 'EWP 탄소중립 자문단'도 구성해 분기별 미래전략포럼으로 에너지 전문가 자문 및 정보교류의 장까지 마련하고 있다. 이러한 노력을 통해 전 임직원이 청정에너지 전문기업으로 도약하는데 최선을 다하고 있다.

행복하고 안전한 일터… 지역사회와의 행복 동행까지

한국동서발전은 안전 최우선 경영 이념 아래 '안전보건 추진 체계'를 구축했다. ISO 45001(안전보건경영시스템) 인증 유지, 정부 지침인 작업장 안전강화 대책, 공공기관 안전관리 등을 성실하게 이행하고 있다. 그 결과 산업부 산하 공공기관 중 유일하게 5년 연속 사고 사망 만인율(원청과 하청을 모두 더한 노동자 중 사고 사망자의 비율) '0'을 달성했다. 산업재해율 또한 '최저'를 유지했으며, '글로벌 스탠더드 안전경영 대상'도 연속 수상할 수 있었다.

또한 한국동서발전은 '리스펙트(RESPECT) 7 존중 문화'를 제정했다. 이를 기반으로 스마트한 업무 혁신과 직장 내 올바른 예절문화 등 18대 과제를 추진하고 있다. 임직원 누구나 혁신 아

한국동서발전 소개

소재지	울산광역시 중구 종가로 395
자본금	4조 8,718억 원(2021년)
매출액	4조 7,959억 원(2021년)
종업원 수	2,446명(2022년 10월 1일 기준)
주요 생산품	전력자원의 개발/발전 및 이와 관련되는 사업

▼ 추진성과

구분	2019년	2020년	2021년
고장정지율(%)	0.011	0.001	0.0006
온실가스 배출량(만 톤)	3,902	3,491	3,281
EBITDA 대 매출액(%)	19.4	20.8	22.2
기업문화 만족도(점)	83.7	85.6	86.0

이디어를 상시 제안할 수 있는 '혁신 아고라', 소수노조와 여성으로 구성된 사전소통 협의체 '두드림 평가단' 등 기능별 소통·협의채널도 운영하고 있다.

'행복에너지 Dream'을 통한 지역사회와의 행복 동행 추진 또한 돋보인다. 한국동서발전은 본업과 연계된 특화형 및 3대 테마(청년·지역사회·사회적 약자)로 사회공헌 활동을 추진하고 있다. 탄소중립 2050 실현을 위해 에너지 전환 선도, 에너지 효율 개선, 자원 재순환 실천 분야의 본업 연계형 사회공헌 활동을 진행한다. 그리고 청년들의 일자리 창출 지원, 복지 사각지대에 있는 사회적 약자 지원을 통해 지역사회와의 상생 및 공헌 활동에도 힘쓰고 있다.

▼ 인증 및 수상

- 2022년 2021년도 공공기관 경영평가 최고등급(S) 달성
- 2022년 동반성장평가 '최고등급' 11회 연속 달성
- 2022년 공공데이터 제공 운영실태 평가 우수기관 선정 대통령상 수상
- 2021년 글로벌스탠다드 안전경영 대상 수상
- 2021년 대한민국 ESG 경영대상
- 2020년 품질경쟁력 우수기업 명예의 전당 헌정

자료: 조선일보, 2022년 11월 24일.

연습문제

1. Deming 사이클과 품질개선효과의 관계를 설명하라.
2. Deming의 품질개선을 위한 14가지 항목을 설명하라.
3. 쥬란의 품질의 개념과 품질삼분법을 설명하라.
4. Crosby의 품질은 공짜라는 의미는 무엇인지 설명하라.
5. Crosby의 절대 4원칙을 설명하라.
6. Feigenbaum과 Ishikawa의 경영철학을 설명하라.
7. 말콤 발드리지 품질경영상의 구성내용과 평가 모델을 설명하라.
8. 일본의 Deming상과 일본품질상의 평가기준을 제시하라.
9. 유럽의 품질경영상 평가 모델을 설명하라.
10. 우리나라의 국가품질상의 평가기준을 설명하라.

참고문헌

김기영 외 공저 (1999), 품질경영, 박영사.

김연성 외 공저 (2015), 품질경영론, 제5판, 박영사.

Crosby, P. B. (1979), *Quality is Free*, New York, McGraw-Hill, pp. 200-201.

Evans, J. R. and Lindsay, W. M. (2014), *The Management and Control of Quality*, 9th ed., South-Western Cengage Learning.

Feigenbaum, A.V. (1986), *Total Quality Control*, 3rd ed., McGraw-Hill, Inc., p. 16

ISO 9000:2000 KSA 9001, ISO 8402용어 해설집.

ISO 9004:2000 Quality Management Systems - Guidelines for Performance Improvement, 제2판.

Jurasn, J. M. (1991), "Strategies for World-Class Quality", *Quality Progress*, March, pp. 81-85.

www.baldrige.nist.gov

www.efqm.org

www.jqaward.org

www.ksa.or.kr

제3장
ISO 등 국제품질인증제도

학습목표

1. ISO 품질인증제도의 의미, 목적과 필요성, 절차 등에 대해서 이해한다.
2. 환경인증시스템인 ISO 14001에 대해서 이해한다.
3. ISO 26000에 대해서 이해한다.
4. 기타 인증제도의 의미, 필요성 등에 대해 알아본다.

사례

한전원자력연료

한전원자력연료는 1988년 해외 원자력 품질보증체계 도입 후 국내 원자력안전법과 해외 기준 및 인증 요건을 품질경영에 철저하게 반영시키며 발전해 왔다. 1997년 ISO 9001, 2002년 ISO 9001:2000, 2009년 ISO 9001:2008, 2018년 ISO 9001:2015 전환 인증도 획득했다. 더불어 계측기 교정의 신뢰성 및 전문성 제고를 위한 국가표준기본법 및 ISO/IEC 17025 인정 요건을 적용한 교정품질시스템도 구축해 2001년 국제공인교정기관으로 인정받았다. 이 밖에도 환경·관리, 안전·보건, 정보 보호 등 여러 방면에서 글로벌 수준의 경영 시스템을 갖추고 있다.

한전원자력연료 소개

소재지	대전광역시 유성구 대덕대로 989번길 242
자본금	931억 5,000만 원
종업원 수	1101명
주요 생산품	경 · 중수로 원자력연료 집합체

고유의 생산 시스템 KIPS 구축…
더 나아가 국제 표준까지 제시

한전원자력연료는 고유의 생산·품질경영 철학의 총체인 KIPS(KEPCO NF Innovative Production System)를 2010년 11월 구축해 운영하고 있다. 세계 최고의 품질과 성능을 갖춘 무결한 원자력 연료 생산을 위한 고효율·저비용 생산 시스템이다. 자주 관리, 설비 관리, 품질 관리, 안전 관리, 방사성폐기물 관리, 역량 관리 등 6개 단위가 있다. 향후 KIPS를 제4차 산업혁명을 선도하는 기술 개발 아이디어 플랫폼으로 성장시켜 장치와 장치 간 정보화 기술 개발, 인공지능 및

▼ 추진성과

구분	2020년	2021년	2022년 (추정)
매출액(억 원)	3,312	3,237	3,333

빅데이터 활용 등 융복합 첨단 기술이 집약된 스마트팩토리를 구현할 예정이다.

한편, 한전원자력연료는 독자적인 국제 표준을 제시하며 세계 원자력계에서 주목받고 있다. 2012년에는 '가돌리니아 함량측정법'이 ISO 원자력 분과 13개 회원국 만장일치로 최종 단계를 통과, 국제 표준으로 확정됐다. 2014년에 제안한 '회귀분석 교정법'과 2016년에 제안한 '방사성폐기물고화기술' 및 '방사성폐기물 관리 프로세스'는 표준 확정을 목표로 순항 중이다.

중소 협력사 선순환 동반성장 및 글로벌 역량 강화
한전원자력연료는 중소 협력회사와의 소통 강화 등으로 원자력연료 부품 공급자의 품질까지 담보하고 있다. 품질보증협의체의 품질 현황 모니터링, 매년 '협력업체 경영진 간담회' 개최, 경영안정화 지원, 직원 대상 어학·직무 교육, 해외 진출 능력 배양 등 다양한 동반성장 활동을 펼치며 선순환 협력관계 구축에 힘쓰고 있다.

한편, 확고한 품질 경쟁력을 바탕으로 2000년대 초부터 미국·브라질 등에 원자력연료 핵심부품을, 2011년부터 미국·중국에 피복관과 제조장비, 원자력연료 서비스 장비 등을 수출하고 있다. 아울러 우리나라가 건설 중인 UAE 원전에 원자력연료를 공급하고 있다. 향후 해외 매출의 비중을 지속해서 높여나갈 계획이다.

▼ 인증 및 수상

- 2021년 방사능오염 폐기물 제염기술 개발 관련 특허 취득
- 2021년 지역사회공헌 인정 기업 3년 연속 선정
- 2020 공정 채용 우수기관 인증 2년 연속 획득
- 국가품질경쟁력우수기업 20년 연속 선정
- TSA 플랜트, 공정안전관리 S등급 획득

자료: 조선일보, 2022년 11월 24일.

제1절 ISO 품질인증제도의 의미

1. ISO인증의 개요

1992년 말에 발효된 유럽자유교역협정(European Free Trade Agreement)은 품질시스템의 표준화에 중대한 영향을 주었다. 유럽단일경제권에서 함께 사업을 영위하는 나라들을 위한 요구조건(requirements)을 표준화하기 위하여 표준화의 전문기관인 국제표준화기구(ISO)(International Organization for Standardization)가 1987년 일련의 품질기준을 작성하였다.

ISO는 91개국의 국가표준화기구의 대표로 구성된 강력한 조직이다. 여기서 문서화한 표준을 ISO 시리즈라고 하며, 대표적인 것이 ISO 9000 시리즈와 ISO 14000 시리즈이다. ISO 9000 시리즈는 품질경영에 관한 표준인 반면, ISO 14000 시리즈는 오늘날 중요시되고 있는 환경경영에 대한 인증표준이다. 이들 표준은 미국품질관리협회(ASQC)의 보증과 협조 하에 미국표준화기구(ANSI)(American National Standards Institute)에 의하여 수용되었다.

이 표준들은 일본 등 100개 이상의 국가에서 인정되고 있다. 특정국가의 시장에서는 이 표준의 인증을 받지 않은 공급자로부터 제품을 구입하지 않는다. 따라서 ISO 인증등록은 국제경쟁의 기본적인 요건이 되었다.

ISO 품질인증표준은 품질보증시스템을 위한 기본적인 요건을 제공하며, 제품설계와 개발, 제조, 검사, 최종검사, 설치 및 서비스 전 영역을 다룬다. 제품개발에 있어서 표준은 기업이 고객 요구를 이해하고, 이를 충족시키기 위하여 설계과정을 통제할 것을 요구하며, 종업원에게 정확한 문서를 제공하고, 공급자와 내부 품질에 대하여 책임을 지고, 조립공정을 통하여 추적가능하게 하고, 적절한 기록 및 문서를 유지하게 한다.

ISO 품질인증제도는 말콤 발드리지 품질상과 같은 품질상은 아니다. ISO 표준에 동의하는 기업의 시스템은 제3의 심사기관에 의하여 인증심사를 받아 등록한다. 말콤

〈그림 3-1〉 ISO 인증제도 운영체계

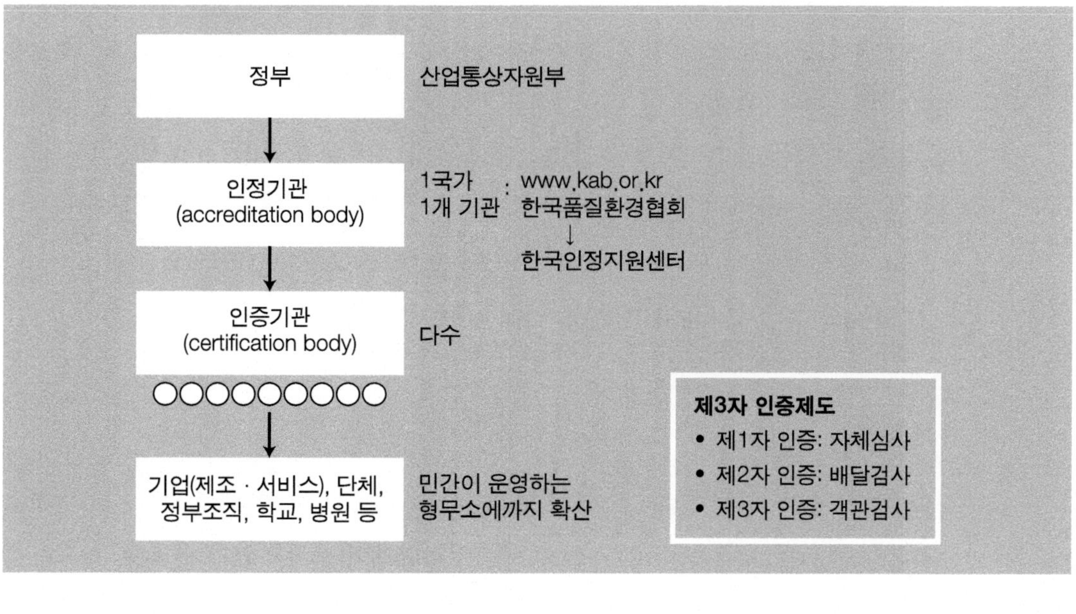

발드리지 품질상과 달리 ISO 표준은 품질보증시스템과 절차를 포괄적으로 다룬다. 리더십, 전략계획, 혹은 고객관계관리 등과 같은 활동을 고려하지 않는다. 그럼에도 불구하고 엄격한 문서표준은 기업의 문제를 노출시키고 공정을 개선시킬 수 있도록 도와준다. 예컨대, DuPont사는 ISO 표준을 받아들여 인증을 받음으로써 납기준수율을 70%에서 90%로 향상시켰으며, 생산주기시간을 15일에서 1.5일로 감소시켰다. 그리고 최초수율(yield)을 72%에서 92%로, 검사절차의 수를 1/3로 줄였다.

1) ISO 9000 시리즈

ISO 9001은 국제표준화기구(ISO)에서 제정한 품질경영시스템 요구사항을 규정한 국제규격으로 국가별로 상이한 품질 규격을 국제적으로 통일하여 국제통상을 원활히 하기 위한 공급자와 구매자 사이의 품질경영과 품질보증에 관한 기준으로 기본적으로 고객만족을 위한 규격이다.

ISO 9000은 품질경영 및 품질보증 규격의 선택 및 사용의 지침에 대하여 안내하고 있다. 또한 이는 회사의 조직을 정비하고 회사의 표준체계를 국제기준에 맞게 재구성하여 기업이 발전할 기반을 다지도록 하며 업무 수행 절차를 국제규격기준에 준하여 명확하게 매뉴얼화하여 문서화함으로써 기업의 구성원이면 누구나 쉽게 문서만 보아도 업무를 수행할 수 있는 시스템을 구축 가능하게 한다.

즉, 조직의 구성원 중 일부가 빠진다 해도 업무수행과정을 알 수가 없어 실제 업무가 추진되지 못하는 애로점을 없앨 수 있으며 ISO 9000을 인증받은 기업이라면 책임과 권한이 명확하게 구분되어 있으며, 그대로 실행하고 있음을 의미한다. 이렇듯 ISO 9000 규격을 통해 기업은 자사의 경영시스템에 맞은 품질시스템을 수립하고 적합성과 실행의 유효성 검증을 통해 제3자 인증을 받는다.

최근엔 제조업, 건설업뿐만 아니라 병원, 학교, 금융, 지방자치단체(공공서비스 부문), 도소매 유통업 등 다양한 분야로 확대 보급되고 있다.

2) 국제표준화기구

국제표준화기구는 ISO 정관(Statute) 제2조에 명기된 바와 같이 상품 및 서비스의 국제적 교환을 촉진하고, 지적·과학적·기술적·경제적 활동 분야에서의 협력 증진을 위하여 세계의 표준화 및 관련 활동의 발전을 촉진하기 위해 1947년 2월 23일 설립되었다. 이러한 목적달성을 위하여, ISO는 다음과 같은 업무를 수행할 수 있다.

1. 표준 및 관련 활동의 세계적인 조화를 촉진시키기 위한 조치를 취한다.
2. 국제규격을 개발, 발간하며, 이 규격들이 세계적으로 사용되도록 조치를 취한다.
3. 회원기관 및 기술위원회의 작업에 관한 정보의 교환을 주선한다.
4. 관련 문제에 관심을 갖는 다른 국제기구와 협력하고, 특히 이들이 요청하는 경우, 표준화 사업에 관한 연구를 통하여 타 국제기구와 협력한다.

ISO의 법적 지위는 정부 간 기관이 아니고 순수 민간기구로 구속력은 없는, 비 강제적 규격들이다. 그러나 ISO가 제정하는 국제규격을 각 국가나 산업체 집단들이 산업규격 또는 기준으로 채택함으로써 강제적 요건이 되고 있다. ISO에서는 각 전문 분야별 기술위원회(TC)(Technical Committee)가 설치되어 이 위원회가 각 분야별 국제규격을 제정, 심의하고 있다.

2. ISO 9001 인증 목적 및 필요성

ISO 9001 인증의 목적과 필요성은 다음과 같다.

1) 국제적 동향 및 무역장벽에의 대응

현재 ISO 9001을 국가표준으로 채택하고 있는 나라는 120여 개국에 이르러, ISO 9001 시리즈는 세계 시장 진출을 위한 필수 조건이 되고 있다. 특히 유럽연합의 회원국들의 경우 자국의 규격준수평가 계획의 일부로서 ISO 9001을 의무적으로 적용하는 등 국제사회의 인증취득 요구에 따른 기술무역/품질관세 장벽에 능동적으로 대응하기 위하여 ISO 인증이 필요하다.

2) 고객만족 달성을 위한 최적의 품질경영시스템 구축

기업경영의 효율을 높이고 기업체질을 개선하여, 고객의 요구와 기대를 만족시키기 위한 제품 및 프로세스를 지속적으로 개선시키고 고객의 요구사항을 충족시킬 수 있는

〈그림 3-2〉 품질경영시스템 구축의 7원칙

1. 고객중심 조직	고객의 욕구를 이해, 충족, 기대를 넘어섬
2. 리더십	조직의 목적, 방향 및 내부환경의 일관성 확립
3. 인원의 적극 참여	조직 구성원 전원이 참여(조직의 목적달성을 위한 업무 배분)
4. 프로세스 접근법	효율적인 결과를 얻기 위하여 자원 및 활동이 하나의 프로세스로 관리됨
5. 지속적 개선	목표와 이를 달성하기 위한 수단, 활동 및 자원에 대한 상향된 목표
6. 증거기반 의사결정	데이터 및 정보의 논리적인 분석으로 효과적인 결정
7. 관계관리/관계경영	가치를 창조시키는 능력을 향상

제품을 제공하여, 기업 이미지 및 신뢰도 향상으로 고객만족을 달성할 수 있다. 또한 전 직원의 품질 마인드를 제고하여 기업 자체의 품질경영시스템을 강화할 수 있다.

3) 공공 서비스 부문의 대외 공신력 및 신뢰도 확보

효율적인 업무처리 프로세스를 통하여 고객 불만 감소, 비용 감소, 대고객 서비스 개선을 달성할 수 있다.

3. 기업의 인증심사 절차

기업의 인증심사 절차는 여덟 단계로 진행된다.

1) 단계1: 인증신청 및 계약

- 제안요청서를 작성, 송부하면 기업이 제공한 정보를 토대로 인증 심사 제안을 한다.
- 기업이 협회의 제안을 수락하여 인증 계약서에 서명하면 계약이 완료된다.

2) 단계2: 심사 계획 통보

- 계약이 체결되면 한국표준협회는 심사반을 구성하여 신청 기업에 통보한다. 이때 신청 기업의 의견을 고려하여 심사반 구성에 반영할 수 있다.
- 심사반이 구성되면 심사 계획을 신청 기업에 통보한다.

3) 단계3: 인증 심사

- 예비 심사: 예비 심사는 신청 기업이 원할 경우 수행하며 본 심사에 앞서 시스템의 적합성을 확인하는 심사로 일수는 기업과 상호 협의 하에 결정한다.
- 문서 심사(1단계 심사): 현장 심사에 앞서 고객의 품질·환경·안전 시스템 문서 중심으로 규격과의 적합성을 심사하며 현장 심사를 효과적으로 실시하기 위해 가능한 한 고객을 방문하여 심사하는 것을 원칙으로 한다.
- 현장 심사(2단계 심사): 현장 심사는 문서화된 시스템뿐만 아니라 업무가 적합하게 수행되고 있는지를 기업 현장에서 심사하며 이때 발견된 부적합의 시정 조치가 완료되어야만 인증 심의가 가능하다.
- 확인 심사: 인증 심사 시 발견된 부적합에 대한 시정 조치를 확인하는 심사로 문서 또는 현장 방문을 통해 이루어지며, 현장 방문에 따라 발생하는 모든 비용은 별도로 청구된다.

4) 단계 4: 인증 심의

심사에 따른 시정 조치가 모두 완료되면 심사가 적절하게 수행되었는지 심사 과정 전체를 검증하고, 적합한 경우 심의위원회를 개최하여 인증 여부를 결정하게 된다.

5) 단계 5: 인증서 발행 및 등록

심의위원회에서 인증이 결정되면 고객에게 통보하고 인증서를 발급한다.

〈그림 3-3〉 인증심사 절차

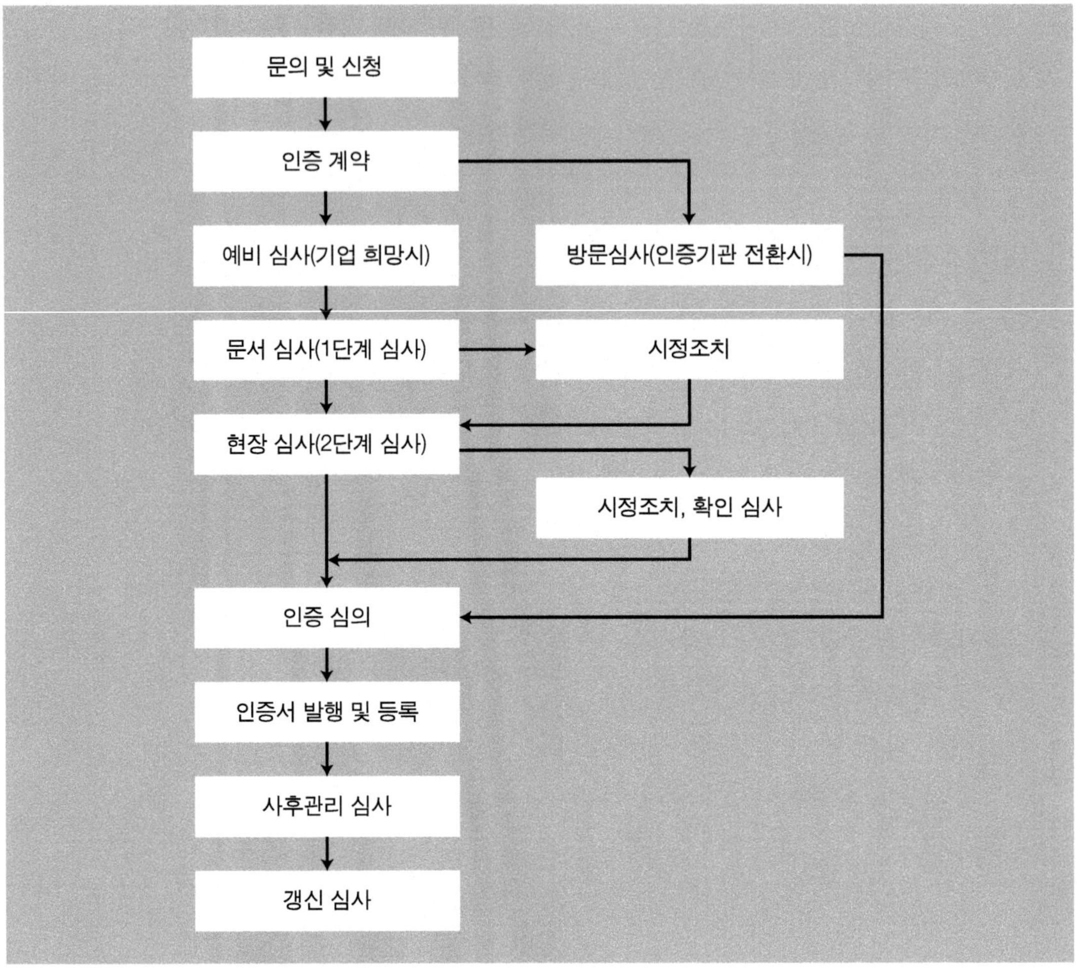

자료: www.ksa.or.kr

6) 단계 6: 사후관리 심사

인증받은 기업이 인증을 유지하기 위해서는 6개월~1년 주기로 사후관리 심사를 실시하며, 이를 통해 품질·환경·안전 경영 시스템을 지속적으로 개선할 수 있다.

심사 주요 내용은 내부 품질 감사, 경영검토이다.

- 품질·환경·안전 시스템 변경
- 인증표시 사용
- 전회 심사 부적합 사항

7) 단계 7: 갱신 심사

인증은 3년 주기로 갱신해야 하며, 최초 인증 심사 절차에 준하여 인증 심사가 진행된다.

8) 단계 8: 특별 사후관리 심사

인증받은 업체에 다음과 같은 중요한 사유가 발생하면, 정기 사후관리 심사와는 별도로 특별 사후관리 심사가 시행된다.

- 품질·환경·안전 경영 시스템이 인증 요건에 중대한 영향을 미칠 수 있는 변경이 있는 경우
- 기업으로부터 중요한 클레임이 발생하거나 인증 요건을 더 이상 만족하고 있지 않은 경우

4. ISO 9001: 2015 품질경영시스템(QMS)

2015년에 새롭게 개정된 ISO 9001:2015 품질경영시스템의 특징은 다음과 같다.

1) 품질경영시스템의 기본 구조 통합

기존 ISO 9001은 표준의 목차(구조)가 서로 달라서 조직이 통합경영시스템을 도입하고자 할 때 불편하였다. 이러한 불편을 해소하고 경영시스템을 조직의 전략과 보다 긴밀하게 연계시키기 위해 ISO는 새로운 기본구조(HLS)(High Level Structure)를 적용하였다.

2) 조직상황을 경영시스템에 반영

변화하는 비즈니스 환경을 고려하도록 '조직상황'을 경영시스템의 구조에 반영하였다. 조직상황은 이해관계자(지역사회, 경쟁자, 임직원, 관계당국, 투자자, 고객, 협력업체, 공급업체)의 요구와 기대를 이해하는 것이다.

〈표 3-1〉 확대된 개념의 용어

기존 용어	확대된 개념의 용어
제품	제품 및 서비스
문서화, 기록, 매뉴얼, 문서화된 절차	문서화된 정보
업무 환경	프로세스 운용 환경
모니터링 및 측정 장비	모니터링 및 측정 자원
구매한 제품/공급자	외부 제공 제품 및 서비스

3) 확대된 개념의 용어 사용

산업계의 변화를 반영하여 광범위하게 적용될 수 있도록 '확대된 개념의 용어'를 사용하였다. 확대된 개념 용어는 〈표 3-1〉에 나와 있다.

4) 리스크 관리 강조

리스크란 불확실성의 영향으로서, '예측되지 않은 기회 또는 위기'를 의미하며, 경영시스템 기본구조에 '조직상황'이 추가되며 리스크 강조한다.

5) 최고경영자 리더십 강조

최고경영자의 책임과 역할 강조하고, 경영시스템의 효과성, 고객 요구사항 실현, 방침과 목표 실현 등에 있어 최고경영자의 리더십과 의지표명을 명시한다.

5. ISO 9001 인증 취득의 기대효과

ISO 9001 인증 취득의 기대효과는 다음과 같다.

1) 품질의식 향상

전사적 차원의 품질 최우선 마인드가 형성되고 사내 표준에 대한 준수의식이 고취되어 전사 차원의 품질경경시스템에 대한 이해가 증가한다.

〈그림 3-4〉 프로세스 접근 방법

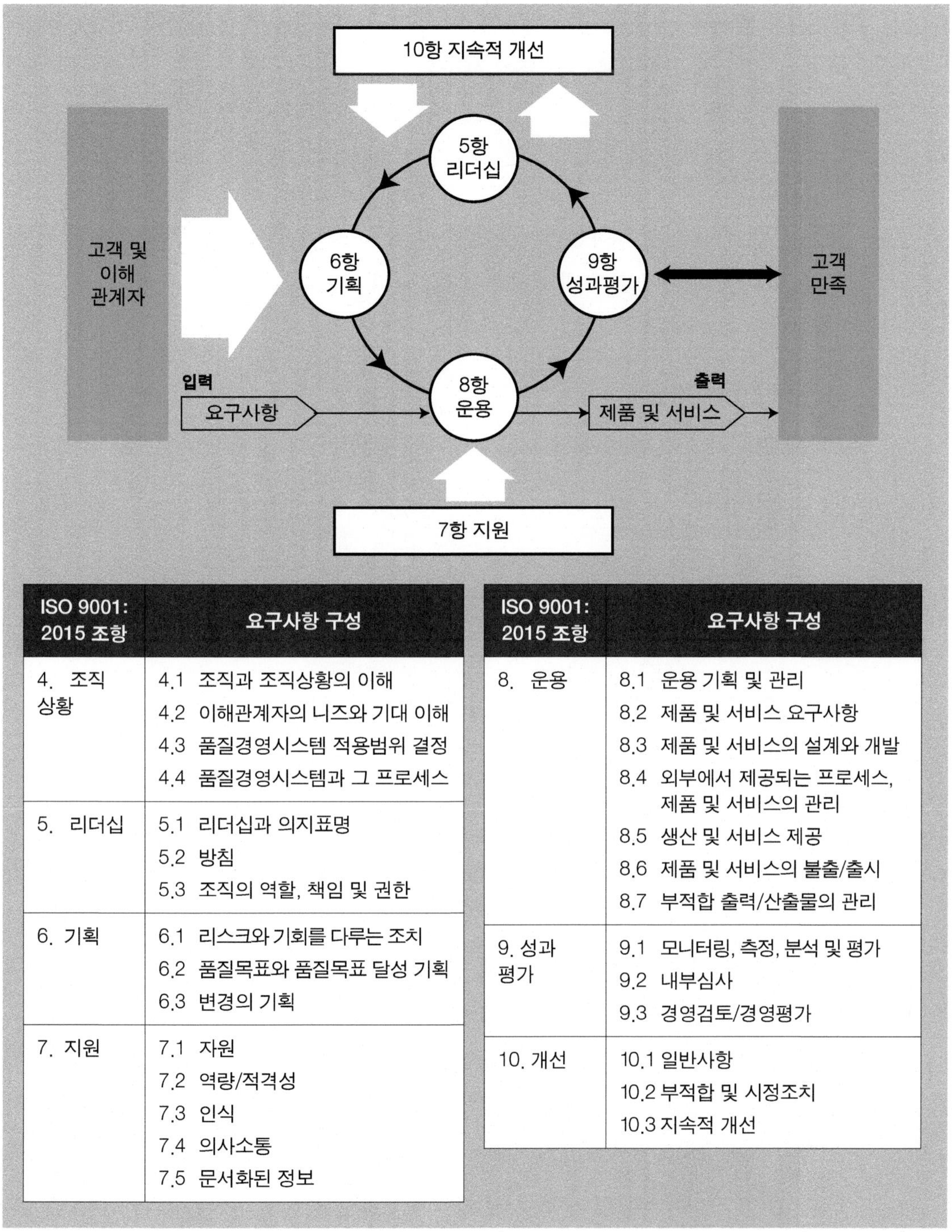

ISO 9001: 2015 조항	요구사항 구성
4. 조직 상황	4.1 조직과 조직상황의 이해 4.2 이해관계자의 니즈와 기대 이해 4.3 품질경영시스템 적용범위 결정 4.4 품질경영시스템과 그 프로세스
5. 리더십	5.1 리더십과 의지표명 5.2 방침 5.3 조직의 역할, 책임 및 권한
6. 기획	6.1 리스크와 기회를 다루는 조치 6.2 품질목표와 품질목표 달성 기획 6.3 변경의 기획
7. 지원	7.1 자원 7.2 역량/적격성 7.3 인식 7.4 의사소통 7.5 문서화된 정보

ISO 9001: 2015 조항	요구사항 구성
8. 운용	8.1 운용 기획 및 관리 8.2 제품 및 서비스 요구사항 8.3 제품 및 서비스의 설계와 개발 8.4 외부에서 제공되는 프로세스, 제품 및 서비스의 관리 8.5 생산 및 서비스 제공 8.6 제품 및 서비스의 불출/출시 8.7 부적합 출력/산출물의 관리
9. 성과 평가	9.1 모니터링, 측정, 분석 및 평가 9.2 내부심사 9.3 경영검토/경영평가
10. 개선	10.1 일반사항 10.2 부적합 및 시정조치 10.3 지속적 개선

자료: www.ksa.or.kr

2) 품질경영시스템 확립

품질보증 범위가 전사 차원으로 확대되며 조직구성 및 관리체계가 합리적으로 정립되며 불량 추적, 재발 방지에 따른 품질 향상을 꾀할 수 있다.

3) 생산성 향상

업무의 책임과 권한의 명확한 구분을 통하여 업무효율이 향상되고, 부서 간 협의 및 협조 분위기가 확산되며 공정 내 불량률이 감소한다.

4) 고객만족 제고

고객에 대한 개념 확립 및 인식의 전환이 이루어지며 고객 불만이 감소된다.

제2절 ISO 14001:2015의 인증

1. ISO 14001:2015 인증의 의미

ISO 14001:2015는 각 나라마다 다르게 운영되어 온 환경관리 방법 및 체계를 통일하고 조직체 스스로 환경관리를 위한 체계적 절차를 만들어 지속적인 개선을 해 나가도록 하기 위한 **환경경영시스템(EMS)**(Environmental Management System)에 관한 국제표준이다. 이는 범지구적으로 환경문제가 심화되면서 국내·외 환경규제가 강화되고, 환경단체의 압력이 거세지면서 소비자들의 환경에 대한 인식이 변화되어 점차 환경 이미지의 중요성이 증대되는 가운데 1996년 도입되었다.

환경경영이란 기업 활동의 전 과정에 걸쳐 환경성과를 개선함으로써 경제적 수익성과 환경지속 가능성을 동시에 추구하는 일련의 경영활동을 말한다. 조직이 환경에 미치는 영향을 최소화하면서 환경적으로 지속적인 발전을 도모하는 것이라 할 수 있는데, 이는 사후관리기술(End of Pipe Technology)을 중점으로 운영되어 오던 기존의 환경관리방식에서 탈피하여 요람에서 무덤까지(cradle to grave)와 같이 원료의 조달에서부터 생산, 판매, 사용, 폐기에 이르는 제품의 전 과정을 대상으로 전 직원의 참여를 통하여 전사적으

〈표 3-2〉 환경경영 체계

환경경영 전략	녹색구매	그린조직	청정생산	환경회계	그린 마케팅
• 전사적 전략 • 사업단위 • 기능별 • 환경방침 • 전략적 실천 계획 • 전략적 분석 모형	• 친환경 공급망 관리 • 협력업체 교육훈련 • 녹색구매 가이드라인	• 그린조직 구조 • 조직구성원의 역할과 권한 • 교육/훈련 • 동기부여	• 청정생산 기술 • 청정생산 기법 • 환경친화 설계(DFE) • 폐기물 최소화 • 자원 재활용	• 환경비용분석 및 배분 • 추지분석 및 평가 • 환경성과 평가 • 환경보고	• 녹색 소비자 • 환경시장 • 그린 마케팅 믹스 • 그린 제품 • 그린 가격 • 그린 유통

로 환경문제를 해결할 수 있는 체계적인 방안을 모색할 것을 추구하고 있다. 이를 위하여 청정생산공정기술(Cleaner Process Technology)의 도입을 촉진한다. 즉 ISO 14001:2015 시리즈의 도입은 표준화의 개념이 과거 제품규격이라고 하는 공급자의 관점에서 소비자의 이익을 보호한다는 수요자의 관점으로 전환해 가고 있다는 것을 시사하고 있다.

ISO 14001:2015 시리즈 중 인증심사 대상규격인 ISO 14001 환경경영시스템은 조직에서 발생하는 환경영향을 체계적인 방법으로 절감시키기 위하여 조직이 갖추어야 할 체제를 말하는 것으로, 환경방침과 환경목표를 정하여 이를 달성하기 위한 활동을 실시하고 활동의 실시상황을 감시, 검토하는 일련의 과정으로 구성되어 있다.

2. EMS 구축의 필요성

환경경영시스템 인증의 필요성은 다음과 같다.

1. **고객의 요구조건으로 정착화됨:** 예) 자동차 Big 3의 요구사항(GM, Ford, Daimler Chrysler)
2. **유럽 수출 시 강제 규제화:** EU 자동차 리사이클링(Recycling) 규제, 폐기물, 재활용 등
3. **그린라운드(Green Round)로 새로운 무역장벽 대두:** 환경 라벨링 Type 3는 제품생산 시 소요되는 에너지 발생 폐기물을 정량적으로 산출, 3자 검증을 요구하는 것으로 이미 유럽, 미국 등에서 채택되고 있다.

4. 국내 환경관련 요구사항 법제화
5. NGO의 환경압력 증대
6. 비용절감의 새로운 돌파구 필요

3. EMS 추진절차

환경경영시스템의 추진절차와 모형은 〈그림 3-5〉와 같다.

〈그림 3-5〉 EMS 추진절차와 모형

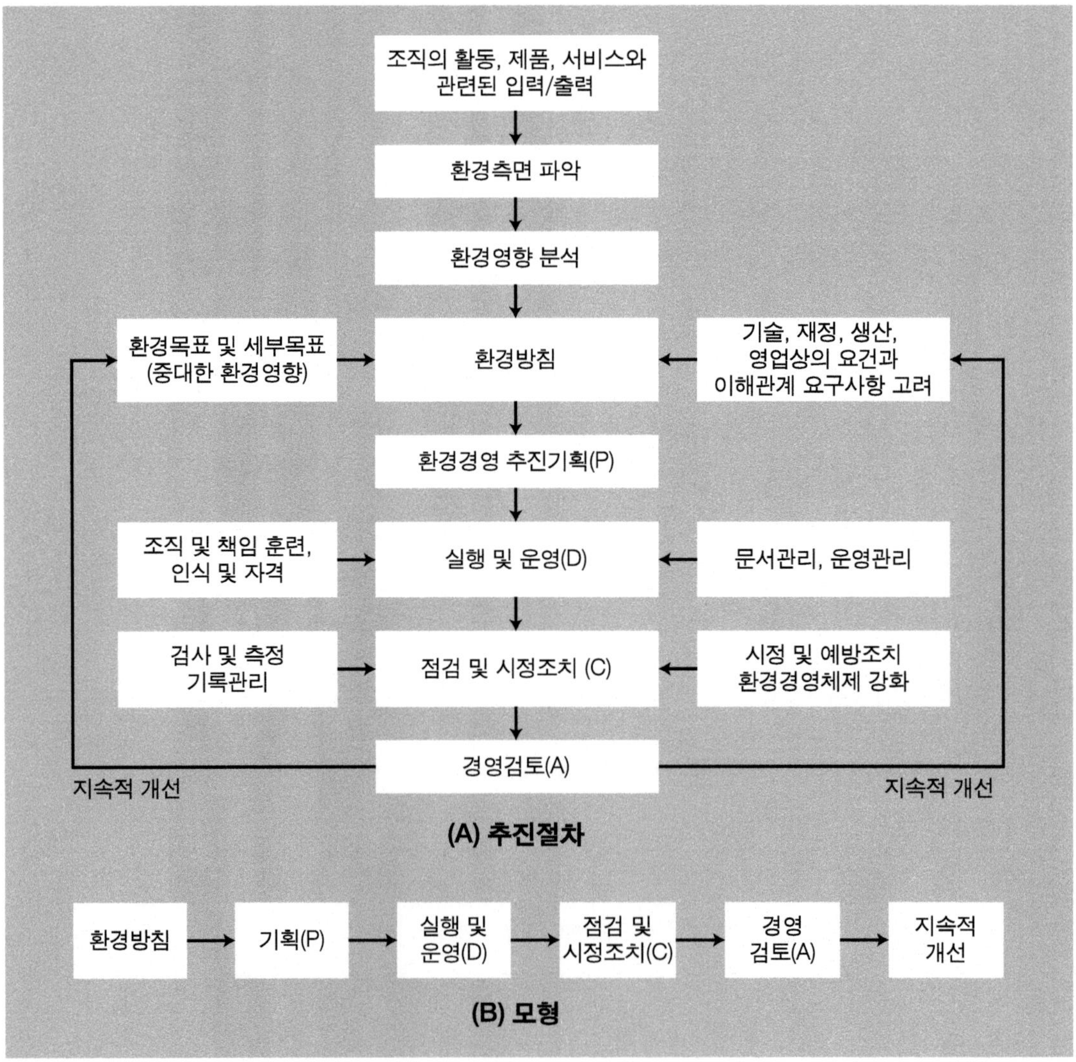

4. ISO 14001 인증취득의 기대효과

ISO 14001 인증취득의 기대효과는 다음과 같다.

1) 대외 이미지 개선

1. 기업 이미지 제고 및 그린 마케팅(Green Marketing): 그린 기업, 나아가 그린 경제를 실현하는 기업 이미지를 만들어낼 수 있다. 이를 통하여 배상 책임이 수반되는 사업의 인·허가 획득에 유리한 위치에 오르며 신규 고객 및 비즈니스 파트너와의 접촉 기회가 증가된다.
2. 환경민원 감소 및 고객 설득력 확보: 주주들에게 기업이 환경보존 노력을 증명받아 환경경영 실행에 대한 결의를 보증받고 공공 및 지역사회와 우호적인 유대관계를 유지할 수 있다.
3. 이해관계자와의 유대 강화: 이해관계자와의 기업의 환경적 신뢰도를 강화할 수 있다.

2) 간접비용 효과

1. 환경사고의 미연 예방으로 환경 리스크 감소: 현재와 미래의 환경파괴 위험에 대하여 유연하게 대처할 수 있다. 손해배상 책임을 줄이고 종업원 건강을 증진한다.

3) 직접비용 효과

1. 비용 절감(원부재료, 에너지. 폐기물, 관리 비용 등): 점차 증가되는 환경처리비용을 감소시켜 원가관리에 개선을 가져 올 수 있다.

4) 기타 효과

1. 비상사태 발생 시 신속 대응이 가능하다.
2. 환경관련 법규 및 규제에 능동적으로 대처 가능하여 지속가능 경영의 실천이 가능하다.

5. ISO 14001:2015 구성요소

1) 환경경영시스템

환경경영시스템(EMS)(Environmental Management System)은 환경경영을 실천하기 위해 조직의 환경관리 활동을 체계화화는 내용으로 오염방지 및 법규준수에 대한 실천의지를 담은 환경방침을 공포하고 이를 체계적으로 실행하기 위한 환경목표 및 세부목표 수립하고 체계화한다. 이를 통하여 지속적인 환경 개선을 통한 신뢰를 확보하게 된다.

2) 환경심사

환경심사(EA)(Environmental Auditing)는 환경경영의 일반원칙에 관한 규칙과 감사를 실시하기 위한 절차에 대한 기준을 제시한다. 규칙으로는 감사자의 자격요건 및 감사계획에 관한 기준 등이 있으며, 실시절차로는 EMS의 유효성 감사, 환경보고서 감사, 공장현장 감사 등이 종류별로 상정되어 있다. 향후 성과심사에 대한 국제 표준화 작업도 진행될 전망으로 품질경영시스템(QMS) 심사와 통합하여 규정하고 있다.

〈표 3-3〉 ISO 14001:2015 구성요소

구분	내용	규격번호
환경경영시스템 규격	환경경영시스템 규격 및 사용지침	ISO 14001
환경경영시스템 지침	환경경경시스템 원칙, 체제 및 지원기법에 관한 일반지침	ISO 14004
환경심사(EA)	환경경영시스템 심사원칙, 심사정차와 방법, 심사원 자격을 규정	ISO 14010/11/12
환경성과 평가(EPE)	조직 활동의 환경 성과에 대한 평가기준 설정	ISO 14031 ISO/TR I4032
환경라벨링(EL)	제3자 인증을 위한 환경마크 부착지침 및 절차, 자사제품의 환경성 자기주장의 일반 지침 및 원칙등을 규정	ISO 14020/21/24 ISO/TR 14025
전 과정 평가(LCA)	어떤 제품, 공정, 활동의 전 과정의 환경영향을 평가하고 개선하는 방안을 모색하는 영향평가방법	ISO 14040/41/42/43 ISO/TR 14049
용어 정의	환경용어 정의	ISO 14050
환경친화 설계(DFE)	환경친화설계	ISO/TR 14062

3) 환경 라벨링

환경 라벨링(EL)(Environmental Labeling)은 기업이 공급하고 있는 제품의 환경성에 대한 사항을 다루고 있으며 환경마크 부착에 따른 지침 및 절차에 대하여 규정한다. 소비자의 선택이라고 하는 시장원리를 이용하여 유사상품군에서 환경을 배려한 상품에 우선 순위를 두는 것을 목적으로 한다.

우리나라의 환경마크나 독일의 블루엔젤과 같은 외부 기관의 심사에 의해 마크를 부여하는 형태와 기업 자발적인 라벨링이 있다.

4) 환경성과 평가

환경성과 평가(EPE)(Environmental Performance Evaluation)는 조직의 환경성과에 대한 평가 기준을 설정하고자 하는 것으로 조직의 환경성과를 측정하고 평가하는 절차 및 환경성과를 대내외에 보고하는 방법을 명시한다.

조직의 환경성과를 정성적/정량적 지표를 사용하여 평가하는 방법으로 조직의 환경성과를 측정하고 평가하는 절차 및 환경성과를 대내외에 보고하는 방법을 명시한다.

조직의 규모, 사업의 종류에 상관없이 적용 가능한 일반 방법과 산업별로 적용을 달리하는 특별 방법으로 구분된다. 평가의 핵심은 평가지표(EPI)로 조직의 환경성과를 측정하기 위한 대상 범주와 측정 스케일을 다루고 있다.

5) 전 과정 평가

전 과정 평가(LCA)(Life Cycle Assessment)는 제품, 공정 및 활동의 전 과정에 걸쳐 사용되고 배출되는 에너지 및 물질의 양을 정량화하며 환경에 영향을 미치는 영향을 평가하여 지속적인 환경성과의 개선을 모색하고자 하는 체계적인 방법을 명시한다. 현재 ISO에서 환경경영시스템 구축 도구로 사용하고자 표준화 작업이 진행 중이다.

원료조달에서 폐기에 이르는 전 단계에 걸쳐 기업 활동이 환경에 미치는 영향을 분석하고 이를 개선하기 위한 기준을 제시한다. 현재 ISO에서 환경경영시스템 구축 도구로 사용하고자 ① 실시 원칙, ② 데이터 관리와 축적을 위한 목록 분석, ③ 환경 부하를 평가하는 영향평가, ④ 환경부하 개선을 위한 개선평가의 네 분야로 나누어 표준화 작업이 진행 중이다.

〈표 3-4〉 ISO 14001:2015 요구사항

구분	요구사항
4. 조직상황	4.1 조직과 조직상황의 이해 4.2 이해관계자의 니즈와 기대 이해 4.3 환경경영시스템 적용범위 결정 4.4 환경경영시스템
5. 리더십	5.1 리더십과 의지표명 5.2 환경방침 5.3 조직의 역할, 책임 및 권한
6. 기획	6.1 리스크와 기회를 다루는 조치 6.2 목표 및 목표달성 기획
7. 지원	7.1 자원 7.2 역량 7.3 인식 7.4 의사소통 7.5 문서화된 정보
8. 운용	8.1 운용 기획 및 관리 8.2 비상사태 대비 및 대응
9. 성과평가	9.1 모니터링, 측정, 분석 및 평가 9.2 내부심사 9.3 경영검토/경영평가
10. 개선	10.1 일반사항 10.2 부적합 및 시정조치 10.3 지속적 개선

6. ISO 14001:2015 요구사항

ISO 14001:2015의 요구사항은 〈표 3-4〉와 같다.

제3절 ISO 26000의 인증

1. ISO 26000의 의미

ISO 26000의 완전한 이름은 "사회책임에 대한 지침(Gurdance on social Responsibility)"이다. ISO 26000의 전반적 이해를 위해 우선 찾아보아야 할 정보 출처는 단연 ISO일 것이다. ISO 26000에 관한 정보 출처는 지금도 많고 앞으로는 더욱 많아지겠지만, 이 표준을 개발한 ISO가 가장 권위 있는 정보와 해석을 제공할 수 있기 때문이다.

ISO 웹사이트www.iso.org를 통해 ISO 26000 개요 파악에 도움이 되는 것으로

'ISO 26000 프로젝트 개요(ISO 26000 project overview)'(앞으로 '프로젝트 개요'라 줄여 부른다)(ISO, 2010a)와 'ISO 26000 발견하기(discovering ISO 26000)'(ISO, 2010 b)가 있다.

'프로젝트 개요'에서 ISO는 ISO 26000을 선진국, 개도국, 전환경제(economies in transition)와 같은 국가 구분이나 민간, 공공조직 같은 조직 유형에 관계없이, 모든 지역의 모든 조직이 사회책임을 다하는 방식으로 운영되도록 돕는, 사회책임에 대한 지침이라고 요약했다.

2. ISO 26000의 구성

ISO 26000은 조직의 사회책임을 돕기 위해 어떤 내용을 담고 있는가? 이 표준의 전체 구성을 먼저 살펴보기로 하자. ISO 26000 최종본은 영어본을 기준으로 〈표 3-5〉와 같이 7개 절로 구성된 본문과 본문 앞의 서론(introduction), 본문 뒤의 부속서(annex)와 문헌목록(bibliography)으로 이루어져 있다.

ISO 26000은 표준의 전체 구성을 한 눈에 볼 수 있도록 〈그림 3-6〉과 같은 구성체계도(schematic overview)를 만들어 최종본에 제시했다(26000 서론). 이 구성체계도는 각 절의 제목과 각 절의 주요 내용을 요약해서 제시하고 있기 때문에 ISO 26000의 전체 내

〈표 3-5〉 ISO 26000 구성

절	국문 제목	영문 제목
	서론	Introduction
1	범위	Scope
2	용어와 정의	Terms and definitions
3	사회책임에 대한 이해	Understanding SR
4	사회책임의 원칙	Principles of SR
5	사회책임 인식과 이해관계자 참여	Recognizing SR and engaging stakeholders
6	사회책임 핵심주제 지침	Guidance on SR core subjects
7	조직 전반에 걸친 사회책임 통합 지침	Guidance on intergrating SR throughout an organization
	부속서	Annex
	문헌목록	Bibliography

〈그림 3-6〉 ISO 26000 구성 체계도

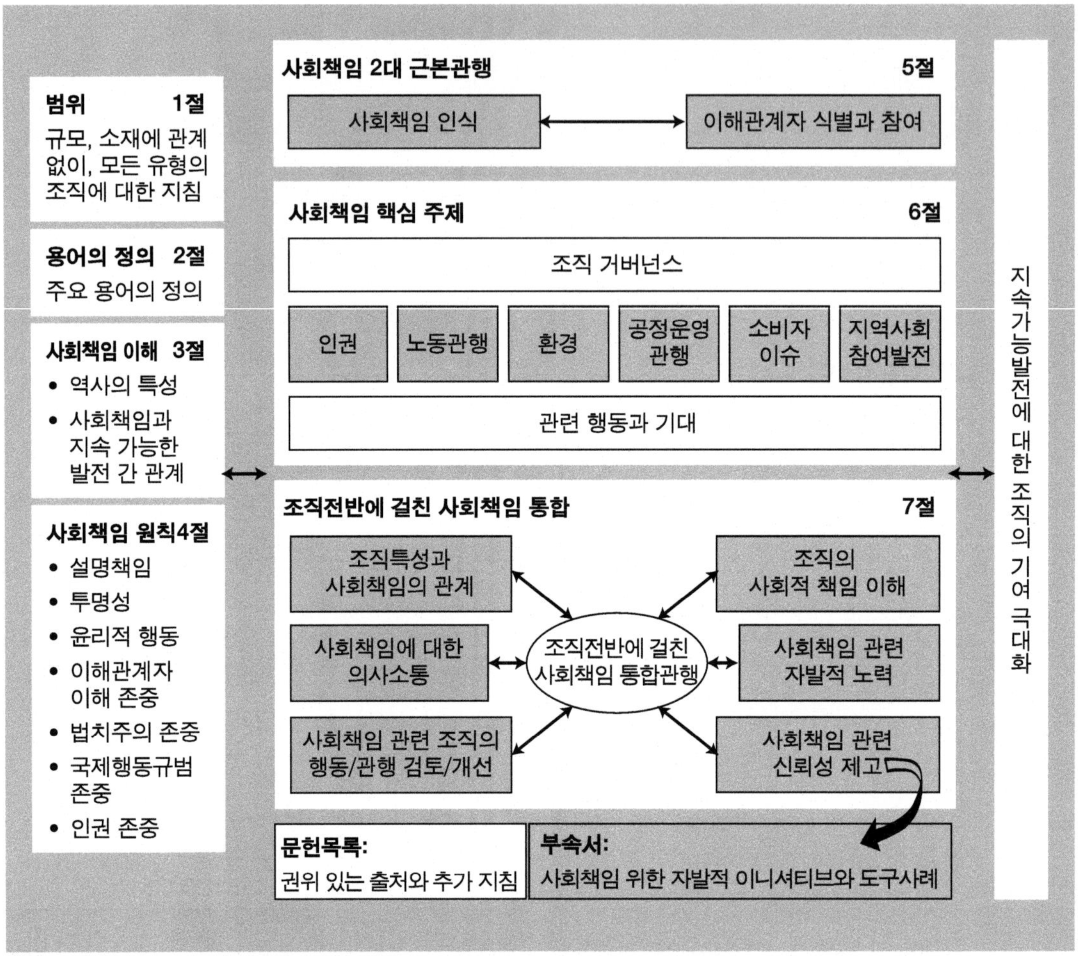

자료: 노한균(2012), ISO 26000을 통해 사회책임 살펴보기: 새로운 국제표준의 이해와 실천, 박영사, p. 32.

용을 파악하기 쉽도록 되어 있다.

이 구성체계도를 통해 **ISO 26000의 구성**을 요약하면, ISO 표준이 공통으로 갖추고 있는 구성요소인 표준 범위(1절), 용어와 정의(2절), 문헌 목록 등과 함께, ISO 26000의 독자내용인 사회책임 이해(3절), 사회책임 원칙(4절), 사회책임 인식과 이해관계자 참여(5절), 사회책임 핵심주제(6절), 조직전반에 걸친 사회책임 통합(7절)을 담고 있다.

이 구성체계도가 표현한 사회책임의 최종 목적은 그림 오른쪽에 나타난 "지속가능발전에 대한 조직의 기여 극대화"이다. 이를 위해 조직은 구성체계도 가운데 위치한 사회책임 인식과 이해관계자 참여(5절), 핵심주제(6절), 통합(7절)을 실천하게 되며, 사회책임의 실천은 구성체계도 왼쪽에 위치한, 제대로 된 사회책임 이해(3절)와 원칙(4절)에 기초해서 올바르게 이뤄질 수 있다.

3. ISO 26000의 특성

2010년 ISO 26000이 발표되기 이전에 사회책임에 관한 많은 표준들이 이미 발표되었으며, 그 중에는 ISO 26000과 중복되는 내용도 있다. 그렇다면 ISO 26000은 이렇게 이전에 발표되었던 사회책임 관련 표준들과 어떤 면에서 차별화될 수 있으며, 조직은 어떤 이유로 다른 표준들보다 ISO 26000에 더 관심을 갖게 되는가?

ISO가 발간한 '프로젝트 개요'는 ISO 26000의 강점을 "조화되고, 전 세계에 관련성이 있는 지침(harmonized, globally relevant guidance)"임을 강조하며 다음과 같이 주장했다(ISO, 2010a).

첫째, ISO는 스스로 이해관계자 간 합의와 국가 간 합의라는 2중 수준의 합의(double levels of consensus)에 기초해서, 조화된 국제협정을 개발하는데 전문성을 가지고 있다고 주장한다.

둘째, ISO 26000은 ISO의 이런 과정을 통해 무엇이 사회책임이고, 조직이 사회책임을 다하기 위해서는 무엇을 할 필요가 있는지에 대해 전 세계에 관련성이 있는 이해(理解)를 이끌어낸 표준이라는 것이다. ISO가 강조한 이런 특성은 사회책임에 대한 국제표준으로서 ISO 26000이 가지는 정당성에 관한 부분을 강조한 것이다.

그러나 ISO 26000은 현실성 측면에서도 중요한 특성을 가진다. 이는 ISO라는 이름에서 나온다. 많은 사람들에게 ISO 26000이란 이름은 2010년 새로 개발된 표준으로서 당연히 생소하지만, 그럼에도 불구하고, 기존의 사회책임 국가표준인 SI 10000, SD 21000, AS 8003, ABNT NBR 16001, BS 8900보다 친숙할 수밖에 없다.

세계 176개국 100만 개 이상의 조직이 품질경영에 관한 ISO 9001을 사용하고 있으며, 155개국 20만 개 정도의 조직이 환경경영에 관한 ISO 14001을 이미 채택하고 있는 상황에서, 사회책임경영의 국제표준인 ISO 26000을 자신들이 알고 있는 이름의 다른 사회책임 표준을 받아들이는 것보다는 어렵지 않다. 심리학에서 설득을 설명할 때 자주 인용되는, 이른바 '문 안쪽에 발들여 놓기 효과(foot-in-the-door effect)'를 ISO 26000은 누리고 있는 것이다.

4. 사회책임 원칙

여기서 '사회책임 정의의 확장'을 애기하면서, ISO 26000이 '조직의 결정과 활동 → 사회와 환경에 대한 영향 → 조직의 책임'이라는 사회책임의 단순한 정의에 몇 가지 조건을 더 해줬고, 이 조건의 상당수가 사회책임 원칙과 중복된다고 했다.

여기서는 ISO 26000이 제시한 사회책임 원칙과 그 내용들을 알아보고자 한다. ISO 26000은 원칙(principle)이란 말을 사회책임 전반, 그리고 사회책임의 개별 핵심주제에 관련지어 사용하고 있으며, 원칙을 "결정 또는 행동의 근본기반(fundamental basis for decision making or behavior)"으로 정의했다(26000 2.14절).

사회책임 원칙은 ISO 26000 4절에 제시되어 있는데, 이는 다음 일곱 가지를 가리킨다.

1. 설명책임(accountability)(26000 4.2절)
2. 투명성(transparency)(26000 4.3절)
3. 윤리적 행동(ethical behavior)(26000 4.4절)
4. 이해관계자 이해 존중(respect for stakeholder interests)(26000 4.5절)
5. 법치주의 존중(respext for the rual of law)(26000 4.6절)
6. 국제행동규범 존중(respect for international norms of behavior)(260000 4.7절)
7. 인권존중(respect for human rights)(26000 4.8절)

또한 이 장 '사회책임 정의의 확장'에서는 ISO 26000의 사회책임 정의가 다음과 같은 몇 가지 조건을 포함하고 있음을 소개했다(26000 2.18절).

- 투명하고 윤리적인 행동(transparent and ethical behaviour)
- 지속가능발전에 기여(contribute to sustainable development)
- 이해관계자 기대 고려(take into account the expectations of stakeholders)
- 적용될 수 있는 법 준수(compliance with applicable law)
- 국제행동규범 준수(consistent with international norms of behaviour)
- 조직 전반에 걸쳐 통합(integrated throughout the organization)

5. ISO 26000의 사회책임 내용

여기서는 사회책임 실천의 내용 또는 인권존중의 영역으로 ISO 26000의 6절을 중심으로 한 7개 **사회책임 핵심주제**(core subjects)를 살펴보려 한다.

ISO 26000은 사회책임의 내용 측면을 〈그림 3-7〉과 같이 구조화시켜 제시하고 있다. 사회책임의 내용 측면은 가장 크게 7개의 핵심주제로 나뉘며, 각각의 핵심주제마다 작게는 1개에서 많게는 8개까지의 이슈(issues)가 제시된다. 끝으로 각각의 이슈와 관련된 행동과 기대(Relate Actions and Expectations)를 제시해서 사회책임 내용 측면의 구체성을 더했다.

또한 핵심주제에 대해서는 해당 핵심주제를 간단하게 소개하는 개요(overview)와 핵심주제의 실천에 있어 감안해야 하는 원칙과 고려사항(principles and considerations)을 제시했으며, 이슈에 대해서는 이슈 서술(Description of the Issue) 부분을 두어 해당 이슈에 대한 이해를 돕고 있다.

ISO 2600의 사회책임 핵심주제와 그 내용은 다음과 같다.

1. 조직 거버넌스(organizational governance) (26000 6.2절): 조직이 목표 추구를 위한 결정을 내리고 이를 실행하는 시스템
2. 인권(human rights) (26000 6.3절): 모든 인간이 부여받은 기본권
3. 노동관행(labor practices) (26000 6.4절): 하청근로를 포함해 조직 내, 조직에 의해, 조직을 대신해 수행되는 근로와 관련된 모든 정책

〈그림 3-7〉 ISO 26000의 사회책임 내용 측면 구조

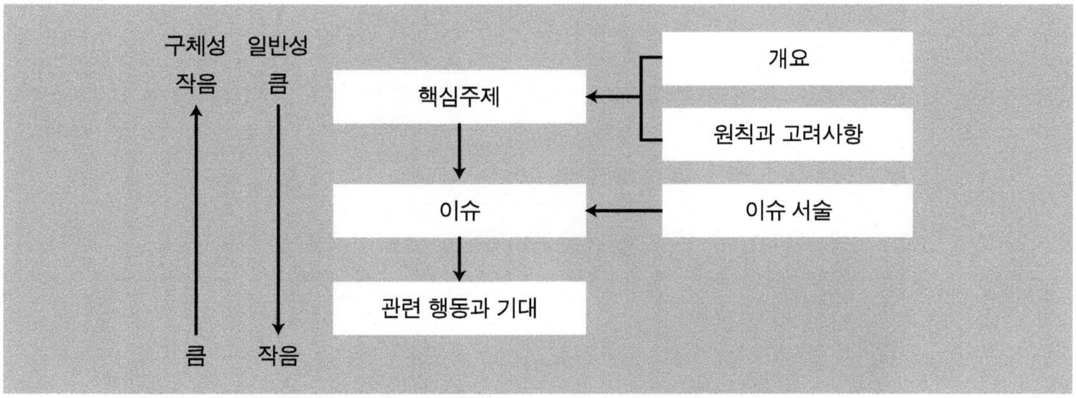

자료: 노한균 (2012), ISO 26000을 통해 사회책임 살펴보기: 새로운 국제표준의 이해와 실천, 박영사, p. 114.

4. **환경**(the environment) (26000 6.5절): 조직이 운영되고 있는 자연 주변 환경
5. **공정운영관행**(fair operating practice) (26000 6.6절): 조직이 파트너, 공급자, 계약자, 고객, 경쟁자, 조직이 속한 협회, 정부기관 등 다른 조직을 다룰 때 윤리적 행동을 함
6. **소비자 이슈**(consumer issues) (26000 6.7절): 소비자(consumer)는 개인적 목적으로 재산, 제품이나 서비스를 구매하거나 사용하는 일반 대중·개인을 의미하며, 고객(customer)은 상업적, 개인적 또는 공적 목적으로 재산, 제품이나 서비스를 구매하는 조직과 일반 대중·개인을 의미함
7. **지역사회 참여와 발전**(community involvement and development) (26000 6.8절): 물리적으로 근접, 조직의 영향 영역 내에 있는 지리적 영역에 위치한 주거지

ISO 26000에 따르면 7개 사회책임 핵심주제란 가장 일어나기 쉬운, 따라서 조직이 다루는 게 바람직한, 경제, 환경, 사회 영향을 말한다고 했다(26000 5.2.2절). 핵심주제는 그 하위 이슈와 달리 모든 조직과 어느 정도의 관련성을 가지고 있으며, 따라서 조직이 7개 사회책임 핵심주제와 친숙해지는 것은 조직의 사회책임을 효과적으로 식별하는

〈그림 3-8〉 7개 사회책임 핵심주제

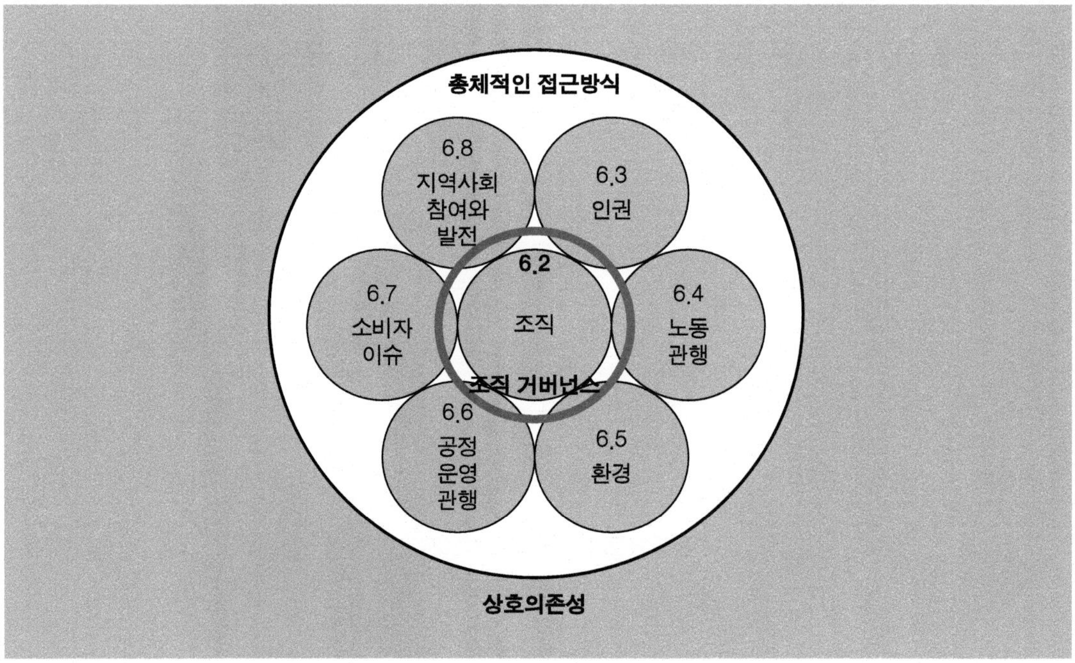

자료: 노한균 (2012), ISO 26000을 통해 사회책임 살펴보기: 새로운 국제표준의 이해와 실천, 박영사, p. 116.

〈표 3-6〉 ISO 26000 핵심주제 이슈의 특성분석

핵심주제	절	이슈	적용범위	SR 내용	SR 과정	SR 촉진
거버넌스	6.2.3	의사결정 과정과 구조	○		○	
인권	6.3.3	상세검토			○	
	6.3.4	인권 위험상황		○		
	6.3.5	연루 회피	○		○	
	6.3.6	불만 해결			○	
	6.3.7	차별과 취약 그룹		○		
	6.3.8	시민 · 정치권		○		
	6.3.9	경제 · 사회 · 문화권		○		
	6.3.10	근로에서의 근본원칙과 권리		○		
노동관행	6.4.3	고용과 고용관계	○			
	6.4.4	근로조건 및 사회보호		○		
	6.4.5	사회적 대화			○	
	6.4.6	근로에서의 보건과 안전		○		
	6.4.7	근무지에서의 인간개발과 훈련		○		
환경	6.5.3	오염 예방		○		
	6.5.4	지속가능한 자원 사용		○		
	6.5.5	기후변화 완화와 적응		○		
	6.5.6	환경보호, 생물다양성, 자연서식지 복구		○		
공정운영 관행	6.6.3	반부패		○		
	6.6.4	책임 있는 정치참여		○		
	6.6.5	공정경쟁		○		
	6.6.6	가치사슬에서의 사회책임 촉진				○
	6.6.7	재산권 존중		○		
소비자 이슈	6.7.3	공정 마케팅, 공정계약 관행		○		
	6.7.4	소비자의 보건과 안전 보호		○		
	6.7.5	지속가능소비				○
	6.7.6	소비자 서비스, 지원, 불만과 분쟁 해결		○	○	
	6.7.7	소비자 데이터 보호와 프라이버시		○		
	6.7.8	필수 서비스에 대한 접근		○		
	6.7.9	교육과 인식		○	○	

〈표 3-6〉 ISO 26000 핵심주제 이슈의 특성분석 (계속)

핵심주제	절	이슈	적용범위	SR 내용	SR 과정	SR 촉진
지역사회 참여발전	6.8.3	지역사회 참여			○	
	6.8.4	교육과 문화		○		
	6.8.5	고용 창출과 기능개발		○		
	6.8.6	기술개발과 접근성		○		
	6.8.7	부와 소득 창출		○		
	6.8.8	보건		○		
	6.8.9	사회투자			○	

자료: 노한균 (2012), ISO 26000을 통해 사회책임 살펴보기: 새로운 국제표준의 이해와 실천, 박영사, pp. 118-119.

하나의 방법이며, 사회책임을 실천하려는 조직은 7개 핵심주제를 모두 검토해서, 조직과 관련된 이슈를 식별하는 게 바람직하다고 ISO 26000은 주장한다(26000 5.2.2절).

6. ISO 26000 실행을 위한 프로세스 진단 8단계

ISO 26000 실행을 위한 프로세스 진단 8단계는 다음과 같다.

단계1. 사회적 책임 인식. 경영자의 의지를 바탕으로 조직의 현 상황을 검토한다.

단계2. 이해관계자 식별과 확인. 이해관계자의 관심과 요구사항을 검토하고 참여전략을 수립한다.

단계3. 핵심주제와 쟁점분석. 쟁점검토와 조직 내부역량분석을 통해 쟁점목록을 작성한다.

단계4. 우선순위와 실행전략 수립. 조직역량을 고려해 개선관리, 해야 할 쟁점의 우선순위, 목표와 실행계획을 수립한다.

단계5. 실행. 전략과 비전, 목표와 실행계획을 실천하고 사회적 책임 성과를 주기적으로 모니터링한다.

단계6. 의사소통. 성과보고서를 작성하여 이해관계자와 의사소통한다.

단계7. 검증. 성과 신뢰성을 제고하기 위해 활동을 보고한다.

단계8. 개선. 성과를 주기적으로 검토하여 지속적으로 개선한다.

제4절 기타 인증제도

1. TL 9000

1) 도입배경

정보통신기술의 발전에 따라 ITC산업의 특성과 다양한 요구사항이 통합적으로 반영된 품질시스템 표준의 필요성이 제기되었다. 이에 따라 세계적인 정보통신업체를 중심으로 구성된 QuEST Forum은 제품의 서비스 신뢰성과 품질성과를 평가할 수 있는 성과지표 시스템을 새롭게 도입한 TL 9000 표준을 새롭게 제정하였다.

현재 TL 9000 인증은 정보통신 장비 및 서비스 제공업체 선정의 평가기준으로 활용되는 등 글로벌 경제를 선도하는 ITC기업의 품질경쟁력을 증명할 수 있는 도구로 활용되고 있다.

2) TL 9000 인증이란

TL 9000은 ITC산업과 관련된 제품 및 서비스의 설계에서부터 개발, 생산, 구축 및 유지관리에 이르는 IT 분야 전 과정에 대한 품질경영시스템이다. ISO 9001을 기반으로 ITC 산업 분야에 필요한 품질요구사항을 추가하고 성과측정지표를 강화하여 ISO 9001보다 한 단계 발전된 인증 체계로 평가받고 있다.

3) 인증취득의 효과

인증을 취득하면 국제적인 ITC업계의 품질 시스템 요구사항에 부합, 전반적인 비용 절감 및 경쟁력 제고, 단일 성과지표관리를 통한 업무효율성 제고, 효율적인 외부업체 관리 및 품질개선, 고객/공급자 간의 관계 증진 등과 같은 효과를 얻을 수 있다.

2. ISO 22000

1) 도입배경

식품은 인간의 생존에 필수적인 요소로 최근 선진국을 중심으로 식품 안전에 대한 소비자들의 기대 수준이 급상승하고 있다. 이러한 소비자의 기대에 부응하기 위해 식품안전관리 국제규격 또한 '농장에서 식탁까지'라고 표현하듯 식품공급사슬 전반에 대한 관리를 중심으로 발전하고 있다.

ISO 22000 식품안전경영시스템은 사업장에서 발생할 수 있는 식품위해요소를 사전에 예방·관리하는 자율적인 식품안전관리시스템이다. 기업은 이러한 식품안전경영시스템의 실행을 통해 법규 및 소비자의 기대수준을 충족시키고 조직의 지속적인 성장을 위한 경쟁력을 확보할 수 있다.

2) ISO 22000 인증이란

ISO 22000은 식품공급사슬 내의 모든 이해관계자가 적용할 수 있는 국제규격이다. 식품공급사슬 전반에 걸친 식품안전을 보장하기 위한 핵심요소로 상호의사소통, 시스템경영, 선행요건 프로그램(PRP's) 및 HACCP 원칙을 규정하고 있다.

ISO 22000은 ISO 9001 품질경영시스템을 바탕으로 HACCP의 7원칙과 12절차를 모두 포함하고 있다. 이러한 두 시스템의 통합을 통해 조직은 식품안전 보장과 지속적인 성과 개선이라는 목표를 동시에 달성할 수 있다.

〈그림 3-9〉 식품안전경영시스템의 구조

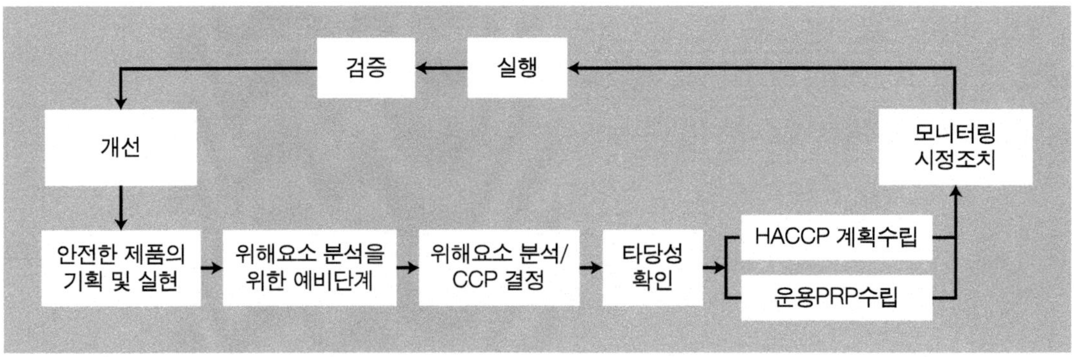

자료: www.ksa.or.kr

3) 인증취득의 효과

인증을 취득하면 식품안전관리수준 향상 및 사전예방, 위생관리시스템 효율성 극대화, 공급사슬과 원활한 의사소통, 종업원의 책임의식 향상 및 회사이미지 제고와 같은 효과를 얻을 수 있다.

3. ISO/IEC 27001

1) 도입배경

기업에게 돌이킬 수 없는 경제적 손실과 기업 이미지의 손상을 초래하는 정보보안사고가 확산됨에 따라 체계적인 정보 관리의 필요성이 높아지고 있다. ISO/IEC 27001 정보보안경영시스템은 기업의 정보자산과 고객정보의 보호 및 정보의 이용가치 제고를 통한 기업경쟁력 향상의 지름길로, 시스템 표준을 통한 정보의 체계적이고 지속적인 관리를 위한 해법을 제시하고 있다.

2) ISO/IEC 27001 인증제도

ISO 27001은 정보보안 경영시스템(ISMS)(Information Security Management System)에 대한 요구사항을 규정한 국제표준으로 PDCA 관리모델에 따라 ISMS 시스템을 구축, 실행, 유지 및 개선하도록 요구하고 있다.

- **Plan:** ISMS 설립. ISMS정책, 목적, 프로세스, 위험을 관리하여 조직의 전체적인 정책 및 목적에 따른 결과를 산출하도록 정보 보안을 개선하는 적절한 절차를 수립
- **Do:** ISMS 실행 및 운영. ISMS정책과 통제, 프로세스와 절차의 및 운영
- **Check:** ISMS감시 및 검토. ISMS정책, 목적, 실질적인 경험을 평가 및 측정하고 검토하기 위하여 관리에 대한 결과를 보고
- **Act:** ISMS유지 및 개선. ISMS의 지속적인 개선을 위한 내부 ISMS감사와 검토 또는 다른 관련 정보를 기반으로 시정이 가능하고 예방적인 행동들을 선택

〈그림 3-10〉 ISMS 프로세스에 적용된 PDCA 모델

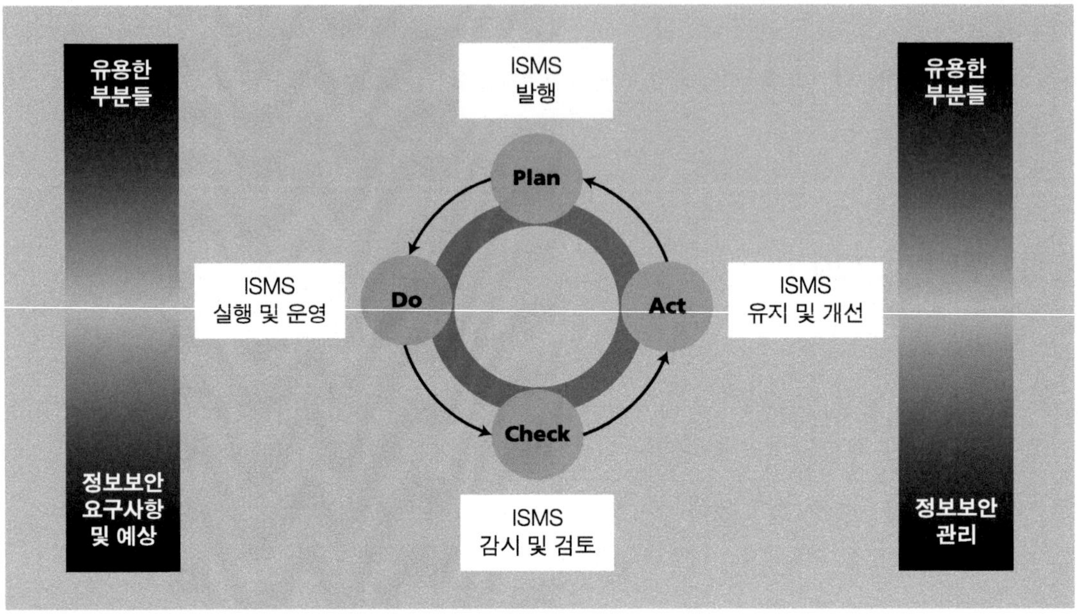

자료: www.ksa.or.kr

3) 인증취득의 효과

인증을 취득하면 조직의 필수적인 정보 자산의 보호, 대외 경쟁력 유지 및 법규 준수, 정보에 대한 위험의 체계적인 관리, 낮은 수준의 기술적 보안의 한계를 극복, 비즈니스의 지속가능성 보장(BCP)과 같은 효과를 얻을 수 있다.

4. 녹색경영시스템(GMS)

1) 도입배경

전 세계적인 기후변화 대응 노력에 동참하고 지속적으로 강화되는 환경규제에 대응하기 위하여 국가 녹색성장 역량강화가 필요 녹색경영의 목표를 달성하기 위한 체계적인 관리수단으로 녹색기술, 녹색산업을 지속적으로 개선, 발전시킬 수 있는 녹색성장의 초석이다.

〈**그림 3-11**〉 녹색경영시스템

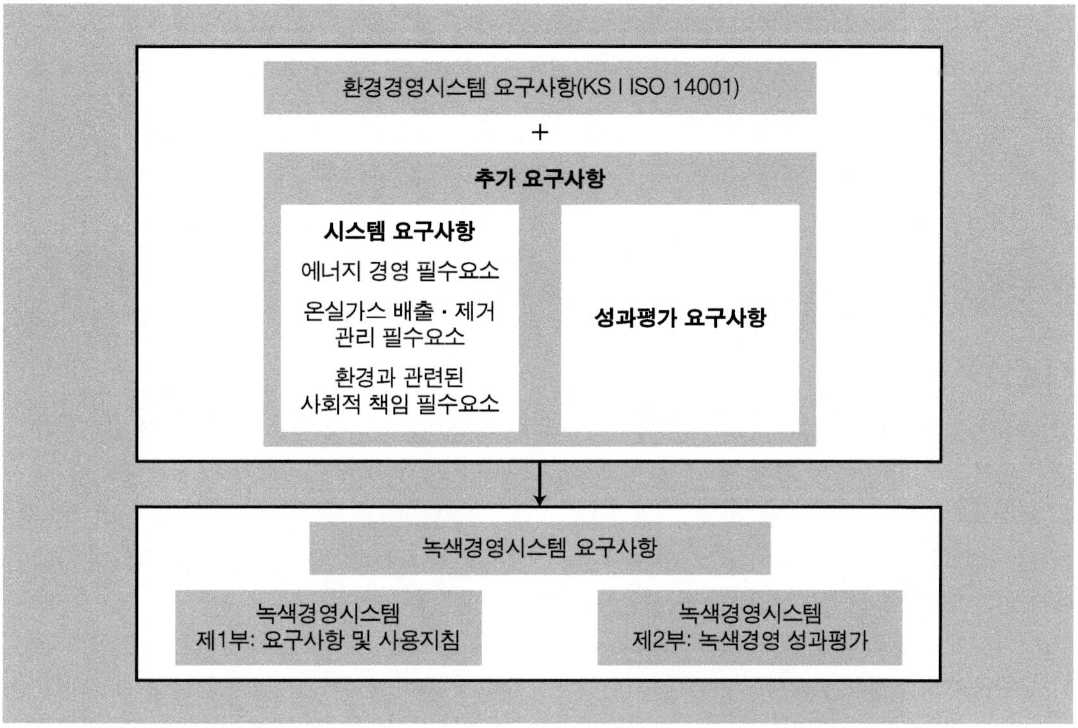

자료: www.ksa.or.kr

2) 녹색경영이란

녹색경영은 조직이 경영활동에서 자원과 에너지를 절약하고 효율적으로 이용하며 온실가스 배출 및 환경오염의 발생을 최소화하면서 사회적, 윤리적 책임을 다하는 경영을 의미한다(저탄소 녹색성장 기본법 제2조).

3) 녹색경영시스템(GMS) 인증이란

조직이 수립하고 운영하며 유지하는 녹색경영시스템(GMS)(Green Management System)이 정해진 표준의 요구사항을 만족하고 있는지를 적격한 제3자가 심사하고 보장하여 주는 것으로, 조직이 녹색경영 성과의 지속적인 개선을 위해 꾸준히 노력하고 있음을 객관적으로 보여주는 것이다.

4) 녹색경영 표준 요구사항

환경경영시스템(ISO 14001) 요구사항에 '저탄소 녹색성장 기본법'의 녹색경영 정의에 따른 녹색경영 필수요소를 추가하고, 기업의 지속적인 녹색경영 활성화를 위한 성과평가 요구사항을 추가한 것이다.

사례

KB금융지주

KB금융그룹은 ESG(환경·사회·지배구조) 경영을 선도하며 사회 전반에 걸쳐 지속가능한 성장을 확산시키기 위해 상생·협력하고 있다. 2020년 1월 그룹의 전 계열사가 함께 'ESG 이행 원칙'을 선언한 KB금융그룹은 2022년 3월 금융사 최초로 이사회 내에 ESG 경영 최고의사결정기구인 'ESG위원회'를 신설해 앞장서고 있다.

기후위기 대응 및 환경 보전을 위한 노력

KB금융그룹은 2020년 9월 기후변화 위기에 선제적으로 대응하기 위해 국내 금융그룹 최초로 모든 계열사가 참여하는 '탈(脫)석탄 금융'을 선언했다. KB국민은행은 2021년 환경 파괴 등의 위험이 있는 대규모 개발 사업에 금융 지원을 하지 않겠다는 전 세계 금융기관 간 자발적 협약인 '적도원칙'에 따른 것이다. 또 기후변화 대응을 위한 신재생에너지 설비 구축에도 적극적으로 동참하고 있다. 여의도 본점과 김포 IT센터 등 주요 건물들에 태양광 발전, 연료전지 설비, 에너지 절감형 공조시스템 설치 등을 지속적으로 확대하고 있다.

기존 내연기관 차량을 친환경 차량으로 전환하고 있으며, 전국의 영업점 건물들에 전기차 충전시설 설치도 늘리고 있다. 특히, KB국민은행은 2030년까지 모든 업무용 차량을 100% 무공해 전기차와 수소차로 전환하기 위해 해마다 무공해 차 및 충전시설 비율을 늘려갈 예정이다.

'세상을 바꾸는 금융'을 통한 사회적 가치 창출

KB금융그룹은 '세상을 바꾸는 금융'이라는 미션 아래 미래 세대의 육성과 사회적 가치 창출을 기본 방향으로 하는 사회공헌 활동도 이어가고 있다. 아동·청소년의 돌봄 공백 해결을 위해 적극적으로 노력하고 있다. 그 일환으로 2018년 교육부와 총 750억 원 규모의 업무협약을 맺고 전국의 초등 돌봄교실 및 국·공립 병설유치원의 신·증설을 지원하고 있다. 더불어 취약계층 청소년이 자신만의 공간에서 꿈과 희망을 키울 수 있는 공부방 신설을 위해 힘쓰고 있으며, 2012년부터 시작해 2021년까지 총 1,000호의 공부방을 개소했다.

이뿐만 아니라 KB금융그룹은 양질의 일자리

KB금융지주 소개

소재지	서울특별시 영등포구 국제금융로8길 26(여의도동)
자본금	2조 906억 원
종업원 수	2만 7,933명
주요 생산품	금융 지주회사업, 금융 관련 서비스업

▼ 추진성과

구분	2019년	2020년	2021년
총자산 (억 원)	518조 5,631	610조 7,199	663조 8,958
매출액 (억 원)	47조 1,697	55조 6,802	58조 9,177
당기순이익 (억 원)	3조 3,126	3조 5,156	4조 3,844

▼ 인증 및 수상

- 2019~2022년 GEI(블룸버그 양성평등지수) 국내 기업 최초 4년 연속 편입
- 2018~2021년 한국ESG기준원(舊 한국기업지배구조원) ESG평가 4년 연속 종합 A+ 등급 획득
- 2017~2021년 CDP(탄소정보공개 프로젝트) 5년 연속 금융 섹터 아너스 선정
- 2016~2021년 DJSI(다우존스 지속가능경영지수) World 6년 연속 편입
- 2021년 기후변화 대응 부문 국내 금융사 유일 'Leadership A' 획득
- FTSE4Good 지수 12년 연속 편입
- MSCI ESG평가 AA등급 획득
- S&P 글로벌 2022 지속가능 어워드 골드 클래스 수상

창출을 위해 2011년부터 'KB굿잡' 프로그램을 운영하고 있다. KB굿잡 홈페이지에 다양한 취업 정보를 제공하고 있으며 우수 중소·중견기업과 구직자가 함께 참여하는 'KB굿잡 취업박람회'도 해마다 열고 있다. 개최 이래 약 4400여 개의 구인기업이 참여하고 약 92만 명의 구직자가 방문하는 등 대한민국 일자리 대표 박람회로 자리매김했다는 평을 받고 있다. KB금융그룹은 사회적 기업을 육성하고 자립 가능한 금융 생태계를 조성하기 위해 2018년 'KB 사회투자펀드'를 결성하고 총 750억 원 규모의 펀드도 조성했다. 이를 통해 UN SDGs(UN Sustainable Development Goals) 달성을 목적으로 하고, 사회·환경 분야에 긍정적인 가치를 창출할 수 있는 소셜 임팩트 기업에 투자하고 있다.

자료: 조선일보, 2022년 11월 24일.

사례

GC녹십자랩셀 'ISO 9001:2015' 인증을 취득

GC녹십자랩셀은 최근 제대혈은행 라이프라인이 독일의 품질 인증기관 티유브이슈드(TÜV SÜD)로부터 제대혈은행의 'ISO 9001:2015' 인증을 취득했다고 2018년 4월 24일 밝혔다.

ISO 9001 인증은 국제표준화기구에서 제정·시행하고 있는 품질경영시스템에 관한 국제 규격으로, 고객에게 제공하는 제품·서비스에 이르는 전 생산 과정에 걸친 품질보증 체계다. 현재 2015년도의 규격 인증인 'ISO 9001:2015'를 인증하고 있다.

GC녹십자랩셀 제대혈은행은 2004년 12월 ISO 인증을 취득한 후 매년 정기 심사를 통해 제대혈은행 표준업무지침서, 제대혈 보존 시설 및 안전에 관한 품질 인증을 지속적으로 유지해 오

고 있다고 회사 측은 설명했다.

GC녹십자랩셀 관계자는 "조직 상황, 리더십, 품질 목표 등의 인적 역량 지원과 운용·프로세스 등의 다양한 항목을 만족시키기 위해 최고의 품질경영시스템을 구축해왔다"며 "앞으로도 안전성과 품질 신뢰성을 우선으로 여기며 고객의 소중한 제대혈을 안전하게 보관할 수 있도록 최선을 다하겠다"고 말했다.

자료: 조선비즈, 2018년 4월 24일.

연습문제

1. ISO 9001:2015 인증제도에 대해서 설명하라.
2. ISO 14001:2015 인증제도에 대해서 설명하라.
3. ISO 26000 인증제도에 대해서 설명하라.
4. 기타 인증제도에 대해서 설명하라.

참고문헌

강금식 (2004), 품질경영, 박영사.

강주현 외 공역 (2008), 세계최고 기업들의 기업시민활동, FKI 미디어.

김기영 외 공저 (1999), 품질경영, 박영사.

김연성 외 공저 (2015), 품질경영론, 제5판, 박영사.

노한균 (2012), ISO 26000을 통해 사회책임 살펴보기: 새로운 국제표준의 이해와 실천, 박영사.

안상형 외 공저 (2008), 21세기품질경영, 박영사.

이순용 (2004), 품질경영론, 법문사.

한경동 (2011), "ISO 9001:2008 품질경영시스템 요구사항이 지속적 개선과 경영성과에 미치는 영향," 계명대학교 박사학위 논문.

Evans, J. R. and Lindsay, W. M. (2014), *The Management and Control of Quality*, 9th ed., South-Western Cengage Learning.

www.ksa.or.kr

제4장
서비스 품질

학습목표

1. 서비스시스템에 대해서 이해한다.
2. 서비스 품질에 영향을 주는 환경요소에 대해 알아본다.
3. 서비스 품질의 개념을 이해한다.
4. 서비스 접점, 서비스 품질의 차이 모델을 이해한다.
5. 서비스 품질의 차원을 알아보고, 추가적인 차원을 이해한다.
6. SERVQUAL과 SERVPERF의 차이를 알아본다.
7. 서비스 제공자의 역할을 이해한다.
8. 서비스 품질을 향상시킬 수 있는 방안을 알아본다.

사례

종업원을 통한 서비스 품질 향상

'손님은 왕'이란 유통·요식업계의 오랜 금과옥조(金科玉條)가 아닌 '직원도 왕'이라는 인재 관리 정책으로 성공을 거둔 기업들이 있다. 직원들의 업무 자율성이 보장되고 직급에 구애받지 않는 민주적인 기업 문화가 직원들의 높은 만족도는 물론이고, 다양한 사업 아이디어와 서비스 품질 향상으로 이어진 덕이다. 인재 관리 전문가들이 공통적으로 대표 사례로 꼽는 기업은 미국 온라인 쇼핑몰 자포스(Zappos)와 중국 식당 체인점인 하이디라오(海底撈)다. 두 기업은 세심한 사내 복지·인재 관리 정책이 직원들을 감동시켜, 경쟁사와 차별화되는 고객 서비스를 실현했다는 평가를 받는다.

美 온라인 신발·의류판매 자포스
— 직원 기 살려 고객 감동 서비스 연출

세계 최대 온라인 신발·의류 쇼핑몰인 자포스의 임원 중에는 '재미공학자(Fungineer)'와 '문화자문위원(Culture adviser) 겸 통찰력 총괄'직이 있다. 재미공학자는 말 그대로 직원을 위한 다양한 특별행사를 기획하고 진행하는 일을 총괄하는 직책. 현 재미공학자는 록밴드의 드럼 연주자 출신이다. 문화자문위원 겸 통찰력 총괄은 자포스의 핵심 가치와 문화를 관리하고, 그에 맞는 직원 채용시스템을 관리하는 역할을 맡는다. 자포스는 이에 대해 "적합한 업무능력을 갖췄을 뿐만 아니라 '재

하이디라오 소개	
창립	1994년, 중국 쓰촨(四川)성 젠양(簡陽)
창업자	장융(張勇, 47, CEO)
업종	중국요리 훠궈 전문점

미있고 약간 독특한' 자포스의 인재상에 맞는 직원을 찾아내기 위한 시스템"이라고 설명한다.

자포스는 입사를 포기하면 위로금을 지급하는 시스템으로도 유명하다. 자포스의 신입 사원은 총 160시간 동안 서비스 교육을 받는데 이 기간에도 월급을 100% 지급한다. 일주일 만에 퇴사해도 일주일치 임금과 위로금 2,000달러를 준다. 10명 중 1명은 입사 초기에 위로금을 받고 그만둔다. 자포스는 위로금 대신 회사에 남는 쪽을 택한 직원들이 장기적으로 사업을 성장시킨다며, 회사와 맞지 않는 사람은 차라리 초반에 스스로 그만두는 편이 서로에게 이익이라는 시각이다.

자포스는 각종 직원 우대 정책만큼이나 고객을 감동시킨 서비스 사례들이 소문을 타며 성장했다. 온라인 검색창에 자포스를 입력하면 '자포스 고객 서비스 사례들'이 연관 검색어로 뜰 정도다. 사례 하나. 이삿짐을 싸던 남편이 아내의 보석 장신구들을 상자 속 핸드백 속에 넣었다. 문제는 그 상자는 아내가 자포스에 반품하려고 담아둔 것이었다는 점. 아내는 상자를 자포스에 돌려보냈고, 한바탕 소동을 벌인 뒤 상황을 이해한 부부는 자포스 본사에 연락해 가방 안에 든 보석을 부쳐달라고 요청했다. 이때 자포스 고객 서비스팀의 대응은? 고객 서비스 담당자는 값비싼 물품을 택배로 보내면 부부가 안심할 수 없다고 생각해, 국내선 비행기를 타고 직접 부부의 새집으로 찾아가 보석들을 돌려줬다. 부부가 직원에게 저녁을 대접한 것은 물론 평생 자포스를 이용하겠다며 소문을 냈다. 반품을 신청한 고객이 급작스럽게 모친상을 당해 물건을 되돌려보내지 못한 사실을 확인하자 자포스 직원이 고객의 집을 방문해 제품을 회수하고 위로 꽃바구니까지 보낸 사례, 친구 결혼식 날 신기 위해 주문한 신발이 예정된 날짜까지 배송되지 않았다는 고객의 연락을 받자 전액 환불과 함께 무료로 새벽 배송해준 사례 등도 잘 알려져 있다.

말단 직원들도 이런 세심한 서비스가 가능한 재량권을 가진 게 비결이다. 미국의 온라인 유통 대기업 Amazon이 성장 잠재력을 높이 사 2009년 인수했지만 자포스의 고유한 기업 문화는 훼손되지 않았다. 2013년 관리자 직급을 없애고 일반 직원들이 동등한 위치에서 업무를 수행하는 일종의 자율경영 시스템인 홀라크러시(holacracy)를 도입했다. 위계질서에 따라 위에서 아래로 지시가 전달되고 상사가 부하 직원의 업무를 관리하는 여느 기업들과 대조되는 수평적인 시스템이다.

中 음식업체 하이디라오
— 음식 무료제공 등 자율권, 이직률 낮아

2018년 9월 홍콩 증권시장에 상장한 중국 훠궈(火鍋·중국식 샤부샤부) 전문점 하이디라오(海底撈)도 탁월한 고객 서비스와 직원 복지로 성공한 기업이다. 1994년 식탁 4개짜리 작은 훠궈 식당으로 시작해 미국, 일본, 한국까지 진출한 세계적인 식당 체인점으로 성장했다.

하이디라오는 경쟁 훠궈 업체들과 차별화되는 서비스로 유명세를 얻었다. 고객들이 자리를 기다리는 동안 간식과 음료뿐만 아니라 간단한 보드게임과 매니큐어 서비스까지 준비해뒀다. 식전에는 따뜻한 물수건과 앞치마, 일회용 휴대전화 커버, 어린이들을 위한 간단한 장난감도 제공한다. 수타면 전문 요리사가 손님들 눈앞에서 음악에 맞춰 면을 만들어주는 방식도 호평을 받는다.

임금·복지제도도 동종업계 최고 수준이다. 중국 요식업계 평균 임금은 월 700~800위안인 반면 하이디라오는 1,400위안 이상이다. 직원 전용 숙소도 제공하고 매니저급 이상 직원에게는 부모님 생활보조금도 매달 지급한다. 고객 서비스 지침도 직원들의 자율성을 중시한다. 말단 직원이라도 필요한 상황에는 고객에게 메뉴 하나를 무료로 주거나, 한 테이블 음식을 모두 공짜로 제공할 권한이 있다. 그 덕분에 하이디라오는 이직률이 10%를 밑돌 정도로 직원들의 충성도가 높은 기업에 속한다. 하이디라오 경영진 역시 성공의 비결로 '직원'을 꼽는다. 회사에 대한 만족도가 높은 직원들이 친절하게 손님을 대하고 다양한 아이디어로 서비스를 개선해왔다는 시각에서다.

▼ 하이디라오 경영 실적

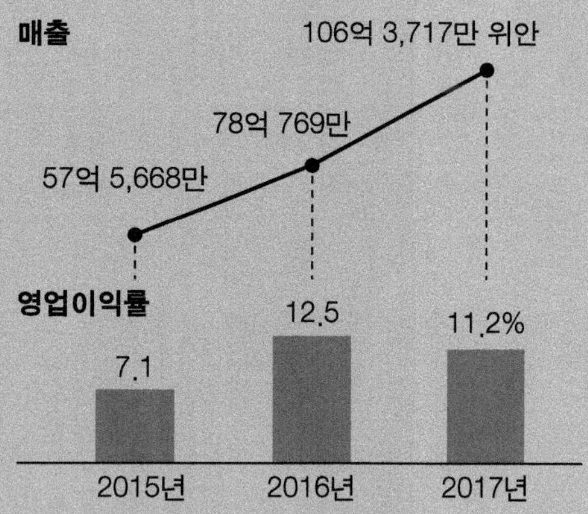

자료: 하이디라오 증권상장보고서

자료: 위클리 비즈, 2019년 1월 11일.

제1절 서비스환경

기술의 발전과 고객 요구사항의 다양한 변화로 인하여 우리 모두는 넘쳐나는 상품, 즉 수많은 제품과 서비스가 솟아져 나오는 사회 속에서 살고 있다. 기술의 발전과 고객 요구사항의 변화는 기업에 있어 새로운 사업의 기회를 제공함은 물론 경쟁요소 출연 등 위험요소로 작용하기도 한다.

끝없는 경쟁사회 속에서 살아남기 위한 조직 전략으로 대두되어 왔던 품질의 개선 노력은 고객만족과 수익극대화와 맞물려 기업에서는 절대적인 생존전략으로 인식되고 있으며, 기존의 생산자 중심의 품질에서 고객중심의 품질로 변모하고 있다. 본문에서는 품질의 정의를 파악함과 동시에 품질의 종류를 나열하고, 최근에 들어 더욱 중시되고 있는 고객 중점적 품질 특히 서비스 품질에 대하여 설명하고자 한다.

1. 서비스 시스템

서비스 시스템을 설명하면 다음과 같다. 우선 고객의 수요가 있으면 서비스 프로세스에 투입되고 산출로서 가치가 평가된다. 서비스 운영관리자는 서비스 프로세스를 통제하면서 가치평가를 모니터하게 된다. 서비스 운영관리자는 표준으로 서비스 패키지를 정의한다. 또한 서비스 운영관리자는 서비스 종업원을 공급한다. 서비스 시스템의 구성요소 중에서 중요한 것이 서비스 프로세스와 서비스 패키지이다.

서비스 프로세스는 서비스가 전달되는 절차, 활동들의 흐름을 의미하며 서비스 표준화, 서비스 고객화, 곱셈의 법칙 등이 관련된다.

2. 서비스 품질에 영향을 주는 환경요소

서비스환경이란 서비스를 제공하거나 제공받는 환경, 즉 서비스 과정상에 놓인 모든 환

〈그림 4-1〉 서비스 시스템

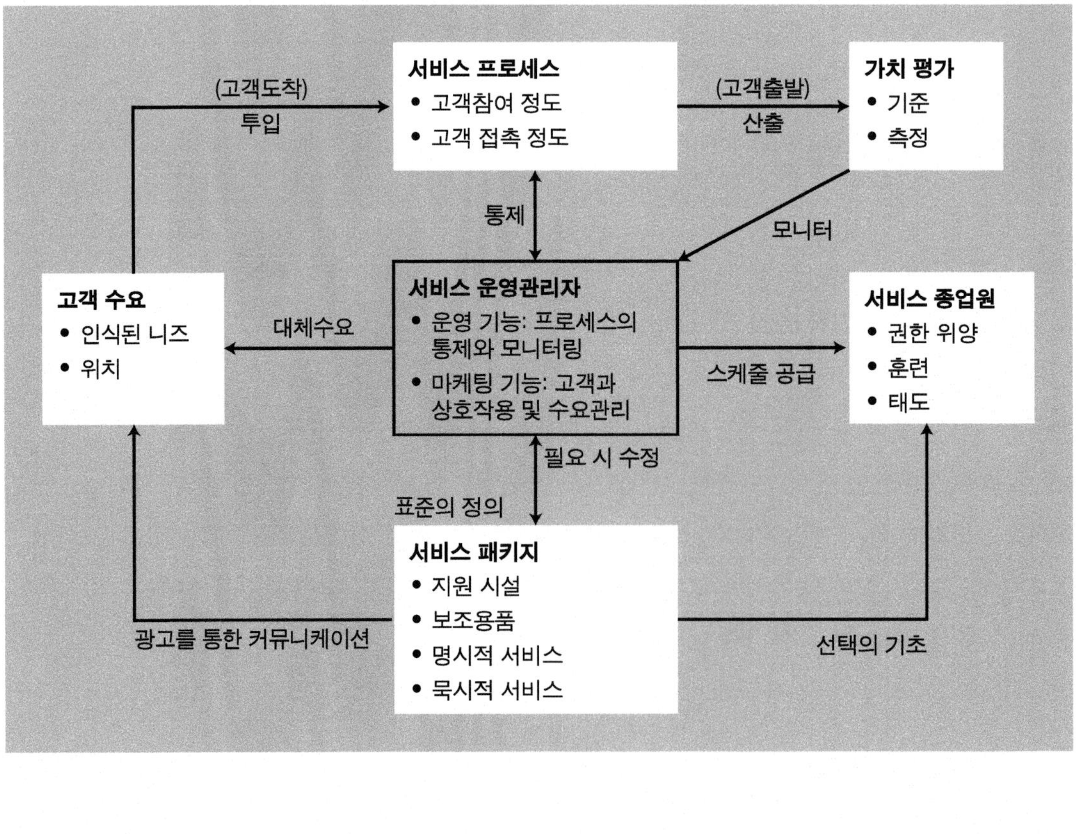

경을 의미한다. 서비스환경은 서비스를 제공하는 제공자 중심의 환경일 수도 있고 서비스를 제공받는 고객 중심의 환경일 수도 있으나, 서비스환경의 효율적인 측면과 서비스를 제공하는 제공자와 제공받는 고객의 인지도에 따라 그 평가가 달리 해석될 수 있다. 다음은 서비스 품질에 영향을 주는 환경요소에 대한 설명이다.

1) 고객의 인식과 기대

고객은 제품이나 서비스를 구매하기 이전에 기대감을 형성하고, 구매 시 서비스에 대한 지각을 한다. 결국 고객은 기대와 지각을 비교함으로써 서비스 품질을 인식하게 된다. 기대란 제공될 것에 대한 고객의 느낌으로 물리적 환경, 서비스 프로세스, 서비스 제공자와 관련이 있다.

물리적 환경 = 유형적 요소 ⇒ 본질적 요소 + 부수적 요소

특급호텔의 경우, 고객은 특급호텔이라는 것만으로도 물리적인 환경에 대한 기대품질을 형성하게 된다. 만약 특급호텔이 고객의 기대품질에 미치지 못하는 경우 예를 들면 호텔로비의 유리창이 깨져 있는 상태로 방치되어 있는 등의 경우, 서비스 품질은 저평가받을 수 있다.

서비스기업과 서비스 프로세스는 중요하다. 특히 고객은 서비스에 대한 인식과 직접 관련이 있다. Gaither는 다음과 같이 서비스 제공자의 중요성을 강조하였다. 형태를 띠고 있지 않다는 특성상 서비스의 품질은 측정하기가 쉽지 않다. 항공사 승무원들의 품질활동이 좋은 예이다. 승무원들이 항공서비스를 통해 고객에게 제공한 품질에 대하여 고객의 인식을 분석하고 측정하기란 어려우며, 대부분의 경우, 품질활동에 대한 측정기준 조차도 마련되어 있지 않다. 더욱이, 고객들은 자신들만의 기준을 책정하고 그들이 기대하는 서비스 수준과 그들이 전달받은 서비스를 비교하게 된다.

고객의 인지된 서비스 품질은 환경에 의하여 영향을 받는다. 서비스는 종업원 중심의 노동집약적이며, 고객과의 직접 접촉에 의하여 이루어진다. 따라서 서비스 공장(service factory)이라 한다. 이에 서비스 품질 수준의 상당 부분은 서비스를 제공하는 종업원의 역할에 영향을 받게 된다.

2) 기술발전

기존 기술의 발전과 새로운 기술의 개발은 기업의 고객 요구에 대한 만족은 물론 고객의 이해에 커다란 도움이 되고 있다. 최신 기술을 통하여 기업은 고객과 보다 쉽게 의사소통할 수 있으며, 더욱 신속하고 정확하게 고객 서비스를 제공할 수 있다.

기술의 발전은 고객만족의 정도를 개선시킬 수 있는 요인일 뿐만 아니라 고객의 만족을 촉진시키는 요인으로 작용한다. 결과적으로 기술의 발전을 통하여 기업은 더욱 높은 수준의 서비스 제공이 가능하고, 과거에 경험했던 동일한 서비스에 비해 서비스 관련 기술을 활용하여 더 나은 서비스를 제공할 수 있다.

기술을 이용한 대고객 서비스는 콜센터를 통한 신속한 고객응대 서비스, VIP 고객 전용 핫라인 운용, 고객 데이터베이스를 통한 고객관리 등이 있다. 최근에는 전문적으로 고객관리만을 위한 시스템들도 등장하였는데, 이는 보다 체계적으로 고객을 관리하여 서비스 품질을 개선함과 동시에 고객만족을 통해 수익을 극대화하는데 그 목적이 있다.

CRM(Customer Relationship Management)은 **고객관계관리**를 의미할 뿐만 아니라 정보시스템적인 모든 체계를 포함한다. 현대에서 고객관계관리는 기술의 도움 없이는 효율적으로 추진할 수 없다. Gartner 그룹에 의하면 'CRM이란 수익, 매출, 고객만족을 최적화하기 위한 고객 중심의 비즈니스 전략'이라고 정의하고 있다. 정보 시스템은 기업의 전방 종업원 활동을 향상시키는 정보기술을 의미하는 것으로 영업·서비스·마케팅·운영을 지원하는 **운영적 CRM**, 운영 중 발생된 데이터를 이용하여 분석을 지원하는 **분석적 CRM**, 고객 접점을 관리하는 **협업적 CRM** 등이 포함된다.

빅데이터(big data)에 대한 개념적 접근은 다양하게 이루어져 왔다. 일반적으로 빅데이터란 데이터 크기, 데이터 생성 속도, 데이터 형식 측면에서 구분할 수 있다. 첫째 빅데이터는 데이터의 크기(size) 자체가 커서 일반적인 데이터를 다루는 방식으로는 관리하기가 어려운 경우가 많다. 둘째, 데이터가 생성되는 속도(velocity)가 단편적 일시적이 아니라 실시간으로 생성된다. 셋째 데이터의 형식(format)이 단순 텍스트와 같은 정형적인 데이터뿐만 아니라, 이미지와 영상처럼 비정형적인 데이터를 포함한다.

빅데이터는 대규모성, 현실성, 시계열성, 결합성이라는 네 가지 특성을 가지고 있다. 빅데이터는 대규모성(huage sacle)을 바탕으로 현실세계 데이터를 기반으로 한 정교한 패턴분석 가능해 지금까지 발견하지 못한 전혀 새로운 패턴의 정보를 찾아낼 수 있는 확

〈그림 4-2〉 빅데이터의 특성과 효과

대규모

- 현실세계 데이터를 기반으로 한 정교한 패턴분석 가능
- 전혀 새로운 패턴의 정보를 찾아낼 수 있는 확률 증가

현실성

- 현실 정보, 실시간 정보의 축적이 급증
- 개인의 경험, 인식, 선호 등 인지적인 정보 유통 증가

시계열성

- 과거 데이터의 유지로 시계열적인 연속성을 갖는 데이터의 구성
- 과거, 현재, 미래 등 시간 흐름 상의 추세 분석 가능

결합성

- 이종 데이터 간의 결합으로 새로운 의미의 정보 발견
- 타분야 데이터 결합을 통한 안전성 검증, 시뮬레이션 가능

자료: 김현곤(2012), 빅데이터 시대의 전망과 대응전략.

률이 증가한다. 둘째, 현실성(reality)은 현실 정보, 실시간 정보의 축적이 급증하고 개인의 경험, 인식, 선호 등 인지적인 정보 유통이 증가해 실제 현상을 설명할 수 있는 데이터로서의 중요성이 커지게 된다. 셋째, 시계열성(trend)은 과거 데이터의 유지로 시계열적인 연속성을 갖는 데이터의 구성이 가능해져, 과거, 현재, 미래 등 시간 흐름상의 추세 분석이 가능해졌다. 넷째, 결합성(combination)은 이종 데이터 간의 결합으로 새로운 의미의 정보 발견이 가능해져, 타 분야 데이터 결합을 통한 안전성 검증과 시뮬레이션이 가능해졌다.

3) 경쟁환경

현대의 경영환경은 고객 요구의 다양성 증가와 동시에 경쟁환경 또한 더욱 복잡하고 치열해졌다. 경쟁환경의 변화로 고객의 요구는 그 한계를 판단하기가 쉽지 않고 또한 고객이 원하거나 필요로 하는 것조차도 분별하기가 어려워졌다. 기업은 초점화된 생산·운영전략을 통해 이러한 경영환경의 변화에 대응하고 있다. 기업은 고객서비스 품질이 중요하다는 것을 인식하고 차별화된 서비스 제공으로 경쟁우위를 달성해야 한다.

3. 고객 중심 조직의 이점

기업 경영환경이 생산시스템의 효율성을 강조하는 생산자 중심에서 고객의 전반적인 만족을 중시하는 고객 중심으로 변화하면서 품질의 필요성은 더욱 더 부각되고 있다.

품질의 개선은 고객만족을 실현가능하게 할 뿐만 아니라 이를 통해 기업의 수익을 극대화함은 물론 고객과 기업 모두에게 다양한 차원의 상승효과를 제공한다. 기업의 고객만족에 대한 노력, 즉 제품공정개선, 서비스 개선 등은 제품수명주기 연장, 고객유지율 증가 등으로 연결되어 기업의 존재성을 강화시키고, 고객은 만족활동을 통하여 더욱 신뢰할 수 있는 제품 또는 서비스 창출에 직접 관여할 수 있으며, 이를 통해 더욱 높은 품질의 제품이나 서비스를 제공받을 수 있게 된다. 이렇듯, 품질의 개선노력은 기업과 고객 모두에게 긍정적인 효과를 제공하고 이를 위해 기업과 고객은 함께 공생하고 협력해야 한다.

기업 경영환경은 고객 중심 특히 친환경 정책 등 외부적인 요인으로 더욱 복잡해지고 있다. 이에 기업은 제품, 고객, 경쟁자, 기술, 정부, 법과 규제, 환경, 자원 등 경쟁환경을 구성하는 수많은 요소들의 조화로운 활용을 통해 경영환경을 개선하는 노력을 전개해야 할 것이다.

Ferdows는 모래성이론(Sand Cone Theory)을 통해 기업의 경쟁력 형성을 위해서는 품질-납기-유연성-비용의 성과가 누적되어야 한다고 했다. 이는 품질의 체계적인 조화 없이는 기업의 경쟁력이 없음을 나타내는 말이기도 하다.

고객중심 조직은 고객만족을 통해 기업경쟁력을 강화시키고, 경쟁력이 강한 기업은 제품이나 서비스 제공에 있어 개선 노력의 결과물로 높은 품질의 제품, 서비스를 고객의 기대에 부응하는 가격(비용)에 제공할 수 있다. 다음은 고객 중심 조직에 대한 이점을 나열한 것이다.

- 고객만족을 통한 고객충성도 향상 → 고객만족을 통한 비용절감 효과
- 대체판매의 기회 증대 → 고객과의 관계발전으로 매출증가 효과
- 종업원의 사기 증가, 노사관계 개선, 경영진에 대한 충성도 증대 → 이직률 감소 등
- 기업이미지 향상, 가격경쟁력확보가능 → 마케팅비용 감소, 매출증대 효과

사례

국내 항공 1위 — 아시아나항공

2019년 국내 항공 부문 고객만족도 조사에서 아시아나항공은 77점으로 2013년 1위 탈환 이후 7년 연속 정상의 자리를 지켰다. 대한항공은 1점 뒤진 76점의 고객만족도를 기록했다.

2019년 국내 항공 서비스업 고객만족도는 76점으로 전년과 동일했다. 고객기대수준과 고객인지가치 모두 2018년보다 2점씩 하락했다. 고객인지품질은 전년과 동일한 수준을 유지했다. 2018년 양대 대형 항공사의 국내선 운송 분담률은 41.4%에 그쳤다. 특히 대한항공의 국내선 여객은 13% 감소했다. 대형 항공사 입장에선 운항 시간이 짧은 국내선에서 가격 경쟁력을 앞세운 저비용 항공사보다 차별화된 서비스를 제공하기 어려운 상황이다. 또 국내 항공에서 가장 큰 비중을 차지하는 제주공항의 경우 혼잡도가 극심해 2018년의 국내선 지연율이 17%로 높은 편이었으며, 태풍 등의 영향으로 국내선 결항 횟수도 2017년 468편에서 2018년 1,814편으로 크게 증가한 것도 한 원인으로 꼽힌다.

고객만족도의 성과 변수인 고객불평률은 전년 대비 1.5%포인트 하락한 0.4%를 기록했으며, 고객유지율은 전년 수준인 76%를 유지했다.

고객충성도는 전년 대비 3점(5.4%) 상승한 59점을 기록했다. 2008년 도입된 항공 마일리지 유효기간 10년이 도래하면서 양대 항공사의 마일리지 소멸이 시작됐지만 더욱 편리한 보너스 항공권 예매를 위해 홈페이지에 보너스 좌석 상황을 안내하고 로고 상품, 비동반 소아 수수료, 코트룸 보너스 등 마일리지 사용처를 확대한 결과로 풀이된다.

▼ 국내 항공

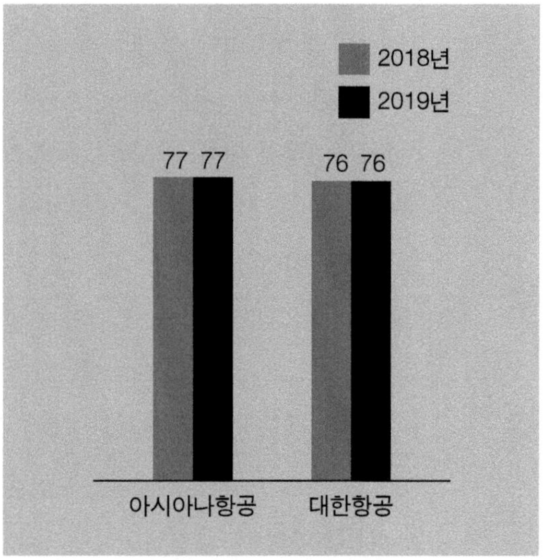

자료: 조선비즈, 2019년 3월 17일.

제2절 서비스 품질

서비스 품질에 대한 정의는 다양한 선행연구를 통해 알 수 있듯이 해석하는 주체와 활용주체에 따라 조금씩의 차이는 있으나 대부분은 고객만족이라는 공통적인 주제를 중심으로 설명되고 있다. 다음에서는 품질의 발생과 일반적인 정의 그리고 서비스 품질에 대하여 알아보았다.

1. 서비스 접점

진실의 순간(Moments of Truth) 혹은 중요한 순간(Critical Incidents)이라고 불리는 **서비스 접점**(service encounter)은 Scandinavian Airlines의 Jan Carlson 사장에 의하여 보편화되었다. 서비스 접점이란 서비스 제공자와 고객 간의 직접적인 상호작용(조직, 종업원, 고객)을 말한다. 서비스 접점에서 종업원이 서비스 공동생산자 역할을 수행하고 있는 고객을 향하여 어떻게 대하고 있는지 여부에 따라 고객의 참여행위 정도는 많이 달라질 수 있을 것이다. 즉, 종업원의 고객에 대한 응대행위나 서비스 행위에서 고객이 서비스품질의 수월성을 인지하게 되면 이는 그들로 하여금 서비스 생산과정에 보다 깊이 몰입하게 하여 다양하고 적극적으로 투입하게 할 것이다.

양질의 종업원 서비스 행위가 고객에게 흘러가게 되고 이를 고객이 지각하게 되면 고객은 생산과정에 보다 많은 기여를 하게 된다. Parkington과 Schneider(1979), Schneider와 Bowen(1993)을 포함한 여러 선행연구에서 '서비스 종업원(직무) 만족 → 고객만족'과 같은 감정적 이전(emotional transfer)을 발견할 수 있듯이 이들 사이에는 행위적 이전(behavioral transfer) 또한 발생할 수 있다.

Fitzimmons와 Fitzimmons는 서비스 전달 과정에 참여하는 고객은 사회적 통념에 의해 정의된 혹은 서비스 설계에 의해 규정된 규칙을 따라야 한다고 하였으며, 만일 고객이 적절한 규칙을 따른다면, 고객과 서비스 제공자 모두가 서비스 접점에서 상대방을 존중하는 역할을 수행할 수 있기 때문에 서비스 접점에서 각자의 행동을 예측할 수 있다고 했다. 또한 고객은 여러 다양한 서비스 제공자들과 더불어 많은 접점을 경험하게 되고 각각의 '진실의 순간'은 곧 서비스 품질에 대한 고객의 인식에 영향을 줄 수 있는

〈**그림 4-3**〉 서비스 접점의 삼각형

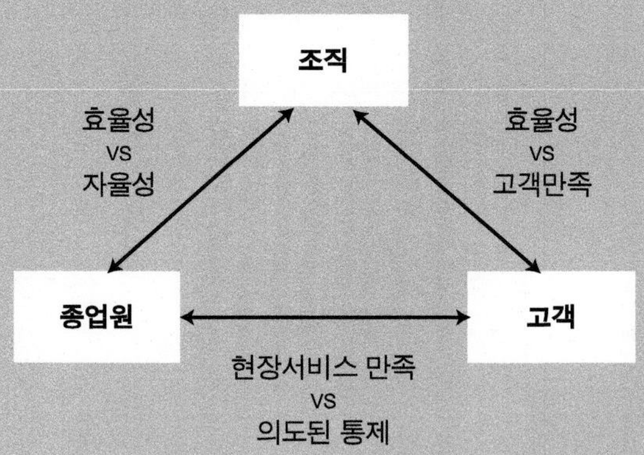

- 조직은 이익증대 추구, 서비스 과정 통제, 종업원의 자율성 제한
  종업원은 조직에 자율성을 기대
  (조직 vs. 종업원)
- 조직은 효율성 추구로 서비스 범위 축소하고 고객 불만족 발생
  고객은 조직에 고객만족을 기대
  (조직 vs. 고객)
- 종업원은 고객에 대해 의도된 행동 통제를 시도
  고객은 종업원에게 현장 서비스 만족을 기대(고객 vs. 종업원)

기회가 된다고 하였다.

여기서 성공적인 서비스가 제공되기 위해서는 **서비스 운영전략**은 고객 지향적이어야 하며, **종업원**은 교육훈련을 시키고, 동기부여 되어야 한다. **지원시스템**은 서비스 프로세스, 장비, 설비, 서비스 기술과 서비스 시설과 관련된 것으로 서비스 품질을 결정하는 중요 요소들이다. 이들을 **서비스 삼각형**(service triangle)이라 부른다.

종업원을 선발하기 위해서 추상적 질문, 상황스케치, 역할 연기 등이 활용된다. 개인에 대한 서비스 성향 및 자질을 측정하는 신뢰할 만한 방법이 존재하지는 않지만, 다양한 면담 기법이 유용하다. 이는 최전방 종업원의 잠재력을 평가하는 데 사용할 수 있다. 종업원은 지속적으로 훈련되어야 한다. 훈련 교재, 고객 현장 종업원을 위한 지침서는 업무를 수행하는 데 필요한 기술적 능력을 설명해야 한다. 예컨대 교재나 지침서에는 고객 보고서 작성법, 금전 출납기 사용법, 적합한 옷차림, 안전수칙 시행법 등에 대해 상세하게 기술해야 한다. 고객과의 상호작용 기법에 대해서는 단순히 유쾌한 표정으로 항상 웃음을 보이라는 간단한 설명 외에 특별한 언급이 없다. 따라서 고객과의 상호작용에 어려움이 따른다.

〈표 4-1〉 서비스 과정에서 고객접촉 매트릭스

고객접촉도, 고객화 정도 낮음 →

↓ 복잡성 분산 감소 · 라인 업무 흐름 증가

서비스 과정 특성	고객과의 상호작용, 고객화 정도 높음	고객과의 일반적 상호작용, 표준화된 서비스 (일부 서비스 옵션)	고객과의 상호작용 낮음, 표준화된 서비스
복잡한 흐름, 업무 복잡, 기대치 높음	전방 종업원 (Front Office)		
유동적 흐름, 업무 지배적, 업무 복잡성 감소		복합 종업원 (Hybrid Office)	
라인업무흐름, 업무 보편화, 업무 이해도 높음			후방 종업원 (Back Office)

자료: Krajewski · Ritzman (2005), *Operations Management – Processes and Value Chains*, Pearson PrenticeHall, p. 95.

2. 고객접촉 정도에 따른 서비스 시스템

Krajewski와 Ritzman은 서비스 과정에서의 고객 참여에 대하여 제조공정과 달리 서비스 과정에서는 고객이 과정의 일부가 되는 경향이 높다고 하고는 고객은 실체적인 참여 없이도 높은 접촉을 나타낼 수 있다고 했다(예: 인터넷). 또한, 서비스 과정에 고객이 참여하는 빈도가 높을수록 고객 접촉도는 높다고 하였고, 고객의 접촉정도는 서비스 제공 단계에서 소요되는 전체시간 대비 고객이 과정에 참여한 시간을 계산해서 측정가능하다고 하였다. 이에 고객의 접촉도를 높이기 위해서는 고객의 서비스 전달(제공)과정의 참여를 유도해야 한다.

서비스 운영의 관점에서 서비스 시스템을 분류할 때 활용 가능한 기준 중의 하나가 서비스 전달 과정에서의 **고객과의 접촉 정도**(customer contact)라고 할 수 있다. 고객 접촉은 시스템에 고객의 존재가 포함됨을 나타내고, 서비스의 전달과정은 서비스 제공 자체에 고객이 관여되는 작업 과정을 나타낸다. 여기서 접촉의 정도는 대략 고객에게 서비스가 수행되는 총 시간에서 고객이 시스템에 관여되는 시간의 비율로 정의될 수 있다.

〈**표 4-2**〉 고객 고접촉 및 저접촉 정도에 따른 운영의 주요 차이점

설계의사결정	고접촉 시스템(지점 등 전방서비스)	저접촉 시스템(수표 처리센터 등 후방서비스)
위치	고객과의 근접	전문인력, 원자재 구입 등의 용이함
배치	고객의 물적, 심리적 욕구를 충족시킬 수 있게 배치	생산 효율성 극대화 측면에서 배치
제품설계	제품 자체뿐만 아니라 주변환경까지 고려	제품 설계가 중요
전달과정 설계	생산 과정은 고객에게 즉각적 영향을 끼침	고객은 대부분의 전달과정에 참여 안함
스케줄	고객은 생산 스케줄에 반드시 포함되어야 함	고객은 생산 스케줄상 완료의 단계에서 고려
생산 계획	주문은 재고 유지가 불가능	미납주문 및 안정적 생산 가능
작업자 기술 정도	작업집단이 고객과의 직접 접촉이 필요하므로 대 고객 관리 기술이 중요	작업집단은 업무의 기능적 처리 기술만 중요
품질관리	품질 기준도 고객의 견해에 따라 다양함	품질 수준은 측정가능하며 고정가능함
표준 시간	서비스 시간은 고객에 따라 다르며 표준이 정해지지 않음	표준 시간 일정함
보수	다양한 고객 작업은 시간 기준 급여제도 선호	산출기준 급여제도 선호
능력 계획	피크타임 수요에 생산능력 계획 적용함	재고가 가능하기 때문에 평균수요 수준의 생산능력 계획 적용함

일반적으로 말하면, 서비스 시스템과 고객 간의 접촉시간의 비율은 생산과정에서 둘 사이의 상호작용의 정도를 나타내는 것이다.

이 개념에 따르면, 고객 접촉의 정도가 높은 서비스 시스템은 고객과의 접촉이 낮은 시스템보다 제어하기가 어렵고, 합리적으로 업무를 처리하기가 어렵게 된다. 고접촉 시스템에서의 고객은 요구시간, 서비스의 품질 또는 지각된 품질에 영향을 미칠 수 있다. 〈표 4-2〉에 고객접촉 정도에 따른 서비스 운영의 주요 차이점이 설명되어 있다.

〈표 4-2〉는 고객과의 접촉 정도에 의한 서비스 운영 시스템의 특징들을 운영분야의 의사결정에 영향을 주는지 이해할 수 있다. 은행의 경우처럼 대부분의 일이 고객과의 접점이 아닌 후방에서 이루어 질 때에는 고객들이 제시하는 소정의 양식(청구서 등)에 따라 이루어짐을 알 수 있다. 그러므로 우리가 서비스 시스템을 설계할 경우에도 산출율의 최대화를 목표로 설계가 이루어지는 공장과 동일한 원리를 활용해야 한다.

Fitzimmons와 Fitzimmons는 서비스 접점을 서비스 청사진의 가시선 위에서 형성된다고 하였다. 제조과정 설계의 경우와 마찬가지로, 서비스 프로세스 설계의 표준 도

〈그림 4-4〉 고급호텔의 서비스 청사진

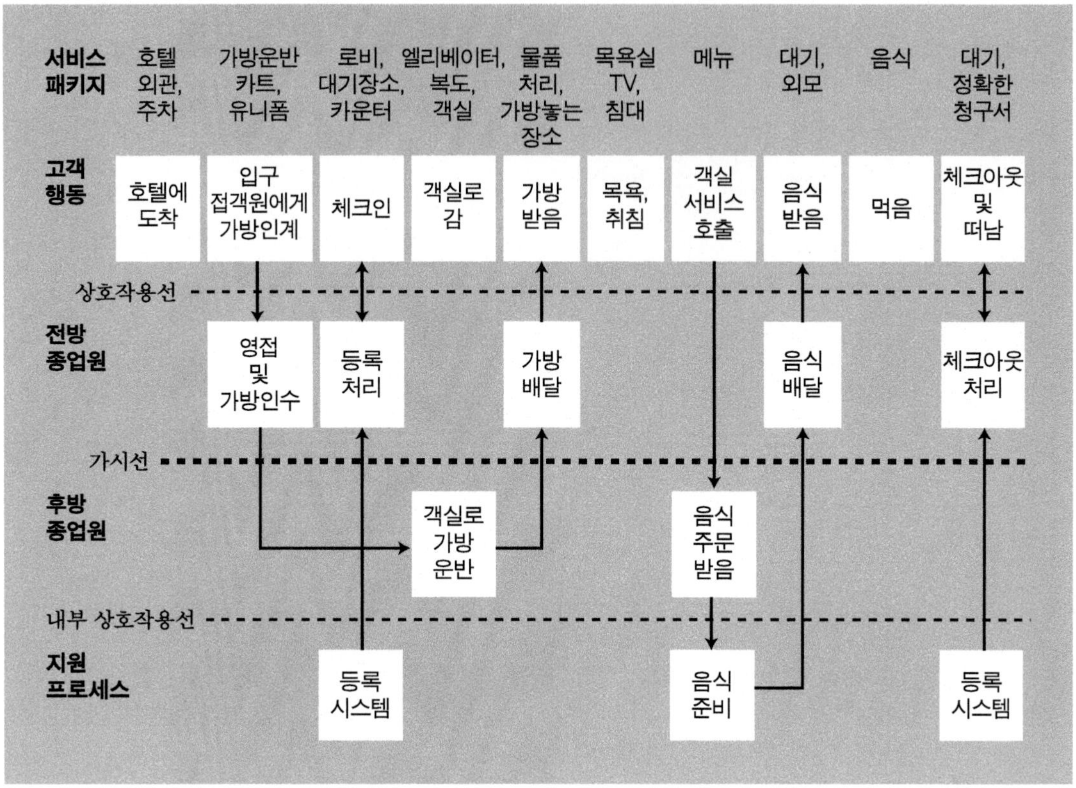

구는 순서도를 그리는 것이다. 최근, 서비스 전문가들은 과정 설계의 중요성을 강조하기 위해 순서도를 **서비스 청사진**(service blueprint)이다. 서비스 청사진의 특징은 첫째, 가시선으로 서비스의 고객 접촉 부분과 고객이 보지 못하는 활동 사이를 구별하는 것이다. 이 구별은 순서도 위에 가시선으로 그려진다. 둘째, 고객의 행동이 나열되고 상호작용선이 나타난다. 셋째, 현장 종업원과 지원 종업원이 나타나며 이의 내부 상호작용선이 그려진다.

〈그림 4-4〉는 고급호텔의 서비스 청사진이다. 전형적인 서비스 접점을 만드는 각 활동은 순서도 위에 그려진다.

제3절 서비스 품질 차이 모델

1. 서비스 품질

비록 제조업에서의 품질개선 방법이 서비스업체에도 같이 적용될 수 있지만 개선점을 찾아내기 위해서는 프로세스는 물론 프로세스를 통하여 생산된 최종 결과에 대한 소비자 만족도를 참고해야 한다. 소비자 만족도란 고객들이 서비스에 대해 가졌던 기대와 고객들이 지각한 서비스 사이의 Gap을 측정하는 것이다. 그 Gap이 바로 개선을 해야 할 분야를 나타낸다.

서비스 품질의 측정은 SERVQUAL 설문지를 통하여 이루어지는데, 설문지는 기대와 그에 상응하는 지각에 관한 22개의 문항들(표 4-3 참조)이 서비스 품질에 관해 통계적으로 유의하다고 판명된 5개의 차원으로 구성되어 있다. 각 항목은 1에서 7까지의 척도로 평가되는데, 여기서 1은 전혀 동의할 수 없다는 의미이고 7은 매우 동의한다는 의

〈표 4-3〉 서비스 품질의 준거

준거	내용
유형성(tangibles)	서비스 기업이 보유하고 있는 물적 시설(장비, 도구), 종업원의 복장, 용모 등
신뢰성(reliability)	약속된 서비스를 정확하게 이해하는 능력(정확한 계산, 시간엄수)
반응성(responsiveness)	고객에게 서비스를 신속하게 제공하려는 의지
의사소통(communications)	고객의 말에 귀를 기울이고, 고객들이 이해할 수 있도록 정보를 제공하는 능력
신용도(credibility)	서비스 제공자의 신뢰도, 진실성, 정직성
안전성(security)	서비스 제공 과정이나 서비스 결과로부터 고객이 가지는 위험 부담이나 심적 부담
능력(competence)	서비스 수행에 필요한 종업원들의 기술과 지식의 소유 정도
예의(courtesy)	고객과 만나는 종업원의 친절, 배려, 공손함
고객의 이해(understanding/ knowing the customer)	고객과 그들의 요구를 알려고 노력하는 정도
접근성(access)	서비스 시스템에 대한 접근가능성, 접촉의 용이성 등(주차가 편리한 입지, 교통이 편리한 입지)

자료: Parasuraman, A., Berry, L. L., and Zeithaml, V. A. (1988), "SERVQUAL: a Multiple Item Scale for Measuring Consumer Perceptions of Service Quality", *Journal of Retailing*, 64(1), Spring.

〈표 4-4〉 Parasuraman과 Berry의 서비스 품질

품질차원	내용
유형성	시설의 외형상태
신뢰성	약속된 서비스의 신뢰할 수 있고 정확한 이행
대응성	고객지원에 대한 의지
확신성	종업원의 지식 및 친절도
공감성	고객존중(고객이해)

미를 갖는다. 예를 들어, 질문이 "회사는 최신장비들을 갖추고 있는가?"라는 항목이 있는데 소비자 입장에서 판단할 때, "그 회사는 업데이트된 장비를 가지고 있다"라고 하자. 소비자가 경험하기 전 예상 질문에는 6점을 주고 경험 후 실제 질문에는 4점을 준다면 점의 차는 −2가 된다. 전형적으로 유형적인 요소들이 점수 차가 적은데, 이는 눈으로 보이는 요소들이 통제하기가 상대적으로 수월하기 때문이다.

SERVQUAL 측정에서는 5개의 차원에 중요도를 부가할 수도 있는데, 이 작업은 5개의 차원의 합을 100점으로 하여 각 차원의 상대적 중요성을 측정하게 된다. 중요도가 부여된 5개의 차원점수들은 모두 합산되어 종합적인 서비스 품질의 점수를 끌어낸다. 예를 들어 은행 고객들은 대개 신뢰성에 가중치를 부여하고 유형자산에 낮은 가중치를 준다. 서비스 품질에 대해 가장 많이 사용되고 있는 요소들은 Parasuraman와 Berry이 제시한 연구이다. 〈표 4-4〉는 Parasuraman과 Berry의 서비스 품질차원에서 나타내는 다섯 가지 차원이다.

2. 서비스 품질 차이 모델

서비스 품질은 서비스 유형에 따라 다르게 평가된다. 이는 서비스가 다양하고 서비스를 제공하는 종업원과 고객들 또한 다양하기 때문이다. 각각의 서비스에 따라 고객이 또는 종업원이 지각하는 것이 다르고 또한 상호작용에 대한 과정상에 관여하고 있는 모든 구성원들의 기대 또한 다르다.

서비스 품질의 평가는 서비스 전달과정 중에 일어난다. 서비스 품질과 관련하여 고객만족은 제공받은 경험한 서비스와 기대한 서비스를 비교하는 것으로 정의할 수 있다. 경험한 것이 기대를 상회할 때 서비스는 특별한 품질로 인식되며 고객감동으로 이어진다. 새로운 제품과 서비스는 조직에게는 수익성 개선, 신규고객 유치, 기존 고객의 충성도 개선, 시장기회 구축 등 다양한 혜택을 제공한다. 그럼에도 불구하고 새로운 제품과 서비스를 활용하는 고객의 만족도는 제품, 서비스, 고객별로 다양하게 측정될 수 있다.

서비스 품질차이라는 개념은 Berry와 그의 동료들에 의하여 광범위한 연구가 이루어졌다. 그들에 의하면, 서비스 품질은 서비스에 의한 고객의 기대와 서비스 집단에 의한 실제 서비스 제공의 지각들 간의 차이로 나타나는 함수로 보았다. 다음은 Parasuraman 연구팀에 의한 서비스 품질차이 모델에 대한 설명이다.

Gap 1 — 고객의 기대된 서비스: 고객의 기대와 고객기대에 대한 서비스 제공자의 지각 차이

- **결정요인**
  - ▶ 마케팅 조사 지향성: 공식적 혹은 비공식적인 정보 수집을 통해 관리자가 고객의 욕구와 기대를 이해하기 위해서 노력하는 정도

〈그림 4-5〉 서비스 품질을 평가하는 방법

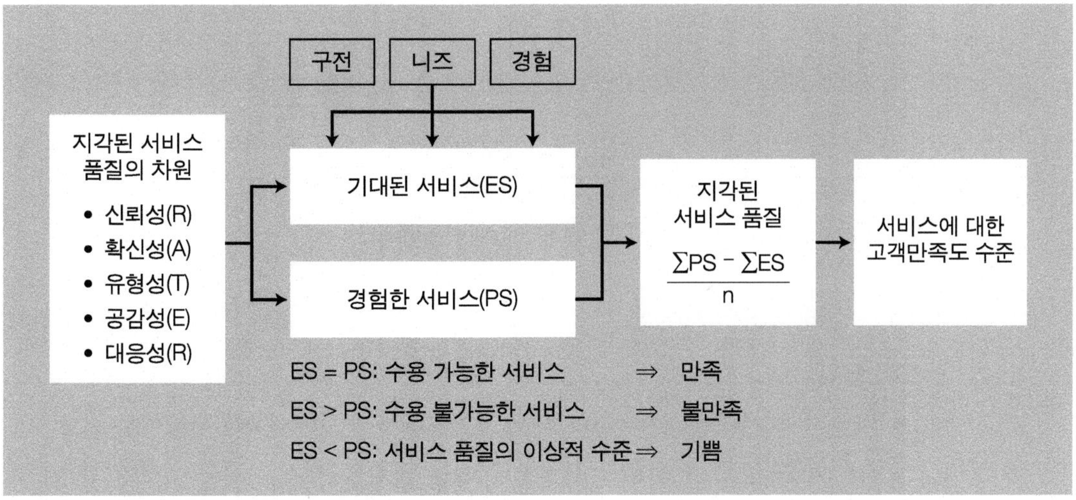

자료: 김연성 외 (2015), 생산관리, 제14판, 한경사, p. 238.

▸ 하의상달 의사소통: 최고경영자가 종업원들로부터 정보의 흐름을 촉진하고 자극하여 알아보려고 노력하는 정도

▸ 관리의 수준: 위에서 아래로 관리의 단계 수

Gap 2 – **고객의 기대에 대한 서비스 제공자의 지각:** 고객의 기대에 대한 서비스 제공자의 지각과 서비스 표준/명세와의 차이

- **결정요인**

  ▸ 서비스 품질에 대한 서비스 제공자의 지시: 경영층이 서비스 품질을 핵심적인 전략 목표로 보는 정도

  ▸ 목표설정: 서비스 품질 목표가 고객의 기준에 맞추어 설정되어 있는 정도

  ▸ 업무의 표준화: 서비스 업무의 표준화에 활용할 수 있는 기술 정도

  ▸ 타당성의 지각: 관리자가 고객의 기대를 충족시킬 수 있다고 믿는 정도

Gap 3 – **지각에 기초한 서비스 표준/명세:** 서비스 성과 차이

- **결정요인**

  ▸ 역할 모호성: 관리자가 무엇을 원하며 기대를 어떻게 충족시킬 수 있는지 파악하는 정도

  ▸ 역할 갈등: 직원들 간에 역할에 대해서 서로 조정이 잘 되어 있는 정도

  ▸ 직원의 직무적합성: 직원들의 기술과 직무 간의 조화

  ▸ 기술과 직무적합성: 장비와 기술의 조화

  ▸ 인식된 통제: 직원들이 직면한 문제에 대해서 융통성을 발휘할 수 있다고 느끼는 정도

  ▸ 팀워크: 직원과 관리자의 공동 목표를 위해 노력하는 정도

  ▸ 감독통제 시스템: 평가 및 보상 체계의 적절성

Gap 4 – **실제 제공된 서비스:** 실제 제공된 서비스와 고객에 대한 외부 의사소통 불일치

- **결정요인**

  ▸ 수평적 의사소통: 한 부서와 다른 부서 간, 부서 내에서 커뮤니케이션 정도

  ▸ 과대약속의 경향: 외부 의사소통이 실제 고객들이 받는 서비스를 정확하게 반영하지 않는 정도

〈그림 4-6〉 Parasuraman 연구팀의 서비스 품질차이 모델

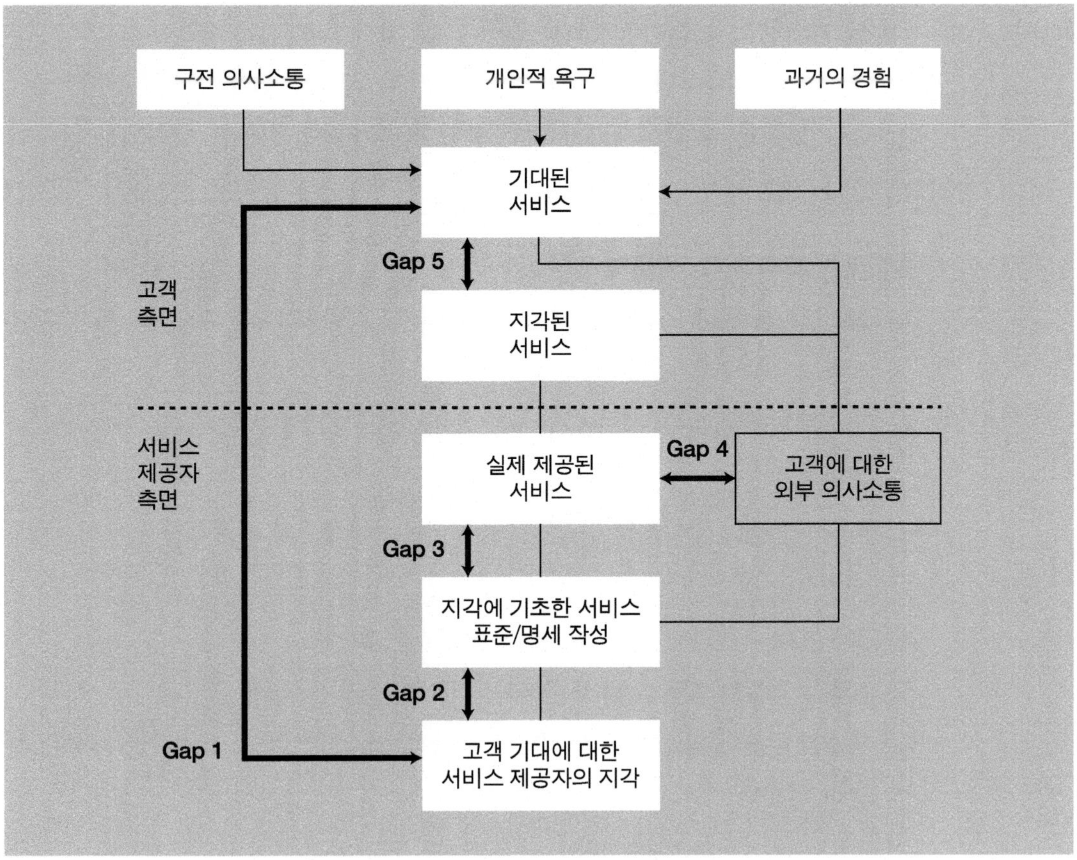

자료: Parasuraman, A., Berry, L. L., and Zeithaml, V. A. (1988), "SERVQUAL: a Multiple Item Scale for Measuring Consumer Perceptions of Service Quality", *Journal of Retailing*, 64(1), Spring, p. 36.

Gap 5 — 기대된 서비스: 기대된 서비스와 지각된 서비스의 차이

- **결정요인**
  - ▸ 고객평가, 지각된 서비스가 기대된 서비스와 같거나 클 경우 고객만족

위의 차이 모델에 대한 설명에서 알 수 있듯이, 서비스 품질차이는 서비스 전달의 과정상에 속한 모든 구성원들과 관련이 있다. 특히, 서비스 접점을 형성하는 종업원(직원)과 고객 간의 관계는 서비스 품질 차이에서 가장 중요하다고 할 수 있다. 이는 고객이 서비스를 전달받은 이후 스스로 기대한 서비스 품질과 전달받은 서비스에 대하여 인지한 품질을 비교하여 서비스 품질에 대한 스스로의 정의를 내리기 때문이다. 이에

고객과 종업원(직원) 간의 충돌에 대한 결과는 서비스 집단에 있어 파급효과가 높은 부정적이거나 긍정적인 효과를 부여할 수 있다.

다음은 Fitzsimmons와 Fitzsimmons가 설명한 고객과 접촉 직원의 상호작용에서 발생하는 상황을 문제 고객과 서비스 제공이 불가능한 경우를 중심으로 구분한 것이다.

- **불합리한 고객 기대 — 문제 고객**
    1. 합리적이지 못한 요구: 기업이 제공할 수 없는 서비스 혹은 부적절한 시간, 혹은 상황에서 요구하는 고객기대
    2. 정책에 반하는 요구: 안전 규정이나, 법률, 회사규정 때문에 고객을 만족시킬 수 없는 요구
    3. 현장 종업원이 받아들일 수 없는 대우: 언어나 행동으로 접촉직원을 부적절하게 대우하는 것
    4. 고객취기: 특별한 친절을 요구하는 술에 취한 고객
    5. 상식을 초월한 행위: 일반적인 사회적 규범을 어기는 고객
    6. 특별한 취급이 필요한 고객: 심리적, 의학적, 언어불편 등으로 인하여 특별한 취급이 필요한 고객

- **천재지변 등 서비스 제공이 불가능한 경우**
    1. 서비스 제공 불능: 정상적으로는 가능하나 고객이 기대할 수 있는 서비스가 제공되지 못하는 상황
    2. 지연된 서비스 성과: 서비스가 예기치 못하게 느려서 많은 고객들이 기다려야 하는 상황
    3. 마음에 들지 않는 서비스: 고객이 만족할 수 있는 표준에 적합하지 못한 서비스

고객만족은 서비스 조직의 경쟁력을 강화하는데 이는 고객만족 실현을 통해 수익이 극대화되고 이는 제품수명주기 연장, 시설투자 확대, 품질개선 등으로 연결되기 때문이다.

3. 서비스 품질의 차원

〈표 4-3〉에서 이미 Parasuraman과 Berry의 서비스 품질차원에 대한 설명이 있었으나 본 절에서 좀 더 구체적으로 이를 설명하고자 한다. 서비스 품질의 차원은 다양하며 기본적인 서비스 상품과 부가서비스 모두와 관련이 있다(GrÖnroos, 1990).

기본 또는 핵심 서비스 상품의 경우 기본적인 또는 핵심적인 서비스를 소비할 때 필요하고, **부가 서비스**는 필요한 것은 아니지만 서비스를 향상시킬 수 있고 경쟁자와 차별화될 수 있는 것을 의미한다. **확장된 서비스**는 서비스가 제공되는 방법과 기업과 고객 간의 상호작용을 의미하고 서비스 접근성, 서비스 과정에서의 고객참여, 종업원과 고객 간의 상호작용을 포함한다. 〈표 4-3〉에서 포함되지 않은 서비스 품질의 추가적인 결정 요소들로는 의사소통, 신용도, 안정성, 능력, 예의, 접근성 등이 있다.

서비스 품질을 측정하는 데 있어서 SERVQUAL과 SERVPERF 등 두 가지 모델이 있다. Parasuraman, Zeithaml과 Berry(1985)는 기업이 서비스 품질을 평가하는 적절한 접근 방법은 소비자의 지각을 측정하는 것이라고 주장하였다. Parasuraman, Zeithaml와 Berry(1988)는 서비스 품질의 개념을 정리한 후, 이것을 측정한 도구로서 SERVQUAL이라고 불리는 다항목 척도를 개발하였으며, 초기에는 서비스 품질의 구성요인을 10개 준거로 도출하였으나 이후 5개 차원(22개 항목)으로 축약하였다(김연성 외, 2015).

첫째, GrÖnroos(1990)의 연구에서 다섯 개의 범주(전문성과 기술성, 태도와 행동, 접근성과 유연성, 신뢰성, 평판)에 여섯 번째 특성인 **서비스 회복성**(recovery)을 추가하였다. SERVQUAL 모델은 설문지를 통해 응답자들이 특정 기업의 어떠한 서비스 특성에 관한 그들의 기대를 몇 개의 차원을 통해 완성하게 된다. 응답자들은 또한 그 기업의 동일한 특성에 대한 성과를 기록하게 된다. 이러한 측정을 통해 기대와 성과의 차이를 비교하게 되며, 여기서 인지된 성과가 기대보다 낮다면 서비스 품질이 낮다는 것이고, 그렇지 않다면 좋은 서비스 품질을 나타낸다.

둘째, Cronin과 Taylor(1992)는 자신들의 연구에서 SERVQUAL 식의 서비스 품질의 개념화와 조작화가 부적절하다는 주장을 하였다. 이들은 '서비스품질=성과'라는 공식을 수립하고 SERVPERF라고 명명함으로서 서비스 품질을 서비스의 성과로서 측정하고자 하는 노력들을 통합하면서 SERVQUAL가 기존 연구와 개념적으로 상당한 혼란을 야기한다는 것이었다. 즉, 소비자들은 기대와 성과를 비교하여 그 차이를 산술적으로 계산

〈표 4-5〉 SERVQUAL, SERVPERF 모델 차이

구분	SERVQUAL	SERVPERF
제안자	Parasuraman, Zeithaml, Berry	Cronin, Taylor
모델의 구성	성과-기대	성과
기대의 정의	규범적 기대 – 제공해야만 할 수준	기대측정 안함
측정차원	5개 차원 22개 항목	5개 차원 22개 항목

자료: http://blog.naver.com/hyoungmo74/42391404

가능하나 실제로는 불가능하다는 것이다.

마지막으로 Teas(1998)는 SERVQUAL 모델에서 기대에 대한 개념 정의와 측정 타당도(구성개념)에 문제가 있다고 지적하였다. 기대수준은 규범적 기대수준이므로 SERVQUAL은 어떤 이상적 기준과의 비교를 나타내며 Parasuraman 등의 연구에서 제시한 기대된 서비스와 제공된 서비스의 차이를 의미하지는 않는다고 주장하며, 평가된 성과를 바탕으로 서비스 품질을 측정하는 EP(Evaluated Performance) 모델과 규범화된 품질(NQ)(Normed Quality) 모델을 제시한 후, 실증연구를 통해 EP 모델이 우수하다고 결론을 내렸다. 〈표 4-5〉는 SERVQUAL 모델과 SERVPERF 모델을 구분한 것이다.

4. 서비스 수준 — 추가적인 차원들

서비스 품질에 영향을 미치는 추가적인 차원에 대해서는 Johnston 등(1990)은 영국에 있는 조직에 대하여 15가지 요소들로 다음과 같이 규명하였다.

- 위생요인(hygiene factor): 고객에 의해 기대되는 것
- 강화요인(enhancing factor): 고객만족을 유도하는 것
- 문지방요인(threshold factors): 고객에 의해 기대되는 것이나 고객의 지각개선이 가능한 것

5. 관용의 영역

관용의 영역은 바라는 기대(과거 경험)와 합당한 기대(서비스 평가)의 차이이다. 개인에 따라 차이를 나타내지만, 서비스 과정에서 보다 서비스 결과에서 관용의 영역이 더 좁은 경향이 존재하고, 선택이 제한적 또는 존재하지 않을 경우, 바라는 기대는 줄고 관용의 영역은 확대된다.

제4절 서비스 제공에서 제공자(종업원)의 역할

고객중심 조직의 특징은 그 조직과 접촉한 사람들이 개인적으로 만족스러웠다고 느낀다는 것이다. 고객중심 조직이란 주어진 예산의 범위 내에서 자기들의 고객들의 여러 욕구와 요구를 알아내어, 봉사하고, 또 만족시키기 위해 필요한 노력을 다하는 조직이다.

조직이 고객 중심적으로 발전하기 위해서는 고객의 요구를 정확히 파악하고 있어야 한다. 고객의 요구 또는 원하는 바를 정확히 파악한 이후에 고객에게 조금 더 개선된 서비스를 제공가능하기 때문이다. 기업은 제품이나 서비스를 판매하기 위해서 고객을 분석해야 하며, 이를 위해 고객의 구체적인 행위와 특징을 파악해야 한다. 다음은 조직들이 특히 공공조직에서 고객 중심적이지 못한 유형들을 나열한 것이다.

조직들이 고객 중심적이지 못한 세 가지 유형

1. 필요한 예산이나 직원에 대한 권한이 없다.
2. 고객만족보다 업무집중 중시
3. 의도적으로 반응적이지 않음

결국 조직은 종업원에게 권한부여 등 수익 극대화를 위한 역할분담에서 책임을 분담해야 하고, 그 이전에 체계적인 시스템을 통하여 고객을 만족시킬 수 있는 종업원을 양성해야만 한다. 물론 종업원과 조직은 고객이 어떤 서비스를 어떠한 형태로 전달받기를 희망하는지 고객의 기대 정도가 어떤지에 대하여 서비스 전달과정 전에 충분히 인식하고 있어야 한다.

〈그림 4-7〉 욕구의 체계

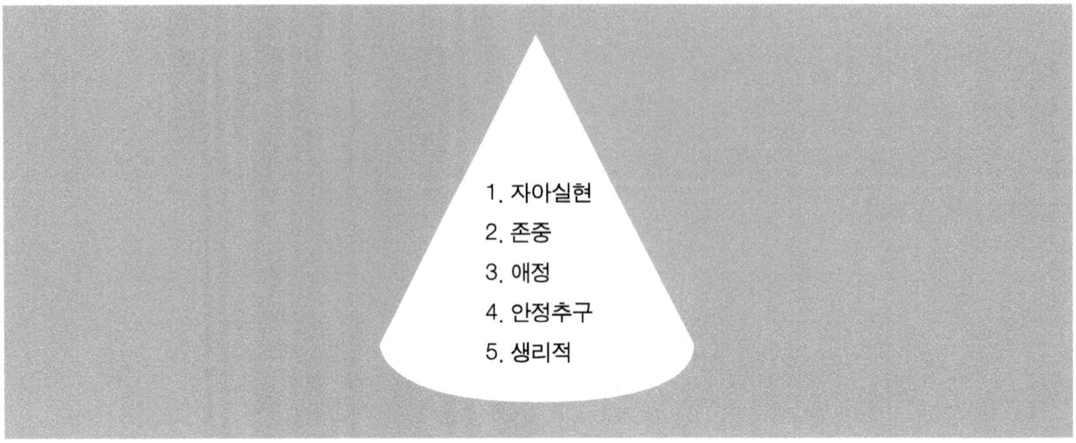

조직은 고객 요구 판단 후 서비스 표준/명세를 수립, 제공된 서비스의 확인을 해야 한다. 서비스 제공자는 고객의 요구충족을 위한 의지가 필요하고 이를 위해 공헌해야 한다. 조직은 제공자(종업원)를 모집, 선발, 교육, 훈련, 동기부여 및 포상에 효율적인 시스템을 구성하고 운영해야 한다.

고객이든 종업원이든 대부분의 사람들의 동기부여는 특정한 종류의 필요성충족 욕구를 통하여 이루어진다. 특히 고객의 경우에는 자신의 요구와 필요성, 즉 기본적인 요구를 충족하였을 때 가장 기본적인 수준의 만족을 지각하게 될 것이다. 다음은 **필요성충족욕구**(needs fulfilling)를 구분한 것이다.

1. 생리적: 음식, 수면, 성생활
2. 안정추구: 견실한 환경, 위협요소로부터의 자유로움
3. 애정: 애정적 관계
4. 존중: 자존심, 자부심, 타인에 대한 존중
5. 자아실현: 자기 충족

1. 내부 마케팅과 Gap2의 제거

내부 마케팅은 서비스 제공자(종업원)들을 내부 고객으로 보며, 그들의 직무를 내부 생산물로 보는 것으로 내부 고객의 요구충족으로 외부 고객의 요구를 충족시키는 능력을

증대하는 것을 의미한다. 내부 마케팅의 목적은 첫째, 종업원들로 하여금 바람직한 서비스 제공자가 되도록 하고 둘째, 내부 환경을 조성하며 셋째, 동기부여, 세일즈 의식, 훈련·교육 등을 통해 고객을 의식하고 마케팅 노력에 충실하게 하기 위함이다.

최근에는 내부 고객만족을 위해서 다양한 접근방식을 활용하는데 재택근무, 시간제 근무, 선택식 복지제도 등이 그 좋은 사례이다.

2. 모집, 훈련과 보상과 Gap 3의 제거

서비스 제공자의 직무의 효율성 증대를 위해서는 과정과 기술적 능력, 의사소통 기술, 유연성과 적합성, 그리고 고객과의 공감대가 필요하다. 조직은 서비스 제공자를 교육, 훈련하고 복지시스템을 운영하여 제공자(종업원)의 참여의식과 동기부여를 강화해야 한다. 또한 이러한 시스템에 대해서는 감사(audit) 및 지속적인 개선으로 서비스 지향문화를 추구해야 한다. 결과적으로 조직은 Gap 3의 제거를 위해서는 철저한 제공자 교육과 훈련이 필요함과 동시에 수시적인 모니터링이 요구된다. 또한 전체 구성원의 참여확대(의사결정, 의견제시)를 위해 의사결정과 창조적인 서비스 제공활동을 위해 서비스 제공자에 대한 권한부여가 필요하다.

3. 서비스 제공과 Gap 4의 제거

제품위주의 결함과는 달리 서비스의 결함은 고객에게 서비스를 전달하는 동안 생길 수 있는 서비스 기회의 상실에 의해 발생된다. 예를 들면 고객이 전화를 통하여 호텔예약이나 비행기표 등을 구입하고자 할 때 서비스가 신속히 이루어지지 않거나 대기시간 등이 지나치게 길어지는 경우가 이에 속한다. FedEx는 서비스품질 측정지표(SQI)(Service Quality Indicator)라 불리는 매우 광범위하고 다양한 측정을 할 수 있는 품질측정시스템을 활용하여 기업경영에 그 결과를 반영하고 있다. 이 시스템은 고객에게 서비스를 하는 동안 생길 수 있는 결함들을 사항별로 세부적이고 폭넓게 개발하여 각 항목마다 각각 다른 비중의 점수를 준 것이다.

고객과 사전에 직접 또는 간접, 또는 묵시적으로 약속된 서비스 제공에 실패하는 경우, 그 결과는 매우 혹독할 수 있다. 서비스 제공에 실패하는 경우, 조직의 고객은 더 이상 그 조직과의 관계를 유지하려 하지 않을 수 도 있으며, 심지어 실패한 서비스로 인해 추가적인 고객 혹은 잠재 고객의 유출이 발생할 수 있다는 것이다. 즉 서비스 제공의 실패는 조직의 존재 여부와 직접적인 관련이 있다고 해도 과언이 아닐 것이다.

이러한 문제를 사전에 해결하기 위해서는 첫째, 고객의 요구를 정확히 파악해야 하며 둘째, 파악된 결과를 토대로 서비스 시스템의 표준/명세를 재수립하고 셋째, 서비스 제공자인 종업원을 교육·훈련하여 고객과의 약속 유지에 최선의 노력을 다해야 한다. 마지막으로 적절한 광고와 제공자에 대한 승진 기회는 필요하나, 고객의 기대와 경험한 서비스에 영향을 미치므로 너무 많은 약속을 하지 않는 것이 중요하다.

제5절 결론

앞에서 제시된 FedEx 사례에서 볼 수 있듯이 고객과 기업 간의 약속은 매우 중요하다. 물론 고객과의 약속을 지키기 위한 기업의 노력 또한 현대의 기업경영에서는 절대적이다. FedEx는 고객과의 약속을 지키기 위하여 모든 가능한 수단과 방법을 동원하고 있으며, 이러한 기업의 노력은 고객만족도 향상과 수익극대화로 이어지고 있다. FedEx는 또한 내부 고객인 직원에 대한 고려도 충실히 수행하고 있다. 직원 중시, 내부 고객만족을 통하여 서비스를 개선 가능케 하고, 이를 통해 수익창출을 유도하고 있다. 철저한 사전예방시스템, 고객응대서비스 등 고객품질을 관리하기 위한 자체 시스템을 통해 고객만족도를 측정하고 있으며, 고객만족도 개선을 위한 노력은 지속적으로 추진되고 있다.

FedEx의 사례에서처럼 조직은 서비스 품질관리를 위하여 어느 특정 부분에 대한 고려 보다 생산, 영업, 인사조직 등 조직의 전반적인 체계에 대하여 종합적으로 관리하고 지속적인 개선의 노력을 기울여야 한다. 고객에게 고객 스스로가 기대한 서비스 품질을 초월한 서비스를 제공한다는 것은 쉽지 않을 것이다. 그러나 고객만족, 고객감동은 철저한 고객 요구사항 파악과 고객특성 파악 등을 통하여 달성 가능한 것이며, 이를 위해서 조직은 전사적인 차원으로 최선의 노력을 다해야 할 것이다.

사례

내부 고객 사로잡는 광고 '인버타이징' — 내부 마케팅의 출발은 직원 존중

마케팅을 정말 잘 하는 기업은 애드버타이징(advertising)보다 '인버타이징(invertising)'을 우선시한다. 인버타이징은 기업의 내부 고객인 직원들을 대상으로 브랜드 비전과 상품 가치를 알리는 내부 마케팅(internal marketing)의 일환이다. 2014년 미국에서 직장인을 대상으로 실시한 갤럽 조사는 기업들이 내부 마케팅의 중요성을 인식하게 된 계기가 됐다. 이 조사에서 응답자의 51%가 직장과 연결감을 느끼지 못하고, 17.5%는 완전히 단절되어 있다고 말했다. 10명 중 4명은 자신이 속한 기업과 경쟁사의 브랜드, 제품의 차이를 분명하게 설명하기를 어려워했다. 직장에서 괴리감을 느끼고 브랜드에 대한 지식이 부족한 직원이 많을수록 생산성은 떨어질 수밖에 없다. 현재 미국 기업들은 내부 마케팅에 매년 1,000억 달러(약 108조 300억 원) 이상 투자하는 것으로 알려진다.

마케팅이 고객 중심적 경영에서 비롯되듯, 내부 마케팅은 직원들에 대한 존중과 배려에서 시작된다. 미국 Southwest Airline은 성공적인 내부 마케팅을 통해 직원과 고객 만족, 경영성과 증대의 선순환을 이룬 대표적 사례다. 일하는 즐거움을 중시하는 이 회사는 지난 40여 년간 직원 처우를 끊임없이 개선해왔다. 여느 항공사와 다르게 승무원들에게 반바지, 운동화 등 편안한 차림도 허용한다. 행복하고 편안하게 일할 수 있어야 소비자에게 진심 어린 서비스가 전달된다는 점을 잘 알기 때문이다. 쿠웨이트 파병 군인 가족이 마지막 인사를 나눌 수 있도록 직원들이 동분서주 노력한 이야기, 곰 인형을 잃어버려 상심한 아이를 위해 공항 곳곳을 뒤져 인형을 찾은 사연 등 감동적인 스토리를 담은 13분짜리 동영상 '우리의 목표와 비전'은 인버타이징의 본보기로 꼽힌다.

내부 마케팅에도 차별화가 필요하다. 상품과 브랜드의 고유성을 내부 고객들에게 먼저 알리고 인정받아야 차별화된 가치가 외부 시장에 제대로 전달된다. 특히 시장과 사회의 변화를 주도하는 기업일수록 브랜드 정체성에 대한 이해와 공감을 유도하는 내부 브랜딩의 중요성이 커진다.

미국 아웃도어 전문 브랜드 REI는 전 세계 소비자가 기다리는 블랙 프라이데이에 150여 개 매장은 물론 온라인 쇼핑몰까지 문을 닫는 것으로 유명하다. 원래 블랙 프라이데이는 이 기업이 연중 최대 매출을 올리는 날이었지만, 2015년부터 매년 방침을 고수해왔다. 대신 파트타임 직원을 포함한 전 직원 1만 2,000명에게 유급 휴가를 준다. '쇼핑 대신 자연 속에서 여유롭게 시간을 즐겨라'는 기업의 메시지를 전달하기 위해서다.

'#OptOutside(옵트아웃사이드)' 캠페인은 직원과 소비자뿐 아니라 타 기업에게도 영향을 미쳤다. 2016년부터 미국 Google과 일본 자동차 기업 Subaru가 캠페인을 지원하기 시작했고, 현재 Outdoor Research, KEEN 등 중소 아웃도어 브랜드 550여 개가 동참하고 있다.

REI의 직원들은 1년에 최소 이틀, 유급 휴가인 '야호 데이(Yay Days)'도 쓸 수 있다. 자신이 가장 좋아하는 야외 활동을 즐기거나 영감을 주는 새로운 장소를 발굴해보는 날이다. 설산을 등반할 수도, 강아지와 공원에서 놀 수도 있다. 필요한 아웃도어 용품은 50% 할인해주고, 여행을 가면 비용도 지원한다. REI는 일과 생활의 균형을 실천하는 최고 기업으로 인정받아 Glassdoor사가 선정하는 2018년 최고의 직장으로 선정되었다.

마니아 층을 확보한 브랜드가 고객 커뮤니티의 적극적인 활동으로 가치가 극대화되듯 내부 마케팅에 성공한 기업에서는 직원들의 자발적인 참여와 교류가 활발하게 이루어진다. 상사가 없는 조직, 홀라크라시(holacracy)를 추구하는 미국 온라인 신발 판매업체 'Zappos'는 홈페이지와 소셜네트워크서비스(SNS)를 통해 내부 커뮤니티인 '인사이드 자포스(Inside Zappos)'를 여과 없이 공개한다. 자포니언(Zapponians)들은 채용 인터뷰 체험담, 업무 효율을 높이는 방법 등 직장 생활에 관한 도움말은 물론 아침 출근길에서 겪은 일, 반려동물 자랑 등 다양한 정보를 자유롭게 게시한다.

우아한 형제들, 제니퍼소프트 등 한국에서도 직원 존중과 일과 삶의 균형을 실천하는 기업들이 많아졌다. 친환경 생산방식을 고수하고 동물실험을 반대하는 영국 화장품 브랜드 러쉬(LUSH)의 한국지사는 반려동물에게 가족 수당을 지급하는 등 기업 철학과 일관된 독특한 조직문화로 젊은이들이 선호하는 직장이 되었다. 하지만 최근 대한상의가 발표한 기업문화분석 보고서는 대다수 기업들이 수박 겉핥기 식의 변화를 추구해 '청바지 입은 꼰대들'만 양산했다고 지적했다.

Apple의 신입사원은 출근 첫날 '어디에서도 할 수 없는 엄청나게 의미있는 일을 하는 곳에 온 것을 환영한다'는 편지를 받는다. 소비자가 열광하는 컬트 브랜드를 꿈꾼다면 기업 내부에서 마니아 고객을 확보하는 것이 우선이다.

자료: 중앙일보(비즈 프리즘), 2018년 5월 31일.

연습문제

1. 서비스 시스템을 설명하라.
2. 서비스 품질에 영향을 주는 환경요소에 대해 설명하라.
3. 서비스 품질의 개념을 설명하라.
4. 서비스 접점, 서비스 품질의 차이 모델을 설명하라.
5. 서비스 품질의 차원을 알아보고, 추가적인 차원을 설명하라.
6. SERVQUAL과 SERVPERF의 차이를 설명하라.
7. 서비스 제공자의 역할을 설명하라.
8. 서비스 품질을 향상시킬 수 있는 방안을 설명하라.

참고문헌

김기영 외 공저 (1999), 품질경영, 박영사.

김연성 외 공저 (2015), 글로벌 품질경영, 박영사.

김용만·심규열·신현호 (2000), "서비스 품질과 서비스 가치가 서비스 만족과 서비스 애호도에 미치는 영향," 한국마케팅과학회, 마케팅과학연구, 제5집, pp. 105-106.

노시평 외 공저 (2000), (신공공부문) 행정서비스마케팅, 법문사.

서비스경영연구회 편역 (1999), 서비스경영, 도서출판 석정.

안영진 (2014), 경영품질론, 박영사.

요거시 말호트라·김성희·LG EDS 시스템 지식관리센터 (2001), e-지식경영(e-비즈니스 환경에서의 지식경영), 도서출판 물푸레.

윤만희·김정섭 (2006), "서비스고객참여의 선행요인과 고객만족에 미치는 영향," 한국산업경영학회, 제21권, 제1호, p. 43.

이상문 (2000), 총체적 품질경영(TQM)과 리더십, 형설출판사.

Cole, G. A. (2004), *Management Theory and Practice*, London, Thomson.

Cronin, J. J., Jr. and Tayler, S. (1992), "Measuring Service Quality: A Reexamination and Extension," *Journal of Marketing*, Vol. 58 (July), pp. 55-68.

Fitzsimonnons, J. A. and Fitzsimmons, M. J. (2004), *Service Management*, 4th Ed., McGraw-Hill Inc.

Grönroos, C. (1990), *Service Management and Marketing: Managing the Moments of Truth Service Competition*, Lexington Books.

Johnston, R. and Silvestro, R. (1990), "The Determinants of Service Quality; A Customer-based Approach," in *The Proceedings of the Decision Science Institute Conference*, San Diego, CA.

Krajewski, L. J. and Ritzman, L. P. (2005), *Operations Management - Processes and Value Chains*, New Jersey, Pearson Prentice Hall.

Norman, G. (1992), *Production and Operations Management*, Orlando, The Dryden Press.

Parasuraman, A., Berry, L. L., and Zeithaml, V. A. (1985), "A Conceptual Model of Service Quality and Its Implications for Future Research", *Journal of Marketing*, 49, Fall, pp. 41-50.

Parasuraman, A., Berry, L. L., and Zeithaml, V. A. (1988), "SERVQUAL: a Multiple Item Scale for Measuring Consumer Perceptions of Service Quality", *Journal of Retailing*, 64(1), Spring, pp. 14-40.

Parkington, J. P. and Schneider, B. (1979), "Some Correlates of Experienced Job Stress; A Boundary Role Study," *Academy of Management Journal*, 22, pp. 270-281.

Pearce II, J. A. and Robinson, R. B. (1994), *Strategic Management - Formulation, Implementation, and Control*, Boston, Richard D. Irwin, Inc.

Schneider, B. and Bowen, D. E. (1993), "The Service Organization: Human Resources Management Crucial," *Organizational Dynamics*, 21(4), pp. 39-52.

Teas, R. K. (1998), "Expectations, Performance Evaluation and Consumers Perceptions of Quality," *Journal of Marketing*, October, pp. 18-34.

PART 02

고객요구와 프로세스 개선활동

제5장
고객 중시 — 고객만족경영

학습목표

1. 고객만족과 고객충성도의 중요성에 대해 이해한다.
2. 고객만족은 어떻게 창출되는지 이해한다.
3. 고객이 누군지 이해하고 그들이 원하는 것이 무엇인지 이해한다.
4. 고객정보를 수집하고 분석하는 방법에 대해서 이해한다.
5. 고객관계관리가 무엇인지 이해한다.
6. 고객만족의 측정에 대해 알아본다.

사례

NCSI 조사

2023년 1분기 NCSI(National Customer Satisfaction Index·국가고객만족도) 조사는 2022년 2~3월 전국 5대 광역시에서 고객 1만5536명에게 직접 물어보는 방식으로 진행됐다. 단, 도시철도·대형항공(FSC)·저비용항공(LCC)은 실제 서비스가 제공되는 지역을 기준으로 조사가 이뤄졌다. 20개 업종 57개 기업·기관의 기업별 평균 표본 수는 도시철도(각 250명)와 대형항공(아시아나항공 228명), 저비용항공(에어부산 186명)을 제외하면 278명이며, 해당 업체 서비스를 직접 이용한 경험이 있는 고객을 대상으로 했다.

2023년 1분기 국가 차원 고객만족도는 78.5점으로 2022년 4분기 대비 0.1점 상승했으며 2022년 1분기와 비교하면 0.3점 올랐다. 올 1분기 조사 대상 업종 20개 가운데 영화관·OTT 서비스·철도 3개 업종 평균 점수는 2022년 1분기보다 2점씩 올랐고, 도시철도·경찰행정·세무행정 등 3개 업종의 평균 점수는 2022년 1분기보다 1점씩 올랐다. 국제전화·음원서비스·이동전화서비스·저비용항공·택배/소포·IPTV·상수도·우편 등 8개 업종의 평균 점수는 2022년과 같았고, 무인경비보안·초고속인터넷·쓰레기수

▼ 2023년 1분기 NCSI 업종 평균

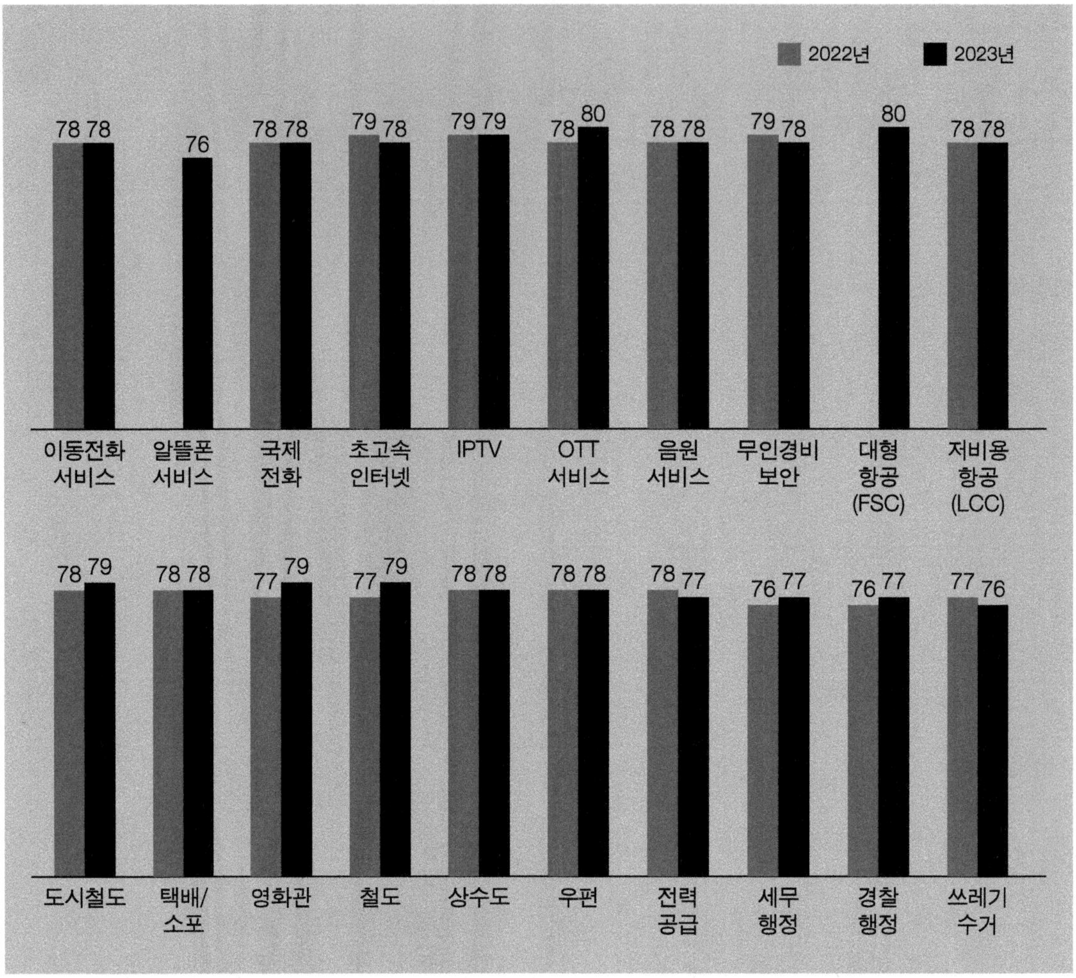

거·전력공급 등 4개 업종의 평균 점수는 2022년 1분기보다 1점 하락했다. 알뜰폰서비스는 2023년 처음으로 조사 대상에 포함됐고, 국내항공과 국제항공은 2023년부터 대형항공으로 통합됐다. 또 기존 조사 대상이었던 유선전화·인터넷전화·검색포털은 2023년부터 제외됐다.

NCSI 점수는 고객이 해당 제품·서비스를 이용해 본 경험을 토대로 ①전반적 만족도 ②이용 전 기대 대비 만족도 ③이상 대비 만족도(개인적으로 생각하는 이상적인 제품·서비스 수준을 가정하고 그 수준에 현재 만족도가 얼마나 근접했는지 평가) 등 세 가지 항목을 가중 평균해 100점 만점으로 점수를 낸다.

자료: 조선일보, 2023년 5월 8일.

▼ 2023년 1분기 NCSI 업종별 전체 순위 (괄호 안은 전년도 순위)

순위	기업명	점수	향상률
이동전화서비스			
1(1)	SK텔레콤	79	0.0%
2(2)	KT	78	0.0%
2(3)	LG유플러스	78	1.3%
알뜰폰서비스			
1(-)	SK텔링크(SK세븐모바일)	77	-
2(-)	KT M모바일	76	-
3(-)	LG헬로비전(헬로모바일)	76	-
4(-)	미디어로그(U+유모바일)	76	-
국제전화			
1(1)	SK텔링크	79	0.0%
2(2)	KT	78	0.0%
2(2)	LG유플러스	78	0.0%
초고속인터넷			
1(1)	KT	78	-1.3%
1(1)	SK브로드밴드	78	-1.3%
3(3)	LG유플러스	77	-1.3%
IPTV			
1(1)	SK브로드밴드	79	0.0%
1(1)	LG유플러스	79	0.0%
3(3)	KT	78	0.0%
OTT서비스			
1(1)	넷플릭스(NETFLIX)	80	1.3%
2(2)	콘텐츠웨이브(Wavve)	79	1.3%
2(2)	티빙(TVING)	79	1.3%
4(-)	쿠팡(쿠팡플레이)	78	-
음원서비스			
1(1)	드림어스컴퍼니(FLO)	79	0.0%
2(-)	유튜브뮤직(Youtube Music)	78	-
2(2)	카카오(melon)	78	0.0%
2(2)	지니뮤직(genie)	78	0.0%
무인경비보안			
1(1)	에스원	78	-1.3%
2(2)	ADT캡스	77	-1.3%
2(2)	KT텔레캅	77	-1.3%
대형항공(FSC)			
1(-)	대한한공	80	-
1(-)	아시아나항공	80	-
3(-)	루프트한자항공	79	-
3(-)	싱가포르항공	79	-
5(-)	에미레이트항공	78	-
5(-)	델타항공	78	-
저비용항공(LCC)			
1(1)	제주항공	79	0.0%
2(2)	진에어	78	0.0%
3(2)	티웨이항공	77	-1.3%
3(4)	에어부산	77	0.0%
도시철도			
1(1)	대구교통공사(구대구도시철도공사)	82	0.0%
2(4)	인천교통공사	81	3.8%
3(2)	대전교통공사	80	0.0%
4(3)	광주도시철도공사	79	0.0%
5(6)	서울교통공사	78	1.3%
5(4)	부산교통공사	78	0.0%
택배/소포			
1(1)	우정사업본부	79	0.0%
1(2)	롯데글로벌로지스	79	1.3%
3(2)	CJ대한통운	78	0.0%
3(4)	한진	78	1.3%
영화관			
1(1)	롯데시네마	80	2.6%
2(2)	CJ CGV	79	2.6%
2(2)	메가박스	79	2.6%
공공서비스			
-	철도	79	2.6%
-	상수도	78	0.0%
-	우편	78	0.0%
-	전력공급	77	-1.3%
-	세무행정	77	1.3%
-	경찰행정	77	1.3%
-	쓰레기수거	76	-1.3%

제1절 고객만족과 고객충성의 중요성

1. 고객만족과 고객충성

고객만족은 시장점유율의 증가뿐 아니라 순이익의 중요한 요소이다. 비록 고객만족이 중요하지만, 현대 기업들은 여기에 만족할 수는 없다. 높은 수익성과 시장점유율의 달성은 충성스런 고객을 필요로 한다. 충성스런 고객은 기업과 함께 머물며 그 기업에 대해 긍정적인 표현을 하는 사람들이다.

고객만족과 고객충성도는 다르다. 만족은 태도이며 충성도는 행동이다. **고객만족(CS)**(customer satisfaction)은 고객의 성취반응으로서 '정해진 수준 이상으로 고객의 기대를 충족하는 것'으로 보고 있으며, 미국의 소비자문제 전문가 Goodman은 "고객의 요구(needs)와 기대(expectation)에 부응하여 그 결과로서 상품과 서비스의 재구매가 이루어지고, 고객의 신뢰감이 연속되는 상태"라 정의하고 있다.

고객충성(CR)(customer royalty)은 특정 회사의 상품이나 서비스를 지속적으로 재구매하거나 이탈하지 않고 계속 이용하면서 주변인에게 적극 추천하거나 추천할 의향을 가진 열정적 지지의 상태를 말한다. 만족한 고객은 편리함이나 광고 등의 이유로 경쟁자의 물건을 종종 구매하기도 한다. 그러나 충성스런 고객은 특정 조직에 우선순위를 두고 그 기업과 함께 하기 위해 프리미엄을 지불한다. 충성스런 고객은 더 많은 돈을 사용하고, 기꺼이 더 높은 가격을 지불할 것이며, 새로운 고객들에게 추천할 것이다.

고객만족은 제품이나 서비스가 고객의 기대 가치에 대해 실제 사용 가치가 얼마나 부응하느냐에 달려 있다. 고객의 기대를 능가하기 위해 조직은 고객에게 항상 향상된 가치를 제공해야 한다. 가치는 가격에 대비한 품질이다. 소비자는 더 이상 단순히 가격만으로 제품/서비스를 구매하지 않는다.

소비자는 제품과 서비스 전체 수익 묶음(CBP)(consumer benefit package)을 가격과 비교하거나 이를 포함한 경쟁자의 그것과 비교한다. 제품/서비스 전체 수익 묶음(CBP)이란 소비자가 인지, 지불, 사용, 경험하는 유형의 제품과 그에 수반되는 무형의 서비스를 포함하는 전체로 정의할 수 있다.

소비자들은 제품과 서비스 패키지를 함께 포함하여 생각하며, 소비자들이 단순하게 제품과 서비스 패키지를 각각 구분하여 구매하는 것이 아니라 전체 묶음으로 구매

함을 의미한다. CBP는 품질 지각에 영향을 미치며, 물리적 제품과 그것의 품질 차원을 포함한다. 만일 경쟁자가 비슷한 가격에 더 나은 제품을 제공한다면, 소비자는 가장 좋은 지각된 품질을 가진 패키지를 선택할 것이다. 만일 경쟁자가 더 낮은 가격에 같은 품질 수준의 제품/서비스 패키지를 제공한다면, 고객은 그 패키지를 선택할 것이다.

2. 고객만족지표

1994년 미시건 대학 경영대학(Business School)과 미국품질학회(ASQ)(American Society for Quality)는 고객만족지표(ACSI)(American Customer Satisfaction Index)를 만들었다. ACSI는 미국 내에서 구매되는 제품과 서비스 품질에 대한 고객 평가를 기초로 하여 미국 국내 기업과 미국내 상당한 시장점유율을 확보하고 있는 외국 기업들을 대상으로 산출되었다.

고객만족지표(ACSI)의 의미는 품질에 대한 이해를 높이며, 품질 인식을 증대시킴으로써 고객 중심적 품질을 이끌어냈다. ACSI는 고객이 제품에 포함된 가치를 평가하므로 품질 향상을 이끌어낸다.

고객만족지표의 내용은 다음과 같다. 첫째, 고객만족은 제품과 서비스에 대한 고객의 지각된 품질과 기대, 그리고 지각된 가치에 의해서 결정된다. 만족한 고객은 기업의 영원한 고객이 되지만 그렇지 못한 고객은 불만을 가지게 된다.

둘째, 기업은 모든 고객을 항상 만족시키지는 못한다. 또한 만족되지 못한 고객은 다양한 반응을 보이게 된다. 대체적으로 고객은 기업에 불평을 잘 표현하지 않는다. 그렇기 때문에 불평하는 고객은 기업의 입장에서 기업의 품질에 대해 정보를 얻을 수 있는 좋은 원천이 된다. 드러난 고객의 불평이 직접 문제의 원인을 정확히 표현하는 경우는 많지 않다. 그러므로 기업은 고객으로부터 불평을 들을 수 있도록 고객을 유도하고, 불평의 원인을 제대로 파악할 수 있도록 힘써야 한다.

셋째, 고객은 기업의 자산이다. 고객의 소리(VOC)(voice of the customer)를 듣지 못하는 기업들은 고객의 욕구를 제대로 만족시킬 수 없다. 그러기 때문에 고객의 불평을 기업들은 부담스러워 할 것이 아니라 오히려 감사해야 한다. 실제로 불평하는 고객들이 사실은 그 기업의 제품과 서비스를 가장 많이 사용하는 고객들이라고 하였다(Goodman & Newman, 2003).

고객만족지표 모델은 고객만족에 그쳐서는 안 되고 고객의 불만이 있을 때는 가만

〈그림 5-1〉 고객만족지표 모델(ACSI Model)

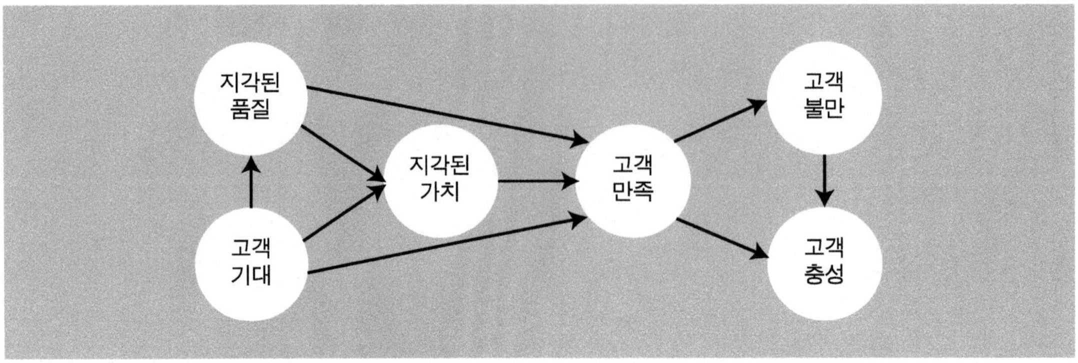

히 앉아서 고객이 제 발로 올 때까지 기다려서는 안 되고 적극적으로 해결되어야 함을 보여주고 있으며 불평과 불만의 해소를 통해 고객충성으로까지 이어져야 함을 보여주고 있다.

제2절 만족고객의 창출

〈그림 5-2〉는 고객 요구와 기대(요구품질)가 설계, 생산, 그리고 고객에게 전달되기까지 품질에 대한 지각이 바뀌는 과정인 고객지향적 품질 사이클(Customer-Driven Quality Cycle)을 보여준다. 고객 요구와 기대(요구품질)는 고객이 생각한 것을 제품을 통해 받을 수 있느냐 하는 것이다. 생산하는 사람은 고객의 요구와 기대를 규명하고 이를 제품과 서비스 명세서(설계품질)로 전환해야 한다.

실제품질은 생산과정의 결과물이며, 고객에게 전달되어야 하는 것이다. 그러나 실제품질과 기대품질은 다를 수 있으므로 제품이나 서비스 설계자는 고객의 요구를 잘 반영한 명세서를 개발하고, 생산부서나 고객-접촉 종업원은 명세서에 따라서 고객에게 전달해야 한다.

고객은 그들의 기대(요구품질)와 그들이 경험한(실제품질)을 비교함으로써 품질을 평가할 것이다. 만일 기대품질이 실제품질보다 더 크다면 고객은 아마도 실망할 것이다. 반면 만일 실제품질이 고객의 기대를 능가한다면, 고객은 만족하거나 심지어는 감동할 것이다. 그러나 지각된 품질은 항상 정확하지 않으며 시간에 따라 변할 수 있음을 기억해야 한다. 이러한 관계를 이해함으로서 고객만족 측정시스템과 개선을 위한 피드백을 해야 한다.

이 모델은 조직이 고객의 욕구와 최소한 일치되거나 혹은 그것을 뛰어넘는 설계 및 생산 프로세스를 가져야 한다고 한다. 이는 조직이 기업의 시각이 아닌 고객의 시각으로 프로세스를 바라보기를 요구한다. 고객 중심이 아닌 생산 스케줄이나 비용, 생산량 등에 관심이 있다면 고객 중심의 문화를 창출하기 어렵다.

〈그림 5-2〉 고객지향적 품질 사이클

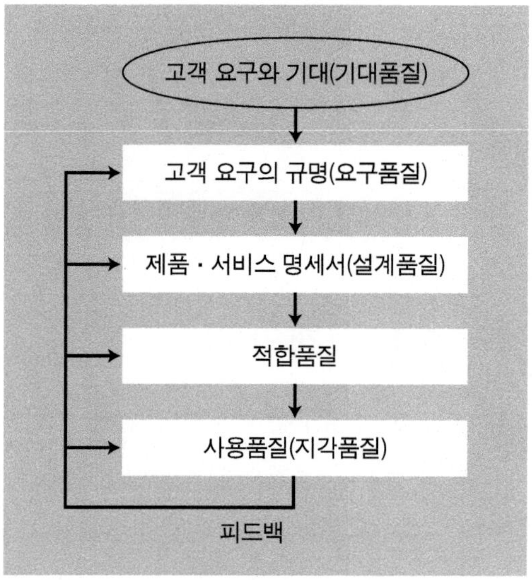

고객은 종종 제품을 부정확하게 사용하거나, 이해할 수 없는 기대를 하거나, 광고에 현혹되어 불만족을 가지기도 한다. 그러나 이는 기업이 기대된 품질에 영향을 미치는 모든 요소들에 대해 더 많은 주의를 기울일 필요가 있다는 것을 보여준다.

뛰어난 실천 — 성공한 기업의 특성

성공한 기업들은 수익성과 시장점유율을 향상시켰다. 다음은 다양한 고객 주도적 실천들을 보여 주고 있다.

- 경쟁자와 다른 잠재적 고객들을 고려하여 핵심 고객 그룹과 시장을 분명히 규명하고 그들 고객을 적절하게 세분화시켰다.
- 단기와 장기의 고객 요구와 기대(고객의 소리, VOC)를 이해하고 고객의 이야기를 듣고 학습하기 위한 체계적인 프로세스를 도입하였다.
- 고객의 소리와 설계, 생산, 배달 프로세스 사이의 연계를 이해한다.
- 제약조건(이용약관)을 통한 고객과의 관계를 수립하고(신용과 자부심 촉진, 사람들에게 접근하는 용이성과 정보를 제공), 효과적인 서비스 표준 설정, 고객접점, 종업원 교육, 그리고 제품, 서비스, 거래에 대해 효과적으로 추적한다.
- 고객이 쉽게 비판하고 불평하며, 그들의 근심을 즉시 해결할 수 있도록, 효과적인 불만관리 프로세스를 가진다.

- 고객만족을 측정하고, 경쟁자와 결과를 비교하며, 그리고 내부 프로세스 평가와 개선을 위한 정보를 사용한다.

제3절 고객의 정의와 고객 요구의 파악

1. 고객의 정의

고객 요구를 이해하기 위해, 기업은 고객이 누구인지를 알아야 한다. 대부분의 종업원들은 궁극적으로 회사의 제품을 구매하여 사용하는 사람들을 '고객'으로 생각한다. 이러한 최종 사용자 또는 소비자는 확실히 중요한 집단이다. 고객을 정의하는 것이 기업의 사명, 비전과 관련한 최고경영자의 업무이다. 그러나 고객은 비즈니스와 관련된 유일한 집단이 아니다. 고객을 정의하기 위한 가장 쉬운 방법은 고객-공급자의 관계에 대해 검토하는 것이다.

고객을 정의할 때 자사의 제품을 팔 수 있는 대상만을 고려하는 경우가 많은데, 이는 단기적인 관점이라 할 수 있다. 따라서 넓은 의미의 고객으로 나를 제외한 모든 사람과 모든 조직체로서 정의하는 것이 장기적인 관점에서의 전략수립을 가능하게 할 수 있다.

고객의 정의를 이렇게 분류하는 이유는 사내고객의 만족 없이 가치 있는 제품을 생산할 수 없고, 제품을 최종 고객에게 전달하는 중간 고객의 만족 없이 최종 고객인 소비자의 만족이 있을 수 없기 때문이다. 따라서 넓은 의미의 고객을 대상으로 만족을 제공할 때 진정한 고객만족을 실현할 수 있을 것이다.

즉, 구매 담당자와 같이 제품을 생산하는 기업의 종사자가 아닌 사람들로 제품이나 서비스를 구매하는 고객들을 **외부 고객**(external customers)이라고 한다. 반면 **내부 고객**(internal customers)은 제품 생산이나 서비스를 제공하는 종업원을 의미 한다. 종합적 품질경영에서는 외부 고객이 품질을 정의하고, 내부 고객이 이를 생산하게 된다.

〈그림 5-3〉은 현대적인 관점에서 공급자와 고객을 보여주고 있는데, 종합적 품질경영에서 고객과 공급자는 조직의 내·외부에서 동시에 존재한다. 어떤 작업자의 업무가 다른 작업자의 업무의 앞에 있다면 이는 뒤의 작업자의 공급자이다. 이와 같이 앞의 작

〈그림 5-3〉 현대적인 관점에서 본 공급자와 고객

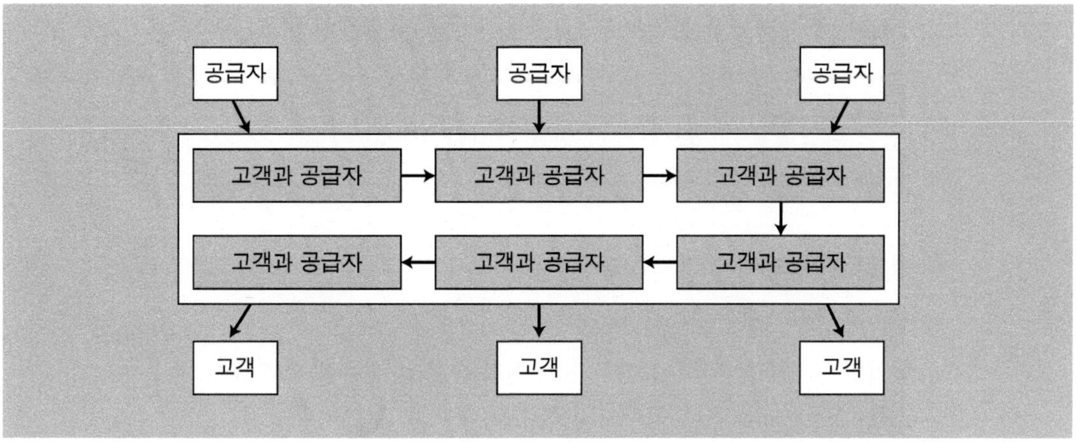

업자와 뒤의 작업자의 업무는 상호의존적이다. 예를 들어 작업자 A가 회로판에 몇 개의 구성품을 붙이는 작업에서 그 구성품을 연결하는 B에게 전달하는 경우를 보면 작업자 A는 작업자 B의 공급자이면, 작업자 B는 작업자 A의 고객이 된다. 이러한 종속성(dependency)의 개념은 공급자와 고객의 관계에서 매우 중요하다. 고객이 내부 고객이든 외부 고객이든지 간에 작업을 잘 수행하고 양질의 제품을 제공한 공급자에게 종속된다. 고객은 다양한 속성과 요구를 가지고 있으므로 이를 만족시키기 위해서는 체계적인 고객만족측정 체계가 필요하다. 즉, 고객들이 만족하게 되는 속성들을 파악하여 측정가능하게 정량화하여 고객만족도를 산출해야 하는 것이다.

AT&T사는 〈그림 5-4〉에 제시된 고객-공급자 모델을 사용한다. 모든 프로세스는 공급자들로부터 투입을 받고 고객들을 위해 결과물을 산출한다. 피드백은 공급자가 고객으로서 고려될 수 있음을 제안한다. 그들은 그들이 일치해야 하는 요구에 대한 적절한

〈그림 5-4〉 AT&T사의 고객-공급자 모델

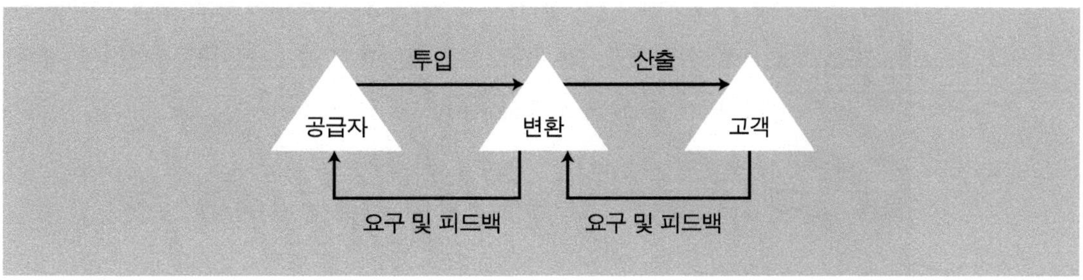

정보를 필요로 한다. 이 모델은 조직 수준, 프로세스 수준, 그리고 성과 수준에서 적용될 수 있다. 조직 수준에서는 다양한 외부 고객을 규명해야 하고, 프로세스 수준에서는 내부 고객을 규명해야 한다. 또한 성과 수준에서는 각 종업원들은 다른 사람들로부터 투입을 받고 산출물을 생산한다는 것을 알아야 한다.

고객의 정의는 다음 몇몇 근본적인 질문에 답함으로서 시작된다.

- 생산될 제품이나 서비스는 무엇인가?
- 제품과 서비스를 누가 사용하는가?
- 종업원이 누구를 위하여 전화하고, 편지를 쓰고 질문에 답하는가?
- 누가 변환과정에 투입요소를 공급하는가?

실제로 모든 사람들은 그들의 외부 고객뿐만 아니라 내부 고객을 만족시키기 위하여 그들의 역할을 이해해야 한다. 조직은 종업원들이 고객의 범위에 포함됨을 기억하고 모든 종업원의 복지(건강, 안정)와 성장(교육훈련)에 기여하는 작업환경을 유지하도록 노력해야 한다. 이러한 활동은 품질개선 활동에 포함되어야 한다. 또한 조직은 대중이 사업의 중요 고객임을 기억해야 한다. 기업은 공적인 관심을 예측하기 위해 미리 바라봐야 하고 사회에 미치는 영향을 평가해야 한다(경영윤리, 환경 문제, 안전 등).

2. 고객 세분화

고객이 정의되면 고객과 시장을 세분화해야 한다. 그리고 이 중에서 핵심 고객과 시장을 정립한다. 기업은 전략을 수립할 때 핵심 고객을 결정해야 한다. 즉 모든 고객에게 전부 봉사해야 할지 혹은 어떤 일부 중요 고객만을 대상으로 할 것인지를 전략적으로 결정해야 한다. 이렇게 함으로서 고객의 요구에 더 나은 대응을 할 수 있다.

Juran은 고객을 **핵심소수고객**(vital few customer)과 **대수롭지 않은 다수고객**(useful many customer)으로 세분화하였다. 고객을 세분화할 때 기업들은 어떤 유형에 의해 세분화하는 경향이 많다. 예를 들면 고객의 성별, 나이 또는 라이프 스타일 등 인구통계적 요소에 따라 세분화하는 것이다. 이러한 분류에 속하는 대표적인 고객들을 찾아 그들의 욕구를 파악하고 그 욕구를 충족하는 제품이나 서비스를 개발하고자 노력한다.

여기서 문제는 다음과 같다. 첫째, 일반 고객들의 욕구가 대표 고객들의 욕구와 일치하지 않는다는 점이다. 둘째, 기업의 핵심 고객이 고정되어 있지 않고 계속 바뀔 수 있다는 점이다. 과거의 핵심 고객이 지금의 핵심 고객과 다를 수 있고 또 미래의 핵심 고객은 달라질 수 있다. 그러므로 기업은 변화하는 핵심 고객을 지속적으로 정의하고 파악해야 한다.

3. 고객욕구의 파악

과거에는 고객은 제품개발 과정에서 제외되었다. 그러나 경쟁이 치열하게 전개되는 시장에서 고객이 이 과정에서 계속 제외되는 것은 바람직하지 않다. 현대에서 외부 고객의 욕구를 파악하는 것은 제품개발 과정에서 자연스러운 부분이다.

외부 고객의 욕구를 파악하는 데는 다음과 같이 여섯 단계를 거친다.

1. 결과에 대한 예측: 고객 요구에 관한 정보를 모으기 전에 무엇에 대해 알아야만 하는지를 예측하는 것이 중요하다. 고객이 무엇을 요구할지에 대해 기록해본다. 고객의 실제 요구와 기대하는 것에 대해 비교할 수 있다.
2. 정보수집계획의 개발: 정보수집은 체계적으로 수행되고 잘 조직되어야 한다. 수집 이전 계획을 세우고 필요한 정보의 형태와 누구에게 물어볼지를 결정한다.
3. 정보수집: 전체적인 정보를 수집하기 전에 소수의 고객에 대해 예비조사를 수행할 수 있다. 이는 보다 큰 규모의 정보 수집을 수행하기 이전에 문제점을 사전에 파악해 올바른 데이터를 모으는 데 도움이 된다.
4. 결과의 분석: 결과는 신중하고, 목적에 맞게 분석해야 한다. 이 단계에서는 분석결과가 고객에게 어떤 문제점이 발생되는지 확인하고, 강점은 무엇인지, 어떠한 추세가 존재하는지, 얼마나 많은 고객이 같은 문제에 대해 불만을 토로하는지 등이 검토되어야 한다.
5. 결과의 타당성 검토: 수집된 정보에 기초하여 나타난 결과를 가지고 다음 단계는 그 결과의 타당성에 대해 검토하는 것이다. 결과에 대해 몇몇의 고객을 선택하여 그 결과에 대해 타당성을 검토할 수 있다. 선택된 고객이 그 결과에 동의하는지 또한 조직 내의 다른 사람들에게도 그 결과를 검토케 하여 그 결과를 피드백하는 과정이다.

6. 실행: 최종결과를 기초로 하여 단기적으로 변해야 하는 것과 장기적으로 변해야 하는 것은 무엇인지 파악한다. 어떠한 일들이 언제 수행될지를 고객에게 알린다. 변화의 과정에서 보다 넓게는 고객의 요구에 의해 파악된 우선순위대로 변화할 수 있어야 한다.

기업이 **내부 고객의 욕구를 파악**하는 것은 종업원이 원하는 것이 무엇인지를 파악하는 중요한 일이다. 즉 서로에게 종업원들의 욕구를 지속적으로 이야기해야 한다. 어떤 상황에서는 의사소통이 잘 되지 않을 수도 있으므로 의사소통이 잘 이루어질 수 있도록 여건을 조성하는 것이 필요하다. 점심시간이나 휴식시간에 한 잔의 커피와 함께 하는 대화나 비공식 조직의 활용은 같은 효과를 낼 수도 있다. 의사소통을 촉진하기 위한 방법을 개선하는 훈련 또한 중요하다.

1) 제조부문에 대한 고객 욕구에 대한 내용 — David A. Garvin

이는 1장에서 설명한 제조품질의 정의와 관련이 있다.

- 성능: 제품이 가지고 있는 운영적인 특징. 세탁기가 얼마나 옷을 잘 세탁하는가?
- 특징: 특정 제품이 가지고 있는 경쟁적 차별성. 치약 용기가 얼마나 짜기 쉬운가?
- 신뢰성: 잘못되거나 실패할 가능성의 정도. 겨울에 차량 시동의 실패 빈도
- 적합성: 고객들의 세분화된 요구를 충족시킬 수 있는 능력(전통적 품질)
- 내구성: 제품이 고객에게 지속적으로 가치를 제공할 수 있는 기간(제품 수명)
- 서비스 능력: 제품을 서비스해 주는 능력으로 기업이 고객을 통하여 가질 수 있는 경쟁력(속도, 친절, 문제해결 능력 등)
- 감성: 사용자 감각에 소구할 수 있는 내용으로 외양이나 품질에 대한 느낌. 이 제품이 품질 좋은 제품처럼 보이고 느껴지는가?
- 인지된 품질: 회사의 광고, 이미지, 상표 인지도 등을 통한 주관적 평가

2) 서비스 부문에 대한 고객 욕구의 내용

이는 4장에서 설명한 서비스 품질의 정의와 관련이 있다.

- 신뢰성: 약속한 서비스를 믿을 수 있고 정확하게 이행하는 능력
- 확신성(보장성): 믿고 의지할 수 있는 구성원의 지식과 능력, 예의, 진실성
- 유형성: 서비스의 유형적 단서로 물적 시설, 기계, 구성원의 용모, 계약서, 대화
- 공감성(감정이입): 고객을 보살피고 개인적인 주의를 기울이는 것
- 반응성: 고객에게 신속하고 즉각적인 서비스를 제공하려는 의지

3) Noriaki Kano 교수의 품질속성 모델을 통한 고객 욕구의 내용

당연적(기본) 품질(must-be quality)은 말로 표현할 수 있는 단순한 욕구로서 제품이나 서비스에 관해 기본적으로 요구되는 품질로 외형적인 흠집이 없어야 한다거나 제품 설명서가 포함되어 있는 것들이다. 당연적 품질은 고객 요구는 기본적으로 기업에서 제공되어야 한다고 생각하기 때문에 고객들은 이런 것이 필요하다고 구체적으로 먼저 말하지 않지만, 이런 욕구가 충족되지 않은 경우 직접적이고도 즉각적으로 불만을 표출한다.

반면 일원적(성능) 품질(one-dimension quality)은 고객이 제품이나 서비스에 대해 원하

〈그림 5-5〉 품질의 다원적 인식

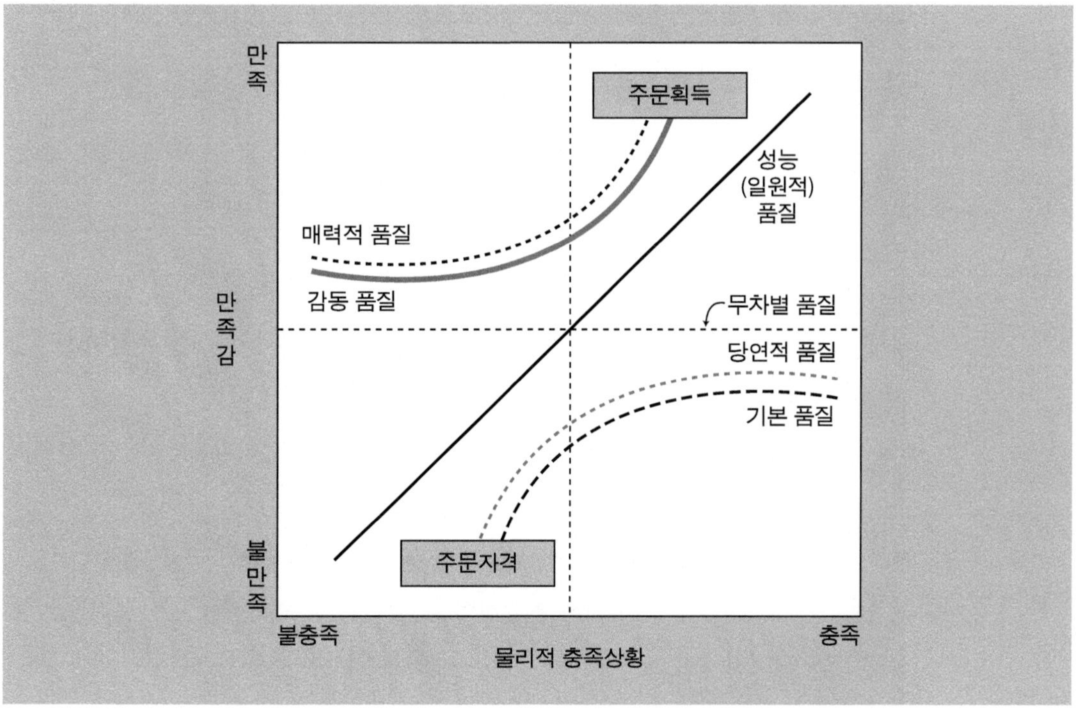

고 요구하는 품질로 편리한 사용법, 빠른 속도, 높은 성능 등이 있다. 일원적 품질은 이미 만족되었거나 추가적인 사안이라고 생각하기 때문에 고객들은 잘 이야기하지 않는다. 이는 고객만족도에 영향을 미친다.

매력적(감동) 품질(attractive quality)은 고객이 미처 기대하지 못했거나 처음 접했을 때 매우 놀랄 수밖에 없는 품질이다. 또한 매력적 품질은 고객 스스로 잘 모르기 때문에 표현하지 못하는 경우가 많다. 따라서 충족되면 고객만족이 되지만 충족이 되지 않더라도 고객만족에 영향을 주지는 않는다. 따라서 진정한 경쟁을 위해, 기업들은 고객 기대 이상을 제공(매력 요인 제시)하여 그들을 놀랍고 기쁘게 해야 한다. 이는 주문획득(order winner)의 조건이 되기도 한다.

그 이외에도 무차별 품질(indifference quality)과 역품질(reverse quality) 속성도 있다. 결국 경쟁우위를 위해서는 품질속성의 변화를 파악하고(품질속성의 동태성), 일원적, 당연적 품질 속성에 대한 충족을 강화해야 한다.

제4절 고객정보의 수집과 분석

1. 고객정보 수집과 분석의 목적달성을 위한 원칙

고객만족도 조사를 통하여 얻고자 하는 목적달성을 위해 다음과 같은 원칙을 준수해야 한다.

1. 계속성의 원칙: 비정기적이기보다 정기적으로 계속 실시하여 그 전의 상태와 비교해서 그 추이를 파악할 수 있어야 한다. 즉 측정항목 중에서 어느 항목이 개선되고 향상되었는가를 분석할 수 있어야 한다.
2. 정량성의 원칙: 조사결과는 비교 가능하도록 정량적인 조사이어야 한다. 각 항목의 수치가 비교 가능하도록 표준적인 척도를 가지고 있어야 한다.
3. 정확성의 원칙: 경영의 실태가 올바르게 파악될 수 있도록 조사항목은 충분한가, 조사 표본은 적절한가, 조사방법은 적절한가, 조사담당자는 적절한 조사능력을 갖고 있는가 등을 고려하여 조사의 정확성을 면밀하게 검토할 필요가 있다.

2. 고객정보 조사방법

고객정보 수집을 위해 사용할 수 있는 방법으로 아래와 같은 것이 있으며, 이 방법들은 하나 이상의 결합으로 다양하게 사용할 수 있다.

- 의견진술 카드와 공식적인 조사
- 포커스 그룹 혹은 투입 그룹: 하나의 토의 주제나 쟁점을 두고 그 쟁점의 시험을 위해 모인 표본 집단의 모임으로 포커스 그룹은 그룹 토론에 참여함으로써 투입정보를 제공하지만, 투입 그룹은 개인적으로 투입정보를 제공한다.
- 직접 고객의 접촉
- 현장 이해
- 불만분석
- 인터넷 모니터링

고객이 가진 언어로 표현된 고객 요구를 고객의 소리라 한다. 이러한 고객의 의도는 메시지의 중요 부분이 된다. 고객의 소리에 대한 데이터는 전형적으로 다양한 구두의 의견 진술이나 문서상의 정보로 구성된다. 이런 정보는 논리적 그룹으로 분류되고 통합되어야 한다.

이를 위한 하나의 유용한 도구가 친화도(affinity diagram)이다. 친화도는 다량의 데이터를 유사성이나 연관성에 따라 묶는 방법으로 자연스런 연관 관계에 따라 다양한 데이터나 정보를 몇 개의 그룹으로 분류할 수 있다. 여러 가지 아이디어나 생각들이 정돈되지 않은 상태로 있어서 전체적인 파악이 어려울 때, 이를 이해하기 쉽도록 정리한다.

우선 포커스 그룹이나 고객 인터뷰를 통해 데이터나 정보가 나열되면, 이들을 논리적 카테고리고 묶고(종종 움직이기 쉬운 포스트잇 사용) 각 카테고리마다 이름을 붙인다. 친화도는 고객 요구와 일치되기 위한 기업 제품과 프로세스 설계에 사용되며, 품질 문제에 대한 잠재적 이유를 제공하고, 제품이 성공적으로 시장에 도입되도록 해준다.

3. 고객정보의 조사절차

고객정보의 조사절차는 〈그림 5-6〉과 같다.

〈**그림 5-6**〉 고객정보의 조사절차

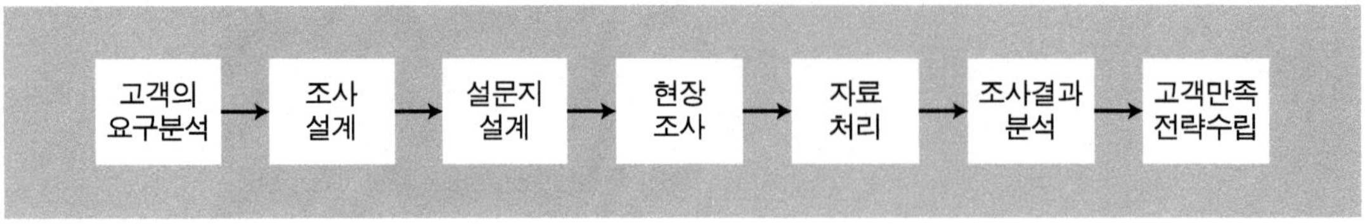

4. 고객만족도 조사(핵심 개선 과제 추출을 위한 분석 방법)

고객만족도 조사는 다음과 같이 이루어진다.

1) 고객만족 포지셔닝분석

고객만족 포지셔닝분석(customer satisfaction positioning analysis)은 통계분석 기법 중의 하나인 요인분석을 활용하여 몇 개의 중요한 요인들로 나누어 자사와 경쟁사의 위치를 비교분석하는 기법이다.

2) 고객충성도분석

고객충성도분석(customer loyalty analysis)은 자사의 불만고객들을 충성고객으로 변화시키기 위한 전략에 필요한 분석기법으로 반복고객과 비반복고객에 대해서 고객만족 포트폴리오분석과 반복요소분석을 통해 고객의 충성도를 분석하는 것이다.

3) 고객만족 포트폴리오분석

고객만족 포트폴리오분석(customer satisfaction portfolio analysis)은 고객만족도와 중요도를 축으로 격자 상에서 자사의 제품이나 서비스에 대한 현재위치를 나타냄으로써 목표수준과의 차이가 어느 정도인가를 파악하여 향후 기업의 전략적 목표와 방향을 수립하는 데 사용되는 기법이다. 바로 취약성분석으로 이어진다.

4) 고객가치분석

고객가치분석(CVA)(customer value analysis)은 고객만족도 조사에서 얻은 평가요소들에

〈**그림 5-7**〉 고객만족 포지셔닝분석

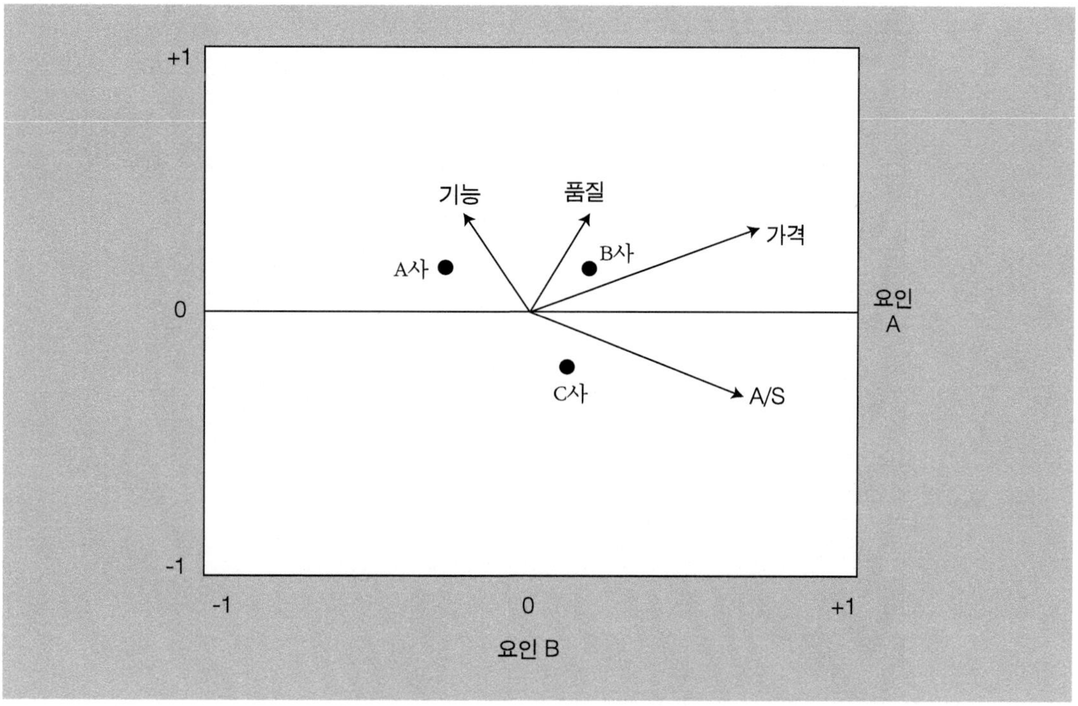

〈**그림 5-8**〉 고객충성분석

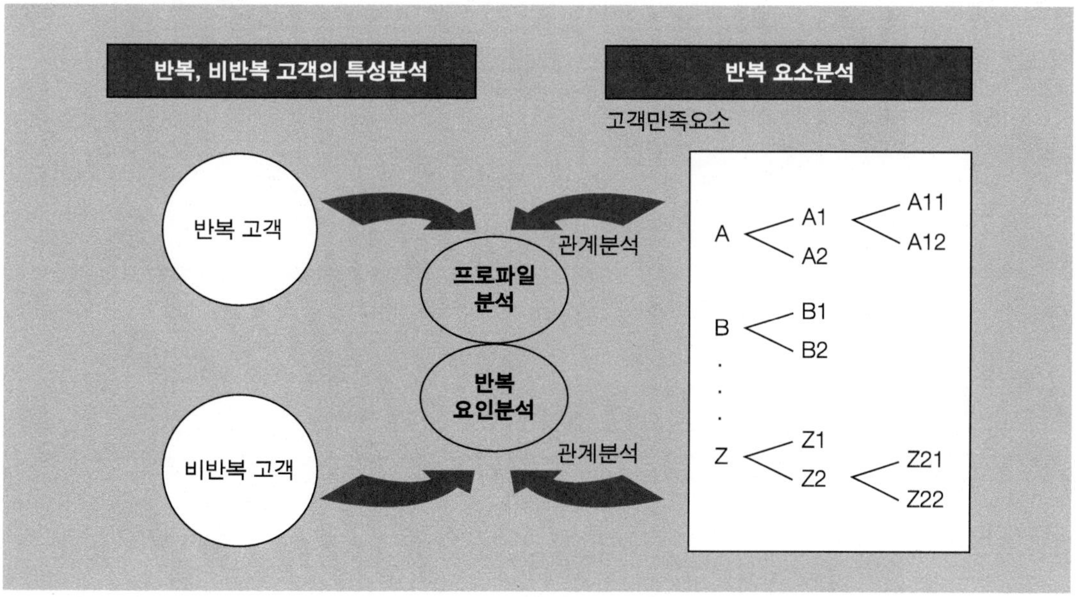

〈그림 5-9〉 고객만족 포트폴리오분석

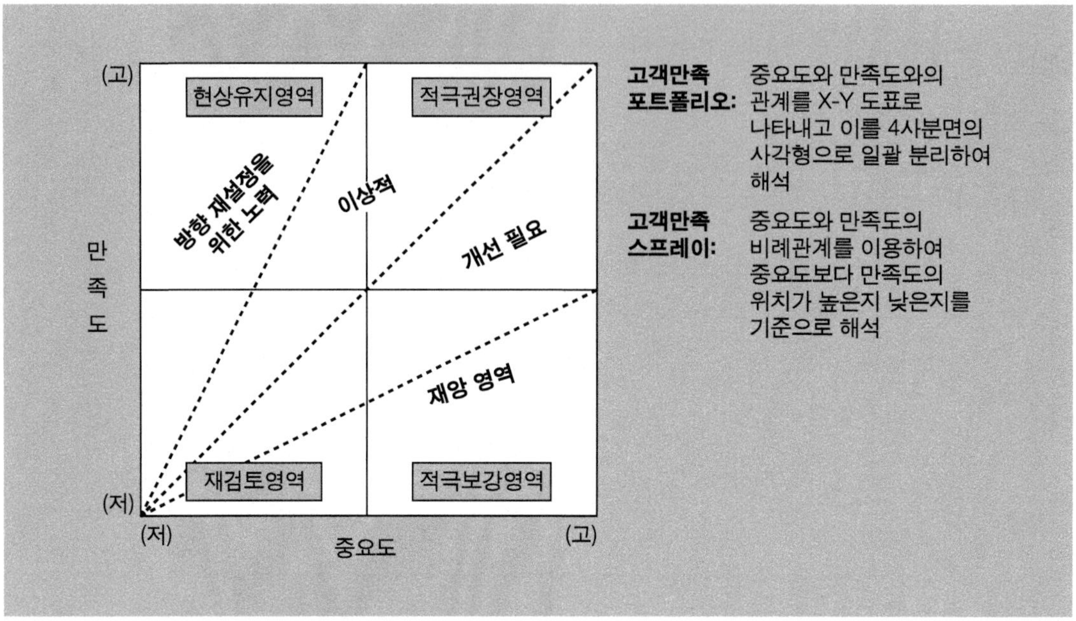

〈그림 5-10〉 고객만족 포트폴리오분석(취약성분석)

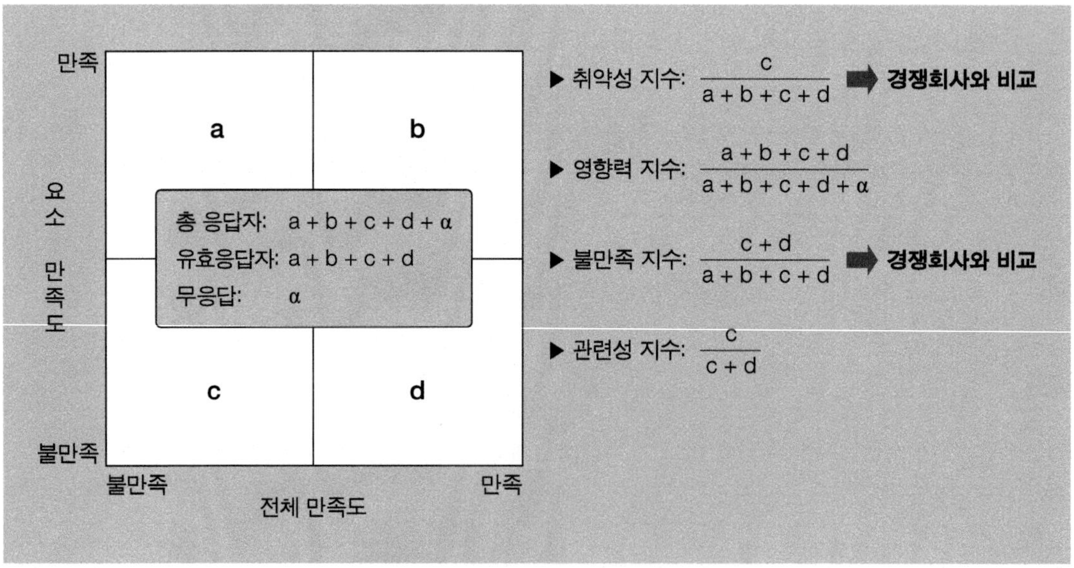

〈그림 5-11〉 고객가치분석

▸ 기준

구분	X사	Y사	Z사
성과(고객만족)(CSI)	2.9	3.3	2.8
시장점유율	50%	40%	10%

고객가치분석의 해석

고객가치분석 범위	고객가치분석 위치	경쟁위치
> 1.10	세계최고	경쟁우위 확보
1.03~1.10	평균 이상	경쟁우위 유지
0.97~1.03	평균	경쟁우위 없음
< 0.97	평균 이하	경쟁 열세

- **CVA for X, Y, Z**
  - ▸ $\text{CVA} - \text{X} = \dfrac{2.9}{2.64 + 0.56} = \dfrac{2.9}{3.2} = 0.906$
  - ▸ $\text{CVA} - \text{Y} = \dfrac{3.3}{2.42 + 0.47} = \dfrac{3.3}{2.89} = 1.142$
  - ▸ $\text{CVA} - \text{Z} = \dfrac{2.8}{1.61 + 1.47} = \dfrac{2.8}{3.08} = 0.909$

〈그림 5-12〉 고객분석의 순환

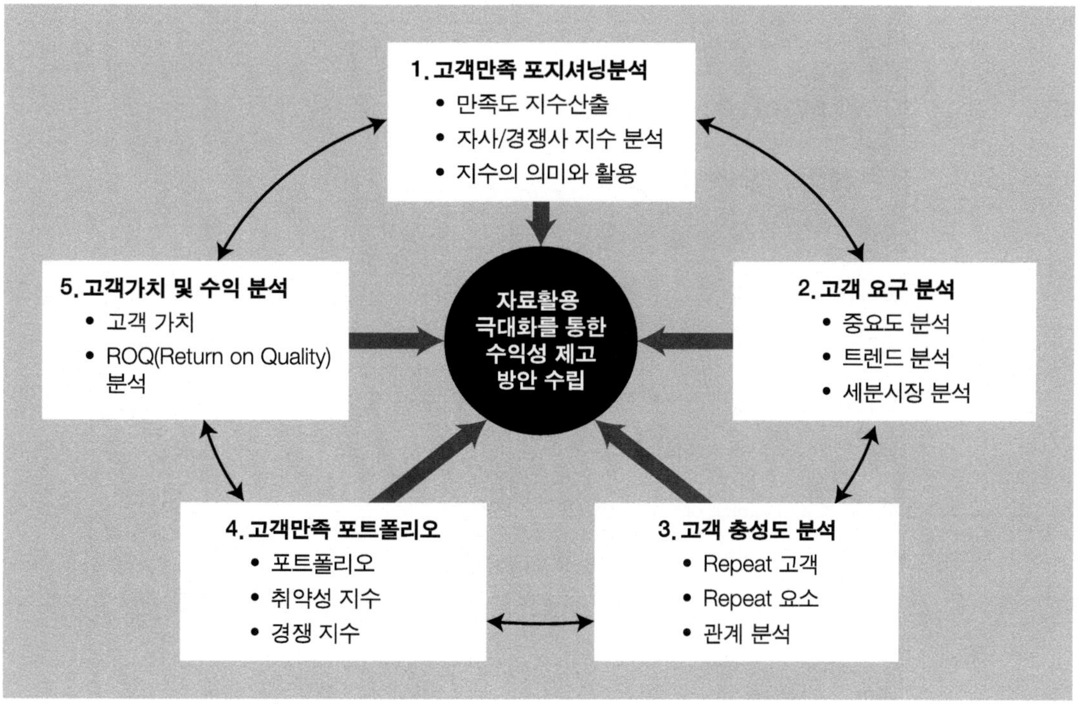

대한 중요도와 만족도를 축으로 격자 상에 평가요소들의 위치를 나타내줌으로써 평가요소들의 개선 우선순위를 파악할 수 있게 해주는 분석기법이다. 결국 고객의 관점에서 고객의 요구를 분석 가능하게 해주는 기법이다.

전체적인 분석의 순서를 그림으로 나타내면 〈그림 5-12〉와 같다.

제5절 고객관계관리

기업들은 고객충성을 유발하기 위해 고객과 밀접한 관계를 유지해야 한다. 집에 앉아서 모든 서비스를 받는 Lexus 구매자들은 새 차 구입 시 이러한 특화된 서비스를 포기하기 힘들다. 따라서 조직은 고객에게 신뢰를 주고, 고객과 의사소통하며, 고객관계관리(CRM)(customer relationship management)를 통해 고객충성도를 쌓아야 한다.

진실의 순간은 고객담당 종업원이나 서비스 종업원이 고객과 접촉할 때로 고객만족이나 불만족은 이 순간에 일어난다. 진실의 순간에서 고객은 실제 산출물과 그들의 기대를 비교함으로써 서비스 품질에 대한 지각을 형성한다.

1. 뛰어난 고객관계관리의 다섯 가지 측면

1) 접근성과 경영참여

고객중심 조직은 그들의 종업원에게 쉽게 접근할 수 있어야 한다.

P&G는 종업원과 쉽게 접촉하기 위해 최초로 수신자부담 전화(collect call)를 만들었으며 최근에는 이메일이나 웹사이트를 통해 많은 고객들이 기업에 접근한다.

기업들은 고객들에게 다양한 조건을 제시한다. 이 조건은 고객과의 근본적 관계를 설명하고 고객들에게 신뢰와 믿음을 주려고 노력하게 된다. 고객에게 제공하는 조건으로 품질보증서(guarantee or warranty)(둘 다 품질의 보증을 의미하나 'guarantee'는 포괄적인 책임 하에서 품질이나 제품에 대한 보증을, 'warranty'는 거래를 통한 제품이나 서비스에 대해서 문제가 발생했을 때 판매자 또는 생산자가 제공하는 약관을 통한 품질이나 서비스의 보증을 받을 수 있는 권리)의 형태를 취한다.

FedEx의 경우 만일 선적이 늦어지면 운임료 전체를 환불해주는 보증 정책을 사용하고 있다. 고객 불만족을 재무비용으로 전환함으로서 품질보증은 기업에게 문제점이 무엇이고 최우선 순위는 무엇인지 판단할 수 있도록 한다. 또한 작업자들은 품질 보증을 통해 품질 향상에 더 많은 지식을 얻게 되고 나아가 판매 증가와 더 나은 수익의 향상을 기대할 수 있다.

2) 고객과 직접 접촉하는 종업원의 선발과 개발

고객과 직접 접촉하는 종업원은 특히 중요하다. 그들은 고객과의 다양한 접촉(개인적, 진화 등)을 통해 고객과의 책임을 지는 사람들이다. 오늘날 고객 접촉은 다양한 접촉을 위한 적절한 기술을 가진 종업원을 필요로 한다. 많은 기업들이 효과적인 선발 절차를 거쳐 능력있는 종업원을 선발하려 하고 있으며, 이러한 종업원들을 통해 고객 관계를 좋게 유지하려고 한다.

CRM에 집중하는 기업들은 제품과 서비스를 이해한 고객과 접촉하는 종업원들이 문제해결능력이 더 뛰어나다고 확신한다. 따라서 효과적인 교육훈련을 통해 종업원의 지식을 증가시키고 자존심과 조직에 대한 충성도를 높일 수 있도록 해야 한다.

또한 고객 중심적 기업들은 고객만족에 필요한 것이 무엇이든 간에 그것을 처리할 수 있게 전방(front-line) 종업원에게 권한을 부여해야 한다. 그리고 고객과 접촉하는 종업원은 그들의 직무를 실행하기 위해 필요한 기술과 관련된 정보에 접근할 수 있어야 한다.

3) 고객 접촉 요구사항

고객과 매일 접촉하는 전방 종업원은 고객만족에 중요한 책임이 있다. 기업들은 이러한 요구에 대해 모든 전방 종업원들과 의사소통해야 한다. 의사소통 기술은 신규 종업원들의 오리엔테이션에서 교육된다. 그리고 업무명세/표준의 일관성과 효과성을 유지하기 위해 기업들은 표준을 지속적으로 강화해야 한다. 또한 많은 전방 종업원들은 후방 종업원(내부 고객)들의 지원을 받을 수 있어야 한다. 외부 고객만족의 핵심은 우선 내부 고객을 먼저 만족시키는 것이다.

그리고 기업은 고객 접촉이 발생한 곳을 추적하기 위한 프로세스를 실행하고, 성과

향상을 위해 전방 종업원들에게 피드백을 제공해야 한다. 정보기술은 고객 접촉 요구의 적합성을 효과적으로 추적하기 위해 데이터를 제공할 수 있어야 한다.

4) 효과적인 불만 관리

많은 고객이 만족함에도 불구하고, 기업들은 행복하지 않은 고객들을 경험한다. 불만을 효과적으로 다루지 못하면 기업에 부정적인 영향을 미친다. TARP(Technical Assistance Research Programs, INC)의 Goodman(1998) 연구에 의하면 사람들이 불만을 회사에 잘 이야기하지 않는 이유로 회사와 다투기 싫고, 불평하는 방법과 장소를 잘 모르며, 불평을 한다고 별로 효과적일 것 같지도 않으며, 또 보복을 받을까 두려워 하기 때문이라고 한다.

또 고객 불평의 20%는 직원의 태도 때문에, 40%는 시스템 때문에, 그리고 나머지 40%는 고객 자체의 기대 때문에 발생한다고 한다. 기업들은 불만 고객들의 96%를 무시하고 있으며, 불만고객 25명 중 한 명만이 불만을 회사에 이야기한다. 그리고 불만이 있는 고객은 그것을 다른 사람 7~10명에게 털어 놓는다. 만족한 고객 한 명은 만족한 사실을 8명의 사람들에게 전달하고, 불만을 느낀 한 사람은 22명의 사람들에게 전달한다고 한다.

경쟁력 있는 조직은 개선의 기회로 불만을 고려해야 한다. 불만을 가진 고객에 대해 해결하는 것은 고객충성을 높이고 고객 유지를 증가시키기 때문이다.

5) 전략적 파트너십과 전략적 제휴

오늘날 공급업자들은 구매자인 그들의 고객에 대해서 더 큰 책임을 갖기를 기대하고 있다. 기업들은 그들의 핵심능력에 초점을 맞추고 중요하지 않는 프로세스의 지원을 위해 외부의 파트너에 관심을 기울이고 있다. 고객-공급자 파트너십(팀워크와 상호신뢰를 기반으로 한 장기적인 관계)은 사업 성공을 위한 중요한 전략적 파트너십으로 나타난다.

파트너십은 내부적으로 이용할 수 없는 기술과 유통채널을 이용할 수 있으며, 신규투자와 R&D의 위험을 공유할 수 있는 장점이 있다. 또한 공급자의 능력에 의해 제품을 향상시킬 수 있으며, 커뮤니케이션의 향상을 통해 운영비용을 줄인다. 많은 기업들은 공통의 가치를 공유하는 공급자와 밀접한 관계를 유지하고, 이러한 관계를 통해 품질관련 도구나 접근법을 공급자에게 가르침으로 공급자의 능력을 향상시킨다.

2. CRM 기법의 활용

CRM 소프트웨어는 기업으로 하여금 고객충성의 정도를 향상시키고, 수익성 있는 고객을 목표로 할 수 있도록 하고, 고객과의 커뮤니케이션 과정을 합리적으로 한다.

전형적인 CRM 시스템은 시장 세분화와 분석을 가능하게 하고, 고객 서비스를 가능하게 하며, 효과적으로 불만을 해결할 수 있도록 하고, 제품과 서비스의 교차 판매를 가능하도록 하며, 주문의 처리, 애프터 서비스(A/S) 등을 가능하도록 한다.

이를 통해 CRM 시스템은 기업에 많은 유용한 운영 데이터를 제공한다.

CRM 활용 기업들은 다음을 통해 기업의 경쟁우위를 획득하고 유지한다.

1. 인구통계적 특징에 따라 시장을 세분화한다.
2. 고객과 시장 세분화를 통해 판매 경향의 추적과 효과적인 광고를 가능케 한다.
3. 목표한 마케팅의 우선순위에 초점을 맞춰 고객을 규명한다.
4. 고객 유지율을 예측하고 왜 고객이 기업을 떠나는지에 대한 피드백을 제공한다.
5. 제품이나 서비스가 교차 판매의 가능성을 분석한다.
6. 웹이 고객에게 매력적인지, 어떻게 웹을 향상시킬 수 있는지 연구하고 예측한다.

제6절 고객만족의 측정

고객만족의 측정을 위해서는 다음과 같이 진행한다.

1. 고객만족도 조사의 목적

고객만족도 조사의 목적은 다음과 같다.

첫째, 현상을 진단하기 위함이다. 이는 경쟁사와 비교되는 자료를 조사함으로서 자사의 강점과 약점들을 분석할 수 있다.

둘째, 개선요소의 추출이다. 고객만족을 위한 개선과제를 추출하고 추진과제를 선정하기 위함이다. 또한 개선활도에 대한 사후평가를 하기 위함이다.

〈그림 5-13〉 고객만족도 조사의 목적

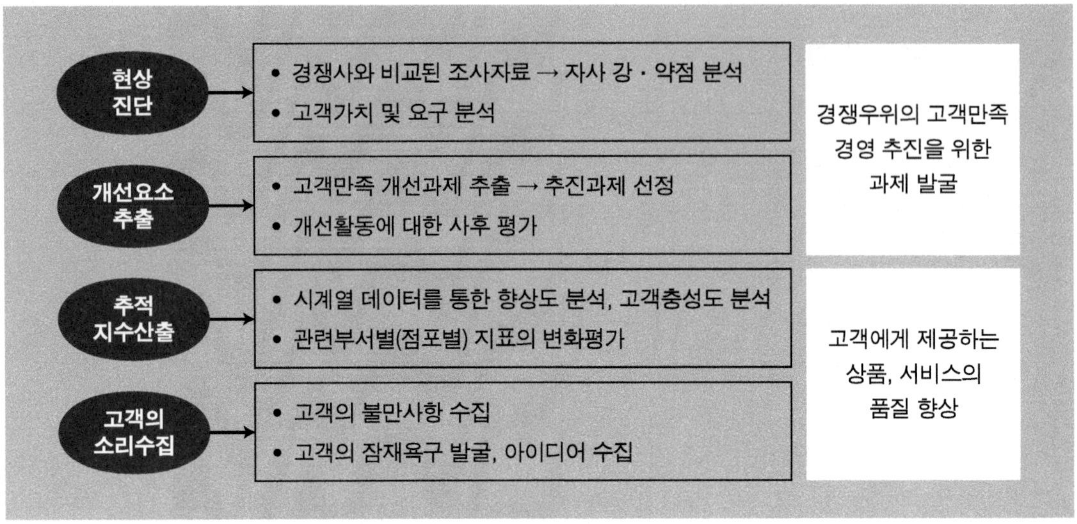

셋째, 추적지수를 산출하기 위해서이다. 시계열 데이터를 통한 향상도를 분석하고 고객충성도를 분석하기 위함이다.

마지막으로 고객의 소리를 수집하기 위해서이다. 고객의 불만사항을 수집하고 고객의 잠재욕구를 발굴하며, 아이디어를 수집한다.

이들을 통해 궁극적으로 고객만족경영 추진을 위한 과제발굴과 고객에게 제공하는 제품/서비스의 품질 향상이 목적이라고 할 수 있다.

2. 고객만족 설문지 개발

첫 단계는 **설문지의 목적을 결정**하는 것이다. 고려해야 할 중요한 질문은 "고객이 누구인가?"하는 것이다. 관리자, 구매 대행자, 최종고객 등 다른 모든 사람들은 기업이 제품과 서비스에 영향을 받는다. 다음으로 "누가 설문을 응답해야 하는가?"에 관한 것이다. 독립된 제3자 조직을 활용하면 응답에 좀 더 신뢰성이 있으며 결과가 객관적일 수 있다.

다음 단계는 **적절한 설문 도구를 선택**하는 것이다. 설문지는 가장 보편적인 방법으로 비용이 적게 들고, 스스로 실행할 수 있으며, 분석이 쉽다. 그리고 이슈를 심도 깊게 조사할 수 있다. 반면에 설문지 응답은 큰 표본집단을 요구하고 비응답자로 인한 편차가 높게 나타날 수 있다.

직접 인터뷰나 포커스 그룹은 설문지 응답에 비해 작은 표본 집단을 요구하고 중요한 질적 정보를 제공한다. 그러나 비용이 많이 들고 긴 참여시간이 발생한다. 전화 인터뷰는 이들의 중간쯤에 위치하며 주로 사업과 관련된 제한된 고객에게 사용된다.

설문의 유형은 의미 있는 결과를 도출하기 위해 적절하게 개발되어야 하며, 응답이 핵심 비즈니스 프로세스와 직접 관련될 때, 개선이 필요한 부분이 어디인지 제시할 수 있다. 응답 측정을 위해 보통 리커트(Likert) 척도를 사용한다. 이 척도는 고객이 의견 정도를 표현할 수 있게 한다. 그러나 모든 척도는 응답 편차가 있다. 또한 대부분의 고객만족 측정은 측정하기 어려운 서비스 특성을 평가하므로 개념이 분명히 서술된 측정 문장을 이용해야 한다.

마지막 단계는 **보고형식과 데이터 입력 방법을 설계**해야 한다. IT의 발달로 인한 다양한 통계분석 도구와 데이터베이스는 고객만족을 평가하고 지속적 개선을 위한 정보를 제공한다. 마지막으로 설문은 도구를 이해하고, 오해의 소지가 있는 질문을 확인하며, 설문기간은 어느 정도가 될지 등을 결정해야 하기 위해 항상 사전조사를 해야 한다.

3. 고객 피드백분석과 사용

Deming은 기업의 제품과 프로세스를 개선시키기 위해 고객 피드백의 중요성을 강조했다. 첫째. 고객만족 측정에 대한 경향을 조사하고, 둘째, 고객만족 데이터와 기업의 내부 프로세스를 연계시킴으로서 기업은 성장해 나갈 수 있으며, 셋째. 개선 영역을 파악할 수 있다. 다음 단계로 기업은 고객만족 결과에 기초하여 개선 과정을 개발하기 위해 책임과 의무를 종업원에게 할당해야 한다.

측정이 적절한지를 확인하는 한 방법은 핵심 품질 특성의 중요 성과에 대한 정보를 수집하는 것이다. 이렇게 수집된 데이터를 평가하기 위해 〈그림 5-14〉와 같은 격자를 사용할 수 있다.

여기서 어두운 부분이 이상적인 부분이다. 기업은 이상적으로 중요한 특성은 높은 성과를 원하고 중요성이 낮은 특성은 자원낭비를 원하지 않는다. 또한 기업은 중요하지 않은 고객 속성의 높은 성과를 위해 자원낭비를 원하지 않으며 중요한 고객 속성을 수용하지 않는다면 경쟁에서 취약해질 것이다. 이런 분석 결과는 개선을 위한 목표 영역을 확인하도록 해주며, 비용을 절감시켜 주고, 전략적 계획수립을 위한 유용한 정보를 제공한다.

〈그림 5-14〉 중요도-성과 매트릭스

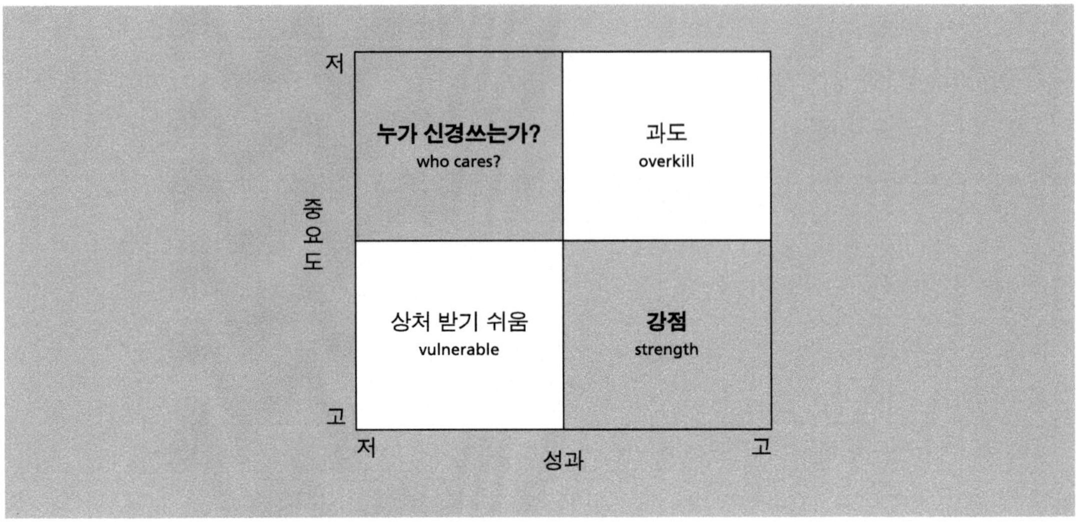

4. 고객만족을 위한 노력의 실패원인

고객만족을 위한 노력이 성과를 거두지 못하는 결과는 다음과 같다.

- 열악한 측정 도표: 5점 리커트 척도를 이용하여 만족과 매우만족에 답한 고객의 대부분은 유용한 정보가 아니며 불만족 고객의 경우 설문에 거의 응답하지 않으므로 결과에 편차가 발생한다.
- 적절한 품질 차원의 규명 실패: 고객이 아닌 기업의 사고에 초점을 맞춘다면 고객 요구와 기대에 대한 신뢰성 있는 정보를 획득하기 어렵다.
- 품질차원에 적절한 가중치를 두는 데 실패: 기업들은 고객에게 중요하지 않은 낮은 점수의 차원에서 많은 노력을 허비한다.
- 선두 경쟁자와 비교 부족: 품질과 품질에 대한 지각은 상대적이므로, 적절한 비교 데이터가 없다면, 그걸 가진 경쟁자는 더 빠른 개선을 달성할 수도 있다.
- 잠재고객과 이탈고객 측정의 실패: 왜 현재 기업의 고객이 아닌지, 왜 고객이 기업을 이탈했는지에 대한 이해가 없다면 경쟁자에게 시장점유율을 잃게 될 것이다.
- 충성도와 만족을 혼란: 두 개념은 차이가 있으며 고객 유지와 고객충성도는 조직의 미래를 나타내는 증거들을 제공한다.

5. 고객만족 전략수립

고객만족도 조사는 고객만족 경영체계를 구축하는 데 가장 기본적이며 필수적인 활동이다. 고객만족도 조사는 단순한 고객만족 조사를 의미하는 것이 아니라 고객만족을 위한 기업의 이념 및 비전설정과 고객만족 전략수립을 위한 고객의 요구와 기업의 문제점을 조명하여 개선하는 일체의 활동을 포함한다고 볼 수 있다.

따라서 고객만족도 조사가 정확하게 수행되고 고객만족 전략수립에 충분히 반영되게 하기 위해서는 조사결과를 바탕으로 고객만족 전략수립에 필요한 분석 자료를 도출하는 것이 무엇보다도 중요하다.

기업의 경영상황에 따라 다르겠지만 일반적으로 조사결과분석을 통해 고객만족 전략방향과 개선과제 및 방안을 도출하고 이를 토대로 고객만족 전략수립을 하게 된다.

6. 고객만족 전략수립의 절차

고객만족 전략수립의 절차는 다음과 같이 진행된다.

- 고객만족 비전 설정
- 경영환경분석(자사의 강·약점분석, 기회·위험분석, 경쟁사분석, 고객분석)
- 고객만족 목표설정
- 고객만족도 조사 및 고객만족도 산출
- 고객만족 포트폴리오분석 및 고객만족 개선방안 도출
- 고객만족 전략수립

사례

KSQI 조사

한국능률협회컨설팅(KMAC·대표이사 사장 한수희)이 2022년 5월 25일 '2022 한국산업의 서비스품질 지수(이하 KSQI) 콜센터부문' 조사 결과를 발표했다. 총 54개 산업 329개 기업 및 기관의 콜센터를 조사한 결과 135개가 '한국의 우수 콜센터'로 선정됐다.

2022년 KSQI는 네 가지 특징을 보였다. 첫째, '서비스품질 영역'과 '공감 영역'을 분리한 결과 종합지수가 2021년보다 1.2점 상승(89점)했다. 둘째, '비(非)우수 → 우수' 전환 기업 24개, '우수 → 비우수' 전환 기업 26개 등 산업계의 지각 변동을 예고했다. 셋째, 우수 산업군(群) 감소세가 두드러졌다. 54개 산업 중 우수 산업군은 손해보험(자동차)·인터넷전문은행 등 9개로 전년 대비 20%나 감소했다. 넷째, 서비스 품질을 넘어 공감(共感)이 필요한 시대성을 반영했다. 신설된 '고객감동콜센터'에는 기아·삼성카드·삼성화재·신한은행·한화생명·현대오일뱅크·DB생명·NH농협은행 등 총 8개 기업이 선정됐다.

제조업 분야:
정유·자동차 2개 산업 '우수'

제조업 부문은 최근 10년간 90점 이상의 높은 서비스 품질 수준을 유지하고 있다. 서비스지수는 2021년보다 1.3점 상승했다. 정유와 자동차 평균 지수가 '우수'인 반면, 가전서비스·렌탈가전·보일러는 '비우수'로 나타났다. 정유는 현대오일뱅크 외 2개사(社)가 우수 콜센터에 올랐다. 자동차는 기아·한국지엠 등 4개사, 가전서비스는 삼성전자서비스·LG전자, 렌탈가전은 코웨이 등 3개사, 보일러는 경동나비엔·린나이가 '우수'함을 나타냈다.

금융서비스 분야:
생명보험·손해보험·인터넷전문은행 등
4개 산업 '우수'

금융서비스 부문은 2021년 동일한 지수를 기록했다. 산업별로 손해보험(자동차)·생명보험·손해보험(장기/일반)·인터넷전문은행의 평균 지수가 우수했다. 반면, 시중은행·저축은행·캐피탈·암호화폐거래소·신용카드·지방은행·디지털손해보험·증권 등 10개 산업이 '비우수'로 조사됐다.

손해보험산업이 2022년 '자동차'와 '장기/일반'으로 새롭게 재편됐으며, 삼성화재서비스·현대해상화재보험·KB손해보험은 2개 산업 모두 우수콜센터의 영예를 안았다. 생명보험은 16개사가 우수콜센터 자격을 유지했고, 처브라이프생명·AIA생명이 '우수' 대열에 합류했다. 시중은행은 신한은행·IBK기업은행·NH농협은행 등이 우수콜센터 자격을 유지했다. 신용카드는 삼성카드·신한카드·BC카드 등 6개사, 저축은행은 다올저축은행(舊 유진저축은행)이 '우수 클럽'을 유지했다. 증권은 삼성증권이 2021년에 이어 우수콜센터로 평가됐고, 신한금융투자가 새롭게 '우수' 간판을 달았다. 토스뱅크와 토스는 인터넷전문은행과 핀테크(간편결제)에서 모두 우수콜센터로 선정됐다.

유통서비스 분야:
홈쇼핑 3개사 우수 콜센터 유지

유통서비스 부문 지수는 지속적인 내림세로 2021년보다 0.9점 하락했다. 홈쇼핑·패션·T커머스·백화점·대형마트·온라인서점·인터넷쇼핑몰·편의점·인터넷마켓플레이스 등 모든 산업은 합산한 평균 점수가 '비우수'에 머물렀다. 특히 온라인쇼핑몰이 전년 대비 가장 큰 하락세를 보였다. 홈쇼핑산업은 현대홈쇼핑·홈앤쇼핑·NS홈쇼핑만이 '우수'를 유지했다. 신규 조사된 명품 플랫폼은 머스트잇, 새벽배송은 마켓컬리가 우수콜센터에 올랐다. 네트워크마케팅은 뉴스킨, T커머스는 신세계TV쇼핑, 온라인마켓플레이스는 쿠팡이 '비우수'에서 '우수'로 갈아탔다.

일반서비스 분야:
보안경비산업군 유일 '우수'

일반서비스 부문은 2021년보다 0.2점 소폭 상승했다. 산업별로는 온디맨드O2O서비스에서 우아한형제들이 우수콜센터를 유지했고, 쿠팡이츠가 새롭게 '우수'로 진입했다. 보안경비는 에스원·SK쉴더스(舊 ADT캡스)가 '우수'한 반면 KT텔레캅은 '비우수'로 내려앉았다. 처음 조사된 인테리어는 LX하우시스, 홈 헬스케어는 바디프랜드가 '우수'에 새롭게 안착했다. 종합병원의 삼성서울병원, 택배의 우체국소포(舊 우체국택배), 항공사의 대한항공이 각 산업 내에서 '유일'한 우수콜센터로 평가됐다. 렌터카·여행사·인터넷강의·지역항공·피자전문점은 모두 '비우수'라는 아쉬운 성적표를 받았다.

통신서비스 분야:
이동통신·초고속인터넷 2개 '우수'

통신서비스 부문 지수는 2021년보다 3점 하락(86점)하며 최저점을 찍었다. 이동통신은 2022년도 KT·SK텔레콤이 우수콜센터 자리를 지켰다. 초고속인터넷은 SK브로드밴드·KT가 우수콜센터로 선정됐다. LG유플러스는 이동통신과 초고속인터넷에서 매년 '비우수'로 동반 선정돼 개선이 필요한 것으로 나타났다. 온라인게임에서는 한게임이 '우수'로, 넷마블이 '비우수'로 전환되며 명암이 엇갈렸다.

공공서비스 분야:
공공기관·중앙정부·지방자치단체 '비우수'

공공서비스 부문 지수는 88점을 기록하며 2021년보다 1점 상승했다. 공공기관에서 국민건강보험공단·국민연금공단·근로복지공단·서민금융진흥원·한국자산관리공사 등 14곳이 우수콜센터에 영예를 안았다. 중앙정부는 관세청·국민권익위원회 등 4개 기관이 '우수' 간판을 지켰다. 2022년 신규 조사된 한국콘텐츠진흥원·정부민원안내콜센터가 '우수' 클럽에 새롭게 가입했다.

이기동 KMAC 사업가치진단본부장은 "고객의 니즈(needs)는 점점 복잡해지고, 그에 따라 우리 기업에서 콜센터의 중요성은 계속 커질 것이다"라며 "고객에게 최고의 경험을 제공하기 위해서는 가장 기본이 되는 서비스품질 수준은 물론 공감으로 최고의 감동까지 선사해 나가야 할 것이다"라고 강조했다.

자료: 조선일보, 2022년 5월 26일.

연습문제

1. 고객만족과 고객충성도의 중요성에 대해 설명하라.
2. 고객만족은 어떻게 창출되는지 설명하라.
3. 고객이 누군지 설명하고 그들이 원하는 것이 무엇인지 어떻게 파악할 수 있는가?
4. 고객정보를 수집하고 분석하는 방법에 대해서 설명하라.
5. 고객관계관리가 무엇인지 설명하라.
6. 고객만족의 측정을 어떻게 하는지 설명하라.

참고문헌

김기영 외 공저 (1999), 품질경영, 박영사.

김연성 외 공저 (2015), 품질경영론, 제5판, 박영사.

안상형 외 공저 (2008), 21세기품질경영, 박영사.

안영진 (2014), 경영품질론, 박영사.

Evans, J. R. and Lindsay, W. M. (2014), *The Management and Control of Quality*, 9th ed., South-Western Cengage Learning.

Goodman, J. (1998), "Maximizing the Impact of the Voice of the Customer," *Competitiveness*, Vol. 3, No. 3.

Goodman, J. and S. Newman (2003), "Understand Customer Behavior And Complaints," *Quality Progress*, January, pp. 51-55.

Parasuraman, A., Berry, L. L., and Zeithaml, V. A. (1985), "A Conceptual Model of Service Quality and Its Implications for Future Research", *Journal of Marketing*, 49, Fall, pp. 41-50.

Parasuraman, A., Berry, L. L., and Zeithaml, V. A. (1988), "SERVQUAL: a Multiple Item Scale for Measuring Consumer Perceptions of Service Quality", *Journal of Retailing*, 64(1), Spring, pp. 14-40.

Schelesinger, L. A. and Haskett, J. L. (1991), "Breaking the Cycle of Failures in Service", *Sloan Management Review*, 32(3), Spring, pp. 17-28.

Silvestro, R. and Johnston, R. (1990), *The Determinants of Service Quality - Hygiene and Enhancing Factors*, Warwick Business School, Warwick.

Smith, A. M. (1990), *Quality Service and The Small Business-Bank Relationship*, MSc Thesis, Manchester School of Management.

Smith, A. M. and Lewis, B. R. (1988), *Customer Care in the Service Sector: The Suppliers' Perspective*, FSRC, Manchester School of Management.

Taguchi, H. and Quelch, J. A. (1983), "Quality is More Than Making a Good Product," *Harvard Business Review*, 61(4), pp. 139-145.

Zeithaml, V. A., Parasuraman, A., and Berry, L. L. (1990), *Delivering Quality Service: Balancing Customer Perceptions and Expectations*, New York, The Free Press.

제6장
리더십과 품질전략기획

학습목표

1. 품질에서 리더십이 중요한 이유를 이해한다.
2. 품질을 위한 리더십은 어떻게 실현시킬 수 있는지 알아본다.
3. 효과적인 리더십 시스템의 설계를 이해한다.
4. 품질전략기획을 이해하고, 방침전개를 이해한다.

사례

리더십의 미래

리더십의 미래 — 효율성에서 적응성으로

리더십의 변화에는 다양한 과정이 있다. 19세기의 최적업무 수행 방법이란 표준화, 성과파악, 규칙적용 등을 통해 효율적으로 생산성을 높이는 것이었다. 그러나 최근 정보와 기술의 진보로 환경이 바뀌었다. 이전에는 리더가 효율성을 묻는 것이 핵심이었지만 현재는 변화하는 환경에 조직이 어떻게 적응력을 높일지 묻는 것이 더욱 적합하다.

먼저, 끊임없이 변화하는 사회 속에서 리더십의 형태가 효율에 집중된 '피라미드' 형태에서 '네트워크' 형태로 변화되었다. 변화로 인해 발생한 불확실성에 대한 답으로 모든 조직의 단계에 리더를 배치하는 것은 좋은 방법이었지만 완벽한 해결책은 될 수 없었다. 미국과 'Al-Qaeda'의 사례에서 볼 수 있듯이, 이전의 계급과 절차를 중요시하던 미군의 네트워크는 유기적으로 상황을 대처할 수 있는 네트워크를 구축한 'Al-Qaeda'에 고전을 면치 못했다 이 결과 'CrossLead' 라는 새로운 형태가 출현하였다. 이 형태는 투명한 리더십, 원활한 의사소통 그리고 수평적 공동작업이 핵심 요소이다. 이 시스템을 통해 리더들은 결정할 요소들이 줄어들었고 경영권과 소유에 대한 폭넓은 이해와 사전대응 능력을 기를 수 있게 되었다. 이런 종류의 능력은 적응성을 높여 언제든지 효율성을 앞지를 수 있다.

효율성에서 적응성으로 리더십의 중심이 옮겨가기 위해서 리더들은 '기본능력'을 갖추어야 한다. 세계적인 첼리스트가 기본 음계를 연습하는 것처럼 한 분야에서 변하지 않는 리더십의 핵심을 숙지하는 것이 우선시되어야 예측 불가한 상황을 최소화하고 그에 원활하게 대응할 수 있다. 높은 수준의 리더십을 위해서 '장기적인 관점' 또한 필요하다. 리더가 단기간의 수익을 높이고 판매량을 달성하는 것이 중요해 보일 수 있으나,

장기적으로 끊임없는 배움과 자기성찰과 같은 요소들을 통해 언제든 적응 할 수 있는 능력을 갖추는 것이 더욱 효율적이다.

이와 같이 복잡한 체계를 바꾸는 과정은 하룻밤 사이에 일어나지 않으며 인내심이 필요하다. 하지만 장기적이고 넓은 사고, 적응력 등에 대한 대화와 협력이 많은 분야에서 나타나고 있고, 여러 분야 사람들의 훌륭한 네트워크를 통찰해보며 변화된 리더십의 모습을 갖춰나갈 수 있다.

품질개선의 미래 – 지속적 발전

DuPont과 같은 우수한 기업들의 사례는 원시 수렵시대로부터 이어져온 품질 개선(Quality Improvement)의 중요성이 21세기에도 유효함을 시사한다. 의료, 교육, 공공, 비영리 서비스의 고비용, 자동화와 세계화에 의해 높아지는 실업률, 바이오산업과 제약산업의 더딘 생산성 등은 작금의 큰 문제들(big problems)이다. 그러나 큰 문제는 곧 큰 기회(big opportunities)로 볼 수 있으며 품질개선에 집중함으로써 이와 같은 기회들을 활용할 수 있다. 기업에 요구되는 다섯 가지 사항은 다음과 같다. 〈그림 1〉에 다섯 가지 사항의 구조적 관계가 표현되어있다.

1. 전반적인 품질개선 접근법: 시스템을 통해 서비스부터 행정, R&D, 판매, 마케팅, 제조까지를 통합적으로 개선하는 방식으로 국가, 문화, 산업의 부문에서도 전반적인 품질개선을 가능하게 한다.
2. 핵심 업무(Mission-critical)에 집중: 방대하고 복잡하며 비구조적인 주요 문제들을 통계적이고 공학적인 접근을 통해 해결하는 방법으로 문제 인식, 구조 설계, 문제의 맥락 이해, 전반적 전략 발전, 전략 완성의 단계로 구성된 접근법이다.
3. 빅데이터(Big data)의 활용: 빅데이터를 활용해 기존의 방식으로 해결할 수 없던 문제들을 풀어낼 수 있으며 이 '빅데이터'를 효과적으로 활용하기 위한 소프트웨어 역시 필수적이다. 다만 빅데이터를 활용하더라도 문제 해결에 있어서는 문제에 순차성, 전략적 사고, 데이터의 유래, 교과 지식 등의 주의 사항이 요구된다.
4. 인적 변수(Human variation)의 효과적 관리: 사용자 친화적 기술과 소프트웨어 등과 같이 제조, 생산 측면에서부터 노동에 이르기까지 인적 변수를 제어할 수 있는 방안의 개발이 요구된다.

▼ 〈그림 1〉 전반적 품질개선의 구조도

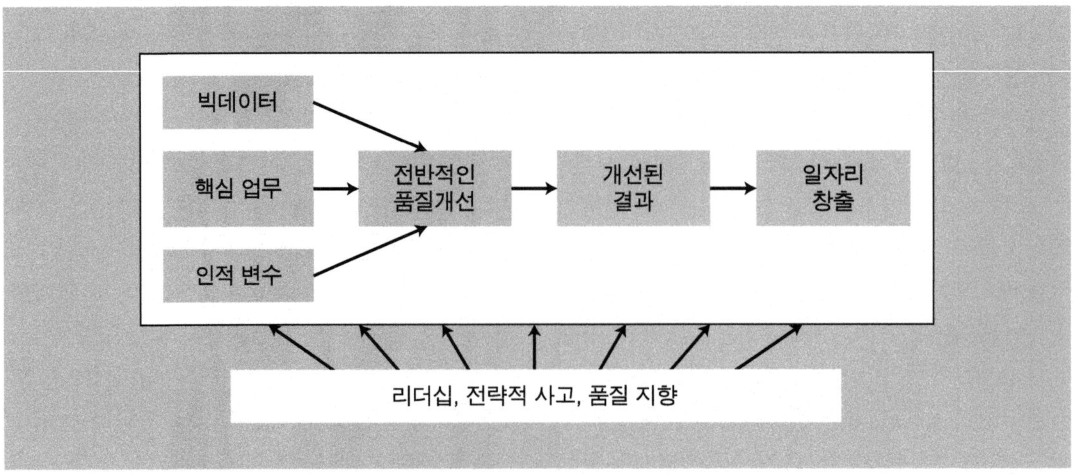

5. 혁신으로 비롯되는 다수의 일자리 창출에 대한 학습 강화: 자동화의 발전과 저임금 노동자의 양산으로 촉발되는 실업 문제를 품질 향상의 혁신을 통해 저비용 고효율의 일자리를 다수 창출함으로써 해결한다.

향후 기업들이 직면하게 될 중차대한 문제들을 해결하기 위해서는 빅데이터의 활용, 인적 변수의 관리, 핵심업무에 집중하는 전반적인 품질 개선에 초점을 맞추어야 한다. 리더십과 전략적 사고를 전반적 품질개선에 집중하여 양질의 상품과 일자리를 창출하는 기업의 미래는 밝다.

판매의 미래 – 고객만족을 위한 비용품질

말할 것도 없이, 품질 경영의 목적은 조직의 재무적 결과에 상당한 영향을 주는 고객 만족을 높이기 위함이다. 고객 만족은 결국 비용품질(Qfc, Quality for cost)에 따라 영향을 받으므로 품질 경영은 주로 품질 보증, 리콜 상품들, 그리고 새로운 제품들에서 과거의 실패가 재발하지 않도록 비용을 지불함으로써 노력을 기울여왔다. 그러나

▼ 〈그림 2〉 Qfs와 Qfc의 구조도

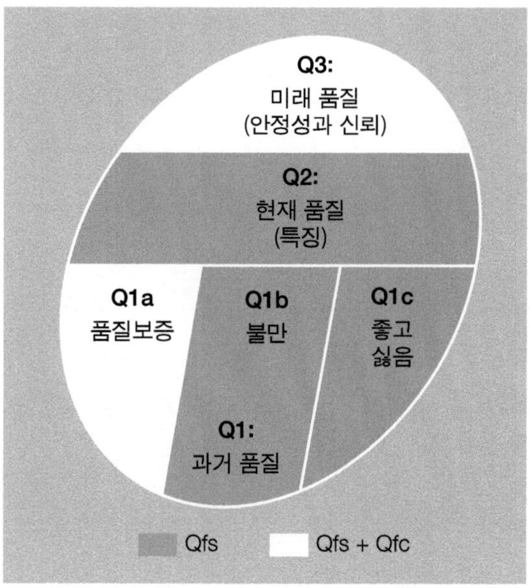

글로벌시장에 나타나고 있는 미래의 고도 경쟁사회에서는 Qfc와 더불어 판매품질(Qfs, Quality for sales)에 대한 개념도 발전시킬 필요가 있다.

소비자들이 실제로 어떤 제품을 구매하도록 하는 요인들로는 마케팅 효과 또는 브랜드 파워 등등 많은 변수들이 존재하겠지만, 품질은 아직까지 판매의 전반적인 과정에서 중요한 역할을 한다. 예로 소비자들이 자동차를 새로 사야 한다고 가정해보자. 이 경우 품질에 대한 의문을 해당 제품을 쓰면서 느꼈던 경험인 과거 품질(Q1), 경쟁상품들과 비교해봐도 얼마나 이 제품이 매력적인가 하는 현재 품질(Q2), 그리고 예기치 못한 사용 환경이나 시간이 흘러도 얼마나 이 제품이 안전하고 신뢰할 수 있는가를 기대하는 미래 품질(Q3)로 나눌 수 있다.

Q1은 현재 사용하는 자동차에 대한 느낌인데, 이는 또 Q1a, Q1b 그리고 Q1c로 세분화될 수 있다. Q1a는 추가적 비용을 초래하는 품질 보증 등을 포함하기 때문에 Qfc에도 포함되며, Q1b는 고객의 느끼는 불만이고 Q1c는 단순히 좋고 싫음에 대한 고객의 인식이므로 Qfs에만 포함된다. Q2 역시 브랜드 선택에 있어 자동운전기능과 같은 전문화되고 매력적인 특징들을 평가하기 때문에 Qfs에만 포함되며,

마지막으로 Q3는 미래에 나타날 소비자가 느끼는 안전도나 신뢰성에 관한 것이기 때문에 행여나 사고나 실패가 발생할 시 Q1a 항목에도 적용되므로 마찬가지로 Qfc에도 포함된다. Qfs와 Qfc의 포함구조는 〈그림 2〉에 표현되어 있다. 그렇다면 각각의 품질에 대한 관점들 중 어떤 것이 더 상대적으로 중요할까? Q3은 어떤 특정 브랜드가 제안된 후에 평가될 수 있기 때문에 Q1과 Q2만 비교하는 경향이 있는데, 사실 이 두 가지에 대한 중요도는 소비자들에 따라 다르기도 하고 같은사람이라도 다른 상품을 구매할 때는 다를 수 있다. 결국 이는 Qfc뿐만 아니라 Qfs 방면으로도 품질

관련 활동들이 확장되어야 함을 의미하므로, 우리는 이 새로운 도전에 준비해야 한다.

제조업의 미래
– 기업 간 거래 틈을 메우는 스마트공장

제조업은 새로운 IT시스템과 기술들의 적용을 통해 미래에 대응해야 한다. 이 과정에서 개인과 조직이 신기술을 어떤 방법으로, 언제, 또 얼마나 잘 적용시키는지가 관건이다. 기업들은 스마트공장을 통해 기업간 거래의 중간단계를 생략하고 하나의 통합된 공급사슬을 만들 수 있다.

제조업의 미래에 있어 스마트공장의 필요성은 기업 간 거래에서의 전통적인 개념인 '틈(seams)'과 '행위(transactions)'을 통해 크게 인식될 수 있다. 'seams'은 다수의 기업이나 공급사슬(프로세스, 시스템 또는 조직)이 결합되는 장소, 즉 중간과정에서의 틈을 일컫고 'transaction'은 이 틈을 잇는 기업의 행위인 중간처리 과정(제조, 보관, 운송 등)을 의미한다. 'transactions' 중 발생한 정보나 상품에 대한 요소들은 'seams'를 거쳐 가며 변경되거나 소멸된다. 그러나 스마트공장 시스템이 도입된다면, 기존의 이 개념들은 사라지고 기업 간의 컬래버레이션 등을 통해 하나의 통합된 과정으로 만들어진다. 이는 결과적으로, 앞서 언급했던 'seam'과 'transaction'의 단점이 보완되어 기업 간 실질적인 협업을 가능하게 한다.

미래의 제조업에서는 보다 더 많은 이익을 창출하기 위해서 스마트공장 시스템의 도입이 필수불가결하다. 그러나 기업들은 다양한 장벽으로 인해 스마트공장 시스템의 효율성을 실현시키는 데 어려움을 직면했다. 스마트공장 플랫폼은 이를 보완하기 위해 개방형 구조, 자유로운 접근, 개방 시장과 같은 특징을 중점으로 설계되었다.

현재, 새로운 IT시스템은 제조업의 사업가치가 물리 설비기반에서 가상의 기업기반으로 이동할 수 있도록 하고 있다. 'seams'와 'transaction'의 본질과 다양성이 서로 이어지면, 누구도 소유하거나 제공할 수 없는, 오직 스마트공장만이 가지고 있는 완전한 잠재력을 실현시킬 수 있다.

따라서, 스마트공장 시스템은 단순히 간편한 상업구조시스템을 얻는 것뿐만이 아닌 경제적인 이득, 상품가치, 환경지속성, 물적 자원과 에너지원의 절약의 효과도 얻을 수 있다고 전망되고 있다.

자료: 한국품질경영학회.

제1절 서론

GE의 최고경영자였던 Jack Welch는 아마도 동 시대의 CEO 중에서는 가장 품질에 높은 비중을 두었기 때문에 가장 우수한 CEO로 여겨질 것이다. Fortune지의 기자가 Jack Welch에게 왜 그렇게 오랜 기간 동안 종합적 품질경영활동을 하고 있느냐고 물었을 때, Jack Welch는 다음과 같이 대답했다.

"매년 10,000명의 종업원에게 여론조사를 한 결과 품질문제는 매우 중요하다고 답변하고 있으며, 식스시그마(six sigma)는 그 후에 채택되었다. 식스시그마의 채택 결과는 매우 환상적이며, 12억 달러의 이익을 얻을 것이다."

회사 전체에 일관된 종합적 품질 문화를 확립하기 위해서는 최고경영자의 강한 리더십이 필수적이다. Juran은 품질과 리더십에 관해서 다음과 같이 말한다.

상당한 노력에도 불구하고 미국기업들 중에서 극소수만이 세계수준의 품질에 도달하였다. 대부분 실패의 원인은 경영자의 리더십에서 초래된다. 마찬가지로 그 성공 여부도 리더십이 크게 작용한다.

리더십은 조직구성원과 시스템에 긍정적인 영향을 미치게 하고, 중요한 결과를 얻을 수 있게끔 하는 능력이다. 이처럼 리더십은 조직의 품질에 절대적인 영향을 미치게 되며, 강력하고, 긍정적인 리더십만이 품질을 향상시킬 수 있다.

리더들은 품질의 가치를 명백히 해야 하고, 이러한 가치들과 기업의 전략을 통합해야 한다. 전략은 이해관계자들의 요구에 적합한 회사의 목표와 정책, 계획을 정의하고 결정하는 것으로써 효과적인 계획은 사업에 있어서 보다 경쟁력을 갖추게 한다.

전략기획(strategic planning)의 주요한 역할은 전략과 프로세스가 일치되게끔 하고, 조직의 학습과 개선을 강화하게끔 하는 것이다. 오늘 같은 기업환경에서 품질은 전략계획의 핵심요소이다.

제2절 품질을 위한 리더십

1. 품질을 위한 경영자의 역할

리더십에 대한 정의는 다음과 같은 활동으로 예를 들 수 있다.

- 미래의 희망과 사명을 현실성 있게 바꾸고 격려한다.
- 조직이 활동에 전념하도록 한다.
- 조직의 목표를 위해 희생하는 용기

- 노력(활동)들을 조화시키는 의사소통
- 개개의 목적들의 조화
- 책임과 권한의 부여 및 학습기회 부여
- 신념과 확신은 구성원들이 지속적으로 노력할 수 있게끔 하는 환경을 제공함

대개 리더십에 대해서 생각하면 리더십 활동들을 떠올리게 되는데 이는 최고경영자들이 조직목표와 임무를 통합시키는 중요한 역할과 관계된다.

품질을 위한 최고경영자들의 역할은 다음을 포함한다.

- 사업의 방향을 정의하고 내·외부와 의사소통한다.
- 목표를 성취될 수 있도록 한다.
- 사업성과와 활동을 정밀하게 살핀다.
- 보다 창의적이고, 혁신적이며, 지속적인 개선을 할 수 있는 작업환경을 구성한다.
- 투입요소와 고객으로부터의 피드백을 유도한다.
- 종업원들이 조직의 사업에 효과적으로 공헌할 수 있도록 한다.
- 공급자에게 동기를 부여하고, 의욕적으로 일할 수 있게끔 한다.
- 종업원의 공헌을 인정한다.
- 정직한 피드백을 제공한다.

최근의 새로운 환경에 대응하기 위해서 최고경영자는 기존의 리더십에 대한 변화가 있어야 한다. 그 예로 최근의 '공식 조직(formal organization)'을 들 수 있는데, 공식조직은 조직의 공식적인 목표를 위해서 인위적으로 만들어진 분업체제로서 프로젝트 팀 등을 들 수 있다. 이러한 공식조직에서 리더십의 관점은 좀 더 넓게 적용된다.

- 공식조직 리더십은 다양한 프로젝트 팀들의 활동을 조정하고, 통합하는 책임이 있다.
- 일시적인 조직(ad-hoc) 리더십은 프로젝트 팀 범위 내에서 요구된다.
- 모든 프로젝트 팀 구성원들에 있어 리더십은 독자적으로 능력을 관리하고, 결정하며, 조직의 가치를 구체화하고, 각자의 사업에 대한 책임을 지니게 된다.

궁극적으로 공식조직의 리더십은 경쟁력 있는 이점과 가치를 명백히 하고, 고객과 시장을 정의하고, 지속적으로 학습하는 것을 말한다.

2. 효과적인 리더십

효과적인 리더십은 다섯 가지의 핵심적인 리더십 기술을 요구하는데 이 내용은 비전, 권한부여, 직관, 자기이해, 가치통합이 있다.

이를 상세히 설명해보면 첫째, 리더는 과거에 매이지 않고 미래를 관리한다. **비전**(vision)은 변화하는 시간 동안 모든 수준에서 중요하다. 리더는 조직의 변화와 기회를 위해 품질을 활용할 수 있어야 한다. 이상적인 리더는(비전이 있는 리더는) 고객, 공급자, 종업원 등 파트너를 고려한 미래 상태를 설계하고, 설명하며, 이들 파트너와 함께 공유한다.

둘째, 리더는 종업원 스스로가 문제점이나 기회를 포착하고 조직의 이익을 위해 스스로 의사결정을 하며, 또한 개선을 할 수 있도록 종업원에게 **권한을 부여**(empowerment) 한다. 이로 인해서 종업원은 스스로의 결정권한이 커지고, 따라서 고객의 요구에 보다 신속하게 대응할 수 있다. 권한부여는 자신의 위치를 믿고 전횡하는데 익숙한 관리자들에게는 위협이 된다. 진정한 힘은 형식적인 지위나, 권한을 의미하지 않지만 오히려 힘을 보다 아래 단계로, 그리고 넓게 확장시키는 역할을 한다.

셋째, 리더는 자신의 **직관**(intuition)에 따라 결정하는 것을 두려워하지 않는다. 불확실한 미래를 그들은 예상해야만 하며, 예상되는 위험이나, 기회를 대비해야만 조직의 성공을 이루어낼 수 있다.

넷째, **자기이해**(self-understanding)는 자기 스스로를 바로 볼 수 있는 능력과 조직의 구성원과의 원활한 관계가 요구된다. 이것은 자신의 강점과 약점을 충분히 이해하는 것이다.

마지막으로 **가치통합**(value congruence)은 리더가 가치를 회사의 경영시스템에 통합할 때 일어난다. 가치는 조직의 사업, 임무, 사람, 관계의 본질에 관한 가정과 믿음이다. 특히 가치는 품질을 위한 개개인, 팀워크, 책임에 관련된 신뢰와 관심이 포함된다.

3. 품질 리더십을 통한 사업성과의 실현

훌륭한 리더는 품질을 리드하기 위해서 종합적 품질의 원리를 채택하고, 조직전체에 적용시켜 사용하게 한다. 여기에는 다음의 활동들이 포함된다.

- 자신의 의견을 표현하고 실행하기 전에 자료를 모은다.
- 품질은 고객에 의해서 정의됨을 인식한다.
- 품질도구를 사용한다.
- 조직 전체의 책임과 의무를 예상하고, 추진한다.

참된 리더는 다음 몇 가지 방법으로 품질과 사업성과를 연결시키게 된다.

첫째, 조직 전체 수준에서 사업이 나아가야 할 방향과 기대성과 등 고객과 다른 이해관계자들의 가치를 창출하고 균형을 조절한다. 조직의 비전과 가치는 상위 리더로부터 나오게 되며 이는 내·외부 고객에 의해 정해진다.

둘째, 리더는 리더십 시스템과 권한부여, 혁신, 민첩, 조직학습을 위한 환경을 창조하고, 유지한다. 리더는 관료적인 규칙과 절차를 최소화하는 환경을 제공해야 한다. 권한을 부여하고 종업원들과 문제점이나, 지원시스템 등에 관해서 터놓고 이야기를 나누고, 관리자들에게 다양한 상황에 따른 실험이나 의사결정을 할 수 있는 환경을 제공하는 것은 종업원들 전체가 각자의 품질에 대한 책임을 이해시키는 데 도움을 준다.

셋째, 높은 수준의 목표를 설정하고 개인의 의무와 품질과의 연관성을 설명한다. 그리고 이로 인해서 보다 열정적으로 일할 수 있도록 한다(예: 매년 불량률을 50%씩 줄여나간다).

넷째, 품질가치를 전체 종업원들에게 매일 교육하고, 관리하고, 리더십 체계를 통해서 보다 넓게 공유하며 통합한다. 훌륭한 리더는 대화나, 회보, 연설, 이메일, 비디오 등의 의사소통 수단을 통해서 지속적으로 그들의 비전을 조직 전체에 알리고 이를 촉진한다. 그리고 수평적인 구조를 지닌 조직은 이러한 의사소통의 효과를 높인다.

다섯째, 조직의 성공 정도와 진보 정도를 평가하고, 개선과 혁신의 기회를 포착하기 위해 리더 자신의 성과를 포함한 조직의 성과를 재검토한다. 개선을 위한 의무를 유지하기 위해 조직의 에너지 수준을 지속적으로 파악하고 이해해야 한다. 이러한 인식은 성과측정 검토체계와 개선의 결과를 요구한다. 이러한 평가 및 재검토는 조직의 목표와 자원 및 수단이 일관성 있게 하는 데 도움을 준다.

여섯째, 합법적이고, 윤리적인 행위를 할 수 있도록 하는 환경을 조성하고, 회계상의 책임과 주주의 권익을 보호하고, 이해관계자들의 이익을 중요시하는 관리체계를 구성한다.

일곱째, 사회적 책임과 공공사회의 이익을 위한 지원체계를 사업과 통합한다. 리더십의 의무 중에는 공공사회의 건강과 안전 그리고 회사의 제품과 서비스를 통한 감동할 수 있는 환경을 조성하는 것이 포함된다(의료지원, 재활용, 제품개선을 통한 환경보호 및 지역단체활동 지원 등).

리더십은 전체 품질시스템에서 매우 중요한 요소이며, 리더십이 없는 종합적 품질경영은 단지 이달의 행사로 끝나기 쉽다. 효과적인 리더십은 체계적인 조직구조와 이론을 바탕으로 이루어질 수 있다.

제3절 효과적인 리더십 시스템의 설계

1. 리더십 시스템의 설계

리더십 시스템은 리더십이 조직의 전체에 걸쳐 공식적 혹은 비공식적으로 실행되는 방법을 제공한다. 여기에는 핵심 의사결정이 만들어지고, 전달되는 방법이 포함된다. 또한 의사결정이 만들어지고 선택되며 개발되고, 가치가 부가되고, 성과기대에 관한 부분도 포함된다. 효과적인 리더십 시스템은 리더의 자기진단과 개선에 대한 매커니즘도 포함하며, 고객과 다른 이해관계자의 요구와 높은 성과에 대한 기대, 성과 개선과 관계가 있다.

Customer Research사의 리더십 시스템을 보면 CRI Star라고 불리며, 이는 다음의 다섯 가지의 사업동인을 제시하고 있다.

1. 사람(people): 유능하고 권한부여된 인재를 개발한다.
2. 프로세스(process): 기술 기반적인 프로세스를 통한 작업을 관리한다.
3. 요구(requirement): 주요 고객의 요구와 기대에 부응한다.
4. 관계(relationship): 주요 고객과 공급자 간에 파트너 관계 유지 및 개선한다.
5. 결과(result): 성장과 수익 결과를 유도

상급 관리자들로 구성된 조정위원회를 활용하는 것은 종합적 품질 조직에서 일반적으로 행해지는 방법이다. 이들의 팀은 회사의 전략기획체계에 종합적 품질경영의 원리를 적용하고 이를 전체적으로 통합하려고 노력한다. AT&T사의 조정팀은 다음과 같은 특성들을 가지고 있다.

- **리더십**: 품질비전을 명확히 하고, 촉진하며, 책임과 기대를 공유하고 사업관리 프로세스를 품질에 맞게 조정하고 위원회의 높은 활동을 유지하며 교육과 컨설팅, 도구를 활용함으로써 사업 전반적으로 지원체계의 유용성을 확보한다.
- **계획**: 품질목표 전략을 계획하고, 고객의 요구와 사업능력을 파악하며 장기적인 목표와 단기적인 과제를 개발하고 인적자원 목표와 정책을 명확히 하며 종업원들이 자신의 업무와 품질의 중요성을 인지하도록 한다. 또한 종업원들은 기회를 파악하고 기술을 연마하며 종업원들이 품질에 대해 보다 적극적으로 지원할 수 있도록 보상, 인식 시스템을 체계화한다.
- **실행**: 핵심 사업프로세스 팀을 형성하고, 이러한 프로세스를 개선하며, 개선계획을 재검토하고, 개선에 필요한 자원을 제공하며, 모든 관리자들은 여기에 적극적으로 협력한다. 주요조직의 품질계획을 재검토하고, 공급자와 다른 사업파트너들과 함께 품질계획에 적극 참여한다.
- **재검토**: 고객만족과 품질에 대한 내부 측정, 모니터링, 개선기회 파악, 개선계획, 개선의 영향 등을 파악하여 진행과정 및 발전 여부를 추적한다.

리더십 시스템의 중요한 관점은 조직의 책무에 대한 관리 및 통제시스템을 제공하는 것이다.

2. 리더십과 사회적 책임(CSR)

조직 리더십의 중요한 관점은 공공사회의 책임과 훌륭한 시민활동(지역사회 활동)이다. 이러한 책임에는 공공의료, 안전, 환경 등이 포함된다. 다음의 요소들은 이러한 논점에서 중요하게 생각해보아야 할 문제다.

- **법적 규제**: 예를 들어 프랑스의 경우 Paris Stock에 가입된 모든 회사는 재무제표에 사회적 활동과 환경 성과에 관련된 내용을 포함시켜야 한다.

- **인구통계적 변화**: 개인의 교육이 점차 높아질수록 그들은 기업들에 대해서 더 높은 수준의 표준 기준을 따르도록 요구하고 기대한다.
- **비정부조직(NGO)으로부터의 압력**: 특히 유럽의 경우 국제사면기구(Amnesty International)와 그린피스(Greenpeace)를 기업인 Microsoft나 Shell사보다 더욱 신뢰한다.
- **투명성 강조**: 고객의 소리를 대외적으로 공개하고, 그들의 의견을 듣는다. 특히 나쁜 점에 관해서는 숨기려 하지 않고 보다 적극적으로 개선하도록 한다.

기업은 이익만을 추구해서는 발전하기가 어렵다. 지역사회에 대해 보다 책임감을 가지고 교육시설, 의료시설, 기타 환경문제에 앞장섬으로써 기업의 긍정적 이미지를 꾀할 수 있으며, 지역사회의 발전은 곧 기업의 발전을 가져오게 된다. 하지만 지역사회를 무시할 경우 지역사회 단체나, 자치단체로부터 법률적, 윤리적 문제를 일으킬 수 있다.

사례

한국기업 경쟁력 회복 방법은?

대다수 한국 산업의 생산성은 선진국에 비해 낮은 수준에 머물러 있다. 미국은 노동자 1인당 10만 6,000달러를 생산하는 데 비해 한국은 4만 7,000달러를 생산하는 데 그쳐 생산성이 44%밖에 되지 않는다(2015년 기준).

선진국 기업들은 앞서나가고 중국 기업이 따라오고 있는데, 한국 기업들이 경쟁력을 회복할 방법은 무엇일까. 답은 명확하다. 바로 '산업 사물인터넷(IIoT, Industrial IoT)' 혁신을 통한 '디지털화'다. 공장, 창고, 사무실뿐 아니라 구매처, 연구소까지 산업 현장 곳곳에 사물인터넷을 전면적으로 활용하고 연결해서 생산성을 획기적으로 높이는 것이다. Mckinsey 연구 결과, 디지털화가 심화되면 국가의 생산성도 높아진다. 특히 디지털화 비용이 떨어지는 지금이 디지털화의 적기다. 최근 10년 사이 센서 가격은 70~90% 떨어졌고, 사물인터넷 노드(연결 부위) 비용도 절반이 됐다. 클라우드(가상 저장 공간)에 1기가바이트의 데이터를 보관하는 비용도 2010년 대비 1000분의 1 수준으로 떨어졌다. 글로벌 선도기업들은 사물인터넷(IoT)을 활용해 자산 효율 증가, 인건비 절감, 영업 수익 증대, 재료비 절감, 서비스 향상 등 다섯 가지 핵심 요소의 디지털 혁신을 통해 성장률을 높이고 더 많은 수익을 창출하고 있다.

자산 효율성

자산 집약적인 제조업체가 많은 국내 산업은 자산의 활용률을 높이고 유지 관리비를 줄여 수익성을 끌어올릴 수 있다. 첨단 기술 제조업체들은 디지털 유지보수 시스템을 통해 오작동 설비를 파악하고, 불량 제품이 추가로 생산되거나 생산 라인 속도가 떨어지는 걸 막을 수 있다. 경영진은 선제적으로 예비 설비를 설치하고 수리 인력을 파견해 피해를 줄이고 기계 수명도 연장할 수 있다.

한 글로벌 PC 위탁 생산업체는 설비 센서와 정보 허브를 연결해 설비 작동 문제의 근본 원인을 실시간으로 분석하는 통합 디지털 시스템을 구축했다. 이를 통해 기계가 예상치 못하게 작동을 멈추는 시간(다운타임)을 없앴다.

생산 공정 단계 중 가장 복잡하거나 고장률이 높은 단계는 자동화하면 생산성을 높일 수 있다. 예컨대 대만의 선도 LCD(액정표시장치) 패널 제조업체는 자동화 생산 라인을 활용해 램프업(본격 가동 수준으로 생산량 증대)하는 데 필요한 시간을 4개월에서 단 1개월로 줄였다. 전체 생산 수율(收率·투입 원자재 대비 완제품 비율)도 3~5% 포인트를 더 높였다.

설비 장치에서 나오는 데이터를 분석해 유지 관리비를 줄일 수도 있다. 한 글로벌 파운드리(반도체 위탁생산) 기업은 제조 장비에서 수집된 엄청난 양의 데이터를 분석하는 머신러닝(기계학습) 알고리즘을 개발했고, 이를 통해 87%의 정확도로 고장 가능성이 가장 큰 장비를 파악할 수 있었다.

노동생산성 향상

인건비가 올라 국내 제조업체들의 비용 우위가 빠르게 사라지고 있다. 지속적으로 비용이 오르는 인력을 대체할 수 있는 자동화 기술을 활용한다면 경쟁력을 유지할 수 있다. 다만, 생산 라인에 로봇과 인력 간 적절한 균형을 맞춰야만 성과를 최적화할 수 있다.

대만 광(光)부품 제조업체인 라이트온은 광둥성 둥관 공장에 로봇을 활용해 인건비를 80% 가까이 줄이고 생산성은 3배나 높였다. 로봇에 대한 투자액은 1년 6개월이면 회수할 수 있다.

제조 공정뿐 아니라 물류 창고와 백오피스(업무 지원 부서)의 자동화도 가능하다. 한 제조업자 생산개발(ODM) 업체는 창고에 재고 관리 자동화를 위한 센서를 설치해 인건비를 75%나 줄였다. 백오피스 업무는 최대 65%까지 자동화가 가능해 업무 효율성을 30% 끌어올릴 수 있다.

▼ 주요국 산업별 노동생산성

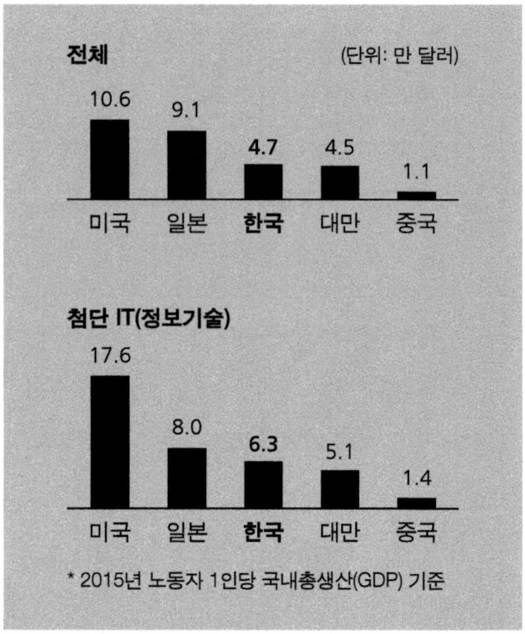

▼ 산업 사물인터넷(IoT) 혁신을 통한 기업 성과

판매량 증가율	연 **5~15%** 가속화
프로젝트 제품 개발 주기	**20~40%** 단축
연구·개발 예산 증가	**50%** 감소
재료비	**5~10%** 감소
적시 적량 배송 성과	**20~30%** 향상
재고	**30%** 이상 감소
제조 비용	**25~35%** 감소
1인당 생산량	**40~60%** 향상

자료: 맥킨지

수익 증대

마케팅과 영업 활동에도 디지털 기술을 적용해 매출 증대를 꾀할 수 있다. 고객이 제품을 살 때 가격·브랜드 등 어떤 요인을 중시하는지, 전단·인터넷 등 어떤 마케팅 채널을 보고 구매하는지 등을 잘 파악하는 기업일수록 고객에게 가장 필요한 제품과 솔루션을 줄 수 있다. 한 글로벌 첨단 기술 기업은 고객의 구매 패턴 등을 데이터로 파악해 어떤 마케팅 수단으로 어떤 성향의 고객에게 집중할지 우선순위를 정하고 이를 판매에 활용해 매출을 20% 늘렸다.

재료비 절감

재료 구매 정보를 디지털화하고 분석하면 제품 원가를 획기적으로 낮출 수 있다. 한 글로벌 자동차 전장 부품 공급사는 전 세계 생산 공장과 공급망의 구매 정보를 디지털화했다. 60만 개가 넘는 구매 건수를 실시간으로 추적해 가장 싼 구매처 정보를 모든 공장에 전달해 연간 구매비를 11~14% 절감할 기회를 찾았다.

더 나아가 디지털 전환으로 구매 가치사슬의 모든 단계를 업그레이드하고 재료비를 가장 낮은 수준으로 줄일 수 있다. 한 글로벌 첨단 전자기기 제조업체는 디지털 구매 데이터 시스템, 공급사 성과 관리 시스템, 제품 생산 계획에 연동된 자동 재료 주문 시스템을 도입하고 이를 주도할 디지털 구매 전담 조직을 꾸려 구매비를 15% 아꼈다.

서비스 수준 향상

소비자 입맛이 빠르게 변하기 때문에 재고 과잉은 막으면서 시장 기대에 맞춰 제조 용량을 신속히 조절하는 게 기업 성공을 좌우하고 있다. 이를 위해 소비자와 공급사의 피드백을 재빨리 수집해 수요 계획을 수립하고, 공급사슬을 애자일(agile·기민)하게 만드는 시스템이 필요하다. 선도 디스플레이 패널 제조사의 경우 소비자가 현재 어떤 제품을 선호하는지 구매 데이터를 실시간 파악해 어떤 제품을 더 생산할지 결정하고 생산 라인과 재고를 조정하고 있다.

고급분석 기법을 써서 제품의 시장 출시 기간도 단축할 수 있다. 한 ODM 업체는 연구·개발(R&D)의 디지털화로 제품 품질을 높였다. 전체 제품을 처음부터 재설계하는 대신 고급분석을 통해 개선이 필요한 부문만 파악해 재설계하고 제품 진척도를 추적했다. 이런 방식으로 제품 개발 주기를 40% 단축했다.

"산업 IoT 성공은 CEO 하기 나름"

'산업 사물인터넷(IIoT)' 혁신을 통한 디지털 전환은 '진단, 설계와 계획 수립, 실행'의 3단계로 이뤄진다. 중국 한 제조업체의 실제 사례를 보자.

이 회사는 우선 워크숍을 열고 공장을 정밀 평가했다. 그리고 인력, 자산, 품질, 재고 유지 관리, 조직 역량 등 5개 디지털 전환 과제에 대해 100여 개의 적용 사례(use case)를 정했다. 그러곤 비즈니스 모델과 산업 사물인터넷을 조직 전반에 적용하기 위한 '3년 로드맵'을 구축하고 우선순위 과제를 정했다.

로드맵에 따라 시범 공장을 대상으로 5개 우선순위 과제를 먼저 실행했다. 그 후 디지털 '핵심 혁신 센터(CoE, Center of Excellence)'를 구축하고 디지털 전환을 이끌 핵심 인재를 교육했다.

이런 여정을 거쳐 이 기업은 15개의 비용 절감 요소를 찾아냈고, 이자 및 세전 이익(EBIT)을 35% 향상시켰다. 약 3년4개월 후엔 투자금을 회수할 것으로 기대하고 있다.

그런데 이런 단계를 거쳐도 사업 전환 프로젝트의 70%쯤은 실패로 끝난다. 성공하려면 디지털 전환에 대한 조직 전체의 의지가 강력해야 하기 때문이다. 디지털 전환을 CEO(최고경영자)가 리드해야 하는 이유다. 디지털 전환은 단순한 IT 프로젝트가 아닌 디지털 기술과 전략을 통합해 사업을 완전히 탈바꿈하는 것이다.

또 내부에서 솔루션을 구축하기보다 외부 파트너와의 생태계를 적극 활용해야 한다. 많은 한국 기업이 흔히 빠질 수 있는 NIH(not-invented-here·외부 아이디어나 상품을 배척하는 현상) 신드롬의 유혹을 피하고, 검증된 비즈니스 사례를 보유한 외주 업체를 선택해야 한다.

각종 파일럿(시범 운용 프로젝트)의 효과를 극대화하려면 산업 사물인터넷을 기업 주요 기능을 아우르는 하나의 혁신 공장에 집중 적용해야 한다. 직원 디지털 역량 재교육에 더불어 애자일(agile·기민) 문화와 업무 방식 전환에도 아낌없이 투자해야 한다.

자료: 조선비즈, 2019년 5월 13일.

제4절 품질전략기획

전략기획에는 기업의 미래와 목표를 달성하기 위해서 나아갈 방향과 비전의 내용을 명확히 하는 것으로 전략의 계획은 대개 3년, 5년, 혹은 그 이상의 기간 동안의 계획을 구성하게 된다. 여기에서는 고객관점에서 품질을 정의하고 재무성과와 마케팅 목표를 설정하고 조직이 성과를 달성할 수 있도록 운영계획을 짠다. 즉, 비용절감, 가격경쟁력, 유연성, 고객만족 등에 초점을 맞추어 사업전략을 계획한다.

1. 전략기획 과정

전략기획 과정(strategic planning)은 첫째, 조직의 내·외부 환경을 분석하고 둘째, 사명과 비전을 개발하고 셋째, 전반적인 목표를 수립하고 넷째, 추진할 일반적 전략을 규명하고 마지막으로 조직의 목표를 달성하기 위한 자원들을 할당하는 활동계획을 말한다.

전략기획 수립의 목적은 조직의 강점과 약점을 파악하여 환경과 관련된 기회와 위협에 효과적으로 대처하는 것이다. 따라서 상황적응적 계획수립(contingency planning)이 필수적이다. 이는 경영자가 일어날 수 있는 몇 가지 중요한 환경요소에 대한 시나리오에 대해 검토하는 것으로 시작된다. 부정적인 환경요소들은 지진, 홍수나 화재와 같은 재앙에 대해 대처하는 방법들이 예가 될 수 있다. 긍정적인 환경 요소들로는 기업의 현재의 생산능력에 초과하는 고객의 주문 등이 예가 될 수 있다. 환경 요소들을 고려할 때, 다섯 가지의 중요한 요소들(산업 내 경쟁자, 고객, 신규 진입자, 공급자, 대체품 등) 이상을 고려하는 것은 바람직하지 않다. 왜냐하면 많은 환경요소들을 모두 관리하기 어렵기 때문이다. 상황적응적 계획수립은 경영자들에게 경영자들이 대응할 수 있는 가능성과 외부의 전략을 알게 해 준다.

전략기획 수립의 네 가지 주된 관점은 사명과 비전, 목표, 전략과 활동계획이다. 이들에 대해 하나씩 검토해보자.

1) 사명과 비전

사명(mission)은 조직이 생존하는 목표나 존재 이유이다. 사명은 다음과 같은 기본적인 질문에 대한 해답을 준다. 즉, 우리는 어떤 사업을 하고 있는가, 우리는 누구인가, 우리는 무엇을 하려 하는가이다. 사명은 만족시켜야 할 고객의 요구의 관점, 공급해줘야 할 재화나 서비스의 관점, 현재에 추구하고 있거나 미래에 추구해야 할 시장의 관점에서 볼 수도 있다. 예컨대 Sony사의 사명은 음악을 사랑하는 사람에게 고객서비스를 제공하는 것이고, Walt Disney사의 사명은 사람들을 행복하게 하는 것이다.

비전(vision)은 조직이 구성원들의 마음에 항상 호소하는 기본적인 열망이나 목표를 나타낸다. 비전은 조직의 사명에 정신을 불어넣어 주는 것이다. 예컨대 3M사의 비전은 '풀지 못한 문제를 혁신적으로 풀자'이고, Wal-Mart의 비전은 평범한 사람들에게 같은 물건을 부자들 같이 살 기회를 주는 것이다.

〈그림 6-1〉 핵심이념과 사명

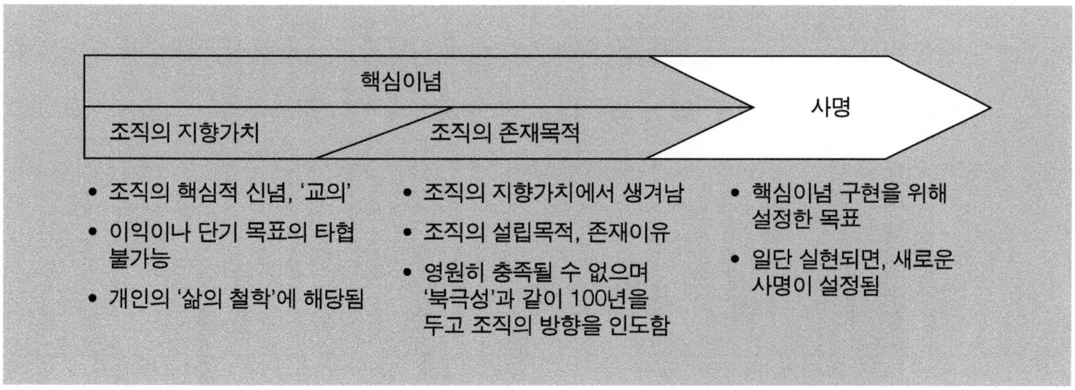

2) 목표

목표(goal)는 조직이 달성하겠다고 천명하는 것이다. 목표는 질로 나타낼 수도 있고 양으로 나타낼 수도 있다. 질적인 목표의 예는 항공사의 경우 6개월 동안 새롭게 취항하는 도시의 수와 관련하여 얼마나 이익을 더 창출할 수 있는가이다. 양적인 목표의 두 가지 예는 항공 개찰구에서 각 비행기당 20분 동안 회항하는 수, 그리고 경쟁사보다 좌석 하나당의 원가를 100원이라도 낮게 유지하는 것이다.

3) 전략

전략(strategies)은 조직이 목표를 수행하기 위해 이루어지는 주요 활동들을 말한다. 기회나 위협에 대응하기 위해 조직이 사용하는 다양한 전략들이 존재한다. 이 전략들은 연합전략, 수출전략, 특허전략, 다목적 전략, 범세계화 전략 등이 있다. 이 장을 통해 추가적인 일반전략, 기업특유의 전략 등을 제시할 것이다.

전략을 개발하는 데 중요한 점은 적어도 경쟁자에 비해 상대적으로 독특하든지 혹은 경쟁자와 비슷한 전략을 추구하더라도 다른 방법을 택해야만 한다. 예를 들면 Wal-mart와 K-mart는 비슷한 전략을 가지고 있지만 Wal-mart는 좀 더 발전된 정보기술을 활용하여 효율적인 전략을 추구한다.

4) 활동계획

활동계획(action plan)은 조직이 사용하는 자원들은 돈, 사람, 설비, 장비, 부지 등으로 매우 다양한 기능과 역할이 있는데 전략적 목적을 실현하기 위해서 조직해야 하는 것이다.

2. 전략의 전개 — 방침전개

첫째, 최고경영자, 종업원, 공급자, 고객 모두 계획 과정에 참여한다. 최고경영자의 강한 리더십은 회사의 사업계획 과정이 모두 품질원리에 초점을 맞추어 종합적 품질경영에 통합되는데 큰 영향을 미치며 고객 역시 전략계획에서 이를 수행하는 사람이므로 매우 중요한 자원이다. 또한 고객의 필요나 요구를 이해하여 계획에 적용해야 하며, 공급자의 상황이나 능력, 그리고 향후 예상되는 변화를 함께 계획해야 한다.

둘째, 전략개발과 전개를 위해 조직적이고 규칙적인 계획시스템을 구성한다. 조직적이고 규칙적인 프로세스는 자원의 사용을 최적화하고, 종업원 훈련의 유용성을 확보할 수 있으며, 단기간, 장기간 사이에 요구되는 자금소요량이나 공급자 개발에 대한 문제를 보다 용이하게 해결할 수 있도록 한다.

셋째, 전략계획 프로세스에 투입된 외·내부 요소들에 대한 다양하고 유동적인 자료들을 모으고 분석한다. 효과적인 전략계획은 고객과 시장의 요구와 기대에 대한 이해와 경쟁환경, 생산능력, 재무적 위험, 인적자원과 기타 공급자능력 등 다양한 요인들에 대한 분석과 이해에 의존한다.

넷째, 단기간 계획과 장기간 전략목표 및 조직적인 도전과제가 조화를 이루도록 조정하고 진행, 진보과정을 추적하고 평가할 수 있는 측정수단을 이용하여 조직의 의사소통 및 정보공유가 원활하게 이루어질 수 있도록 한다.

다섯째, 전략목표와 활동계획으로부터 인적자원계획을 끌어낸다. 이는 조직적 변화를 고려하거나 인적자원의 변화에 필요한 계획을 구성할 때 중요하다. 이러한 변화들은 새로운 훈련시작이나 작업개편, 보상과 격려 등을 포함한다. 예를 들면 AT&T사의 경우 훈련과 교육을 조직과 개인을 위한 현재와 미래의 능력을 수립하는 전략계획과 연결한다.

최고경영자는 그들의 계획과 전략을 성공적으로 추진할 수 있는 방법이 필요하다. 일본 기업들은 **방침전개**(policy deployment)를 통하여 전략을 전개하고 있다. 방침전개는 주요 경영과정상의 변화를 관리하기 위한 시스템적인 접근방법이다. 이것은 조직 전체의 계획, 전략우선순위의 설정, 목표달성을 위한 자원의 제공, 성과향상을 위한 성과측정 등을 강조한다. 방침전개는 본질적으로 전략을 집행하기 위한 종합적 품질경영(TQM) 접근법이라고 할 수 있다.

〈그림 6-2〉 방침전개의 단계

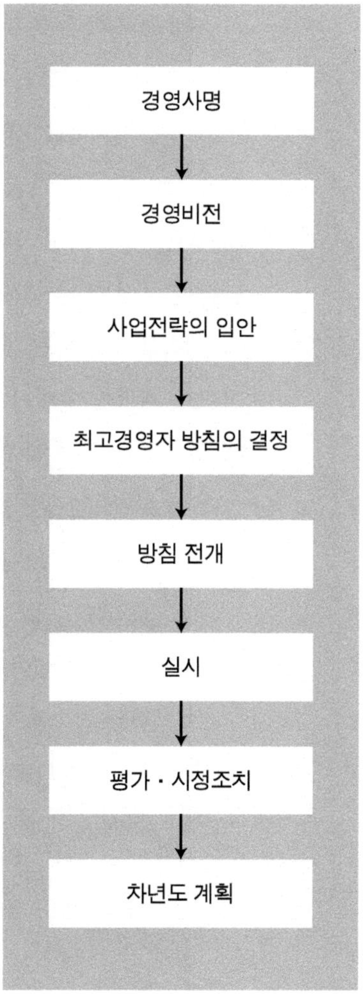

King은 방침전개를 다음과 같이 감동적으로 설명하고 있다(King, 1989).

> 지금부터 5~10년 후 고객이 원하는 것이 무엇인지를 알고 있는 회사, 고객의 기대 수준에 부합하기 위하여 무엇을 해야 하는지를 알고 있는 회사를 생각해보자. 계획, 실행, 검토, 조치, 장기적인 관점에서의 활동, 과정과 결과를 고려한 현실적인 측정체계, 단결된 집단, 필요한 정보를 소유한 사람에 의한 의사결정, 일상 활동과 통합된 계획, 원활한 상하 간 의사소통, 기능부서 간의 협조적인 의사소통, 모든 사람들이 참여하는 계획 등이 이루어질 수 있는 계획시스템을 상상해보라. 바로 이것이 방침전개인 것이다.

최고경영자는 방침전개를 통하여 비전을 개발하고 전달할 뿐만 아니라 그것을 달성하기 위한 실천공약을 제시해야 하는 책임을 갖고 있다. 이러한 비전은 연간사업계획서의 개발과 집행을 통하여 전개된다. 모든 조직계층의 종업원들이 비전에 도달하기 위하여 전략과 행동계획을 수립하는 데 적극적으로 참여한다.

연간사업계획을 달성하기 위하여 각 조직계층마다 점차적으로 보다 자세하고 구체적인 수단들이 결정된다. 계획은 최고경영자의 계획으로부터 조직계층을 따라 아래로 내려간다. 조직계층 간에는 정기적인 감사에 의해 번번한 평가와 시정조치를 요구한다. 단순한 증상보다는 문제의 근본원인을 분석함으로써 계획과 활동을 개발한다.

계획을 실행하는 과정에서 발생할 수 있는 가능한 문제점들을 예상하여 매우 구체적으로 계획이 수립되어야 한다. 결과만을 지향하는 것이 아니라 프로세스를 개선하는 데 초점을 맞추는 것이다.

Imai(1986)는 방침전개의 예를 다음과 같이 제시하였다.

> 방침전개의 필요성을 보여주기 위하여 다음과 같은 사례를 생각해보자. 항공사의 사장이 자신은 안전(safety)를 신봉하며, 회사의 안전이 유지되고 있는지를 확신하는 것이 그의 기업목적이라고 선언한다고 가정해보자. 이러한 선언은 즉시 분기별 보고서와 광고에 나타나게 된다. 부장 또한 안정에 대한 회사의 믿음을 성언하게 된다. 조종사나 승무원, 기내식 관리자도 안전을 믿는다고 말한다. 회사의 모든 사람들이 안전을 실천한다. 과연 그럴까? 그렇지 않다면 모든 사람들이 안전에 대한 생각을 단순히 입에 발린 말만 한 것인가?
>
> 이와는 다르게, 사장이 안전을 회사의 방침이라고 말하고 이사들과 함께 책임을 규정할 수 있는 안전에 대한 계획을 개발하고자 한다면 모든 사람들이 매우 구

체적인 내용들을 논의하게 될 것이다. 안전은 실질적인 관심사가 될 것이다. 기내식 서비스를 담당하는 관리자에게 안전의 의미는 고객의 불만족과 질병을 방지하기 위하여 음식의 품질을 유지하려는 것이 될 것이다.

이러한 경우에 어떻게 하면 기내식을 최고의 품질 수준으로 확신할 수 있는가? 어떤 종류의 통제와 점검이 이루어져야 하는가? 비행 중 음식의 부패가 없다고 어떻게 확신할 수 있는가? 비행 중에 냉장고의 온도와 오븐의 상태를 누가 점검할 것인가?

안전이 특정한 활동으로 정의되고 특정한 통제와 점검이 이루어질 수 있을 때 방침으로 전개되었다고 말할 수 있을 것이다. 방침전개는 모든 구성원들이 자신의 책임으로 방침을 해석하고, 방침을 수행하면서 성공 여부를 점검할 수 있는 기분을 만들어내는 것이다.

〈그림 6-3〉은 일반적인 방침전개의 과정을 나타낸다. 방침전개는 회사의 경영자로부터 출발한다. 경영자가 회사의 비전과 핵심적인 목표를 설정한다. '고객만족으로 업계에서 선두주자가 되는 것'이라는 장기적인 비전을 설정하였다면 '납기를 개선하는 것'이 목표가 될 수 있다. 중간관리자는 목적과 목표를 달성하기 위하여 경영자와 협의한다.

〈그림 6-3〉 방침전개 모델

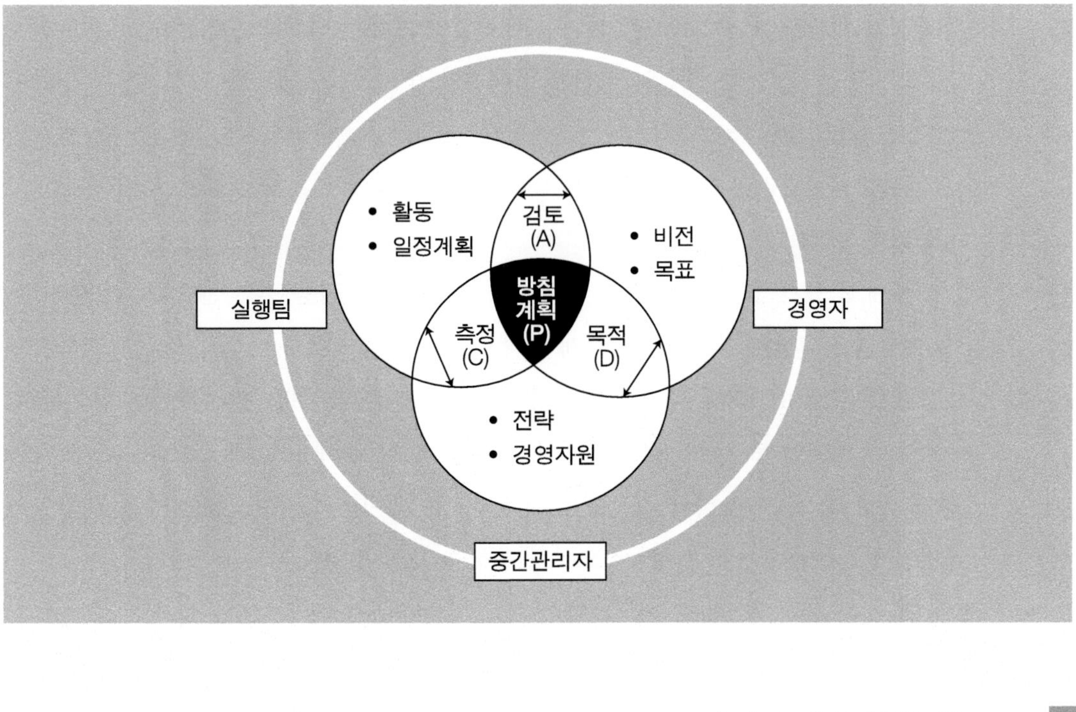

목표는 예상되는 변화의 정도를 수치로 명확하게 규정해야 한다. 목표는 도전해야 할 정도로 높은 수준이어야 하지만, 한편으로는 사람들에게 도달 가능한 것으로 인식될 수 있어야 한다.

전략은 목적을 달성하기 위한 수단들을 명확하게 규정해야 하며, 실천해야 할 활동들을 매우 구체적으로 제시해야 한다. 중간관리자들은 목적을 달성하기 위해 자원을 관리해야 할 책임이 있다. 그리고 나서 전략의 추진상황을 점검할 수 있는 성과측정에 대하여 실행팀과 협의해야 한다.

개별적인 전략요소들의 효과성을 높이기 위하여 측정에 의한 구체적인 점검이 이루어져야 한다. 실행팀들에게 자신들의 활동에 대한 일정계획을 수립하고 관리할 수 있도록 권한이 위임되어야 한다. 그리고 나서 경영자는 실행팀의 진행상황과 계획시스템의 성공 여부를 판단할 수 있는 검토과정을 가져야 한다. 이 과정에 품질관리 7가지 도구(히스토그램, 특성요인도, 파레토그림, 체크시트, 산점도, 층별, 각종 그래프), 또는 새로운 품질관리 7가지 도구(연관도, 계통도, 매트릭스도, 친화도, 과정결정계획도, 애로우 프로그램, 매트릭스 데이터 해석법) 등이 다양하게 활용될 수 있다.

방침전개는 목표관리(MBO)(Management By Objectives)와 유사점이 있지만 몇 가지 중요한 차이점이 있다.

첫째, 일반적으로 목표관리는 조직 전체의 개선보다는 종업원 개개인들의 성과에 집중하고 있다. 목표달성은 개인들의 성과평과와 보상에 밀접하게 연관되어 있다. 이것은 조직의 목적보다는 개인의 성취를 극대화할 수 있는 활동들을 촉진시키는 경향이 있다.

둘째, 목표관리의 목적은 일반적으로 회사의 비전에 일치하지 않고, 독립적으로 설정된다.

셋째, 목표관리는 근본적으로 경영통제의 수단으로 사용된다. 실제로 대부분의 부하 직원들은 그들의 상사에 복종하게 된다.

끝으로, 목표관리의 목적은 일상적인 작업에 반영되기보다는 성과에 대한 점검이 이루어질 때에만 부각되는 경향이 있다. 그러나 목표관리에 대한 접근방법은 매우 다양하며 성공적으로 활용하는 경우도 많이 있다. 특히 내부의 의사소통이 좋은 대부분의 중소기업들은 목표관리를 성공적으로 활용하는 경향이 있다.

〈그림 6-4〉 방침전개의 예

〈사업본부장 방침〉

(목표) 매출액 100억 원

(방책) (1) 기존상품의 신규 사용자 확보(매출액: 20억 원)

(2) 신제품의 판매확대(매출액: 10억 원)

(3) 기존상품의 기존사용자에의 확대 판매(매출액: 70억 원)

(1) 목표의 전개

	목표	
시장대상(용도)	매출액	신규사용자
(기존) 전자	10억 원	10사
(기존) 자동차 부품	7억 원	8사
(신규) 컴퓨터	3억 원	6사
합계	20억 원	24사

(2) 방책의 결정

중점실시항목	목표	방책
전자제품시장에서의 신규사용자 확보	10사(10억 원)	① 신규사용자에 대한 방문빈도를 높임
		② 기술 서비스 실시
자동차 부품시장에서의 신규사용자 확보	8사(7억 원)	① 중국시장의 개척
		② 동남아시아의 사용자 공략
(신규) 컴퓨터시장에의 진입	6사(3억 원)	① 사용자 파악
		② 타사와의 차별화

3. 품질전략의 구성요소

품질전략은 다음과 같은 요소를 포함하고 있다(Whiteley, 1991).

- 고객중심의 비전
- '고객의 소리'에 대한 관심

- 우수한 기업으로부터 벤치마킹 및 학습
- 종업원에 대한 관심
- 품질달성에 장애가 되는 요인의 제거
- 품질과 성과의 측정수단 및 계획

이러한 요소들은 품질에 대한 실천공약이 이루어진다면 어떠한 조직에서도 실행될 수 있다. 예를 들어 1992년도 발드리지 품질상을 수상한 Ritz-Carlton Hotel을 생각해볼 수 있다.

> "신사와 숙녀에게 봉사하는 신사와 숙녀(ladies and gentlemen served for ladies and gentlemen)"는 Ritz-Carlton Hotel의 비전을 나타내는 것이다. 이것은 고객에게 최고의 존경심을 보여줄 수 있도록 사람을 통한 서비스를 강조한 것이다. 고객관리 컴퓨터시스템은 적어도 3번 이상 이 호텔에 투숙하였던 24만 명의 고객에 대한 신상명세를 관리할 뿐만 아니라 고객의 소리를 이해하고 고객의 특성에 맞는 고객화된 서비스를 제공하는 데 도움을 준다. 이 호텔은 포 시즌(Four Season) 호텔과 같은 세계적인 우수기업들을 대상으로 벤치마킹을 함으로써 서비스를 향상시킬 수 있는 방법을 배우고 있다.
>
> 종업원들은 100시간 이상의 품질교육을 받고 있으며, 90% 정도는 품질세미나에 한 번 이상 참여하고 있다. 이직률은 업계 평균의 절반 이하에 불과하다. 회사는 종업원들로부터의 피드백에 귀를 기울이고 이를 실천에 옮긴다. 다기능 팀이 품질문제를 해결하고, 종업원들에게 고객중심의 의사결정을 할 수 있도록 권한이 부여된다.
>
> 객실을 청소하는 시간, 고객 불만족에 의한 비용, 엘리베이터에서 대기하는 시간 등에 이르기까지 회사의 모든 분야에서 측정이 이루어진다. 이러한 측정들은 품질문제를 해결하고 시스템을 개선하는 데 활용된다.

TQM을 성공적으로 실행하기 위해서는 경영자를 중심으로 한 운영위원회를 구성하는 것이 일반적인 방법이다. Juran은 이러한 위원회를 품질위원회(quality council)라고 명명하였다. 예를 들어 AT&T Network Operations Group은 중역, 부사장, 이사, 부장 급별로 각각의 품질위원회를 구성하고 이들 모든 위원회를 네트워크로 통합하였다. 품질위원회는 계획과 전개에 대한 책임을 맡게 되며 TQM을 회사의 전략기획 과정에 접목시키는 역할을 하게 된다.

4. 품질전략 실행을 위한 역할

경영자, 중간관리자, 작업자들은 각자가 실행과정에서 중요한 역할을 수행하게 된다. 경영자는 계획과 전략이 성공적으로 집행될 수 있다는 확신을 가져야 한다. 중간관리자는 경영자의 비전이 조직의 운영에 반영될 수 있도록 리더십을 발휘해야 한다. 작업자는 최종적으로 품질을 제공하기 때문에 TQM을 성공적으로 실행하기 위해서는 이들에게 품질에 대한 권한과 실질적인 실천공약이 주어져야 한다.

1) 경영자

경영자는 조직이 고객의 욕구에 초점을 맞추고 있다는 사실을 확신해야 한다. 그리고 회사의 미션, 비전, 가치가 조직 전체에 반영되도록 촉진시켜야 한다. 주의가 필요하고 개선이 이루어질 수 있는 주요 과정을 밝혀내야 한다.

종합적 품질경영 활동에 대한 자금지원이 이루어질 수 있도록 보유자원을 명확히 입증해야 한다. 진행과정을 검토하고 실행과정에서의 장애요인을 제거해야만 한다. 전략계획 등 자신들이 관여하는 프로세스를 개선함으로써 프로세스의 성과를 향상시키고 문제해결을 위해 품질관리도구를 사용할 수 있는 능력을 보여주어야 한다(Tenner & DeToro, 1992).

2) 중간관리자

중간관리자는 종합적 품질경영을 위한 환경을 창출하고 지원하는 데 있어서 직접적인 장애요인이 되는 것으로 인식되고 있다(Samuel, 1992). 중간관리자는 관할 영역의 경쟁에 주력하고, 정보 흐름을 방해하고, 종업원들로 하여금 변화를 준비하거나 대처하지 못하게 하고, 지속적인 개선 노력에 대해서 위협을 느끼는 존재로 보여지기도 한다.

그러나 종합적 품질경영 문화를 창출하고 유지하기 위해서는 중간관리자의 역할이 매우 중요하다. 이들은 고객만족의 토대가 되는 운영 활동 과정을 개선할 수 있을 뿐만 아니라 협력과 팀워크를 형성하거나 파괴할 수 있으며, 작업자로 하여금 변화를 준비할 수 있게 하는 기본적인 수단이 된다.

중간관리자를 변화 담당자(change agent)로 탈바꿈시키기 위해서는 전통적인 경영관리범주를 분해하고 조직의 성과에 대한 책임과 권한 및 팀워크를 가질 수 있는 체계적인 과정이 필요하다(Samuel, 1992). 이러한 과정은 다음과 같은 내용을 포함한다.

1. **책임과 권한의 부여**: 중간관리자는 목표를 달성하는 데 있어서 조직의 성과에 대한 책임을 가져야 한다.
2. **우수한 비전의 창출**: 이러한 비전은 고객만족의 성과를 높일 수 있는 핵심 성공 요인에 반영되어야 한다.
3. **조직의 운영과 관리를 위한 새로운 규칙**: 관할 업무 영역을 타파하고 팀워크 정신을 형성해야 한다. 이를 위해 모든 관리자들이 서로서로 성과에 대한 책임을 가질 수 있도록 책임감을 연결한다. 그리고 각각의 관리자들은 팀 대표가 되어 팀의 아이디어와 의사결정을 정확하게 외부에 전달하는 책임을 갖는 팀 대표가 된다.
4. **지속적인 개선과정의 실행**: 이러한 프로젝트들은 운영시스템과 프로세스를 향상시킬 수 있어야 한다.
5. **최고의 성과달성자를 개발하고 보유**: 중간관리자들은 미래의 지도자를 발견하고 개발해야 한다.

3) 작업자

작업자들은 품질 프로세스에 대한 주인의식을 갖고 있어야 한다. 종업원들은 주인 의식과 책임감을 가짐으로써 무엇을 어떻게 할 것인가에 대한 결정을 스스로 할 수 있는 권한을 갖게 된다. 왜냐하면 조직을 위해 좋은 것은 개인을 위해서도 좋은 것이기 때문이다. Westinghouse사는 주인의식에 대해 다음과 같이 정의하고 있다.

> … 고객의 기준과 우리 자신의 기준을 맞추거나 초과달성할 수 있도록 우리의 직무에 대하여 스스로의 책임감을 수행하는 것이다. 주인으로서의 확신과 리더십을 갖고 모든 의사결정과 과업을 수행할 수 있도록 자기 자신의 감정적인 실천공약을 할 수 있는가의 상태가 주인의식이다.

자율관리팀(self-managed team)이 주인의식을 보여주는 전형적인 예라고 할 수 있다.

주인의식은 품질경영상을 수상한 기업들에게는 일반적인 형상이다. 예를 들어 Cadillac의 경우 어떤 팀들은 제품에 대하여 "요람에서 무덤까지"라는 책임의식을 갖고 있다. Milliken의 종업원들은 팀 구성원들의 역할할당과 팀 리더를 선출하는 책임이 있으며, 신입 종업원을 선발하는 과정에 참여한다. Zytec의 종업원들은 자신들의 공구와 작업장을 설계하는 데 참가하고 있다.

작업자에게 주인의식을 불어넣기 위해서는 교육훈련, 인정, 원활한 의사소통 등이 핵심적인 성공요인이다. 그러나 주인의식이 증가하게 되면 중간관리층이 감소하고 조직구조가 수평적인 형태를 취하게 된다. 주인의식을 증가시키기 위해서는 작업자들과의 정보공유를 증가시키고 경제 상황에 관계없이 작업자에 대하여 실천 공약을 제시해야 한다. 예를 들어 만일 경기불황이 닥친다면 작업자를 해고하기 이전에 주식 배당금이나 중역들이 보너스를 감소시키는 것을 의미한다.

4) 노사관계

노조와 경영자는 TQM을 추진하는 데 있어서 중요한 역할을 해야 한다. 노동자의 역할은 경영자와의 관계를 유지·발전시키면서 어떻게 협력하여 조직을 발전시킬 것인가에 대해 구성원들에게 교육시키는 것이다. 여기에는 구성원들이 기대하는 것, 작업 조건과 직업 안정이 어떻게 변화되어야 하는가가 포함된다. 노조는 이러한 프로그램에 알맞은 구성원을 선발해야 하며, 긍정적인 태도를 가져야 한다. 그러나 TQM 프로그램은 노사협약과는 별개의 문제로 진행되어야 한다.

경영자는 품질을 향상시키고 경쟁적 도전에 대응하기 위해서는 종업원들이 갖고 있는 기술과 지식이 필요하다는 사실을 깨달아야 하며, 근로자들과 보다 친밀한 작업관계를 개발하는 데 주저하지 말아야 한다. 경영자는 노조의 관심사에 대해 논의하고 신뢰를 쌓아갈 수 있는 준비를 해야 한다. 노사 양측이 의사소통과 문제해결 능력을 배양하기 위해 교육훈련을 받아야 한다. 노조와 경영자는 위원회에서 동등한 대표성을 갖고 있어야 하며, 완전한 믿음과 실천공약을 해야 한다. 이러한 노력을 도와주고 촉진시키기 위하여 외부의 전문컨설턴트를 활용할 수도 있다.

5. 전략 실행에서의 과오와 성공전략

품질전략의 실행은 매우 광범위하게 이루어지기 때문에 많은 분야에서 심각한 함정이 도사리고 있다. 예를 들어 전자분야 방위산업 계약업체의 사장이 주요 프로그램을 공개하고 악화된 수익과 해고문제를 다루는 데 몰입해 있었다. 품질은 어느 곳에도 존재하지 않았다. Florida Power and Light는 Deming상을 수상하기 위하여 무리하게 도전하였기 때문에 작업자의 사기는 저하되었고, 관리자들이 수많은 무의미한 분석 작업에 시달려야 하는 관료주의 현상만 야기하였다. 새로 취임하는 사장이 품질노력에 대한 시야를 제한할 수 있다. Alcoa의 사장은 오랫동안 지속되어 왔던 회사의 점진적인 개선전략을 '중대한 실수'로 규정하여 폐지하고 대신에 '비약적인 개선전략'을 도입하였다(Business Week, 1991).

Deming상과 발드리지 품질상을 수상한 기업들에 대한 연구결과, 성공적인 전략 실행을 위해서는 다음과 같은 주요 실천 사항이 있음을 보여주었다(Labovitz & Chang, 1990; Juran, 1991).

첫째, 성공적인 기업들은 계획을 통하여 품질에 명확하게 집중한다. Deming상을 수상한 기업들은 상세하면서도 잘 전달될 수 있는 계획을 개발해 왔으며, 가시적인 지원을 통하여 이러한 계획들이 잘 반영되도록 노력해왔다. 이들 기업들은 1년 단위의 특정목표를 갖고 있으며, 진척상황을 수시로 점검하고 있었다. 목적에는 원가절감과 같은 소극적 목적과 시장점유율을 구축하려는 적극적인 목적이 모두 포함된다.

둘째, 최고경영자가 적극적으로 참여한다. 경영자는 개인적으로 프로세스에 포함되어 있다. 최고경영자가 고객과 사업부를 대상으로 광범위하게 수시로 방문하는 것은 오히려 당연한 현상이다.

셋째, 고객만족은 모든 기능분야에 관계된다. 고객만족은 품질향상 노력을 자극시킨다. 모든 부서에 특정한 과업과 책임이 할당된다. 대부분의 기업들은 품질기능전개(QFD)(Quality Function Deployment)와 같은 기법들을 활용한다.

넷째, 종업원 참여가 매우 높다. 제안제도가 매우 중요하고, 교육훈련은 회사의 모든 사람들을 대상으로 하여 지속적으로 이루어진다.

어떤 보편적인 원칙이 적용된다 하더라도 품질전략이 성공하기 위해서는 기존의 조직문화에 적합해야 한다. 따라서 품질경영상과 발드리지 품질상의 기준을 보면 일방적

〈표 6-1〉 품질엔진

품질엔진	내용	회사
시장 지향품질 (market driven quality)	계획과 설계과정의 초기단계부터 고객의 욕구에 집중	IBM Rochester
공정관리 (process control)	식스시그마 운동과 같은 불량품 예방에 집중	Motorola
제품개발 (product development)	설계와 제조를 통합하고 고객 및 공급자와의 협력관계에 집중	Cadillac
벤치마킹 (benchmarking)	경쟁적이고 최고수준의 성과기준에 집중	Xerox
기술(technology)	프로세스를 촉진하고 고객서비스를 향상시키기 위한 기술활용에 집중	Federal Express
종업원 참여와 권한위임 (employee empowerment and involement)	모든 사업분야에서 자율관리팀과 종업원들의 적극적인 참여를 활용	Milliken
전략계획(strategic planning)	계획과정에 다기능팀, 고객, 공급자 등의 참여	Zytec
데이터와 사실에 의한 경영 (management by data and facts)	품질 수준을 지속적으로 측정해가면서 품질향상에 집중	Westinghouse

으로 규정을 강요하지 않고 있으며, 모든 사람들에게 적용할 수 있는 마술적인 공식도 갖고 있지 않다. 예를 들어 Zytec에서는 품질향상문화를 정착시키기 위하여 Deming의 14가지 프로그램을 도입하고, 그 프로그램을 진행하기 위한 Deming 운영위원회와 Deming 실행팀을 설치하였다. 반면에 Motorola는 수많은 컨설턴트들을 초청하여 품질계획을 제안하도록 한 후에 자신들의 특정한 목적에 적합하도록 품질프로그램을 개발하였다.

발드리지 품질상을 수상한 기업들은 품질활동을 촉진할 수 있는 독특한 '품질엔진(quality engine)'을 갖고 있다. 몇 가지를 예를 들면 〈표 6-1〉과 같이 요약할 수 있다. 이러한 품질엔진은 품질노력을 조직문화에 적합하도록 맞추어 주고, 모든 품질관련노력들에 대하여 하나의 중심점을 제공한다.

사례

Jeff Bezos의 전략

세계 1위 부자가 누군지에 대한 관심은 끊이지 않는다. 그런데 한동안 자리를 지킬 거라 의심받지 않던 세계 1위 부자가 2018년 24년만에 바뀌었다. Amazon의 창업자 Jeff Bezos 최고경영자(CEO)가 보유 자산 1,600억 달러를 기록하며 970억 달러에 그친 Microsoft(MS)의 Bill Gates 창업자를 제치고 미국 최고 부호에 등극했다. 2019년에 들어서자 이번엔 Amazon의 시가총액이 7,967억 8,000만 달러로 Apple과 MS를 넘어서 1위에 올랐다. 1997년 증시 상장 이후 22년 만이다.

인터넷 서점으로 시작한 Amazon은 텃밭인 전자상거래에서 2018년 미국 전자상거래 시장을 절반가량 점유하고 있다. 또 전체 매출 90%가량을 소매 판매를 통해 올리고 있다. Amazon 온라인 판매량은 사무용품 전문점 Staples와 할인점 Walmart를 포함한 최대 경쟁 업체 12곳 판매량을 전부 합친 것보다도 더 많다. 클라우드 서비스 아마존웹서비스(AWS)는 연간 매출 230억 달러로 공공 클라우드 시장의 40%가량을 점유하고 있다. '디지털 변혁(digital transformation)'의 최선두를 장식하고 있는 Amazon의 성공 요인은 뭘까?

선즉제인(先則制人): 선점

첫째 비결은 선즉제인(先則制人)이다. '사기(史記)'에 나오는 '먼저 착수하면 남을 제압할 수 있고, 나중에 하면 남에게 제압을 당한다(先則制人 後則 爲人所制)'는 뜻이다. 아무도 하지 않는 일을 남보다 앞서 하면 유리함을 말한다.

Bezos는 1986년 프린스턴대를 최우수 성적으로 졸업하고, 1994년 월스트리트 헤지펀드 회사 David E Show Company에서 일하다 인터넷 규모가 1년 사이 2,300배 성장했다는 소식을 접하고 10억 원 연봉을 받던 회사에 사표를 내고 시애틀로 이주해 Amazon을 창업한다. 세계 최초로 직접 서점에 가지 않아도 책을 구매할 수 있게 만든 Amazon은 1995년에서 2000년까지 매해 200%가 넘는 성장률을 기록하며 온라인 서점과 쇼핑몰 시장을 선점하게 된다.

선즉제인은 퍼스트무버 효과(first-mover advantage)와 상통한다. 신제품이나 새로운 개념의 서비스를 가지고 시장에 처음 진입하는 기업이 얻는 혜택으로, 선도적 인상을 각인할 수 있을 뿐 아니라 시장 선점에 유리하다. 산업의 변화를 주도하고 새로운 분야를 개척하는 창의적인 선도자가 가지는 효과이다.

선점 효과를 가지기 위해서 필요한 건 '퍼스트 펭귄(first penguin)'의 용기다. 펭귄들은 먹잇감을 구하러 바다에 뛰어들어야 하지만, 그들을 기다리는 바다표범 같은 바다 포식자들이 두려워 모두가 머뭇거리고만 있다. 이때 가장 먼저 바다에 뛰어들어 다른 펭귄들도 뒤따라 뛰어들도록 이끄는 펭귄을 퍼스트 펭귄이라고 한다. Bezos는 자신이 퍼스트 펭귄이 될 수 있었던 이유로 '후회 최소화'의 법칙을 이야기한다. '인생의 노년에 지난날을 돌아봤을 때, 어느 쪽을 택해야 덜 후회할까?'라는 질문으로 미래에 대한 선택을 내린 것이다.

Bezos는 생각했다. '도전하지 않으면 분명히 후회한다. 그것은 부인할 수 없는 사실이다. 도전해보고 후회하는 건 납득할 수 있다. 하지만 도전하지 않는 후회는 되돌릴 수 없다.' 그는 "선구자가 더 좋은 제품을 만든다고 확신한다. 선구자는 자신을 설레게 만드는, 가치 넘치는 일을 한다"고 말한다.

적토성산(積土成山): 거래

'순자(荀子)'에 나오는 이 말은 '흙을 쌓아 산을 이룬다. 작은 물건도 많이 모이면 상상도 못할 만큼 커진다'는 뜻이다. 순자는 '흙을 쌓아 산을 만들면 그곳에서 비와 바람이 일고, 물을 모아 연못을 만들면 그곳에서 교룡이 생긴다(積土成山 風雨興焉 積水成淵 蛟龍生焉)', '반 걸음씩이라도 앞으로 나아가지 않고서는 천 리에 도달할 수 없고, 작은 물줄기가 모이지 않고서는 강이나 바다를 이룰 수 없다(故不積步 無以致千里 不積小流 無以成江海)'고 했다.

기업을 창업하거나 신규 사업을 시작할 때 중요한 것은 처음부터 크게 시작하는 것이 아니라, 작은 시장이라도 자신의 것으로 만들며 안정적인 성장을 도모하는 것이다. Bezos가 조금씩 쌓아 나간 것은 제품의 종류였다.

처음 Amazon을 만들 때는 '책' 분야 한 종류였다. 당시 자주 안 팔리는 서적들은 소매 서점들 입장에서 악성 재고에 불과했지만, 인터넷 서점인 Amazon 입장에서는 그 분야 책을 강렬히 원하는 고객을 끌어들일 수 있는 베스트 상품이었다. 또 서점이 멀거나 특별한 책을 찾는 사람들에게 Amazon은 둘도 없는 존재로 각인되며 조금씩 판매되는 책 종류가 늘고 성장을 이어나갔다. 이후 Amazon은 인접 시장으로 사업을 확장해 책과 가장 비슷한 시장인 CD, 비디오로 첫 확장을 이루었고, 현재는 이 세상에 존재하는 대부분의 상품을 취급하는 만물상이 되었다.

Bezos가 Amazon 창업 당시 냅킨에 적었다는 비즈니스 모델을 유심히 볼 필요가 있다. 여기서 그는 선택할 수 있는 상품 구성을 늘리면, 즉 많은 종류 상품을 취급해 고객 입장에서 선택지가 많아지면 고객 만족도가 높아진다는 사실을 적고 있다. 이어 만족도가 높아지면 트래픽이 증가해, Amazon.com에 사람이 모여든다. 고객이 모이게 되면 Amazon에서 물건을 팔고 싶어 하는 판매자도 따라 모인다. 이로써 고객의 선택지는 점점 더 많아지고 만족도는 높아진다. 이를 Amazon의 성장 주기로 회전시킨다는 것이 Bezos의 비즈니스 모델이다.

승풍선영(乘風先影): 물류

바람을 타고 그림자를 앞선다는 뜻의 승풍선영은 자신의 그림자보다도 빨리 달리는 대단히 신속한 모습을 말한다. Amazon은 2013년에 이미 무인 항공기 '드론'을 통해 당일 배송 전략을 수립한다. 하지만 드론으로 날아가는 것보다 훨씬 빠른 것이 사람들이 주문하기도 전에 상품을 출하하는 서비스이다. Amazon은 이를 '예상 배송(Anticipatory Shipping)'이라는 이름으로 특허까지 출원했다. 고객이 관심을 가지고 온라인상에서 상품을 열람한 시간이나 과거의 구입 이력 등을 바탕으로 구매 가능성을 예측하여, 고객이 주문하지 않더라도 미리 고객 주소지 부근으로 상품을 배송함으로써 신속함을 확보하는 것이다.

이런 서비스를 가능하게 하는 것이 빅데이터 분석이다. 예를 들어 한 달 전 인터넷에서 커피머신을 산 고객이 앞으로 무엇을 사게 될까 예상해 보자. 당연히 원두 커피일 것이다. 그런데 그 고객이 여러 원두 커피 종류를 검색하다가 그중 하나인 헤이즐넛을 집중해서 읽고 장바구니에 담아 둔다면, 미래에 구입 가능성이 높다고 판단되지 않을까? 과거 구매 성향 데이터를 통해 구매 확률이 높다고 분석되면, Amazon에서 미리 그 고객의 집에서 가장 가까운 물류 창고로 이 헤이즐넛 원두를 배송해두는 것이다.

이후 고객이 원두커피 결제 버튼을 클릭하기만 하면, 30분 내에 배송 기사가 원두커피를 들고 고객의 집 벨을 누르게 된다. Bezos는 이렇게 이야기한다. "나는 인류의 가장 귀중한 자원은 '시간'이라는 20세기 후반의 이론을 지금도 따르고 있다. 돈과 시간을 절약해준다는데 싫어할 사람은 없다. 모두가 좋아할 것이다."

마우스 한 번 클릭하는 것으로 구매 절차가 끝나는 '원클릭' 서비스와 구입한 물건이 당일에 배송되는 '아마존 프라임' 서비스도 속도라는 물류의 맥락을 함께한다.

자료: 조선비즈, 2019년 2월 15일.

연습문제

1. 품질에서 리더십이 중요한 이유를 설명하라.
2. 품질을 위한 리더십은 어떻게 실현시킬 수 있는지 설명하라.
3. 리더십 시스템을 효과적으로 설계하는 방법을 설명하라.
4. 품질전략기획을 설명하고, 방침전개를 설명하라.
5. 품질전략 실행을 위한 경영자, 중간관리자, 작업자 그리고 노사관계에 대해서 설명하라.

참고문헌

김기영 외 공저 (1999), 품질경영, 박영사.

김연성 외 공저 (2015), 품질경영론, 제5판, 박영사.

이종우 외 공역 (2007), 경영학원론, 사이텍미디어.

Demming, W. E. (1991), Out of the Crisis, Massachusetts Institute of Technology, Center for Advanced Engineering Study, Cambridge, MA, 141.

Evans, J. R. and Lindsay, W. M. (2014), *The Management and Control of Quality*, 9th ed., South-Western Cengage Learning.

Goetsch, D. L. and Davis, S. B. (1996), *Introduction to Total Quality; Quality Management fo Production, Processing, and Services*, 2nd ed., Prentice Hall.

Imai, M. (1986), "Strategies for World Class Quality," *Quality Progress*, pp. 81-85.

Institute for Corporate Competitiveness (1994), "Customer Complaint Survey", Final Report.

Juran, J. M. (1989), *Leadership for Quality*, New York, The Free Press, p. 101.

Juran, J. M. (1991), "Strategies for World Class Quality," *Quality Progress*, March, pp. 81-85.

King, B. (1989), *Hosin Planning: The Development Approach*, Methuen, Mass: GOAL/QPC, pp. 2-3.

Labovitz, G. H., and Chang, Y. S. (1990), "Learn from the Best," *Quality Progress*, pp. 81-85.

Lowenstein, M. W. (1995), *Customer Retention – An Integrated Process For Keeping Your Best Customers*, ASQC Quality Press, Milwaukee, p. 1.

Merli, G. (1990), *Total Manufacturing Management*, Productivity Press, Cambridge, MA, pp. 6-7.

Reichheld, F. F. (1993), "Loyalty-Based Management", *Harvard Business Review*, March-April, p. 71.

Samuel, M. (1992), "Catalysts for Change," *The TQM Magazine.*

Scholtes, P. R. (1992), *The Team Handbook*, Joiner Associates, Inc., Madison, WI.

Total Quality Newsletter (1992), "Zytec Employees Can Spend up to $1,000 to Satisfy Customers", 3, July.

Tenner, A. R. and DeToro, I. J. (1992), *Total Quality Management: Three Sreps to Continuous Improvement*, Reading Mass, Addison Wesley.

Whiteley, R. C. (1991), *The Customer-Driven Company, Moving from Talk to Action*, New York, Addition-Wesley.

제7장
측정 및 분석 — 품질비용

학습목표

1. 품질성과와 유형에 대해서 이해한다.
2. 품질비용의 개념, 그리고 진화에 대해서 이해한다.
3. 품질비용의 분류를 이해한다.
4. 품질비용의 측정에 대해 알아본다.
5. 품질비용 모델을 알아본다.
6. 잠재된 비용의 발견을 이해한다.
7. 근본적 원인의 제거를 이해한다.
8. 품질비용 적용상의 문제와 한계에 대해서 이해한다.

사례

세계 SPA업체들 "Zara를 잡아라" — Uniqlo

2016년 Gap을 제치고 Zara, H&M에 이어 세계 3위 의류업체로 기세를 올린 Uniqlo는 2017년 새로운 변신을 시도했다. 도쿄 도심 롯폰기에 있던 Uniqlo 본사를 도쿄 주변부인 아리아케로 이전한 것. 기능과 직원 모두를 옮기는 '아리아케 프로젝트'였다. 물류 거점과 사무 기능을 통합한 신개념 본사는 'Uniqlo 시티 도쿄'로 이름 붙여졌다. Uniqlo는 '아리아케 프로젝트'를 진행하면서 "Adidas처럼 만들고 Amazon처럼 팔겠다"면서 Uniqlo를 패스트패션 업체에서 '정보제조 소매업'을 추구하는 기업으로 바꿔가겠다고 선언했다. 2013년 1조 엔대 매출에서 5년 만인 2018년에 배 이상 성장한 2조 1,300억 엔(23조 3,000억 원)을 달성한 여세를 몰아 IT를 접목하는 새로운 도전에 나선다고 밝힌 것이다.

AI(인공지능)를 비롯한 첨단 IT를 활용, 1년 가까운 시간이 걸리던 상품 기획 기간을 2주 이내

Fast Retailing 소개

창립	1963년
창업자	야나이 다다시
CEO	야나이 다다시
본사	야마구치현 야마구치시
매출	2조 1,300억 엔
매장	21국 3,535개
직원	53만 571명
주요 브랜드	유니클로, 지유, 띠어리, 프라스테, 프린세스 탐탐, 꼼뜨와 데 꼬또니에

* 매출 2018년, 직원 · 매장 수 2019년 기준

▼ 패스트리테일링 매출 추이

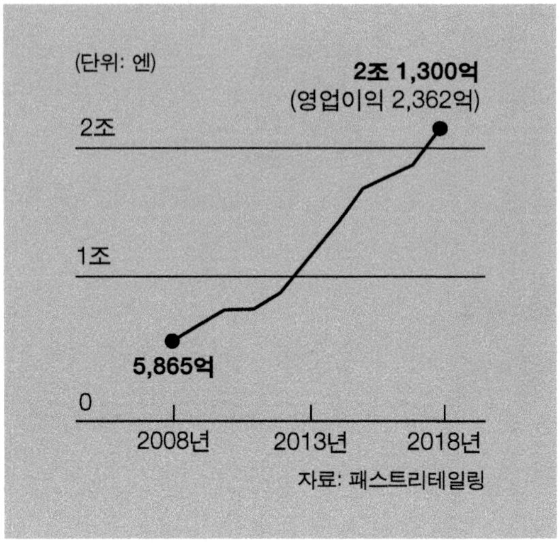

로 단축하고, 고객이 인터넷에서 자기 신체 치수를 입력하고 색상·디자인을 선택하면 10일 내로 해당 제품을 만들어 집으로 보내주는 맞춤형 주문 서비스도 추진하고 있다.

그 첫 개혁 작업은 재고 처리 개선에서 출발했다. Uniqlo는 재무제표상 재고 회전 일수가 평균 55일로 Amazon(29일)과 Walmart(33일), Gap(44일)과 비교해 상당히 높았다. 이는 상품 기획 단계에서부터 누적된 문제점이었다. Uniqlo는 보통 판매 6개월~1년 전 상품을 기획했다. 그런데 패션 유행이 급변하면서 6개월 전 감각으로는 수시로 변하는 소비자 기호를 따라가지 못한다는 비판이 거셌다. 추위에 대비하는 제품을 기획했다가 이상기후로 따뜻한 겨울이 오면 신속하게 대응하지 못하는 구조적인 약점도 지적됐다. 이런 식으로 예상 못하게 쌓인 재고는 어떻게든 털어내야 했고, 결국 무리한 할인 행사가 반복되다 보니 실적도, 브랜드 가치도 휘청거렸다.

AI 기반으로 실시간 제품 생산체제 구축

Uniqlo는 아리아케 프로젝트를 거치면서 이런 맹점을 해소하기 위해 AI를 바탕으로 한 정보 플랫폼을 구축했다. 각 매장 인기 상품과 구매 수량 등 정보가 실시간으로 전달되고 전 사원이 공유한다. 기존에는 미리 생산한 신상품을 창고에 보관한 다음 계절에 맞춰 매장에 진열했지만 '아리아케 시대' 이후엔 최신 유행과 고객 취향을 실시간으로 반영, 그때그때 상품을 기획·생산·진열한다. 월(月) 단위로 신상품을 생산하던 공장이 주(週) 단위 체제로 바뀌었다.

상품별 팀제도 도입했다. 하의·상의, 외투, 내의, 잡화 등 각 상품군별로 기획에서 판매까지 한꺼번에 관리하도록 했다. 소비자들이 편하게 사고 받을 수 있도록 온라인몰에서 주문한 상품을 세븐일레븐이나 패밀리마트·로손 같은 4만 3,000여 개 편의점 점포에서 받아볼 수 있게 했다.

자동화 물류 체계도 정비했다. Uniqlo는 2017년부터 모든 상품에 IC 칩을 넣은 RFID(무선 자동 식별) 태그를 부착하고 있다. 이 태그로 재고·판매 동향을 파악, 자동 검품을 마친 상품들은 보관 창고로 옮겨진다. 주문에서 출하까지 평균

8~15시간 걸리던 것도 15분에서 최대 1시간 이내로 줄었다.

고급화 전략에도 공을 들이고 있다. 경쟁 업체인 Zara나 H&M이 패션 브랜드로서 이미지가 강하다면 Uniqlo는 실용적인 기능성 제품에 집중해왔다. 하지만 2015년부터 유럽 출신 디자이너와 협업 브랜드 개발에 적극적으로 나서고 있다. 야나이 회장은 2017년부터 직접 파리·뉴욕으로 건너가 Uniqlo 전시회를 열고 '패션의 본고장'으로 통하는 유럽·미국 시장 공략에 열을 올리고 있다. 파리엔 연구개발(R&D)센터까지 열어 유럽 유행과 라이프스타일, 신소재를 제품에 반영한다. '홀가먼트(whole garment)' 기술을 보유한 시마세이키 제작소와 손잡고 2018년 9월부터 3D 니트, 원피스 판매도 시작했다. 홀가먼트는 무봉제 의류로, 실로 연결한 부분이 없어 착용감이 좋고 고급스러우면서 자연스러운 게 특징이다.

자료: 조선비즈, 2019년 6월 7일.

제1절 품질성과 및 유형

1. 품질성과

품질성과는 품질의 개념에 대한 정의와 관련되는데 품질을 어떻게 정의하는가에 따라 다르게 나타날 수 있다. 왜냐하면 품질목표는 품질의 정의와 일치하고 성과의 측정은 목표와 일치해야 하기 때문이다.

품질 성과를 높이기 위해서는 전통적으로 생산 공정에서의 엄격한 품질검사가 필수적이며 통계적 품질관리가 품질성과를 높이는 효율적인 수단이 된다고 하였다. 그러나 현대에 있어서 품질성과는 예방적 차원에서 보는 것이 일반적이다. 즉 제품과 공정이 완전하도록 하기 위해 사전에 처음부터 제대로 만들기를 기대한다(DIRTFT)(Do It Right At The First Time). 이렇게 하면 품질의 성과인 품질비용이 발생하지 않는 것이다.

따라서 품질에 영향을 미치는 기업 내·외부의 협력을 통해 발생된 문제를 사전에 해결하고 재발을 방지하며 근본 원인을 제거하기 위한 체계적인 절차나 방침이 중시된다. 또한 조직 구성원에 대한 교육훈련이나 자발적인 참여가 중요한 구성요소가 되며, 공급 기업이나 유통기업과의 협력이나 원활한 제휴가 뒷받침되지 않으면 전체적인 품질성과를 높일 수 없다.

2. 품질 성과의 유형

제품 및 서비스의 물리적 특성에 중점을 두는 접근 방법은 품질 성과의 기준이 된다. 그러한 접근 방법 하에서의 품질 성과는 연구자에 따라 약간은 상이하지만 대체적으로 유사한 유형이 제시되고 있다.

1) 품질성과 여덟 가지 유형 — 제조업

제조품질의 정의는 바로 품질성과가 된다(Garvin, 1988).

- 성능(performance): 제품의 주된 운영특성(예: 자동차에서 가속능력, 속도, 안전성 등)
- 특징(feature): 제품의 2차적인 특성(외관, 기능)
- 신뢰성(reliability): 제품이 제시된 사용환경에서 일정기간 동안 고장 나지 않을 확률
- 적합성(conformance): 생산제품이 설계규격에 일치하는 정도
- 내구성(durability): 제품이 물리적으로 파손되거나 교체되어야 하는 사용연수
- 서비스 능력(serviceability): 신속하고 용이하게 제품을 수리할 수 있는 능력
- 감성(aesthetics): 제품의 시각, 촉각, 청각, 미각, 후각 등 오감과 관련된 품질
- 인지된 품질(perceived quality): 회사의 광고, 이미지, 상표 인지도 등을 통한 주관적 평가

2) 품질성과 다섯 가지 유형 — 서비스업

서비스품질의 정의는 바로 품질성과가 된다(Zeithamal 등, 1990).

- 신뢰성(R): 고객에게 약속된 서비스를 정확하게 제공하는 능력
- 보증(A): 종업원의 지식이나 태도 및 고객에게 신뢰감을 주는 능력
- 유형성(T): 서비스를 제공하는 물리적 설비, 공간
- 공감(E): 고객에 대한 세심한 배려
- 반응성(R): 고객에 대한 신속하고 정확한 응대

제2절 품질비용의 개념

품질비용(Q Cost)(quality cost 혹은 cost of quality)은 제품이나 서비스의 품질과 관련해서 발생되는 비용으로서, 이미 산출되었거나 산출될 급부에 대한 개념이다. 다시 말하면 품질 좋은 제품과 서비스를 만드는 데 사용된 모든 비용이다.

Juran(1992)은 품질비용이란 제품과 공정이 완전하다면 발생하지 않았을 비용, 즉 비적합성 비용으로 보았다. 즉, 처음부터 고객의 요구에 적합한 제품과 서비스를 생산하지 않음으로써 발생하는 비용이라고 보았다. Juran은 이렇게 품질비용을 제품이 설계표

〈표 7-1〉 품질비용의 정의

구분	연구자	정의
국외	Juran(1992)	불량품과 관련되어 발생되는 원가로서 양품의 생산원가는 제외
	Crosby(1983)	처음부터 업무를 올바르게 수행하지 못함에 의해 발생되는 원가 또는 고객의 요구를 충족시키지 못함에 의해 발생되는 손실액
	Groocock(1986)	제품의 생산, 판매에 따른 실제 발생원가와 이상적인 원가 차이 제품의 생산 및 판매활동에 소요된 실제원가와 생산이나 사용 중 불량이 없을 때와 불량의 가능성이 없을 때 발생하는 원가와의 차이
	ASQ (미국품질협회)	제품이나 서비스가 처음부터 올바르게 생산되지 못하였거나 그러한 가능성에 의하여 소비된 유·무형의 손실액
	Dale과 Cooper (1992)	조직의 품질시스템의 설계·실행·운용 및 유지·보수, 지속적 품질개선 과정에 참여하는 조직 전체 지원의 비용, 그리고 시스템·제품 및 서비스 상의 실패 비용에서 초래되는 총체적 비용
	Bank(2000)	제품과 서비스 품질을 달성하는 데 발생하는 모든 운영 비용
국내	황의철(2000)	요구된 품질(설계품질)을 실현하기 위한 원가로서 제품 그 자체의 원가인 재료비나 직접 노무비는 품질원가 안에 포함되지 않으며 주로 제조 경비로서 제조 원가의 부분 원가
	박재홍(2003)	기업이 설정한 제품이나 서비스의 모든 요구 사항과 고객과 사회에 한 계약 조건을 포함한 제품이나 서비스의 질을 달성하였는가, 못했는가를 수반하는 비용 측정치
	이순룡(2004)	제품이나 서비스의 품질과 관련해서 발생되는 원가로, 이미 산출되었거나 산출될 급부에 대한 개념으로 품질비용은 품질을 이룩하고 이를 관리하는 데 소요되는 원가와 품질 불량, 즉 품질이 일정수준에 미달되어 발생하는 모든 손실을 포함

자료: 윤재홍·강판식(2009), "ISO 9000 품질경영시스템에 의한 품질비용 프로세스가 사업성과에 미치는 영향에 관한 사례연구", 경영논총, 30집, 동아대경영문제연구소, p. 5.

준에 적합하지 않았기 때문에 발생하는 비용으로 보았다. 미국품질협회(ASQ)도 '품질이 좋았더라면 발생하지 않았을 모든 비용'을 품질비용이라고 정의하고 있다.

이 두 가지 정의는 사실 품질이 완전하지 않았기 때문에 발생하는 비용과 또 완전하기 위하여 노력하는 비용까지 포함하고 있다. 왜냐하면 품질비용에는 품질을 보다 완벽하게 하기 위해서 투자한 비용도 포함되기 때문이다.

Feigenbaum(1986)은 품질비용을 기업에서 발생되는 관리비용과 관리 실패비용을 모두 포함하는 것이라고 정의하였다. 기업이 설정한 제품이나 서비스의 모든 요구 사항과 고객과 사회에 한 계약조건을 포함한 제품이나 서비스의 질을 달성하였는가, 못했는가를 수반하는 비용 측정치라고 했다.

품질비용은 주로 제품과 제조 중심의 내용으로 이해되고 있어 조직 전부문의 품질 향상을 원하는 기업들의 입장에서는 좀 더 확장된 관점의 정의가 필요하다. Dale과 Cooper(1992)는 품질비용은 품질시스템의 설계, 실행, 운영 및 유지보수, 지속적 개선과정에 참여하는 조직 전체 차원의 비용, 그리고 시스템, 제품 및 서비스상의 실패비용에서 초래되는 총체적 원가로 보고 있다.

Groocock(1986)은 제품의 생산 및 판매활동에 소요된 실제 발생 원가와 생산이나 사용 중 불량이 없을 때 또는 불량의 가능성이 없을 때 발생하는 비용과 차이로 품질비용을 정의하고, 제품생산과 관련된 직접비용과 간접비용을 모두 포함하였다.

제3절 품질비용의 분류

품질비용은 일반적으로 적합 비용과 부적합 비용으로 구분하고, 적합비용은 평가비용, 예방비용으로 나누며, 실패비용은 내·외부 비용으로 구분한다. 이순용(2004)은 생산자 품질비용, 사용자 품질비용, 사회품질비용의 세 가지로 분류하였다. 생산자 품질비용은 직접품질비용과 간접 품질비용으로 구분한다. 직접 품질비용은 예방, 평가, 실패비용으

〈**그림 7-1**〉 품질비용 분류

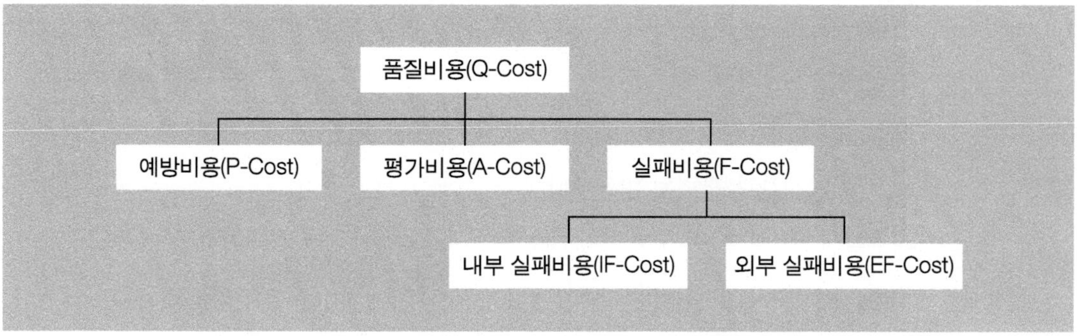

로 구분할 수 있다고 한다. 사용자 품질비용은 소비자 부담비용, 소비자 불만비용, 평판 손실로 구분된다.

품질비용은 보통 통제비용과 실패비용으로 구분하기도 한다. 통제비용은 예방비용과 평가비용으로 분류되고, 실패비용은 내부 실패비용과 외부 실패비용으로 분류된다.

여기서는 Feigenbaum의 분류에 따라 적합비용과 부적합비용으로 구분해본다.

1. 적합비용

적합비용은 제조된 제품이나 전달된 서비스가 설계 명세를 확실하게 따르도록 하는데 발생된 비용들로서 일치비용 또는 통제비용이라고 한다. 이러한 비용들에는 두 가지 형태가 있다.

1) 예방비용

예방비용(P-Cost)(prevention cost)은 제품이나 서비스의 품질이 나빠지지 않도록 예방하는 데 드는 비용을 의미하며, 다음과 같은 비용을 포함한다.

- 품질계획비용: 품질시스템계획, 제품설계 및 소비자의 요구사항을 자재 공정, 제품 품질에 대한 관리방법이나 절차 및 지시사항 등으로 옮기는 데 소요되는 시간과 관련된 비용이다.

- 검사 및 시험 계획 비용: 품질검사 및 시험을 위한 방법이나 절차의 계획과 동기법의 계획에 소요되는 비용이다. 품질검사를 위한 측정 및 관리기의 설계 개발에 소요되는 비용도 포함된다.
- 공정관리 비용: 공정의 품질을 개선할 목적으로 제조공정을 조사분석 연구하는데 소요되는 시간과 관련된 비용이다.
- 외주업체 관리비용: 외주품질의 개선을 위해 소요된 외주업체의 선정, 심사, 평가 및 지도, 개선에 소요되는 비용이다.
- 품질교육, 훈련비용: 공식적인 품질교육 프로그램을 개발하고 운영하는 데 소요되는 비용이다.
- 오용방지 및 소비자 교육비용: 소비자의 그릇된 제품사용으로 인한 불량발생을 줄이기 위한 계획과 대책에 소요되는 비용이다.
- 기타의 예방비용: 제품설계, 개발, 시장조사, 거래처 심사, 계약 및 거래조건 심사, 품질 개선, 품질감사 및 품질관련부서의 관리비용이 포함된다.

2) 평가비용

평가비용(A-Cost)(appraisal cost)은 제공되는 제품이나 서비스가 사전에 정해진 규격에 어느 정도 일치하는지를 평가하기 위하여 소요되는 비용을 의미하고 있다.

- 수입검사비용: 구입자재 및 외주가공품의 품질을 검사하는 데 소요되는 비용이다.
- 공정검사비용: 조립공정 및 가공공정에서 행해지는 품질검사에 소요되는 비용이다.
- 완성품검사비용: 최종검사 및 입회검사에 소요되는 비용이다.
- 시험비용: 품질평가를 위해서 실시한 시험과 관련된 비용이다.
- 검사 및 시험기기의 보전비용: 검사 및 시험기기의 유지, 정비 및 검·교정에 소요되는 비용이다.
- 구성품 및 제품의 품질인증 비용: 공인된 외부 기관으로부터 제품 및 구성품에 대한 형식승인 및 품질인증을 취득하는 데 소요되는 비용이다.
- 기타의 평가비용: 공정관리 측정, 측정기기 및 자동공정 시스템의 감가상각비가 포함된다.

2. 부적합비용

부적합비용은 고객의 요구사항을 따르지 못하는 제품이나 서비스에 관련된 불량품질, 품질 결함 등 실패에 의해 발생하는 사내·외의 모든 손실비용을 말한다.

1) 내부 실패 비용

내부 실패비용(IF-Cost)(internal failure cost)에 대하여 제조업의 경우에는 고객들에게 제품이 인도되거나 사용하기 이전에 기업수준에서 발생한 비용을 의미하고 있다.

- 폐기물: 품질 수준이 미달하는데 따르는 손실 비용이다. (설계변경으로 인한 제품 폐기비용은 포함되지 않는다.)
- 재작업: 불량품을 양품으로 만드는 활동과 관련된 비용이다.
- 고장발견 및 불량분석: 불량품 발생의 원인을 결정하는데 소요되는 비용이다.
- 등외품: 할인가격으로 판매하는 데서 발생하는 판매가격의 차이 비용이다.
- 피할 수 있는 공정손실: 양품을 정량 이상으로 고객에게 공급함으로써 발생하는 손실 비용이다.
- 기계가동정지: 협력업체로부터 불량원자재가 공급되어 제조 공정 중에 규격에 미달하는 불량품의 발생으로 생산시설이 정지하는 데 따르는 비용이다.

〈그림 7-2〉 예방비용과 실패비용과의 관계

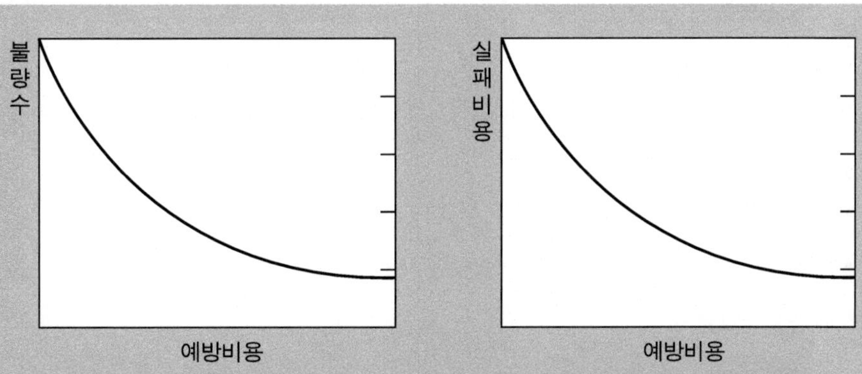

* 예방비용이 커지면 불량의 발생이 감소되며 내부 실패비용과 외부 실패비용 모두가 감소한다.

자료: 이순용 (2004), 품질경영론, 법문사.

〈**그림 7-3**〉 평가비용과 실패비용과의 관계

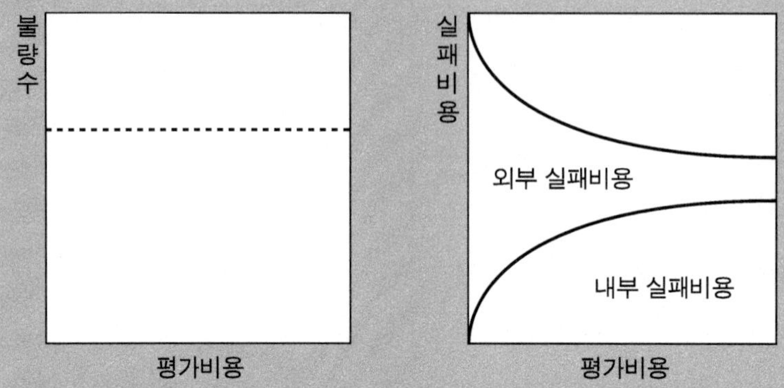

* 평가비용이 증대된다고 해서 이미 발생된 불량의 수가 감소하지는 않는다.

* 평가비용이 증대되면 전체 실패비용은 감소하지만 감소폭은 크지 않은데, 이는 외부 실패비용이 감소하고 내부 실패비용은 증가하기 때문이다.

2) 외부 실패비용

외부 실패비용(EF-Cost)(external failure cost)이란 구매라든지 사용의 형태로 고객들이 참여된 경우에 기업이 지불하게 되는 비용을 일반적으로 의미한다.

- 보증 수수료: 고객 불만이 정당할 때 불량품의 조사, 수리, 양품으로의 교체 등에 수반되는 비용이다.
- 제조물책임: 소비자가 제품설계상에 또는 설계규격에 미달하는 결함이 있는 제품을 사용중에 사고가 발생하였을 경우 제조 기업이 이를 책임지는 데 수반되는 비용이다.
- 제품회수: 불량품이 소비자의 손에 넘어갔을 경우 이들을 회수하는 데 소요되는 비용이다.
- 애프터서비스 비용: 판매 후에 발생하는 무상서비스 비용이다.
- 기타의 외부 실패비용: 불량으로 인한 회수(리콜), 판매기회 손실, 영업권 감손 손실 등이 포함된다.

제4절 품질비용의 측정

품질비용을 측정하고 있는 기업들의 품질비용은 수익의 평균 6~10%라고 하였다. 미국의 전자협회에서 행한 조사에서는 회원의 40%가 품질비용을 측정하고 있다고 하였다.

품질비용은 경영자에게 보고되어야 한다. 그러나 단순히 품질비용만을 절대액으로 보고하는 것은 최고경영자의 관심을 끌지 못한다. 그래서 최고경영자에게 보고되는 품질비용은 다른 중요한 경영수치와 비교하여 지수형태로 보고하는 것이 바람직하다. 지수는 다른 기본적인 경영성과에 대비한 비율이다.

일반적으로 품질비용을 보고할 때 사용하는 지수는 다음처럼 네 가지가 있다.

1. **노동지수**: 직접노동비용에 대한 품질비용의 비율로써, 회계장부로부터 쉽게 계산할 수 있고, 또 이해하기 쉽다. 그러나 기술의 발전으로 노동력의 비중이 감소하여 장기적으로 사용하기에는 부적합하다.
2. **비용지수**: 제조비용에 대한 품질비용의 비율로써, 회계장부로부터 쉽게 자료를 구할 수 있으며, 기술의 발전에 의해 크게 영향을 받지 않는다.
3. **매출지수**: 총매출액에 대한 품질비용의 비율로써 계산하기가 비교적 간편하지만, 가격이나 비용에 의해 크게 영향을 받는 문제점을 지니고 있다(안영진, 2014).
4. **생산지수**: 최종제품 개수에 대한 품질비용의 비율로써, 다른 지수와 마찬가지로 계산하기가 비교적 용이하지만, 제품의 종류가 많을 경우에는 사용하지 않는 것이 바람직하다.

품질비용의 규모는 기업에 따라 다르다. 그래서 어떤 경우에는 품질비용이 총매출액의 20~30%까지 되는 기업들도 있다. Juran과 Gryna(1993)는 많은 산업에 있어서 품질비용을 처음 측정할 때에는, 품질비용이 총매출액의 보통 20%를 넘는다고 하였다. Crosby(1979)는 품질비용이 보통 기업 매출액의 20~40%, Bottorff(1997)는 20~35% 정도 된다고 하였다. Harry와 Schroeder(2000)는 대부분 기업들의 품질비용이 총매출액의 20~30%라고 하였다. 그래서 이보다 훨씬 적게 품질비용을 측정하는 기업들은 품질비용을 잘못 측정한 것이라고 하였다.

〈표 7-2〉 품질비용보고서

기업활동	금액	비율
예방비용		
현지채용인원 훈련비용	$300,924	12%
품질교육 컨설턴트비용	48,000	2%
시각교재비용	36,841	1%
품질검사비용	27,694	1%
계	$413,459	16%
평가비용		
내부 감사비용	$102,6890	4%
통계적 공정관리비용	226,823	9%
품질공학지원비용	52,951	2%
계	$621,973	24%
총적합비용	1,035,432	41%
내부 실패비용		
폐기비용	117,850	5%
재생비용	141,950	6%
손실부과금	13,280	1%
공장휴지비용	56,320	2%
재승선비용(운송비용)	20,000	1%
계	$349,400	14%
외부 실패비용		
보증정산비용	$610,450	24%
부지보수비용	259,520	10%
제품손해배상비	175,000	7%
추가할인금액		
현지불만처리비용	120,000	5%
계	$1,164,970	46%
총부적합비용	$1,514,370	59%
합계	$2,549,802	100%

품질비용 보고서는 사업부, 제품 또는 적절한 사업단위별로 월별, 분기별, 연도별로 작성된다.

총품질비용의 영향을 보여 줌으로써 품질개선이 필요하다는 사실과 매출, 이익대비 품질 비용이 몇 % 포지션을 차지하고 있는지, 그리고 다양한 품질비용으로 발생한 항목들 간의 관계 등을 보여주며 한편으로는 품질에 대한 유발 및 인식에 대한 자극이 된다.

제5절 품질비용 모델

1. 전통적 품질비용 모델

전통적 모델이 의미하는 바를 살펴보면 다음과 같다.

- 그림의 왼쪽에서 오른쪽으로 가면 갈수록 불량률이 감소한다.
- 품질 통제비용(평가 및 예방비용)이 증가하면 할수록 불량률 감소한다.

〈그림 7-4〉 전통적 품질비용 모델

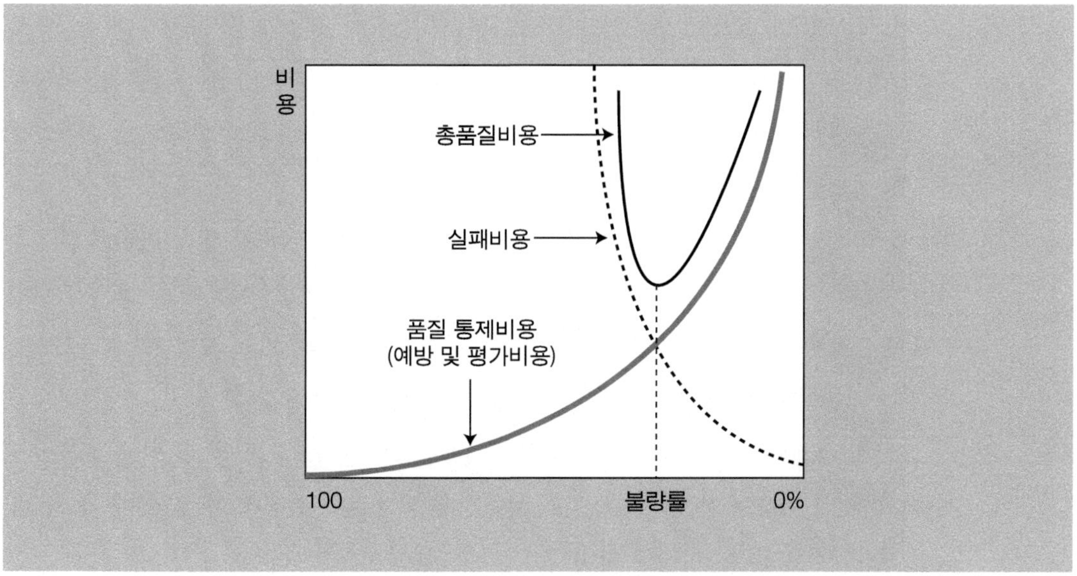

- 제품의 불량률을 최소화시키기 위하여 오른쪽으로 이동하면 할수록 품질 통제비용 곡선이 기하급수적으로 증가하는 것을 볼 수 있다.
- 품질 수준이 향상되면 실패비용은 감소한다.
- 최적 균형점에서 총 품질비용이 최소가 되므로 무결점 수준에 미달하는 어느 정도의 불량률 수준에서 관리될 때 경제적 목표가 될 수 있다.

이 모델에서 암시하는 바는 무결점이 장기적 목표가 될지언정 적어도 단기적으로는 무결점이 가장 경제적인 목표가 될 수는 없다는 것이다. 그리고 모든 경우에 무결점 수준에 이르기 전에 총 품질비용은 최소가 되기 때문이다.

2. 새로운 품질비용 모델

새로운 기술들은 제조과정에서의 실패율을 감소시켰으며 그리고 대부분의 제품들에 있어서 직접 노무비 부분을 억제하게 되었다. 공정과 검사절차들의 자동화는 품질비용 곡선의 모양을 바꾸어 놓았다. 이와 같이 바뀐 모델은 단위비용보다 총 품질비용을 고려한다. 자발적인 품질 통제비용은 전통적인 모델에서 그랬듯이 부적합 수준의 변화에 따라 직접적으로 비례하기보다는 오랫동안 비교적 일정하다는 것을 암시한다.

이러한 새로운 모델이 암시하는 바는 품질의 향상이 비용의 증가를 가져온다는 사고방식은 옳지 않다고 생각해야 한다. 많은 기업들이 품질문제에 대해 장기적인 예방활동 보다는 품질 검사를 통해 불량품이 기업외부로 유출되는 것을 억제하는 것에 중점을 두고 있었다.

이는 예방 활동을 통해서 즉각적이고 가시적인 성과를 거두기 힘든 반면에 품질검사는 불량으로 인한 실패비용을 상대적으로 쉽게 낮출 수 있기 때문이다. 그러나 장기적인 관점에서 본다면 예방 활동을 통해 품질 수준을 향상시키고 그에 따라 자연스럽게 평가 비용이나 실패비용이 낮아지는 것이 가장 이상적이라 하겠다.

Schonberger(1991)에 따르면 지속적인 예방활동이 이루어지면 품질 수준이 높아지게 되고, 결과적으로 평가비용 자체도 낮아지게 되므로 무결점에 가까워질수록 총 품질비용이 급격하게 감소한다고 한다.

이는 무결점 운동이 장기적으로는 바람직할지 몰라도 단기적으로 적합하지 않다는

〈**그림 7-5**〉 새로운 품질비용 모델

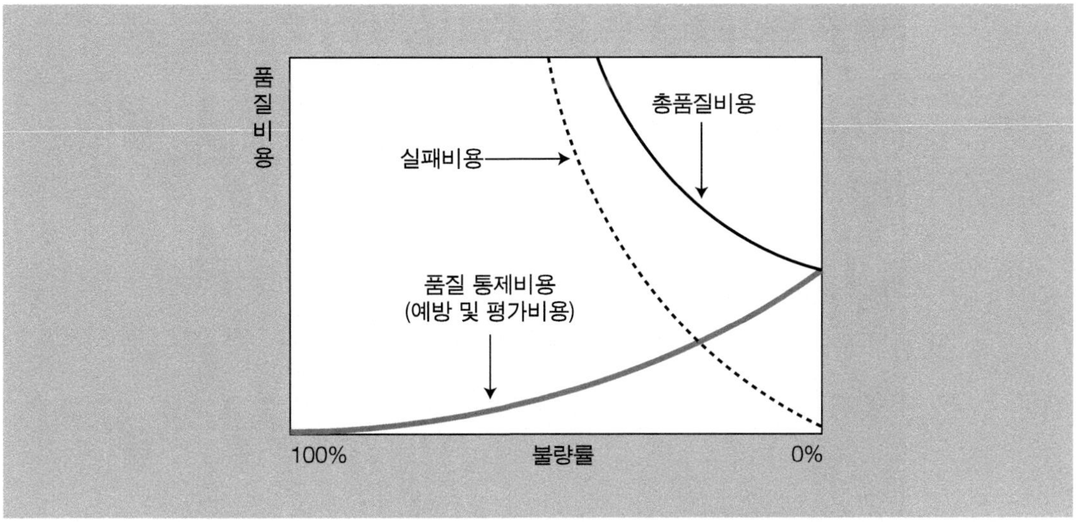

전통적인 접근방법과 크게 다른 점이다.

새로운 품질비용 모델에서는 〈그림 7-5〉에서 제시한 바와 같이 초기단계의 품질향상을 시도하기 위하여 얼마간의 예방 및 평가비용이 유지되어야 한다는 것이다. 이는 1-10-100(**예방-내적 실패-외적 실패**)의 비율을 의미한다. 이는 예방에 1원을 투자하면 내적 실패비용은 10원, 외적 실패비용은 100원까지 줄일 수 있다는 것을 의미한다. 즉 호미로 막을 것을 가래로 막는 것의 교훈을 떠올릴 수 있다.

3. 잠재된 품질비용의 발견

품질비용감소의 출발점은 현재 품질문제로 인해 발생하는 비용이 얼마나 되는지를 명확하게 측정하는 것이다. 많은 기업들이 가시적인 수치로 나타낼 수 있는 생산 공정의 수율이나 불량률 또는 제품 불량으로 인한 반품율 등에만 의존해서 품질비용을 측정하고 있다.

그러한 경우 품질비용을 정확하게 파악하고 있다고 할 수 없을 것이다. 품질문제와 관련된 많은 잠재비용을 계량화하거나 객관적으로 측정하기 위해서는 어떠한 형태로든 신뢰성 있게 비교가 가능한 측정단위를 가지고 있어야만 한다.

구체적으로 잠재된 품질비용으로는 다음과 같은 비용들을 들 수 있다.

- 종업원의 이직 및 사기저하
- 생산성의 저하 및 생산능력감소
- 취소된 주문 및 증가된 재고
- 낭비되는 엔지니어와 경영자의 시간
- 품질문제 때문에 발생하는 재설계비용
- 보고되지 않은 폐품
- 기계와 설비의 유휴시간
- 품질문제 때문에 소프트웨어를 변경해야 하는 비용
- 품질 규격을 만족시키지 못하는 제조 공정을 변경하는 비용

1) 숨어있는 품질비용

숨어있는 품질비용(hidden quality cost) 이란 품질비용 중에서 눈에 잘 보이지 않고 공식적으로 집계하기 어려운 비용으로서 품질비용의 대다수를 차지한다. 흔히 숨어있는 품질비용을 빙산의 일각 현상이라고도 한다. 보이는 것은 10%로 스크랩, 결점, 검사, 반품, 보증수리, 품질확인 등이며, 보이지 않는 것이 90%로 예방, 평가, 내적 실패, 외적실패와 관련된 것이다. 제공된 서비스의 양보다 질이 중요하다는 것을 의미한다. 품질불만족으로 인한 고객이탈이나 나쁜 평판이 미치는 재무적 영향 등이 그것이다.

2) 근본적인 원인제거

일반적으로 품질문제가 발생하면 재무적 손실과 아울러 납기의 지연이나 생산계획의 차질이 뒤따르므로 문제의 직접적인 해결에 중점을 두게 된다. 그러나 그러한 해결 방법만으로는 문제의 재발을 방지할 수 없으며, 문제의 지속적인 누적으로 인해 보다 큰 어려움을 야기하게 된다.

그러므로 일단 발견된 품질문제는 근본적인 원인을 찾아내거나 아예 문제가 발생하지 않도록 하는 것이 효과적이라 할 수 있을 것이다. 예를 들면 생산 라인의 효율성이나 비용을 고려하여 일반적인 자동차 라인에서는 자동차 작업자의 머리 위에 지나가면서 차체 조립 작업을 하도록 설계되어 있다. 반면에 Volvo사의 경우에는 차량을 90도 각도로 세워서 작업자의 신체적 부담이 없이 작업함에 따라 불량률을 크게 낮출 수 있었다.

〈**그림 7-6**〉 숨겨진 실패비용

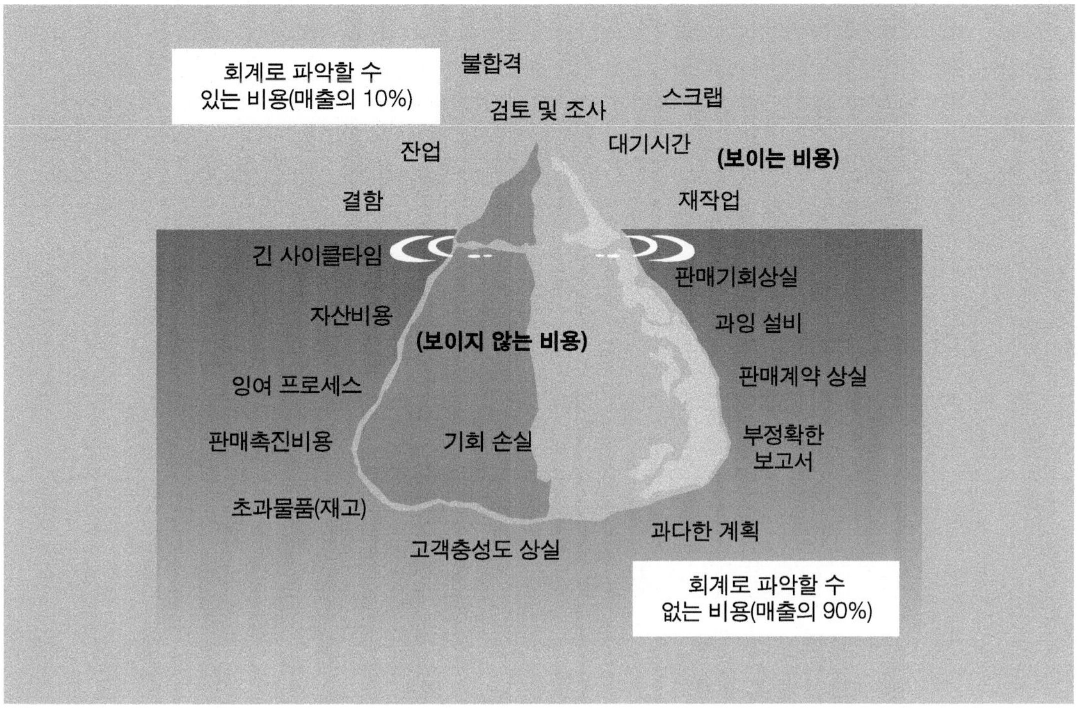

4. 품질성과를 높이기 위한 개선활동

품질성과를 높이고 품질비용을 낮추기 위한 활동이 단기적이고 가시적인 성과에 치중하기보다는 체계적인 시스템에 의한 지속적인 개선활동의 결과 누적된 효과가 기업 전체적인 품질성과와 품질비용을 개선하는 데 도움이 된다.

Juran의 품질 개선 삼분법 절차는 품질계획, 품질관리, 품질개선으로 이루어진다.

1) 품질계획

품질계획은 다음 단계들을 거친다.

1. 고객이 누구이며 고객의 요구가 무엇인지 파악한다.
2. 고객의 요구에 대응하기 위하여 제품이 가져야 할 특성을 부여한다.
3. 기업이 그러한 제품을 생산할 수 있는 체제를 갖추도록 한다.
4. 세부적인 운영계획을 수립한다.

2) 품질관리

품질관리는 다음 단계들을 거친다.

1. 현재의 품질성과를 평가한다.
2. 품질성과와 추구하는 목표를 비교한다.
3. 품질성과와 목표의 차이에 집중한다.

3) 품질개선

품질개선은 다음 단계들을 거쳐 진행된다.

1. 지속적인 품질개선을 위해 필요한 기본체제를 구축한다.
2. 개선이 필요한 구체적인 영역을 확립하고 개선프로젝트를 실행한다.
3. 각각의 개선프로젝트를 수행할 팀을 구성한다.
4. 프로젝트팀이 문제를 진단하고, 원인을 발견하고, 문제를 해결하고, 개선된 상태가 지속될 수 있도록 한다.

제6절 품질비용의 활용과 적용상의 한계

1. 품질비용의 활용

1) 품질비용 정보 수집 목적

품질비용 정보를 수집하는 목적은 다음과 같다.

- 기업 경영에 의미 있는 품질 관련 활동의 나열
- 중요한 사업 기준에 대한 품질 관련 활동의 영향 표시
- 부서별 또는 업무별 향상 프로젝트의 명확화 지원
- 타 부서/기업과의 성과 비교
- 전체 품질 운영에 걸친 예산의 통제 및 기준 수립
- 기업의 모든 계층에게 유용한 비용 정보의 제공

2) 품질비용 정보의 활용 방안

품질비용 정보를 활용하는 방안은 다음과 같다.

- 품질문제 및 이익 기회의 확인
- 자본 예산 및 기타 투자 의사결정의 수립
- 구매 및 공급업자 관련 비용의 개선
- 고객이 요구하지 않은 활동, 중복시스템에 의한 경비의 낭비 확인
- 품질비용의 적절한 배분, 예산 및 이익계획의 목표 결정
- 투입 및 산출 관계의 상대적 척도를 위한 경영 도구로 활용
- 활동적인 소수와 하찮은 다수의 차이를 구분하는 파레토분석도구 활용
- 전략수립 및 실행을 위한 자원의 배분에 필요한 전략적 관리 도구 활용
- 객관적인 성과평가 척도로 활용

3) 품질비용 측정이 기업에 주는 효과

품질비용은 중요한 경영수단으로써 기업에 다음과 같은 효과를 가져다준다.

- 품질 프로그램의 전반적인 효율을 평가한다.
- 문제의 영역과 활동의 우선순위를 결정한다.
- 제품의 가격결정과 입찰에 관한 제보를 제공한다.
- 전반적인 욕구를 만족시켜주는 프로그램을 수정하는 수단이 된다.
- 최고경영자에게 보고하기 위해 품질 프로그램을 수치화시킨다.
- 품질개선과 비용감소의 기회를 제공한다.
- 고객 불만족의 원인을 제거한다.
- 예산 편성에 도움이 된다.
- 품질비용을 모든 사람들에게 알림으로써 품질개선의 동기를 제공한다.
- 기업품질시스템의 강점과 약점을 보여준다.
- 기업의 부실경영에 경종을 울려준다.

2. 품질비용 적용상의 한계

다수의 논자와 실무가들에 의해서 품질비용의 필요성이 강조되고 있음에도 불구하고 보급이 부진한 것은 품질비용 적용상의 문제와 관련이 많다. 품질비용의 도입·적용이 부진한 것에 대해 Juran은 품질비용시스템의 성과가 저조한 때문이라고 주장하면서 다음과 같이 그 이유를 지적하고 있다.

- 품질불량원인에 대한 개선대책의 마련 없이 문제제시에 그치고 있다.
- 분석결과가 책임추궁이나 책임전가에 이용되어 관련자의 소극적인 참여로 원인과 대책이 충분히 제시되지 못한다.
- 수치상의 완전무결주의 추구는 성과보다 희생이 클 수 있다.
- 회사 전체의 총액주의의 추구로 인해서 품질비용의 산정기간 및 비용이 많이 소요된다.

대부분의 품질비용 프로그램은 품질비용이 산정·제시되면 관리자들이 품질비용을 줄일 방책을 추구할 것이라 보고 착수되지만 이러한 가정은 대개 실행되지 못한다. 그것은 품질 문제에 대한 조직적인 접근, 즉 그것의 원인 규명과 대책이 없이 진행되기 때문이다.

이 경우 품질비용의 분석 결과는 품질 개선용이 아닌 현황 파악용 자료로 이용됨으로써 품질비용이 그 이상 나빠지지 않는 한 관리자나 경영자들은 현상 유지에 만족하게 된다.

품질비용을 완전히 파악하자면 많은 시간과 비용이 소요된다. 사실 품질비용은 전통적인 회계제도로는 정확히 파악하기 힘들기 때문에 어느 정도의 정확성을 기하는 것이 가장 경제적인가를 가늠할 필요가 있다.

품질비용의 분석에서 사용되는 측정기준으로 매출액기준, 제조원가기준, 노무비기준, 부가가치기준 등이 있는데, 이들 기준의 분모 값에 따라서도 분석결과는 많은 차이가 생긴다.

측정기분별로 분석자가 고려해야 할 사항들은 다음과 같다.

- **매출액기준의 경우:** 매출액은 매출총이익, 판매가격, 판매비용, 시장상황 등에 따라서 달라질 수 있다.

- 제조원가기준의 경우: 분모가 되는 제조원가는 생산의 자동화, 공정의 개선, 신 공법의 도입, 자재가격 및 재료의 변경 등에 의해서 영향을 받을 수 있다.
- 노무비기준의 경우: 분모가 되는 노무비는 인건비의 인상, 생산의 자동화 등에 의해서 차이가 난다는 점을 유념해야 한다.

그리고 품질비용의 배분비율, 즉 예방·평가·실패비용의 적정배분율은 산업별, 기업별 공장별, 제품별, 수명주기 등에 따라서 다르기 때문에 이를 일률적으로 적용하는 것은 곤란하다.

사례

글로벌 시총 1위 탈환 — MS의 Satya Nadella CEO

모자 달린 티셔츠를 즐겨 입고, 인도 크리켓 영웅의 사인이 담긴 배트를 항상 책상 옆에 둔다. 개발자 시절엔 '남을 화나게 하지 않는 직원'으로, 최고경영자(CEO)가 된 후엔 '직원들에게 화를 내지 않는 순한 리더'로 불린다. Microsoft(MS)의 Satya Nadella CEO를 수식하는 말들이다. 그러나 그가 2014년 CEO 취임 후 MS를 진두지휘하며 부활을 일구는 모습을 봐온 업계에선 '무서울 정도'라는 말이 나온다. PC 운영체제인 '윈도우'로 1990년대 IT(정보기술) 혁명을 이끌었던 Bill Gates의 MS가 최근 Nadella CEO 체제 아래서 제2의 전성기를 맞고 있다. 2018년 말 Amazon과 Apple을 제치고 16년 만에 시가총액으로 글로벌 1위 자리를 탈환한 후, 격차를 벌리며 대장주 자리를 지키고 있다. 최근엔 시가총액이 Nadella CEO 취임 이후 230% 이상 증가해 1조 달러에 육박하는 등 위세가 등등하다. 모바일 시대에 뒤처지고 말았던 MS의 위상을 Nadella CEO가 성공적으로 되찾아왔다는 평가가 나온다.

전략적 마인드 가진 공학도 CEO

Nadella는 Google의 Sundar Pichai, Adobe의 Shantanu Narayen처럼 인도 출신 개발자로 커리어를 시작해 CEO까지 올랐다. Bill Gates, Steve Ballmer에 이은 MS의 세 번째 CEO다. 2014년 전임자 발머가 사업 부진을 책임지고 물러날 당시에도 MS의 윈도우의 시장 점유율은 여전히 90%에 달했다. 그러나 모바일 시장 성장에 효과적으로 대응하지 못해 IT 업계 선두에서 멀어진 상태였다. 700조 원이 넘었던 시가총액은 2010년 250조 원까지 쪼그라들었는데, 미국 잡지 등에 '몰락한 기업'으로 이름을 올리는 수모도 겪어야 했다.

당시 Bill Gates 회장과 이사회가 고려한 100명 넘는 차기 CEO 후보 가운데 Nadella는 전략적이고 공학도다운 전문성으로 깊은 인상을 줬다고 한다. 그는 2011년부터 MS의 클라우드 서비스 '애저(Azure)'를 맡아 연구했고, 액셀·워드 같은 'MS오피스' 프로그램을 클라우드 서비스에 결합한 '오피스365' 출시를 주도했었다. 그가 CEO에 오르기 전 수석 부사장으로 있었던 엔터프라이즈·클라우드사업부의 매출은 이미 2012년 윈도우사업부 매출을 뛰어넘었다. Nadella는 향후 MS의 중심 사업이 클라우드가 되어야 한다는 확신을 가지고 있었고, 경영진에 이를 피력했다.

취임 이후 Nadella는 '클라우드 퍼스트(first·우선)' 전략을 흔들림 없이 실행했다. Nadella가 직원들에게 보낸 첫 번째 이메일은 1,000개 단어로 쓰였는데, 윈도우라는 단어는 찾아볼 수 없었다고 한다. 조직 개편을 단행해 클라우드를 중심 사업으로 전면에 세웠고 2018년에는 윈도우사업부를 아예 축소해버렸다.

결과는 성공적이다. 과거 MS 오피스 프로그램은 한 번 돈을 지불하면 끝나는 '상품'이었지만, 이제는 클라우드 기반 '구독 서비스'로 재탄생했다. 사용자에게 1년에 99달러의 요금을 받는데, 무려 2억 1,400만 명이 이용 중이다. 기업 대상 클라우드 서비스 '애저'는 Exxonmobil, Starbuck, Walmart 등 대기업 고객사들을 석권했다. MS의 클라우드 사업 매출은 꾸준히 성장해 2019년 1분기 340억 달러(약 40조 2,000억 원)를 기록했다. 2018년 연간 매출도 1,103억 6,000만 달러(약 130조 4,000억 원)에 달했다.

'윈도우'보다 클라우드로 승부수

2016년까지만 해도 MS 이사회 일각에선 클라우드 사업에 대한 의구심이 있었다. 그러나 Nadella의 선택은 선견지명이었다. 클라우드 서비스란 거대한 데이터 센터, 해양 횡단 케이블 등의 인프라를 구축한 뒤 기업들에 돈을 받고 서버·네트워크·저장공간 등을 대여해주는 것이다. 이 시장은 빠른 속도로 커지고 있다.

Nadella가 CEO에 취임할 당시 클라우드 분야에서 Amazon은 '절대 강자'였다. Amazon은 MS보다 클라우드 사업을 4년 일찍 시작했고, IT 인프라 구축이 여의치 않은 실리콘밸리의 스타트업 고객사들을 절대적으로 많이 확보하고 있는 상황이었다.

그러나 걱정과 달리 MS는 빠르게 점유율을 늘렸다. MS의 클라우드 시장 점유율은 2017년 말 14%에서 2018년 말 17%로 1년 만에 3% 증가했다. 이 기간 Amazon의 점유율은 32%로 유지됐다. 이는 MS의 강점 덕분이었다. 세계적으로 많은 기업이 윈도우를 사용하고 있기 때문에 호환이 쉽고, 전환 비용이 적게 들어간다. MS는 윈도우를 쓰고 있는 기업에 클라우드 비용 할인도 제공했다. 기업 애널리스트들은 "마트·편의점의 판매 정보 관리 시스템(POS), 은행의 자동화 기기(ATM), 공장의 각종 기계들도 윈도우 운영체제를 기반으로 하는 경우가 많기 때문에 MS의 고객은 더욱 늘어날 것"이라고 보고 있다.

Nadella CEO는 2018년 '오픈소스(무상으로 공개된 소프트웨어 소스 코드) 공유 커뮤니티'인 GitHub를 약 8조 원에 인수하며 Amazon과의 전쟁에 본격적으로 뛰어들었다. Amazon이 70% 가까이 장악하고 있는 스타트업 개발자 고객을 확보하기 위함이다. 과거 소프트웨어를 개발해 판매하는 것이 본업이었던 시절 MS는 오픈소스를 '암(癌)'이라고 칭하기도 했다. GitHub 인수는 MS가 얼마만큼 변했는지를 단적으로 보여준다.

Amazon의 적들을 아군으로

클라우드 운영 철학에서도 Nadella CEO는 Amazon의 Bezos CEO와 차이를 보이고 있다. Amazon의 경우 사업 분야를 다방면으로 확장하고 있어 클라우드 사업이 악영향을 받고 있다는 분석이다. Amazon을 경쟁자로 보는 회사들이 Amazon의 클라우드 서비스를 기피하기 때문이다. 미국의 식료품 수퍼마켓 체인인 Kroger의 CIO(최고정보관리책임자)는 2017년 "우리가 Amazon의 성장을 도울 이유가 없다"

며 Amazon 클라우드 서비스를 이용하지 않겠다고 밝혔다. 2018년 7월 이후 Albertson's, Gap, Kroger, Walgreens, Walmart 등 5개 주요 유통 업체가 Amazon 대신 MS의 클라우드 서비스를 사용하기로 계약을 체결했다. 최근에는 금융사, 헬스케어 기업, 물류업체 중에서도 이러한 기피가 나타나고 있는 실정이다.

반면 Nadella의 MS는 고객사를 보조하고 솔루션을 제공하는 역할을 강조함으로써 고객사의 신뢰를 얻고 있다. Amazon이 자율주행차에 자사의 음성 비서 서비스인 '알렉사'를 도입하려고 하는 것과 달리 MS는 BMW나 Nissan, Volkswagen 등이 자체적으로 음성 보조 장치를 개발할 수 있도록 클라우드상에서 AI(인공지능) 기술과 데이터분석 수단을 제공한다. Nadella CEO는 고객사를 만나면 "우리(MS)의 클라우드 플랫폼 안에 당신 회사가 들어오는 게 아니다. 우리는 당신 회사만의 플랫폼을 만들 수 있도록 돕겠다"고 강조한다고 한다. Bloomberg는 "Nadella가 MS의 전통적 강점인 기술력과 인프라 구축 능력, 그리고 다시 부상하겠다는 야망을 되살려 놓았다"고 전했다.

급성장하는 클라우드 시장 …
Amazon 1위, 2위 MS

시장 조사 기관 Gartner에 따르면 세계 클라우드 시장 규모는 2017년 1,020억 달러(약 120조 7,000억 원)에서 2021년 2,280억 달러(약 269조 8,000억 원)로 급성장할 것으로 전망되고 있다. Amazon, MS, Google, IBM, Alibaba가 5대 클라우드 서비스 제공 업체로 꼽힌다.

기업들이 클라우드를 선호하는 것은 효율성 때문이다. 기업 입장에선 IT 인프라를 스스로 구축하는 대신 클라우드 업체에 아웃소싱함으로써 비용을 절감하고 주력 사업에만 집중할 수 있다. Netflix는 자체 데이터 센터 운영 능력이 있었음에도 2009년부터 Amazon의 클라우드 서비스인 AWS(아마존웹서비스)를 이용하기 시작했다. 2016년 모든 데이터를 AWS로 이전했다. 개발자들이 콘텐츠 혁신과 관리에만 전념할 수 있게 하기 위해서다. Netflix는 주말 오후 등 특정 시간대에 사용자가 몰리는 경향이 있는데, 클라우드를 이용하면서부터 데이터 사용량만큼만 비용을 유연하게 지불할 수 있게 되어 효율성이 높아졌다.

삼성증권의 한주기 애널리스트는 "초기에는 기업들이 비용 절감을 목적으로 클라우드를 이용했으나, 최근에는 클라우드 서비스가 제공하는 빅데이터, 머신러닝, 인공지능 기술을 활용하기 위한 목적으로 고도화되고 있다"고 분석했다. 실제로 Amazon, MS 등의 클라우드 서비스는 데이터를 분석·활용할 수 있는 기술적 수단을 제공하고 있다. 제약 회사 Novartis는 2013년 AWS의 빅데이터 기술을 활용해 1,000만 개 화합물 조합 중 암 치료에 효과가 있는 조합을 단 9시간 만에 찾아내기도 했다. 자체 설비로 진행할 경우 4,000만 달러(약 470억 원) 투자가 필요한 작업이었지만 AWS를 이용해 4,232달러(약 500만 원)로 비용을 줄였다.

자료: 조선비즈, 2019년 6월 7일.

연습문제

1. 품질성과와 유형에 대해서 설명하라.
2. 품질비용의 개념, 그리고 진화에 대해서 설명하라.
3. 품질비용의 분류를 설명하라.
4. 품질비용의 측정방법에 대해서 설명하라.
5. 품질비용 모델을 설명하라.
6. 잠재된 비용의 발견을 설명하라.
7. 근본적 원인의 제거를 설명하라.
8. 시스템의 통합에 대해 설명하라.
9. 품질비용 적용상의 문제와 한계에 대해서 설명하라.

참고문헌

김기영 외 공저 (1999), 품질경영, 박영사.

김연성 외 공저 (2015), 품질경영론, 제5판, 박영사.

안영진 (2014), 경영품질론, 박영사.

윤재홍·강판식 (2009), "ISO 9000 품질경영시스템에 의한 품질비용 프로세스가 사업성과에 미치는 영향에 관한 사례연구", 경영논총, 30집, 동아대 경영문제연구소.

이순용 (2004), 품질경영론, 법문사.

황의철 (2000), 품질경영, 박영사.

Bottorff, D. L. (1997), "COQ Systems: The Right Stuff," *Quality Progress*, pp. 33-35.

Crosby, P. B. (1979), *Quality is Free*, New York, McGraw-Hill.

Dale, B. G. and C. L. Cooper (1992), *Total Quality and Human Resources: Executive Guide*, Oxford, Blackwell.

Evans, J. R. and Lindsay, W. M. (2014), *The Management and Control of Quality*, 9th ed., South-Western Cengage Learning.

Feigenbaum, A. V. (1986), *Total Quality Control*, 3rd ed., McGraw-Hill, Inc.

Garvin, D. A. (1988), *Managing Quality: The Strategic and Competitive Edge*, The Free Press.

Groocock, J. M. (1986), *Chain of Quality, Market Dominance Through Product Superiority*, New York, John Wiley & Sons.

Harry, M. and Schroeder, R. (1990), *Six Sigma*, Leighco Inc.

Juran, J. M. (1992), *Juran on Quality Design*, New York, The Free Press.

Juran, J. M., and Gryna, F. M. (1993), *Quality Planning and Analysis*, 3rd ed., McGraw-Hill.

Schonberger (1991), *The World Class Manufacturer: The Lessons of Simplicity Applied*, The Press.

Zeithaml, V. A., Parasuraman, A., and Berry, L. L. (1990), *Delivering Quality Service: Balancing Customer Perceptions and Expectations*, New York, The Free Press.

제8장
프로세스 혁신을 위한 식스시그마

학습목표

1. 식스시그마란 무엇인지, 어떻게 추진해나가는 것인지 이해한다.
2. 벨트제도의 운영과 도입배경을 알아본다.
3. 식스시그마를 통한 품질혁신과 경영을 이해한다.
4. 품질혁신을 위한 식스시그마의 발전방향에 대해 알아본다.

사례

'식스시그마 전도사' 손욱 회장이 말하는 혁신의 지혜

혁신이란 무엇인가?

혁신은 세계에서 앞서 가는 방법들을 찾아내거나 스스로 개발해 자사의 현실에 맞춰 활용하는 것이다. 이를 통해 고객의 가치를 창조하고 경쟁사보다 우위를 차지할 수 있다. 선진 기업과 일류 기업, 후진 기업과 보통 기업의 차이는 '혁신'에서 나온다. 현실에 안주하고 새로운 혁신을 두려워하는 기업은 진정한 일류 기업이 될 수 없다.

혁신을 하려면 바닥에서 기본적인 것부터 쌓아 올리는 노력이 필요하다. 외국 기업의 혁신 방법을 따라 하면 부작용이 생기고 성과를 기대하기도 힘들다. 각각의 회사가 가진 문제점과 현실을 파악하고 이를 계승 발전시켜 적용해야만 한다.

성공적인 혁신을 하려면 어떻게 해야 하는가?

가장 중요한 것은 '일류에 대한 열망'과 혁신을 실행할 '인재'다. 즉 기업은 유능한 인재를 뽑아 꾸준히 교육하고, 적절한 동기부여를 통해 이들이 일류를 향해 정진할 수 있도록 해야 한다. 이병철 전 삼성그룹 회장은 그저 생존 자체가 목표였던 때부터 세계 일류를 외쳤다.

새로운 일을 할 때 처음부터 모든 조직구성원이 100% 만족하고 그 일에 달려드는 경우는 없다. 우선 혁신에 공감하고 이를 적극적으로 시행하겠다는 의지를 가진 직원들, 즉 불씨를 몇 명이라도 만드는 게 중요하다. 핵심 인재를 기르는 게 중요하다는 말이다. General Electric(GE)에서는 우수 인력 20%를 따로 뽑아서 교육한다. 보통 이 중 4% 정도가 핵심 인력이 된다고 한다. 인사관리에 자신이 없는 조직이라면 애초에 교육집단을 늘려 전체 직원의 30%를 교육하는 게 좋다. 최고의 조직에는 늘 A급 인재, 핵심 인재가 있다. 전체 교육 외에 이처럼 조직 내 핵심 인력으로 키울 인재들에게 신경을 써야 한다.

혁신 기법인 식스시그마를 도입해 적자였던 삼성SDI를 단숨에 흑자로 전환시켰다. 당시 식스시그마를 도입할 때만 해도 반대하는 사내 여론이 많았다. 어떻게 이 일을 성공으로 이끌었나?

직원들에게 혁신의 성공에 대한 확신을 심어주려고 했다. 삼성전자에서 전사적 자원관리 시스템 도입에 참여했던 경험을 적극 활용해 삼성SDI 직원을 설득했다. 회사 임원과 간부들이 “이건 이래서 어렵다”고 할 때마다 “이건 이렇게 할 수 있다”고 답을 줬다. 답을 찾기 위해 일이 끝나도 쉬지 않고 공부해야 했다. 또 혁신을 하자고 직원을 설득하기 위해 직접 자료를 만들어 발표도 했다. 아무리 고위직이라도 진정 혁신이 필요하다고 느꼈다면 리더가 직접 나서야 한다고 생각했다. 누구를 시켜서 하면 진정성이 느껴지지 않는다. 일이 많을 때는 거의 회사에서 살다시피 했다. 하나에 빠지면 다른 게 눈에 안 들어오는 성격이라 바쁠 때는 일에만 몰두했던 것 같다.

혁신에 실패하는 다른 기업들은 왜 그런 건가?

혁신피로증이라는 말은 혁신 실패와 관련이 있다. 혁신의 효과가 안 생기면 여기에 피로감을 느낄 수밖에 없다. 혁신 실패의 가장 큰 원인은 대부분 리더나 의사결정권자에게서 발견된다. 본인이 스스로 해야 하는 일을 직접 하지 않았기 때문이다. 자기가 선두에 서서 몰입해야 한다. 리더라도 부하 직원에게 시키기만 해선 안 된다. 지시만 내려놓고 본인은 ‘할 일을 하고 있다’고 생각하는 것은 잘못된 것이다.

전남 장성군의 혁신 성공 사례가 있다. 1995년부터 장성군은 ‘장성아카데미’를 운영하며 매주 국내 최고 전문가를 초청해 지역 공무원과 주민들에게 강연을 했다. 교육이 효과를 거두면서 지자체는 정부로부터 100억 원이 넘는 프로젝트를 따냈다. 다른 지자체에서 너도나도 이 프로그램을 따라 했다. 하지만 대부분 실패했다. 장성아카데미 교육에는 군수가 빠짐없이 참여했다. 하지만 다른 지자체 교육에서는 군수들이 인사만 하고 강연 시작 전에 자리를 떴다. 리더가 자리를 뜨니 군의 주요 의사결정권자들도 따라서 자리를 떴다. 정작 강연을 들어야 할 사람들이 강연을 안 들었다. 여기에서 성공과 실패가 갈렸다.

혁신을 추진하는 기업가들에게 조언을 해 달라.

1980년대 초반 전체적으로 가전사업이 어려웠다. 그때 일본의 컨설팅 회사에서 삼성전자를 찾아와 원가 절감을 할 수 있다며 가치혁신(VE) 프로젝트를 하자고 했다. 혁신의 필요성을 느끼고 있던 터라 각 사업부장에게 이 프로젝트를 제안했다. 사업부장들은 “가격만 비싸고 효과는 없을 것”이라며 부정적인 입장을 보였다.

컨설팅 비용을 지원하겠다고 하자 냉장고사업부장이 VE기법을 도입했다. 비용을 지원해 주는 대신 매월 손익 분석 보고서 아래에 VE효과로 발생한 이익을 따로 표시해 달라고 했다. VE기법은 생각보다 효과가 컸다. 처음에는 1,000만 원 이익이 나던 것이 다음 달에는 5,000만 원으로 커졌다. 6개월이 지나자 냉장고사업부장의 표정이 바뀌었다. 다른 사업부에서도 VE기법을 도입할 테니 지원해 달라고 앞다퉈 요청하기 시작했다.

말하고 싶은 것은 경영자들이 ‘혁신’을 입버릇처럼 말하지만 정작 혁신에 대해 잘 알고 있는 사람은 별로 없다는 것이다. 혁신에 대한 가치를 알아야 한다. 일반적으로 사업에 투자하면 5~10%의 이익이 생기지만 혁신에 투자하면 3~4배씩 이익을 거둘 수 있다. 원가 절감, 품질 업그레이드 등의 혁신을 하면 단순 투자보다 훨씬 큰 효과를 거둘 수 있다는 뜻이다. 사람한테 투자하면 그 효과는 더 크다. 1억 원을 들여서 교육하면 그 직원은 교육비의 10배 이상을 벌어 온다. 혁신을 하자고 하면 대부분 '요새 바빠서' '돈이 없어서'라고들 많이 하는데 그럴 때일수록 혁신을 시도해야 한다.

자료: 동아일보, 2015년 2월 2일.

제1절 식스시그마의 정의와 방법론

1. 식스시그마 경영

식스시그마 경영은 '경영에서 발생하는 결함을 통계적으로 측정·분석하고 그 원인을 제거함으로써 식스시그마 수준의 품질을 확보하려는 전사차원의 경영 혁신 활동으로 프로세스에서 고객의 만족도를 해치는 변동, 결함(불량품), 낭비를 객관적인 데이터와 분석을 활용하여 제거하고 예방함으로써 기업의 경영 성과를 향상시킨다. 식스시그마는 다음과 같은 세 가지 측면에서 이해할 수 있다.

1. 측정기준으로서의 식스시그마: 3.4 DPMO(Defects Per Million Opportunities)으로 제품 1백만 기회당 3.4개의 결함만이 발생하는 수준이다.
2. 방법론으로서의 식스시그마: DMAIC/DFSS 방법론은 잘 설계된 식스시그마 문제해결 로드맵이자 도구이다.
3. 경영철학으로서의 식스시그마: 변동을 줄이면서 고객중심(customer-focused)의 시각을 갖고, 객관적 자료에 근거로 한 의사결정(data driven decisions)을 내리는 것이다. 즉, 식스시그마 경영은 기존의 경영혁신 기법과 각각의 사상들을 포함하는 개념으로 통계적 품질관리(Statistical Quality Control)를 기반으로 각종 경영혁신 기법 및 사상들이 접목되어 만들어졌다.

2. 식스시그마의 탄생과 전개

1980년 Motorola는 자사의 품질 수준과 일본기업과의 품질 수준 비교 결과 1,000배나 차이가 난다는 사실에 충격을 받아 일본에서 진행되던 TQM 프로그램을 도입하여 제조부분에 적용하기 시작하였다. 이후 1982년 Motorola의 CEO인 R. W. Galvin은 당해 연도에 품질비용을 반으로 줄일 것을 요구하였고 이와 같은 고품질을 달성하기 위한 체계적인 문제해결방법의 필요성을 인식하게 되었다. 이를 목표로 하는 개선 방법으로 '시그마'로 칭하며 제조 개발 부분에 우선 적용하기 시작하였다.

1987년 Motorola는 품질 향상을 위한 체계적인 방법론을 정립하고 식스시그마 달성을 기업 경영의 목표로 설정하고 다른 혁신활동을 식스시그마로 통합하였다. Motorola에서의 식스시그마는 새로운 기준과 방법론이었으며, 문화적 변화를 이끄는 방법이었다. 식스시그마를 통해 Motorola는 미국 품질경영 대상인 말콤발드리지 국가품질상(Malcolm Baldridge Award)을 수상하고 160억 달러 이상의 비용절감을 달성하는 등 최고의 성과를 이루어냈다.

Motorola의 성공을 배경으로 수많은 기업들이 식스시그마 도입을 시작하였으며, 1991년 당시 GE의 CEO인 Jack Welch는 식스시그마 도입을 검토하기 시작하였고 1992년 일부 사업장부터 식스시그마를 적용하기 시작했다. GE는 4년간의 테스트 및 성공

〈그림 8-1〉 기존의 혁신활동과 식스시그마 경영의 관계

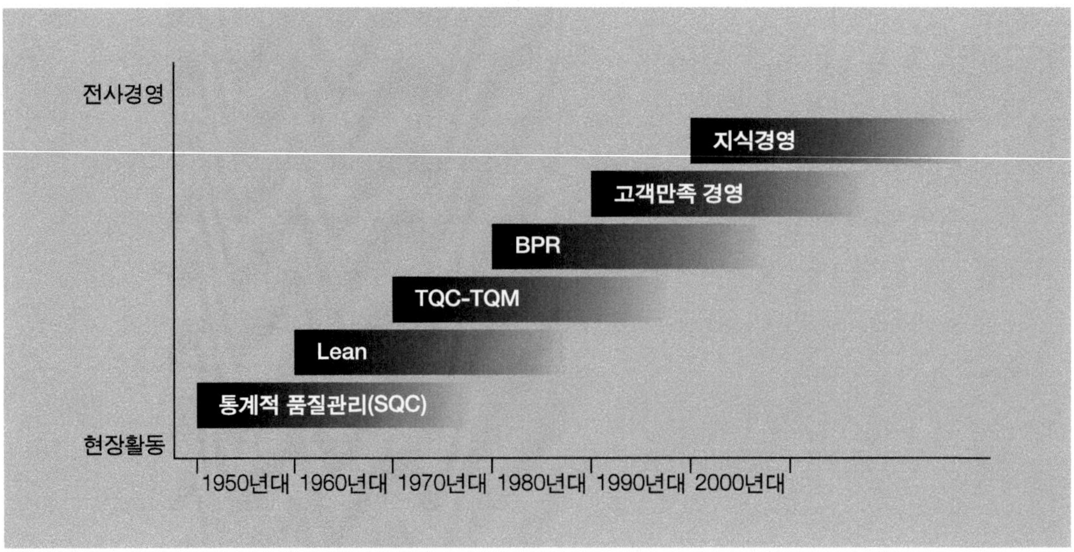

회사 벤치마킹 등의 철저한 준비기간을 거쳐 1995년 식스시그마 경영을 전 사업부문에 도입하였다. 이후 GE는 CEO인 Jack Welch의 강력한 지휘 하에 식스시그마를 전사적으로 전개하여 높은 성과를 내기 시작하였으며 이 성과는 현재까지 지속되고 있다.

GE에서 큰 성공을 거둔 식스시그마는 전 세계적으로 확산되기 시작하였으며 현재 널리 활용되는 DMAIC 방법론은 GE에서 가다듬어진 체계를 기본으로 하고 있다.

국내는 1990년 중반 삼성SDI, LG전자가 도입을 시작하였으며 현대자동차, POSCO, KT 등으로 확산되었다. 제조분야를 제외한 서비스, 사무 간접 분야에서의 도입 또한 점차적으로 늘어나고 있는 추세이다. 식스시그마는 시간이 지날수록 더욱 발전을 거듭하고 있다. 식스시그마는 TQM의 단점을 보완하여 체계적이며 총체적인 경영혁신 활동으로 정의되기 때문이다. Geoff Tennant는 그의 저서 "Six Sigma: SPC and TQM in Manufacturing and Services"에서 "식스시그마는 많은 것을 내포하고 있다. 식스시그마는 비전이나, 경영철학, 측정기준, 목표, 방법론 등 그 의미가 광범위하다"라고 말한다.

3. 식스시그마의 의미

시그마(σ)란 통계에서 사용되는 용어로 모집단의 표준 편차를 나타내는 데 쓰이는 그리스 문자로서 개별 측정값들이 평균에서 흩어져있는 정도(산포)를 나타내는 값으로 프

〈그림 8-2〉 공정중심의 이동에 따른 불량률 비교

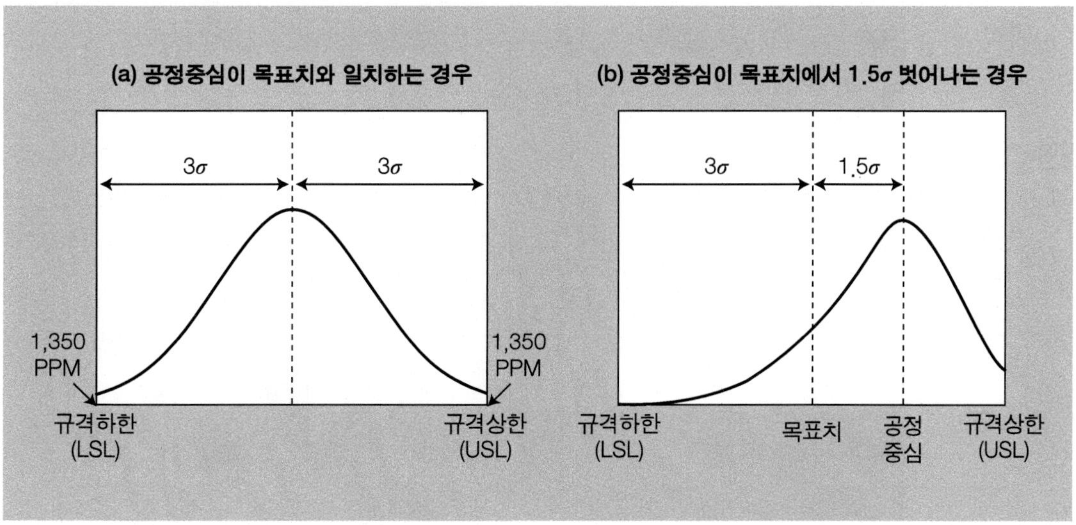

로세스에서 변동(variation)이나 불일치(inconsistency)의 정도를 나타내는 측정지표이다.

〈그림 8-3〉에서 불량률과 제품 단위당 결함 수(DPU) 및 불량발생 기회당 결함 수(DPO)는 다음과 같이 계산된다.

$$\text{불량률} = \frac{\text{불량개수}}{\text{총 생산개수}} = \frac{2}{4} = 0.5$$

$$\text{DPU} = \frac{\text{총 결함 수}}{\text{총 생산개수}} = \frac{3}{4} = 0.75$$

$$\text{DPO} = \frac{\text{총 결함 수}}{\text{총 결함발생기회의 수}} = \frac{3}{5 \times 4} = 0.15$$

이 예에서 보면 제품 불량률은 50%이지만, 불량발생 기회당 결함 수(DPO)로는

〈표 8-1〉 시그마 수준별 결함률의 크기 (단위: PPM)

시그마 수준	공정중심이 목표치에서 벗어나지 않을 경우	공정중심이 목표치에서 1.5시그마 이탈할 경우
1	317,400	697,700
2	45,400	308,537
3	2,700	66,807
4	63	6,210
5	0.57	233
6	0.002	3.4

〈그림 8-3〉 드릴링 가공의 예

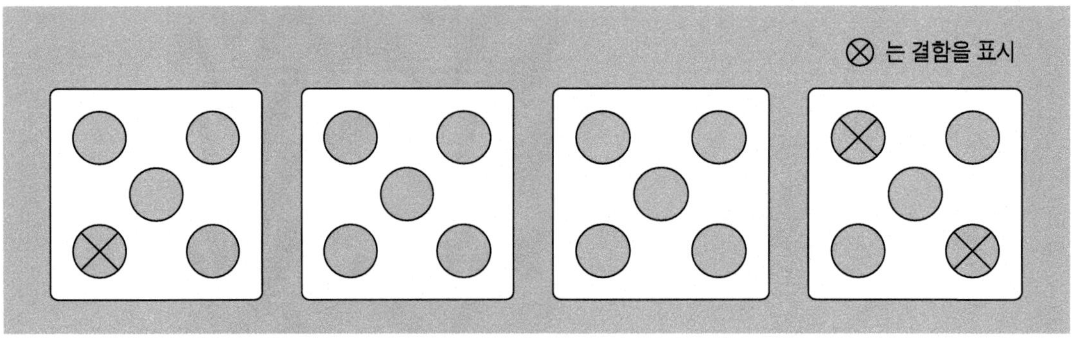

15%가 된다. 따라서 식스시그마에서 계산된 결함률을 종래의 불량률과 단순 비교하는 것은 잘못된 것이다.

식스시그마 수준은 거의 무결점에 가까운 높은 수준의 품질이기 때문에 불량발생 기회당 결함 수(DPO) 대신 100만 기회당 결함 수를 나타내는 'DPMO'가 사용된다.

흔히들 식스시그마 수준이란 불량률을 3.4PPM이라고 이야기하지만, 엄격한 의미에서 이것은 잘못된 표현이다. 하나의 제품에는 불량이 발생할 수 있는 기회가 여러 개 있으므로, 식스시그마 수준은 제품 백만 개당 불량품의 수를 측정하는 PPM과는 다르다.

드릴링 가공의 예에서 PPM과 DPMO 의 차이를 비교해보면 다음과 같다.

- **제품 100만 개당 불량품 수(PPM 단위)**

$$= \frac{\text{불량개수}}{\text{총 생산개수}} \times 1{,}000{,}000$$

$$= \frac{2}{4} \times 1{,}000{,}000 = 500{,}000(PPM)$$

- **결함발생기회 100만 개당 결함 수(DPMO 단위)**

$$= \frac{\text{총 결함 수}}{\text{총 결함발생기회의 수}} \times 1{,}000{,}000$$

$$= \frac{3}{5 \times 4} \times 1{,}000{,}000 = 150{,}000(\text{DPMO})$$

〈표 8-1〉에서 보면 이 결과는 약 2.4시그마 수준이 된다.

- **왜 DPMO로 측정하는가?**

첫째, 출하불량률의 한계이다. 1985년 Motorola의 엔지니어였던 Bill Smith는 다음과 같은 흥미로운 사실을 발견하였다. 생산공정 중에 어떤 결함이 발견되어 수리작업을 거친 제품을 소비자에게 판매하면, 그 결함 때문에 보지 못했던 다른 결함들이 사용 초기에 발생한다. 그러나 생산공정 중에 아무런 결함이 발견되지 않은 제품은 고객의 손에 넘어가더라도 문제가 발생하지 않는다. 이러한 발견은 공정 중에 어떠한 결함이 있었든지 간에, 엄격한 검사와 수리를 통해 출하불량률만 낮추면 된다는 검사중심 품질관리의 한계를 명백히 일깨워 주었다. 즉 검사와 수정이 아닌 예방관리가 필요하다. 이를 위해 도입한 척도가 기회당 결함 수이다.

둘째, 서로 다른 프로세스의 품질능력 비교가 가능하다. 단순 불량률을 가지고 서로 다른 프로세스를 비교하는 데에는 무리가 많다. 복잡한 공정이나 제품은 불량발생 기회의 수가 상대적으로 많기 때문에, 불량률 대신 기회당 결함 수를 사용하면 이러한 비교가 가능해진다.

4. 식스시그마 방법론

식스시그마 방법론은 개선을 위한 방법과 혁신을 위한 방법으로 구분된다.

1) DMAIC이란 무엇인가?

DMAIC(**Define, Measure, Analyze, Improve, Control 단계의 줄임 말**)는 식스시그마 문제해결 과정에 사용되는 로드맵이다. 문제 해결의 합리적인 접근방식으로 구성된 DMAIC는 기존 프로세스의 개선에 주로 사용된다. DMAIC는 철저한 데이터 중심의 체계적인 개선 전략으로서 프로세스를 개선하고, 이는 전사적 차원의 식스시그마 경영혁신을 수행하는 데 핵심이 된다.

DMAIC의 각 단계는 다음과 같은 내용으로 이어진다.

- 정의(Define): 고객과 CTQ, 핵심 비즈니스 프로세스를 정의한다.
  - ▸ 누가 고객이며, 제품과 서비스에 대한 고객의 요구사항을 무엇인지, 그들의 제품 및 서비스에 거는 기대는 어떠한지 정의한다.
  - ▸ 프로젝트의 범위(프로세스의 처음과 끝)를 정의한다.
  - ▸ 프로세스 흐름을 파악하여 개선되어야 할 프로세스를 정의한다.
- 측정(Measure): 프로세스의 측정지표를 정의하고 잠재 원인을 도출한다.
  - ▸ 프로세스의 출력변수 Y에 대한 데이터 수집 계획을 세우고 데이터를 수집한다.
  - ▸ Y에 영향을 미치는 잠재적인 X인자들을 도출한다.
  - ▸ 도출된 X인자를 우선순위화하고 분석할 X인자를 선정한다.
- 분석(Analyze): 결함의 근본원인과 개선기회를 파악하기 위한 핵심적인 X인자를 분석하고 도출한다.
  - ▸ 잠재 X인자에 대한 데이터를 수집한다.

〈그림 8-4〉 DMAIC 방법론

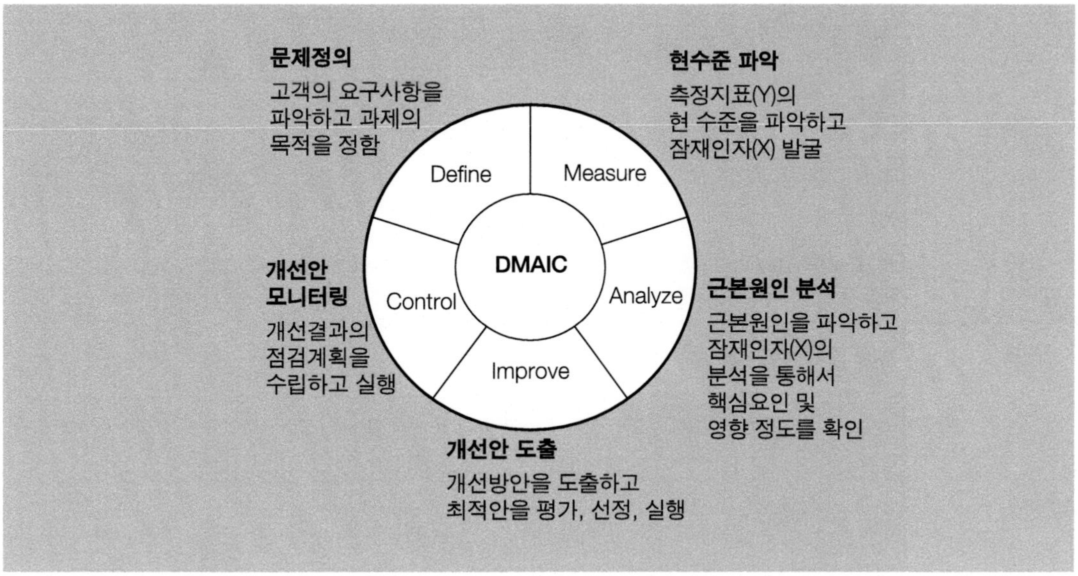

- ▸ X가 Y에 미치는 영향을 정량적, 정성적 분석 기법을 활용하여 분석한다.
- ▸ 핵심적인 X인자를 선정한다.

• 개선(Improve): 문제를 고치고 미리 예방하기 위해 해결책을 설계하여 목표 프로세스를 개선시킨다.

- ▸ 프로세스의 개선안을 도출한다.
- ▸ 수행(implementation)계획을 수립하고 실행한다.

• 관리(Control): 개선 프로세스의 성과를 지속적으로 관리한다.

- ▸ 다시 예전의 방식으로 돌아가지 않도록 관리한다.
- ▸ 지속적인 관리계획을 수립하고 문서화하여 실행한다.
- ▸ 시스템과 구조를 조정함으로써 개선활동을 제도적으로 뒷받침한다.

2) 식스시그마를 위한 설계(DFSS)의 정의

DMAIC가 기존 프로세스의 개선에 사용되는 반면 **식스시그마를 위한 설계(DFSS)**는 〈표 8-2〉에서 보는 바와 같이 새로운 제품이나 서비스의 초기 설계, 재설계 단계 등 새로운 혁신 영역에서 사용한다. DMAIC만을 사용하여 개선할 수 있는 제품/서비스의 품질 수준은 4.5

〈표 8-2〉 제품·서비스를 위한 새로운 혁신과 개선

	새로운 혁신	개선
제품	**유형 1** 제품관련 서비스 사업화 (예: 한국타이어 T-Station)	**유형 2** 제품경쟁력 제고를 위한 서비스 도입 (예: 삼성전자 PC원격 A/S)
서비스	**유형 3** 신사업 기회 (예: E-Mart의 인터넷 배송)	**유형 4** 서비스 경쟁력 강화 (예: 병원 응급실 대기시간 단축)

시그마(제품 천 개당 1개의 결함) 정도가 한계라고 알려져 있으며 식스시그마 수준의 달성을 위해서는 프로세스를 근본적으로 고치는 DFSS를 적용해야 한다.

DFSS 방법론은 DMADOV로 구성되며 각 단계는 정의, 측정, 분석, 설계, 최적화, 검증으로 이루어져 있다.

- 정의(Define): 프로젝트 목표와 고객(내·외부)의 요구를 정의한다.
- 측정(Measure): 고객의 니즈를 측정한다.
- 분석(Analyze): 고객의 니즈를 충족시킬 수 있는 프로세스 대안들을 분석하고 컨셉을 개발한다.

〈그림 8-5〉 DFSS 방법론

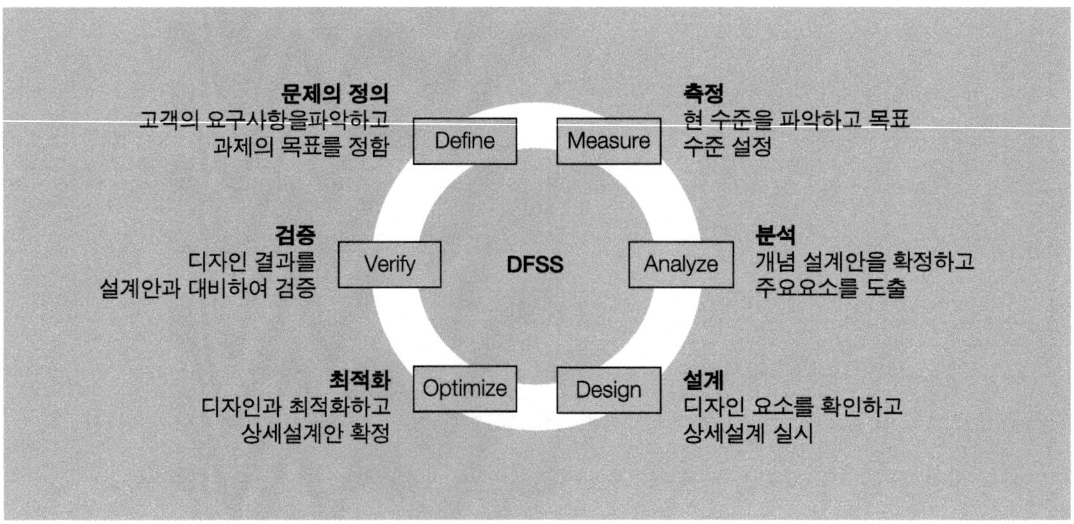

- 설계(Design): 고객의 니즈 및 컨셉의 달성을 위한 세부적인 프로세스를 설계한다.
- 최적화(Optimize): 설계된 프로세스의 최소비용, 최소자원 등을 분석하고 프로세스를 최적화한다.
- 검증(Verify): 설계에 대한 성과를 검증한다.

DMADOV 외에도 DMADV(Define, Measure, Analyze, Design, Verify)나 DCCDI(Define, Customer Concept, Design, Implement), IDOV(Identify, Design, Optimize, Validate) 등 다양한 DFSS 방법론들이 존재하며, 이들은 모두 고급 설계 도구(QFD, FMEA, 실험설계(DOE), 시뮬레이션(simulation), 결함방지(error proofing), 로버스트 설계(Robust Design) 등)를 사용한다. DFSS 방법론은 산업의 특성에 따라 세분화된 도구들은 달라질 수 있으며 DMAIC에 비해 자유도가 높은 접근이 가능하다.

5. 기존 기법과의 차이

기존 기법과 식스시그마의 차이는 다음과 같다.

1) 통계데이터에 의한 철저한 분석

식스시그마는 모든 결과를 통계적 데이터에 근거하여 처리한다. 과거의 품질관리기법이 엄밀한 방법론이 수반되지 못하여 구호적인 운동으로 끝나는 경우가 많았으나 식스시그마는 프로젝트를 수행하면서 통계적 방법을 기반으로 측정, 분석, 성과계산 등을 철저하게 계량화함으로써 객관적 타당성을 확보하게 된다. 또한 이를 통해 추진목표까지도 명확하게 계량화하므로 진도 및 목표관리와 나아가 개선작업이 용이하다.

2) 고객만족에 초점을 둔다

식스시그마는 고객 관점에서 품질에 영향을 미치는 핵심요소(CTQ)(Critical to Quality)를 발견하고 이를 개선하는 데 초점을 맞추게 된다. 이는 과거의 품질혁신 활동이 규격에 적합한 것을 품질로 인식한 것에서 발전하여 고객만족을 품질로 정의하고 이의 개선을 실시한다. 따라서 식스시그마에서는 성과를 평가할 때 고객만족도를 중시하게 되며 결국 이것은 경영성과로 이어지게 된다.

또한 식스시그마는 최종 제품·서비스의 불량을 줄이는 것은 물론, 불량을 발생시키는 원인을 철저히 규명·제거하여 궁극적으로 경영품질 전반을 향상시키게 되며 개선활동 수행 시 모든 부서의 프로세스들을 대상으로 하여 전체 최적화를 추구한다.

3) 재무성과로 연결

식스시그마는 전문적인 FEA(재무성과분석 전문가)에 의해 개선 프로젝트의 비용절감 효과를 정밀하게 분석하고, 재무부서가 그것을 공식적으로 인정하게 된다. 따라서 식스시그마 추진결과가 재무적인 성과로 표시되므로 참여자들이 프로젝트의 가치를 인식하고 집중할 수 있다.

4) 식스시그마 전문 인력이 주도

식스시그마는 '전문 인력(블랙벨트급 이상)'이 프로젝트개선을 전담하는 리더로서 혁신을 추진하게 된다. 프로젝트 리더인 마스터 블랙벨트와 블랙벨트는 철저한 전문교육과 현장경험을 통해 양성되고 이후 회사 식스시그마 전개의 주축이 된다.

5) 톱다운식 전개

식스시그마는 경영층과 관리자가 이끌어 나가는 톱다운(Top-Down)을 추구하므로, 종래의 바텀업(Bottom-Up)식 활동보다 훨씬 빠른 속도로 진행된다. 또한 이를 통해 경영목표와 식스시그마 프로젝트의 목표를 일치시킬 수 있다.

제2절 식스시그마 벨트제도와 인적자원관리

Mikel Harry가 컨설팅을 하던 중 사용하였다고 하는 "벨트(태권도나 가라데의 띠)"는 동양무술의 힘, 결단력에서 착안한 용어이다. 이는 동양무술과 식스시그마에 정신적 훈련과 체계적이고 집중적인 훈련이라는 공통점이 있기 때문인데, 식스시그마 방법론의 학습 정도 및 수행능력에 대한 수준을 나타낸다.

식스시그마는 기존 혁신 프로그램과 비교하여 추진조직에 있어 차별화된다. 기존 혁신 프로그램이 외부 인력에 대한 의존도가 높고, 품질부서와 같은 소수의 조직에 의해 전개되었다면, 식스시그마 경영혁신은 모든 임직원들의 참여를 유도하고 나아가 기업 스스로가 독자적으로 식스시그마를 추진해 나갈 수 있는 힘을 길러준다는 것이 특징이다. 식스시그마 추진조직은 벨트제도로 대표된다.

식스시그마에서 가장 핵심적인 역할을 하는 사람을 '블랙벨트(Black Belt)'라고 한다. 블랙벨트가 식스시그마 혁신 프로젝트를 책임지고 수행하게 된다. 블랙벨트는 DMAIC 각 단계별로 1주 교육 및 3주 실습을 통해 4~5개월 동안의 교육 및 실습을 통해 양성된다.

식스시그마 혁신 프로젝트의 수행방법이 과거와 다른 점 중 가장 중요한 것은 혁신 활동만 전담하는 별도의 추진요원을 둔다는 점이다. 프로젝트를 실무적으로 책임지고 추진하는 블랙벨트와 이들을 양성하고 지도하는 마스터 블랙벨트가 바로 전담요원이다. 종래와 같이 현업을 수행하면서 혁신활동을 주관하거나 이에 참여하는 사람들로서는 챔피언과 그린벨트가 있다.

1. **그린벨트(GB)**(Green Belt): 식스시그마에 관한 충분한 훈련을 받은 조직원들로 팀에 참여하거나 자신들과 관련된 작은 규모의 프로젝트를 수행할 수 있는 사람들이다.
2. **블랙벨트(BB)**(Black Belt): 그린벨트 취득자로서 식스시그마 프로젝트 리더로 1건 이상 완료자 중 선발하며 개선팀의 감독과 조정을 해 가는 사람이다.

〈표 8-3〉 식스시그마 추진요원의 역할과 교육

구분	주요 인력	역할	교육
챔피언	사업부 책임자	식스시그마 추진에 필요한 자원을 할당하고 블랙벨트의 개선 프로젝트 수행을 뒷받침한다. 또한 성과에 따른 보상을 실시한다.	1주간의 챔피언 교육
마스터 블랙벨트	교육 및 지도 전문요원 (식스시그마 전임)	블랙벨트 등과 같은 품질요원의 양성교육을 담당하고, 블랙벨트를 지도·지원한다.	블랙벨트 교육을 받은 후, 2주간의 추가교육
블랙벨트	개선프로젝트 추진책임자 (식스시그마 전임)	식스시그마 개선 프로젝트의 실무책임자로서 활동한다.	4주간의 교육을 포함하여, 총 4개월간의 교육 및 실습
그린벨트	현업 담당자 (모든 임직원이 가능)	블랙벨트의 개선 프로젝트에 파트타임으로 참여하거나, 상대적으로 작은 규모의 프로젝트를 책임지고 수행한다	블랙벨트와 동일한 교육을 받는 것이 좋으나, 통상 1~2개월의 교육 및 실습

3. 마스터 블랙벨트(MBB)(Master Black Belt): 블랙벨트 취득자로서 통계적인 도구와 프로세스 개선에서 심도 있는 훈련을 받은 사람들이다. 블랙벨트보다 좀 더 많은 수의 인원을 관리한다.

4. 챔피언(Champion): 각 공장장, 연구소장, 부문장 들로 식스시그마를 조직 전체에 파급시키는 역할을 수행하는 경영층과 개선할 과제에 대해 권한과 책임을 가진 사람 등을 말한다. 프로젝트 초기에 적절한 측정 기준을 확인하고 개선 노력을 사업목표와 일치시키도록 지휘, 감독하게 된다.

제3절 식스시그마를 통한 경영혁신과 성공을 위한 핵심요소

1. 식스시그마 경영철학

통계적 측정치(statistical measurement)로 제품과 서비스 공정의 적합성을 재는 탁월한 척도이다. **기업전략**(business strategy)으로 시그마 수준을 높이는 만큼 제품의 품질이 높아지고 원가는 떨어지므로 고객 만족 달성이며, **철학**(philosophy)으로 무조건 열심히 일하는 것보다는 "스마트하게" 일하게 하는 철학이다.

1) 식스시그마 여섯 가지 금언

- 살아 있는 질문을 던져라(방향과 비전 정립).
- 새롭게 생각하라(혁신의 전제).
- 공정능력을 인식하라(품질 향상의 관건).
- 시그마는 측정수단이다(고객 만족도 평가).
- 품질은 설계 때부터 만들어진다(비용 절감의 효과).
- 전문가가 필요하다(식스시그마의 인프라).

식스시그마 패러다임을 조직에 심는 방법은 다음과 같다. 첫째, 수치적인 접근보다는 실행 사례를 중심으로, 둘째, 놀랄만한 향상을 이룬 사업장을 벤치마킹, 유익한 사례나 방법, 기술 등을 적용하고, 셋째, 종합적인 품질에 초점을 맞추면서 프로세스를 유지하며, 넷째, 프로세스와 고객에게 초점 맞추고, 다섯째, 업무 프로세스를 면밀히 관찰한 후 직원들을 참여시켜 실패요인을 찾아내고, 여섯째, 직원들에게 권한 위임 등이다.

2) 고객 만족을 위한 품질 경영(경영의 변화)

초기에 직장에 의한 관리(Management By Foreman) → 의사결정에 의한 관리(Management By Decision) → 결과에 의한 관리(Management By Result) → 결과에 의한 잘잘못은 미래 지향적이지 못함(Driving by rearview mirror) → 고객에 초점을 둔 품질에 의한 관리(Management By Quality)로 변화되었다.

2. 식스시그마 성공을 위한 핵심요소

'식스시그마'가 국내에 도입된 지 10년이 되었다. 그 동안 주요 대기업이 식스시그마를 도입하여 재무성과와 함께 기업체질을 개선하는 효과를 거두면서, 식스시그마를 도입하는 기업이 증가하고 있다. 세계적으로도 Fortune지 선정 500대 기업 중 40% 이상이 식스시그마 경영을 도입하였다. 또한 제조업뿐만 아니라 금융·서비스 및 공공 부문으로의 확산이 가속화되고 있다.

1980년대 중반 Motorola에서 생산현장의 무결함운동으로 출발한 식스시그마는 이제 경영 전 부문에 적용되는 혁신활동의 대명사가 되었다. 한편 식스시그마는 '효과성'과 '참여도'를 가장 높은 수준으로 끌어올린 혁신활동이라고 평가할 수 있다. 즉, 경영혁신을 효과적으로 추진하기 위한 방법론이 정교화되고 추진조직이 체계화되었으며, 추진영역이 확대되는 방향으로 발전해온 것이다.

앞으로도 식스시그마는 계속 진화할 것으로 보인다. 먼저, 추진방법에서 기존 혁신방법과 융합하여 업그레이드되고 있음이 두드러진다. 다양한 분석 및 개선도구들이 지속적으로 식스시그마의 도구로 활용되고 있는 것이다. 그리고 임직원들의 식스시그마에 대한 전문성과 참여도를 높여서 궁극적으로는 '혁신의 생활화'를 추구하고 있다. 또한 경영전략과의 연계성이 더욱 강조되고 있으며, 프로젝트 규모가 대형화되는 경향도 보인다. 특히 최근에는 경영계획수립, 사업기획, 신상품 개발과 같은 전략영역까지 식스시그마를 적용하는 '가치혁신화' 식스시그마도 전개되고 있다.

식스시그마의 성공을 위한 핵심요소로 첫째, 식스시그마를 단순한 혁신기법이 아닌 '사고의 틀'로 보는 관점이 필요하다. 둘째, 식스시그마가 생산부문에 국한되는 것이 아니라 전사차원의 총체적 혁신활동임을 인지하고, CEO가 선도하여 식스시그마를 추진해야 한다. 셋째, 기업별 특성에 맞게 추진방식과 분석도구를 맞춤화할 필요가 있다. 마지막으로는 임직원들의 식스시그마 체질화를 통해서 바람직한 혁신 문화를 구축해야 할 것이다.

제4절 프로세스 혁신을 위한 식스시그마의 발전방향

1. 식스시그마의 어제와 오늘

일본에 대한 위기의식이 식스시그마의 탄생 배경이다. 일본은 SQC 등 미국의 품질관리 기법을 받아들여 경영활동에 전격 반영한 결과 세계적인 경쟁력을 확보(1950~1980년대)하였다. 전후 부흥기 일본기업들은 통계적 기법의 중요성을 인식하고 미국의 Edwards Deming, Joseph Juran 등을 초청하여 SQC 기법을 습득하였다. 일본 과학기술연맹은 1951년 Deming상을 제정, 우수 품질혁신기업에 시상하였다.

일본은 SQC를 활용하여 '종합적 품질경영(TQM)(Total Quality Management)'으로 발전시켰다. TQM에서는 CEO 주도로 全社품질 방침을 세우고 추진 결과를 진단하였다. 분임조 활동을 통해 종업원의 참여를 조직적으로 유도하였다.

미국은 절치부심의 심정으로 일본의 혁신활동을 연구, 식스시그마를 창안(1980~1990년대)하였다. 국가 차원에서 품질 향상을 장려하기 위해 1987년 말콤 발드리지 국가품질상(MB상)(Malcolm Baldrige National Quality Award)을 제정하였다.

1980년대 초 미국 기업들의 경쟁력 약화로 국가적 위기감이 확산되고, 미국 정부와 학계는 일본의 Deming상 제도를 통해 구축된 품질경영 평가시스템이 국가경쟁력 향상에 크게 기여했다고 판단하였다.

1980년대 중반 식스시그마가 창안되어 품질개선에 기여하였으며, 식스시그마는 품질경영 활동의 교본으로 자리잡은 일본의 TQM을 극복하기 위해 개발된 방법론이다.

"If Japan Can, Why Can't We?"로 1980년 6월 24일 NBC TV에서 70분 동안 방영된 다큐멘터리였다. 일본의 품질 수준 향상에 도움을 주었던 Deming이 출연하여 일본 자동차와 전자가 세계시장을 장악할 수 있었던 이유를 설명하였다. 일본기업들이 Deming의 품질철학을 받아들여 개선에 성공한 사례에 대해 설명하고 미국기업들의 현재 상태와 비교하였다. 이 프로그램은 당시 미국 경영자들에게 큰 충격을 주었다.

1) 1기 식스시그마: 생산현장 중심의 무결함 운동으로 출발(Motorola)

1970년대 말 Motorola는 일본기업에 비해 품질이 크게 뒤떨어진다는 사실에 충격을 받고, 당시 全 세계 우수공장들을 벤치마킹한 결과, 일본의 품질 수준이 Motorola보다 심한 경우 1,000배나 높다는 사실을 발견하였다. 1981년 '5년 내에 10배 개선'이라는 원대한 목표를 세우고 품질혁신을 추진하여 성공하였다.

1987년 Motorola는 식스시그마 품질 수준을 달성하기 위해 새로운 방법론을 개발

'사후검사를 통한 개선'보다는 '공정 자체의 개선'이 중요하다는 사실을 발견하였다. 사용현장의 고장 데이터와 제조 일련번호를 추적하며, "제조현장에서 결함을 발견하여 많이 수리한 것일수록 실제로 사용할 때도 고장날 가능성이 높다"는 사실을 인지하였다.

'측정(Measure) — 분석(Analyze) — 개선(Improve) — 관리(Control)'의 체계적인 절차로 품질개선을 추진하도록 로드맵을 구성하였다. 1988년 4억 8,000만 달러의 비용을 절감하며 품질혁신을 인정받아 '말콤 발드리지상'을 수상하였다.

Motorola는 무선기기 사업계의 최고 위치에 있던 1979년, 최고간부 회의에서 품질에 대한 자성이 품질혁신의 계기를 제공하였다. "우리의 품질은 형편없다(Our quality stinks!)"라는 영업담당 간부인 Art Sundry의 발언이 커다란 반향을 불러일으켰다.

1986년 '5년 만에 10배 품질개선'이라는 목표를 달성한 이후, 향후 2년마다 10배의 품질개선이라는 획기적인 목표를 수립하였으며, 1992년까지 자사의 모든 업무에서 '식스시그마' 품질 수준을 달성한다는 목표를 수립하였으며, 그 실현을 위해 구체화한 것이 식스시그마 기법(박영택, 2005)이다.

2) 2기 식스시그마: 적용범위의 확대(GE)

1995년 식스시그마를 도입한 GE의 성공을 계기로 식스시그마가 널리 확산되었다. 경영의 교과서로 불리는 GE가 식스시그마를 성공요인으로 지목한 이후, 식스시그마 경영이 세계적으로 주목받기 시작하였다.

식스시그마는 GE의 全 경영 프로세스에 적용되며 경영 전반의 혁신활동으로 자리매김 하였다. GE는 방법론의 정교화, 적용영역의 확대 등을 통해 식스시그마의 '활용도'를 제고하고 제품 개발 및 설계를 위한 방법론으로 DFSS를 개발하였다.

GE의 핵심 4대 영역(Business Process 4s)

- NPI(New Product Introduction): 고객의 기대를 능가하는 신제품 개발 활동
- ITO(Inquiry to Order): 제품이나 서비스의 주문에 관련된 모든 활동
- OTR(Order to Remittance): 주문된 제품·서비스를 제공하는 모든 활동
- ACFC(At the Customer For the Customer): 고객에게 제품·서비스뿐 아니라 식스시그마 관련 서비스도 제공

식스시그마는 현재 '기업 경영혁신활동의 대명사'로 자리매김 하였다. 과거의 '식스시그마'는 '꿈의 품질 수준'을 의미하였다. '식스시그마'는 100만 개 제품 중 3.4개 불량의 품질 수준을 의미한다.

식스시그마 방법론은 '제조부문에서 식스시그마 품질을 확보하기 위해 불량을 통계적으로 측정·분석하고 원인을 제거하는 체계적인 방법이다.

Motorola에서 GE로 넘어오면서 '식스시그마'의 활용영역은 더욱 확대하여, 제조부문뿐만 아니라 인사, 구매 등의 사무 간접 부문과 R&D 등 개발 부문으로도 확대되었다.

오늘날 '식스시그마'는 '경영의 全 부문에서 숨은 결함을 찾아내어 지표를 설정하고 측정·분석하여 근본적 원인을 해결하는 체계적인 혁신활동'으로 정착되었다.

식스시그마는 '효과성'과 '참여도'를 가장 높은 수준으로 끌어올린 혁신활동이다. 경영혁신은 조직원의 참여도와 경영성과를 높이기 위한 방향으로 지속적인 발전을 거듭하였다. '참여도'와 '효과성'은 경영혁신활동 성과의 평가기준이다. 경영혁신의 '방법론', '추진조직', '추진방식', '추진영역' 네 가지 요소가 혁신활동의 참여도와 효과성에 직접적으로 영향을 미친다. 식스시그마는 로드맵과 정교한 도구를 활용하여 문제 해결을 시

도함으로써 '효과성'을 제고하였고, 추진영역도 제조, 사무간접, 영업, 연구개발 부문 등 광범위하다.

'참여도' 측면에서도 경영진의 주도하에 전 직원의 참여를 유도하기 위해 다양한 방법을 사용하였다.

2. 식스시그마에 대한 비판

식스시그마에 대한 문제점을 언급하면 다음과 같다(Allen과 Davenport, 2009).

첫째, 식스시그마는 임원진에 의한 톱다운 방식을 필요로 한다. 둘째, 린 철학이 식스시그마를 필요하지 않도록 만들었다. 셋째, 식스시그마에 대한 특별한 용어 및 정의를 그린벨트, 블랙벨트, 마스터 블랙벨트들에게 교육하고 훈련시키는 것은 엄청난 투자와 활동이 필요하다. 넷째, 팀 접근방식과 특별히 훈련된 프로젝트 팀이 있어야 식스시그마는 움직이게 된다. 다섯째, 식스시그마는 정보시스템을 간과한다. 여섯째, 프로세스를 변화시키는데 있어서 식스시그마는 인간적인 요소를 무시하거나 혹은 소홀히 한다. 일곱째, 식스시그마는 혁신과 전략적인 변화를 방해할 수 있다는 것이다.

3. 식스시그마의 발전 방향

식스시그마의 바른 방향을 논의하기 전에 우선 현재 실행이 잘 이루어지지 않는 원인, 저해요소, 그리고 실행력 제고의 핵심 사항들을 살펴본다.

1) 제조부문의 식스시그마 프로젝트 개선안들이 실행되지 않는 원인

문제옥 등(2017)이 조사한 바에 따르면 식스시그마를 추진하고 있는 소속된 벨트(MBB, BB) 31명을 대상으로 한 측정변수별 측정항목에 대한 설문지분석결과는 다음과 같다. 측정변수인 프로젝트 개선안들이 실행이 되지 않는 원인에 대한 설문 내용을 분석한 결과로는 첫 번째인 추진 프로젝트 관련 부서의 업무협조 부족 정도는 설문 응답자의 31명 중 31명(100%)이 중요하다고 응답하였다. 두 번째인 프로젝트 사후관리 미흡 정도는 설문 응답자의 31명 중 29명(93.5%)이 중요하다고 응답하였다. 세 번째인 시행예산 부족 정도는 설문 응답자의 31명 중 29명(93.5%)이 중요하다고 응답하였다. 네 번째인 성과에 대한 인센티브 미흡 정도는 설문 응답자의 31명 중 29명(93.5%)이 중요하다고 응답하였다. 다섯 번째인 과다한 근무로 인한 참여시간 부족 정도는 설문 응답자의 31명 중 28명(90.3%)이 중요하다고 응답하였다. 여섯 번째인 추진부서의 시행(추진)의지 부족 정도는 설문 응답자의 31명 중 26명(83.9%)이 중요하다고 응답하였다. 일곱 번째인 도출된 개선안에 대한 적은 개선성과 정도는 설문 응답자의 31명 중 25명(80.6%)이 중요하다고 응답하였다.

설문 응답자의 25명(80.6%) 이상이 제조부문의 식스시그마 프로젝트 개선안들이 실행이 되지 않는 원인으로 추진 프로젝트 관련 부서의 업무협조 부족, 프로젝트 사후 관리 미흡, 시행예산 부족, 성과에 대한 인센티브 미흡, 과다한 근무로 인한 참여시간 부족, 추진부서의 시행(추진)의지 부족 순으로 응답하였다(문제옥 등, 2017).

2) 제조부문의 식스시그마 프로젝트 개선안들이 실행되지 않는 저해요소

문제옥 등(2017)이 조사한 바에 따르면 식스시그마 프로젝트 개선안들이 실행되지 않는 저해요소에 대한 설문 내용을 분석한 결과로는 첫 번째인 개선 프로젝트에 대한 정기적인 모니터링 부재 정도는 설문 응답자의 31명 중 31명(100%)이 중요하다고 응답하였으며, 두 번째인 식스시그마 전담 인력 부족 정도는 설문 응답자의 31명 중 31명(100%)이 중요하다고 응답하였고, 세 번째인 미 추진 개선안 프로젝트 추진 담당자에 대한 강력한 제재 부재 정도는 설문 응답자의 31명 중 28명(90.3%)이 중요하다고 응답하였다. 네 번째인 추진부서 상급자의 독려 부족 정도는 설문 응답자의 31명 중 25명(80.6%)이 중요하다고 응답하였으며, 다섯 번째인 전 사원의 식스시그마 관심부족 정도는 설문 응답자의 31명 중 21명(67.7%)이 중요하다고 응답하였다.

설문 응답자의 25명(80.6%) 이상이 제조부문의 식스시그마 프로젝트 개선안들이 실행되지 않는 저해요인으로는 개선 프로젝트에 대한 정기적인 모니터링 부재, 식스시그마 전담 인력 부족, 미 추진 개선안 프로젝트 추진 담당자에 대한 강력한 제재 부재 순으로 응답하였다.

3) 제조부문의 식스시그마 프로젝트 개선안 실행력 제고 핵심 요인

문제옥 등(2017)이 조사한 바에 의하면 측정변수인 식스시그마 프로젝트 개선안 실행력 제고 핵심 요인에 대한 설문 내용을 분석한 결과로는 첫 번째인 최고경영자 및 관리자(임원 포함)의 관심과 제도적 지원 정도는 설문 응답자의 31명 중 31명(100%)이 중요하다고 응답하였으며, 두 번째인 재무성과와 연계된 개선 프로젝트 수행 정도는 설문 응답자의 31명 중 30명(96.8%)이 중요하다고 응답하였다. 세 번째인 개선 성과에 대한 보상체계 지원 정도는 설문 응답자의 31명 중 29명(93.5%)이 중요하다고 응답하였으며, 네 번째인 완료 프로젝트에 대한 사전 및 사후관리 프로세스 확립 정도는 설문 응답자의 31명 중 28명(90.3%)이 중요하다고 응답하였고, 다섯 번째인 팀원 협조(관련 유관부서의 협조 포함) 정도는 설문 응답자의 31명 중 28명(90.3%)이 중요하다고 응답하였다. 여섯 번째인 직원들에 대한 식스시그마 관련 교육과 훈련 진행 정도는 설문 응답자의 31명 중 28명(90.3%)이 중요하다고 응답하였으며, 일곱 번째인 프로젝트 관리 시스템을 통한 진도관리 정도는 설문 응답자의 31명 중 27명(87.13%)이 중요하다고 응답하였고, 여덟 번째인 경영 방침과 혁신 방향에 연동한 과제 선정 정도는 설문 응답자의 31명 중 25명(80.6%)이 중요하다고 응답하였다. 아홉 번째인 개선활동 재무성과분석 정도는 설문 응답자의 31명 중 23명(74.2%)이 중요하다고 응답하였다.

설문 응답자의 25명(80.6%) 이상이 제조부문의 식스시그마 프로젝트 개선안 실행력 제고 핵심 요인으로는 최고 경영자 및 관리자(임원포함)의 관심과 제도적 지원, 재무성과와 연계된 개선 프로젝트 수행, 개선성과에 대한 보상체계 지원, 완료 프로젝트에 대한 사전 및 사후관리 프로세스 확립, 팀원협조(관련 유관부서의 협조 포함), 직원들에 대한 식스시그마 관련 교육과 훈련, 프로젝트 관리 시스템을 통한 진도관리 순으로 응답하였다.

설문 응답자 모두가 재직하고 있는 기업에서 식스시그마 벨트 등급이 블랙벨트(Black Belt) 이상이며, 식스시그마 도입 시기는 정착기로 5년 이상이고, 프로젝트 수행건수는 4건 이상을 수행하였고, 벨트 자격 취득 후 경과 기간은 4년 이상 된 제조부문의 식스시그마를 추진하고 있는 소속된 벨트로써 응답 결과는 제조부문의 식스시그마 활동 운영 실태를 파악하는 데 유용하리라 판단된다(문제옥 등, 2017).

4. 품질혁신의 성공적 추진 방안

1) 식스시그마는 지속적으로 진화·발전

단기간에 식스시그마를 능가할 새로운 혁신방법론의 등장을 기대하기는 어려운 상황이다. 식스시그마는 일본의 TQM을 극복하기 위해 이전 혁신활동의 장단점 분석과 연구를 통해 체계적으로 개발되었다.

식스시그마는 경영환경 변화에 대응한 총체적인 경영혁신활동으로서 진화를 계속한다. 식스시그마의 기본 개념을 기반으로 추진방법, 분석도구 등은 '참여'와 '효과'를 제고하는 방향으로 발전을 계속할 것이다. 기존 혁신방법론과 융합, 새로운 이론의 접목, 도구의 정교화 등을 통해 총체적인 경영혁신 성과를 극대화하는 방향으로 전개된다. '기법'이 아닌 '사고의 틀'로 식스시그마를 수용한다.

'기법'은 환경변화에 따라 바뀔 수 있지만 '사고의 틀'은 존속한다. 식스시그마의 세부적인 분석도구, 추진방법도 중요하지만 기본적인 개념을 정확하게 이해하고 응용할 수 있는 것이 더 중요하다.

2) 식스시그마는 CEO의 영역

식스시그마는 제조부문 차원이 아닌 CEO가 직접 고민해야 할 전사 차원의 경영혁신이다. CEO가 식스시그마를 먼저 이해하고 선도하는 것이 중요하다. 경영층부터 솔선수범하여 식스시그마 자격을 취득하는 등 리더십이 필요하다.

기업의 성장을 지원하기 위한 가치혁신 식스시그마를 준비할 시기이다. 기존 프로세스 혁신 중심의 식스시그마는 운영상의 효율성 제고에 그치는 한계를 보유한다. 기업전략 차원에서 잘못된 목표를 설정하는 경우 운영 효율성이 높더라도 큰 성과를 실현할 수 없다.

중장기 경영계획이나 신사업 기획 등 기업의 성장과 직결된 전략적인 영역에서의 식스시그마 활용을 적극적으로 검토한다. 성장 지향형 프로젝트 추진에 역량을 집중한다. DFSS를 이용한 신제품 개발, 성장의 견인차인 매출확대를 위한 영업·마케팅 분야의 과제로 확산한다.

3) 식스시그마의 '맞춤화'가 중요

식스시그마는 업무의 특성과 경영환경 차이에 따라 추진조직별로 차별화하는 것이 바람직하다. 기업마다 특징과 경영환경이 다르기 때문에 차별화된 모습의 혁신이 요구된다. 식스시그마의 적용대상, 활용분야에 적합한 분석도구, 개선방법 등이 그 예이다.

단기적인 성과에 집착하지 말고 자신에게 맞는 식스시그마를 개발해야 한다. 선진사례를 참고하되 기업별 문화와 환경에 맞춰 적절히 수정해야 한다.

GE는 Motorola 방식의 식스시그마를 자사에 맞게 응용하여 비제조 부문까지 포괄하는 새로운 버전의 식스시그마를 체계화하였다. 반면 IBM은 식스시그마를 자신의 것으로 변화시키지 못해 결국 실패하였다.

4) 궁극적으로 식스시그마의 체질화를 추진

식스시그마가 지향하는 바는 모든 구성원들에게 '혁신 DNA'를 심는 것이다. 전 임직원의 자발적인 참여를 토대로 상시적인 혁신이 일어날 수 있는 기반을 조성한다. 식스시그마적 사고를 통해서 의사결정을 내리고 주요 현안에 대해서는 식스시그마 프로젝트화하여 해결한다. 고객 및 프로세스 관점, 객관적인 측정과 분석을 통한 원인 규명 등을 적용한다.

경영진의 혁신코드 이식 및 임직원의 혁신 체질화를 실현하기 위해 교육 및 훈련을 확대한다. 최고경영층이 직접 임직원을 교육하고 중요 프로젝트에서 리더가 되어 혁신 활동을 주도한다.

디지털 경영환경을 활용하여 최신 지식과 동향, 경영층의 의지 등 양질의 표준화된 정보를 효과적으로 전 임직원들에게 전달해야 한다.

5) 식스시그마를 중소기업 경쟁력 강화를 위한 도구로 활용

국가 차원에서 중소기업의 식스시그마 도입을 장려할 필요가 있다. 경영난이 가중되고 있는 중소기업의 경쟁력 강화를 위해 식스시그마를 활용하는 것이 필요하다. 중국기업 등 원가경쟁력이 앞서는 업체들과 경쟁하기 위해서는 생산성 향상과 품질 제고를 위한 체계적인 접근이 필수적이다.

정부 주도로 중소기업을 위한 '식스시그마 아카데미' 운영을 검토해야 한다. 중소기업을 대상으로 한 식스시그마 교육 및 컨설팅 기능을 수행한다. 현재 운영되고 있는 '쿠폰제

컨설팅 제도'를 적용하여 교육 및 컨설팅 비용의 일정 비율을 정부가 분담해야 한다.

대·중소기업 협력사업의 일환으로 대기업이 가지고 있는 식스시그마 운영 노하우를 전수하고 인력과 비용부담으로 인해 독자적인 식스시그마 추진이 어려운 중소기업 지원 차원에서 추진해야 한다.

5. 식스 시그마 향후 전망

향후 4차 산업혁명 시대를 맞이하여 식스시그마 DMAIC가 어떻게 변화할 것인지 논의해본다.

1) 식스시그마 존속 여부

먼저 식스시그마의 존속 여부부터 살펴보자. 권혁무 등(2018)에 의하면 식스시그마는 본질적으로 품질이든 납기든 개선이 요구되는 특성의 변동을 극소화하는 것이 핵심이다. 왜냐하면 업계에서는 품질이든 납기든 변동이 크면 그로 인해 손실이 발생하도록 되어 있기 때문이다. 예를 들어 납기에 통상 7주 정도 걸리는 원자재를 주문했는데, 그 원자재가 1주 만에 입고되었다고 가정하자. 이 경우 그 원자재는 생산에 투입되는 시점까지 약 6주 동안 창고에서 재고로 보관되어야 하므로 그로 인한 불필요한 재고비용이 발생하게 된다. 변동을 완전히 다 없앨 수만 있다면 이론적으로 JIT나 무재고 생산도 가능하게 된다. 뒤집어 말하면 변동이 있으면 식스시그마에 의한 개선 기회가 있다는 것이다. 만약 자동화 및 스마트공장 등의 구현으로 품질특성의 변동이 극단적으로 감소된 상황이라면 어떻게 될 것인가? 이에 대해서는 절대적인 변동의 크기로 판단할 수는 없고 해당 품질특성에 허용되는 변동의 폭, 즉 규격과 비교해야만 한다. 절대적인 변동이 감소되었다고 하더라도 허용되는 변동 폭 역시 까다롭게 설정되어 부적합품이 발생하는 상황이라면 식스시그마에 의한 개선 기회는 있다고 할 것이다.

2) DMAIC 틀 유지 여부

다음으로 문제해결 절차로서 DMAIC의 틀이 유지될 것인지에 대해 생각해보자. 권혁무 등(2018)에 의하면 각 단계별로 프로젝트 팀이 행하는 많은 작업들은 빅데이터나 다변량 데이터분석 소프트웨어를 사용하여 진행될 것이다. 이런 일들은 적절한 알고리즘을 갖춘 시스템만 있으면 굳이 사람이 관여할 필요 없이 진행할 수 있다. 실제 기계학습(machine learning)의 진보는 지금까지 린 제조(lean manufacturing)와 식스시그마를 촉진시켜 왔다. 기계학습기술은 제공된 데이터로부터 학습을 통해 배우는 새로운 알고리즘을 채용하여 주어진 각 자료집합을 설명할 수 있는 최선의 모형을 자동으로 구축한다. 이와 같은 기술은 통계 전문가가 아니라도 복잡한 문제를 해결하고 품질향상과 낭비를 절감할 수 있는 수단을 제공할 것이다. 따라서, DMAIC의 틀이 유지되고 개선 활동이 지속된다고 하더라도 BB나 GB를 포함하여 프로젝트 팀은 굳이 필요하지 않게 될 것이다. 정의 단계에서 문제만 잘 정의하고 나면 이후의 진행 사항은 시스템에 의해 이루어지고 적절한 시기에 점검하는 것으로 충분할 것이다. 따라서 DMAIC는 더 이상 프로젝트로 진행되는 것이 아니라 문제만 찾아주고 일상 업무로서 실행되는 개선 프로그램이 될 것이다(권혁무 등, 2018).

3) 향후 식스시그마 로드맵(방법론)의 수정 방향

식스시그마의 가장 기본적인 토대가 되는 DMAIC의 각 단계별로 설명할 수 있다(권혁무 등 2018).

(1) 정의 단계

정의(Define) 단계는 대상 제품에 관련되는 최종 사용고객 및 내부고객들을 식별하고 그들의 니즈를 파악하여 문제를 정의하는 단계이다. 먼저 목표 세분시장을 명확하게 정의하고 시장의 요구사항을 조사하여 니즈를 정확하게 파악하여 개선기회를 포착한다. 목표 세분시장과 외부 고객을 식별하는 기존의 방법은 주로 과거 거래 실적과 인구통계학적 기준이나 환경적 요건 등을 포함하여 경험적 판단에 의존하였다. 그러나 4차 산업혁명에서는 잠재 고객층을 포함하여 방대한 양의 고객 정보들을 보유한 플랫폼들이 많이 있고 이들이 모두 네트워크에 연결되어 있는 상황으로서 빅데이터분석을 통해 목표 세분시장을 보다 정밀하게 정의할 수 있을 것이다. 또한 고객 니즈를 파악하여 CTQ로 변환하는 과정도 기존에는 설문조사, 인터뷰 등 고전적인 고객조사방법에 많이 의존하였으나 향후에는 빅데이터분석을 통한 고객시장 세분화, 고객니즈 파악, 목표시장 정의를 하는 동시에 개선되어야 할 CTQ도 함께 구체화하는 과정을 거치게 될 것이다.

4차 산업혁명 시대에서는 개선의 기회를 찾아 구체화한다는 정의 단계의 목적은 변하지 않으나 목적 달성을 위한 방법과 수단들은 상당히 달라질 것이다.

(2) 측정 단계

측정(Measure) 단계는 CTQ Y에 대해 객관적이고 정량적인 측정방법을 정의하고 개선 대상 프로세스로부터 표본을 취한 후 측정하여 분석하고 현재의 수준을 설정하는 것이 이전의 진행방식이었다. 향후에는 센서 기술의 발전과 자동검사시스템의 도입으로 CTQ Y에 대한 전수데이터가 확보될 것이며 표본추출 과정이 따로 필요하지 않을 것이다. 기존에는 신뢰성, 정확성 및 정밀성 요건을 만족하는 데이터를 확보하기 위해 샘플링 방식을 치우침 없이 설계하고 측정시스템분석을 실시하였지만 향후에는 데이터 취득시스템의 올바른 설계 및 설치의 중요성이 부각되고 필요 시 데이터 클리닝 등의 기법이 사용될 것이다(권혁무 등, 2018).

(3) 분석 단계

분석(Analysis) 단계는 문제의 핵심이 되는 근본원인을 규명하여 개선 기회를 포착하는 진단 작업이 수행된다. 경험과 지식 및 직관적 판단을 토대로 한 정성적인 분석과 데이터를 수집하여 통계적으로 분석함으로써 원인을 진단하는 정량적 분석으로 나누어 진행된다.

첫째, 정성적 분석은 측정 단계에서 실시되는 경우가 많으며, 많이 사용되는 대표적인 도구는 특성요인도, 프로세스 맵, XY 매트릭스, FMEA, 특성요인도 등이 있다. 이러한 기법들은 4차 산업혁명 시대에도 여전히 유용한 공정분석 방법으로 활용될 것이다.

둘째, 정량적 분석은 주로 통계적 분석기법으로 그래프와 함께 사용되었고 분석을 위한 데이터는 표본을 취하여 얻어졌다. 4차 산업혁명 시대에는 스마트공장, IoT 등의 도입에 따라 소프트웨어 관련 항목들에 대한 원인분석이 중요해 질 것이다. 향후, 센서를 장착한 자동화 설비들이 보편화되어 많은 프로세스 입력 변수들과 출력변수들이 전수 실시간으로 측정되어 데이터가 축적된다면 분석 단계에서 과거와는 비교할 수 없을 정도로 다양한 분석이 이루어지게 된다. 단일변수에 관련된 분석보다는 다변량분석이 주류를 이루게 될 것이고 이와 같은 분석들이 종전의 정성적 분석들을 대체할 가능성이 높아진다. 다만 분석 대상 변수들이 종전에 비해 크게 늘어나게 되어 작업량이 기하급수로 증가할 것이지만 컴퓨터와 데이터분석 소프트웨어의 성능 향상으로 그다지 문제가 될 것은 없을 것으로 전망된다(권혁무 등, 2018).

(4) 개선 및 관리 단계

개선(Improve) 단계에서는 분석 단계에서 규명된 핵심 원인변수들(X's)의 최적조건을 설정하여 출력변수들(Y's)을 목표수준에 도달하게 하고 재현성 및 개선 효과를 검증하는 작업이 수행된다. 이전에는 실험설계(DOE)를 많이 활용하여 원인변수들 (X's)의 최적조건을 찾았고 아이디어 창출을 통해 개선하기도 하였다. 그러나 원인변수들과 출력변수들의 변화가 실시간으로 모니터링되어 데이터가 얻어지는 상황에서는 다변량분석기법, 회귀분석 등을 적용하는 분석 단계에서 함수관계까지 규명될 가능성이 크다. 이 경우 굳이 많은 경비가 소요되는 실험을 실시하지 않고서도 최적조건을 찾을 수 있다. 필요하다면 별도의 비용이나 손실 부담을 떠안지 않고 개선하는 방법이 선호될 것이다. 다만 개선방안이 실시된다면 효과의 재현성 검증은 필요할 것이다.

관리(Control) 단계는 개선효과가 유지되도록 하는 단계이다. 핵심 원인변수들(X's)에 대한 실수방지, 표준화, SPC 등의 기법이 많이 활용되었다. 향후에도 이와 같은 기법들이 일부 사용될 것이지만 적용 대상과 주체 및 방식이 완전히 바뀔 가능성이 높다. 자동화된 공정에서는 핵심 원인변수들(X's)에 관련된 설비들이 관리대상이 될 것이다. 관리 방식은 주로 설비의 상태를 모니터링 하여 사전 조치를 취하는 예측보전이 사용될 것이며 관리의 주체도 사람이 아닌 실시간으로 동작하는 소프트웨어가 된다. 궁극적으로는 제조품질에 대하여 무결점 수준을 추구할 것이기 때문에, 이를 위한 여러 관리 기법들이 개발될 것으로 생각된다.

제5절 결론

식스시그마는 세계적 기업들이 도입, 적용하고 있는 품질 혁신제도이다. 이는 품질혁신과 고객만족을 달성하기 위한 전사적으로 실행하는 21세기형 기업경영 전략이라고 해야 옳다.

식스시그마가 오늘날 품질혁신의 대명사로 꼽히는 것은 그 성공사례가 크게 파급되고 있기 때문이다. 세계의 기업들은 무한경쟁의 시대에서 살아남기 위한 방법으로 다양한 제도의 활용을 통한 기술의 축적과 아울러 회사의 혁신적인 경영 성과를 바탕으로 한 걸음씩 발전하려고 노력하고 있는 것이다. 그런 의미에서 식스시그마의 연구는 앞으로 계속될 것이며 자신들의 회사에 맞는 다양한 방법들이 계속 나타날 것이다.

우리나라를 주목하는 많은 경제학자들은 식스시그마의 운영기법이 한국에 적용되어 발전하는 사례가 많은 것에 주목하고 있다. 식스시그마는 또 단순히 생산라인을 개선하는 데 그치는 것이 아닌, 경영 전반을 '혁신'한다는 차이를 가지고 있다. 따라서 다양한 연구 개발을 통한 식스시그마의 경영혁신에 대한 연구가 절실하다고 할 수 있다.

사례

혁신 — 직원보다 소비자 욕구를 직시하라

2018년 세계경제포럼(WEF)과 컨설팅 회사 Mckinsey가 전 세계 1,000여 제조사를 대상으로 4차 산업혁명 시대를 맞아 산업 IoT(사물인터넷) 분야에서 선도적으로 나아가는 '등대(lighthouse) 공장' 16곳을 뽑았다. Bayer, BMW, Bosch를 비롯한 독일 5사, Johnson & Johnson, P&G 등 미국 3사와 더불어 중국 Haier, 대만 Foxconn, 프랑스 Schneider Electric 등이 목록에 이름을 올렸다. 스웨덴과 인도, 사우디아라비아, 덴마크, 이탈리아 회사도 뽑혔지만 한국 기업은 없었다.

Karel Eloot 소개

1991 벨기에 겐트대 금속 공학 석사
1996 겐트대 재료과학 박사 피츠버그대 연구원
1997 가와사키제철 연구원 맥킨지 브뤼셀 · 앤트워프 사무소
2006 맥킨지 상하이 사무소
2013 중국 칭화대 초빙교수

이 연구에 참여한 Mckinsey 상하이사무소 Karel Eloot 시니어파트너를 최근 'Mckinsey 산업 사물인터넷(Industrial IoT) 코리아 허브' 론칭 행사에서 만났다. 그는 "일반인들이 체감하는 것과 달리 (산업) 현장에선 아직 IoT를 적용하는 데 속도를 붙이지 못하고 있다"면서 "더 많은 데이터 전문가·기술자를 양산해야 하는데 한국 기업들은 그 방면에서 추진력이 떨어진다"고 지적했다.

Q1. 한국 IoT 발전 수준은 중국과 비교하면 어떤 정도인가?

"(Mckinsey에서) 중국, 인도, 한국, 일본 기업을 상대로 조사한 게 있는데, 각 조직에서 IoT 관련 시범(pilot) 운영을 얼마나 하고 있냐고 물어보면 한국은 중국 절반 이하밖에 되질 않았다. 정확

히 하자면 사실 3분의 1에 더 가깝다. 한국 로봇 산업은 세계 최고 수준인데 정작 생산 현장에서도 그러냐 하면 그건 아니다. 중국에도 좋은 기업이 많이 늘었지만 아직 선진국들에 비하면 출발이 늦은 것만큼은 분명하다. 그렇지만 디지털분석·응용 체계를 더 빨리 받아들이는 열린 자세에선 앞서간다. 디지털화에 그 어느 나라보다 의욕적이다. 그리고 중국인들은 디지털 세계를 돌아다니는 각종 개인 데이터를 기업이 활용하는 데에 그다지 거부감이 없다. 이건 중요한 차이다. 흔히 기업이 새로운 분야에 발을 들일 때 인건비를 가장 중요하게 여길 것 같지만 그렇지 않다. 소비자들이 만족할 만한 서비스를 얼마나 빨리 질 높게 제공할 수 있는 환경인가가 관건이다. 인건비는 그다음이다. 중국은 이런 생태계를 잘 갖추고 있다. 아직 미국만큼은 아니겠지만 거의 필적한다. Amazonm, Google이 클라우드 서비스 사업을 선도하지만 중국 Alibaba, Tencent 역시 클라우드 시장에 뛰어들어 성과를 내고 있다. AI나 디지털 플랫폼, 앱, 소셜미디어에서 데이터분석까지 중국은 엄청난 열정과 잠재력으로 무장하고 있다. 세계 최대 드론 회사(DJI)는 중국에 있다. 회사들끼리 합종연횡도 활발하다. 혁신에 필수적인 개방성도 갖추고 있는 셈이다."

Q2. 한국 기업들이 IoT 시대를 어떻게 대비해야 하나?

"하향식(top-down)과 상향식(bottom-up) 접근법이 다 필요하다. 적어도 중국과 미국은 그랬다. 한국도 다르지 않을 것이다. 하향식은 최고경영자(CEO)가 IoT가 정말 중요하다는 메시지를 사내에 전달하고 이끄는 작업이다. 여기서 CDO(디지털최고책임자)가 필요하다. CDO는 CEO를 도와 IoT 로드맵을 만들고 과업 우선순위를 정하며, 직원 재교육과 외부 협력까지 다양한 역할을 종합적으로 수행해야 한다. 기술 자체뿐 아니라 사람과 조직 혁신이 이뤄져야 한다. 하향식만으로는 자발적 열정과 추진력을 이끌어낼 수 없다. 상향식 소통이 뒷받침되어야 한다. 그러기 위해선 초기 성공 사례를 창출해야 한다. 그러면서 이런 변신이 회사의 미래에 얼마나 결정적인지 공감할 수 있도록 보여줘야 한다."

Q3. 정부는 뭘 해야 하나?

"정부는 노동자 재교육(reskill)과 능력 향상(upskill)을 위한 환경을 조성해야 한다. 대기업은 비교적 자원이 풍부하기 때문에 이런 변신을 시도하는 과정에서 부담이 작다. 문제는 중소기업이다. 정부는 이들에게 IoT 시대를 대비할 수 있는 인프라를 제공할 책무가 있다. 나아가 교육 제도에도 이런 흐름을 반영해야 한다. 대학은 말할 것도 없다. 한국 반도체 산업 부흥 뒤편에는 대기업뿐 아니라 정부 출연 기관 협업과 정부 차원에서 인재를 유치하는 노력이 자리 잡고 있었다. 중국과 독일, 이스라엘에서 볼 수 있듯 정부는 제도적으로 자금이 혁신 산업으로 흐를 수 있도록 분위기를 조성해야 한다. 정부가 직접 예산을 쏟아부을 필요까진 없다. 어차피 중추는 기업이 맡아야 한다. 기업이 원활히 움직일 수 있도록 정부가 거들어주는 것(facilitator)뿐이다."

Q4. 기업 조직에서 이런 흐름을 받아들이는 데 아직 거부감도 있다.

"직원들이 4차 산업혁명 시대 고용 불안을 느끼거나 이런 추세가 자신들에게 불리하게 작용할 수 있다고 걱정하는 건 부차적 문제다. 무엇보다 소비자들 요구에 집중해야 한다. 과연 그들은 현재 제품에 얼마나 만족하는가. 새로운 제품을 오랫동안 기다릴 수 있는가. 신기술을 장착한 제품에 소비자들이 지갑을 열 것인가. 이런 데 초점을 맞춰야 한다. AI나 머신러닝을 응용한 제품을 소비자들이 원하는가 그러지 않는가. 단지 자동화가 확산하는 걸 직원들이 좋아할까. 이런 고민은 기업에는 비본질적이다. 기업이 노동 환경에 민감하게 반응할 필요는 없다. 증기기관이 발명됐을 때 기존 일자리를 빼앗을 것이란 불안감이 노동계 전반에 확산됐지만 시대는 그런 걸림돌을 제거하면서 나아갔다. Alibaba나 Amazon, Facebook처럼 이런 흐름을 빨리 타는 기업들이 결국 최후의 승자가 될 수밖에 없다. 앞으로 선도자와 후발 주자 격차는 더 커질 것이다. 잠시 주저하는 순간, 그 차이는 나중에 가면 극복하기 어려운 지경에 다다를 것이다. 중국은 그런 흐름을 받아들이는 차원에서 어느 나라보다 개방적이다."

Q5. 4차 산업혁명 시대에 혁신은 어떤 의미인가?

"과거 수많은 경영 전략이 혁신이란 이름으로 진행됐다. 식스 시그마에서 린(Lean) 생산 방식까지 모두 의미 있는 실험이었다. 말하자면 지금 진행하는 혁신은 과거 경험으로부터 이어진 연관성 아래 놓여 있다. 결국 어떻게 하면 직원과 작업 체계, 미래 비전을 가장 효율적으로 달성할 것인가에 대한 고민의 산물이다. 혁신은 새로운 게 아니다. 언제나 시대를 넘나들며 화두로 존재했던 단어다. 이젠 기술이 발전하면서 이전에 할 수 없었던 일을 할 수 있게 됐다. 인간은 불완전하다. 기술은 인간이 가진 부족한 점을 보완한다, 기술이 혁신의 맨 앞자락에서 이를 이끌어야 한다. 이제 기술이 더 많은 기회와 가능성을 열고 다른 방식으로 기업을 재창조할 수 있도록 지평을 넓히고 있다. 신세대는 디지털 토착민(digital native)이다. 그들이 가진 장점은 미래 혁신을 더 빨리 효과적으로 달성할 수 있도록 하는 자산이다. 구세대가 마련한 혁신의 토대에서 신세대가 더 많은 능력을 발휘할 수 있도록 무대를 마련해주는 게 지금 기업들이 절실하게 깨달아야 할 숙제다."

자료: 조선비즈, 2019년 4월 26일.

연습문제

1. 식스시그마란 무엇인지 설명하고, 어떻게 추진해나가는 것인지 제시하라.
2. 벨트제도의 운영과 도입배경을 설명하라.
3. 식스시그마를 통한 품질혁신과 경영을 제시하라.
4. 품질혁신을 위한 식스시그마의 발전방향에 대해 설명하라.

참고문헌

권혁무·홍성훈·이민구 (2018), '4차 산업혁명 하에서의 6시그마 DMAIC 단계별 변화에 대한 전망', 한국품질경영학회지, Vol. 46, No. 1: 001-010.

김기영 외 공저 (1999), 품질경영, 박영사.

김연성 외 공저 (2015), 품질경영론, 제5판, 박영사.

문제옥·윤성필 (2017), '제조부문의 6시그마 활동 운영실태에 관한 연구', 한국품질경영학회지, Vol. 45, No. 1: 001-010.

박영택 (2005), Innovation Stories, 네모북스.

안상형·이관석·이명호 (2008), 21세기품질경영, 박영사.

안영진 (2014), 경영품질론, 박영사.

Allen, I. E. and Davenport, T. H. (2009), "Tune up," Quality Progress, September, pp. 15-21.

Evans, J. R. and Lindsay, W. M. (2014), *The Management and Control of Quality*, 9th ed., South-Western Cengage Learning.

제9장 프로세스 관리

학습목표

1. 프로세스 관리란 무엇인지 이해한다.
2. 제품설계 프로세스에 대해 이해한다.
3. 품질향상을 위한 프로세스 설계에 대해 이해한다.
4. 프로젝트의 가치창조 프로세스에 대해 이해한다.
5. 서비스 프로세스 관리에 대해 알아본다.
6. 통계적 공정관리와 관리도에 대해서 이해한다.

사례

세계 1위 Zara

세계 1위 패션의류업체 Zara 매장에선 1주일에 2차례씩 신제품을 선보인다. 1주일 만에 다시 찾아가면 전에 봤던 옷은 거의 없고 대부분 새 제품이 진열되어 있다. 1주 정도 판매 추이를 지켜보고 반응이 좋지 않으면 매장에서 바로 빼기 때문이다. 잘 팔리더라도 최대 4주까지만 상품을 놔둔다. 할인 이벤트는 1년에 두 차례로 제한한다. 그래서 Zara 고객은 마음에 드는 물건을 발견하면 망설이지 않고 그 자리에서 지갑을 여는 경향이 있다. Zara가 세계 패션의류업계를 정복한 비결은 바로 이런 속도전에서 앞서갔기 때문이다.

스페인 의류업체 Zara는 정확·중앙집중·지속가능성 등 세 가지 철칙을 바탕으로 세계 1위 의류업체로 성장했다.

IT 기업 같은 본사 건물

스페인 북서부 항구도시 라코루냐. 대서양과 맞닿은 이곳에서 차로 20분 정도 달리면 나오는 대지에 세계 1위 패션의류업체 Zara 본사가 둥지를 틀고 있다. 본사 면적이 7만 9,896m^2(2만 4,000여 평). 축구장 10개에 달하는 규모다. 단순한 디자인에 푸른 유리벽이 건물을 감싸고 있어 실리콘밸리 IT(정보기술) 기업 건물을 연상케 한다. 내부로 들어서니 아무 장식이나 알림판 없는 하얀 벽이 이어졌고 사무실은 흔한 꽃 장식 하나도 보이지 않았다. Apple 매장을 방문한 느낌이었다. 그 복도로 형광색 바지에 울긋불긋한 티셔츠를 걸친 직원들이 바쁘게 오갔다. 전 세계에서 모인 직원 5,000여 명이 '정확(accuracy)', '중앙집중(centralization)', '지속가능성

Inditex 소개

창립	1985년
창립자	아만시오 오르테가, 로살리아 메라
본사	스페인 라코루냐
CEO	파블로 이슬라
매장	96개국 7,490곳
직원	16만 2,450명
주요 브랜드	자라, 자라홈, 풀앤베어, 버쉬카, 마시모두띠, 스트라디바리우스, 오이쇼, 우테르퀘

* 매장 · 직원 수 2018년 기준

(sustainability)' 세 가지 철칙을 바탕으로 움직인다.

Zara 모기업 Inditex는 Zara를 비롯해 자라홈, 오이쇼, 마시모두띠, 풀앤베어, 버쉬카, 스트라디바리우스, 우테르퀘까지 8개 브랜드를 보유하고 있다. 전 세계 매장 수는 96개국 7,490개에 달한다. 맏형 격인 Zara는 1975년 라코루냐에 첫 매장을 연 이후 44년간 96개국에 2,259개 지점을 세우면서 파죽지세 성장을 이어가고 있다. Inditex의 2018년 매출은 261억 4,500만 유로(약 34조 7,684억 원). 수년 전까지 의류업계에서 H&M과 1~2위를 다퉜지만 지금은 매출이 35% 가량 차이가 난다. Zara 독주(獨走)시대라 해도 과언이 아니다.

조명 · 온도 · 습도까지 본사서 조절

Zara는 라코루냐 본사가 두뇌이자 심장이다. 이곳에서 제품 기획부터 디자인, 구매, 유통, 온라인 쇼핑몰 관리, 심지어 전 세계 매장 조명과 온도 · 습도 조절까지 이뤄진다. 통상 의류업체들은 봄에 가을 · 겨울 옷, 가을에 이듬해 봄 · 여름 옷 상품군을 선보이면서 패션쇼를 진행한다. 반면 Zara가 계절상품을 미리 제작하는 비율은 15~25% 정도다.

계절이 시작될 무렵에 만드는 것까지 합쳐봤자 50% 수준. 전체 중 절반은 그 계절을 지나면서 유행과 취향이 어떻게 변하는가를 보고 신속하게 디자인을 변경, JIT(Just In Time · 적기 공급생산) 방식처럼 의류를 쏟아낸다.

이런 초고속 생산 체계 덕분에 Zara 제품은 할인 염가 판매와 거리를 두고 있고, 전체적으로 평균 판매가가 정가의 85% 선을 유지한다. 60~70%인 기존 의류업계 평균보다 단연 높다.

재고도 적다. 다른 브랜드는 생산 제품 중 17~20%가 재고로 남는 것과 비교해 Zara 재고율은 10% 선이다. Jesus Ehevarria Inditex CCO (최고 커뮤니케이션 책임자)는 "옷을 단지 빠르게 만드는 건 그렇게 어려운 게 아니다"라면서 "더 중요한 건 고객이 원하는 옷을 정확히 만들어 빨리 배송 · 판매하는 기술"이라고 강조했다. 그런 의미에서 Zara는 '패스트(fast)' 패션이 아니라 '정확한(accurate)' 패션이라는 게 이들 자부심이다. Zara는 이런 식으로 패션 산업을 제패하고 의류업의 본질을 바꾸고 있다. 고객들은 Zara 제품을 소비하는 즐거움을 '자라가슴(Zaragasm)'이라는 신조어로 표현한다.

Zara 추격하는 세계 의류업체들

스페인 Zara가 제왕으로 군림하는 SPA(패스트 패션) 시장은 스웨덴 H&M과 일본 Uniqlo가 세계 3강 체제를 이루면서 각축전을 벌이고 있다. Zara 아성에 도전하는 업체는 H&M과 Uniqlo만이 아니다.

아일랜드 Primark와 중국 Metersbonwe 같은 신흥 세력들이 무섭게 추격하고 있다. 한국에서도 삼성물산 에잇세컨즈를 필두로 이랜드의 스파오(SPAO), 신성통상의 탑텐 같은 브랜드가 호시탐탐 글로벌 진출을 노리고 있다.

Zara의 성공비결

세계 1위 'Zara' 누가 어떻게 만들었나

세계 1위 패션의류업체 Zara는 거칠게 요약하면 한국 동대문 시장 제조생산 방식과 닮았다. 최신 유행 패션을 신속하게 파악한 다음 최대한 빠른 시간 안에 생산하고 판매한다는 점에서다. 다만 동대문시장 제품이 아직 중국과 한국 경계에서 머물고 있는 반면 Zara는 글로벌 최고 의류상으로 도약했다. 왜 이런 차이가 났을까. Zara 본사 시설들을 돌아보며 느끼고 분석한 Zara만의 강점을 다섯 가지 정도로 요약하면 다음과 같다.

1. 시스템화된 속도전

– 기획·디자인·견본제작·배송팀이 한 공간에

Zara 성공 첫 번째 비결은 속도를 극대화한 시스템에 있다. Zara 본사는 층별로 여성복, 남성복, 아동복으로 나뉘어 있다. 사무실에는 별도 벽이나 칸막이가 없이 상품기획팀, 디자인팀, 견본제작팀, 배송팀 등 모든 부서가 한 공간에 모여 있다. '제품 매니저'가 매장과 연락을 주고받아 고객 취향을 실시간으로 분석하면 바로 옆자리에서 신상품 디자인이 시작된다. 완성된 디자인은 같은 공간에서 재봉질을 거쳐 시제품으로 만들어진다. 이를 모델이 착용해본 다음, 최종 생산 여부를 결정한다.

생산이 결정되면 본사 바로 옆 공장에서 작업이 시작된다. 공장에서는 가장 먼저 원단에서 옷감 패턴을 뜨는 작업을 벌인다. 컴퓨터에서 테트리스 퍼즐을 떠올리게 하는 프로그램이 수차례 돌아가며 자투리 천 낭비를 최소화할 수 있는 옷감 절취선을 찾아낸다. 이후 기계가 정해진 선을 따라 원단을 잘라낸다. 한 번에 최대 200장을 자를 수 있는 기계다. 이 조각들이 외부 생산공장으로 보내져 완제품으로 탄생한다. 이후 이 제품은 다시 Zara 본사로 돌아와 검수를 거친 뒤 다림질로 마무리된다. 직원들은 사람 신체 모양을 뜬 판위에 옷을 올려 다림질한 다음 소매에는 뜨거운 바람을 주입해 둥근 형태를 유지하도록 모양을 잡는다. 이 모든 과정이 일사천리로 진행된다.

2. 중앙집중화로 품질 유지

– 본사서 전 세계 매장 진열·조명·온도·습도 조절

본사 지하에 내려가니 난데없이 대형 쇼핑몰이 펼쳐졌다. Inditex 8개 브랜드별로 매장이 실제와 똑같이 꾸며져 있었다. 마네킹부터 조명, 인테리어, 상품 배치까지 실제 매장과 동일했다.

이곳은 '랩(실험실)'으로 부르는 실험용 매장이다. 전 세계 7,490개 매장은 이곳에서 정해진 진열 방식을 그대로 따라야 한다. 바로 옆 관제실에 도착하니 10여 명 직원이 모니터 앞에 앉아 전 세계 매장 상황을 점검하고 있었다. 매장 조명, 온도, 습도 등 모든 조건을 여기서 통제하고 시차를 고려해 관제실을 24시간 운영한다.

Zara 제품은 57%를 스페인을 비롯한 포르투갈, 터키, 모로코 등 인접국에서 생산하고, 나머지 43%는 중국, 방글라데시, 베트남, 브라질 등 원거리 국가에서 받는다. 그런데 중국에서 생산하고 중국 매장 판매용일지라도 일단 스페인 본사에서 검수를 받아야 한다. 그리고 Zara 모든 제품은 스페인 내 10개 물류센터 중 하나를 거쳐 전 세계 매장으로 비행기로 운송된다.

Zara 물류센터는 전 세계 매장별로 제품을 직접 보낸다. 보통 해외 브랜드라면 서울 인근에 대형 창고를 두고 제품을 보관하는데, Zara는 이런 과정을 생략한다. Zara 명동 매장 매니저가 본사에 필요한 제품을 요청하면, 스페인 물류센터에서 해당 매장으로 곧바로 제품이 날아온다. 한국에 도착한 물건이 창고에서 대기하는 시간을 줄일 수 있다. 펠리페 카로 UCLA 경영대학원 교수는 "Zara 성공 비결을 한 가지만 고르자면 '중앙집중화(centralization)'"라고 지적했다. Zara CCO(최고홍보책임자)인 Jesus Ehevarria도 이런 분석에 동의하면서 "Zara는 본사에서 전 세계

매장을 직접 통제하고 있으며 이게 경쟁력의 원천"이라고 말했다.

3. 데이터분석, 수요 예측

— 스타 디자이너·스타 비즈니스맨 없이 데이터로

Zara 본사 3층에서는 디자이너 15명이 회갈색 재킷을 입은 모델을 둘러싸고 서 있다. "클래식하면서 트렌디해서 좋네요." 중국인 디자이너가 말문을 열자 영국인 디자이너는 "형태가 다소 과감해 보수적인 시장에서는 어떨지 의문이 들어요"라고 맞받아친다. 뒤편에 서 있던 다른 디자이너는 빅데이터분석 자료를 꺼내며 "소비자 구매 패턴을 분석해보니 중국 시장에는 과감한 색상, 유럽에는 단색으로 제작하는 게 좋겠네요"라고 말했다. 다른 디자이너들도 고개를 끄덕이며 동의하는 표정을 지었다.

Zara는 신제품 실패율이 1% 미만이란 성적을 자랑한다. 의류업계 평균이 17~20% 안팎이란 사실을 놓고 보면 놀라지 않을 수 없다. 그 저변에는 철저한 데이터 기반 수요 예측 모델이 자리 잡고 있다. Zara는 상품 수요 예측과 재고 관리 문제를 해결하기 위해 2005년 MIT 경영대학원 Jeremy Galleon 교수(현 런던비즈니스스쿨 교수)와 전 세계 매장 판매·재고 데이터를 분석해 재고 최적 분배 시스템을 개발했다. Bloomberg는 "Zara는 '더 많은 데이터, 더 적은 상사(more data, fewer bosses)'로 혁신을 이뤘다"면서 "신제품 디자인은 상사의 지시가 아닌 디자이너 간 토론과 데이터를 기반으로 이뤄진다"고 분석했다. Inditex의 Pablo Isla 회장은 "Zara에는 스타 디자이너도 없고 스타 비즈니스맨도 없다"며 "상사 지시 대신 각자가 데이터를 참고하여 권한과 책임을 가지고 일한다"고 말했다.

에체바리아 Zara CCO는 "옷을 빠르게 만드는 것보다 소비자가 원하는 걸 정확히 읽어내는 과정이 더 중요하다"고 강조했다. 디자이너의 감에 의존하기보다는 데이터를 기반으로 제품 기획을 결정한다는 이야기다. 본사에서 일하는 300여 명 디자이너는 '제품 매니저'가 분석한 매장 내 소비자 취향과 의견을 토대로 새로운 상품을 신속하게 디자인하고 있다. 결국 매장에서 벌어지는 소비자 행동 패턴을 읽어내는 제품 매니저 역할이 중요하다.

본사에 30개 국적을 가진 직원이 근무하는 이유가 여기에 있다. 자국민이 아니면 정확히 파악할 수 없는 미세한 차이를 구분하면서 트렌드를 정확하게 읽어내기 위해서다.

4. RFID 등 첨단 기술 활용

— 연 4억 5,000만 개 상품 생산… RFID로 재고 관리

Zara 매장에서 원하는 상품을 골랐는데 맞는 치수가 없을 때 직원에게 문의하면, 스마트폰을 꺼내 가격표 QR 코드에 댄다. 그러면 해당 치수가 매장 창고에 있는지, 인근 다른 매장에 있는지 등 갖가지 정보가 화면에 뜬다.

Zara는 1년에 약 4억 5,000만 개 상품을 생산한다. 매장에는 늘 수백 가지 상품이 진열되어 있는 데다, 이마저 매주 신상품으로 교체된다. 이 때문에 아무리 훌륭한 직원이라고 해도 상품과 재고를 기억해서 파악하는 건 불가능하다. 이를 위해 Zara는 무선주파수인식(RFID) 기술을 독자적으로 개발해왔다. 옷이나 액세서리 등 모든 아이템에 붙어 있는 RFID 칩은 해당 제품 색상, 치수, 매장 내 위치, 판매량 등 모든 정보를 저장한다. 원피스가 한 장 팔리면 재고 관리실에서 실시간으로 파악해 똑같은 치수 옷을 바로 채워 넣을 수 있다.

서울 강남점처럼 3,300m^2 넘는 매장에 가득 쌓여 있는 재고 물량 파악도 1명이 반나절이면 거뜬히 해낸다. RFID 리더기를 손에 들고 매장 안 구석구석을 돌아다니기만 해도 모든 상품 정보가 한꺼번에 읽혀 중앙 컴퓨터로 보내지고, 이를 모니터에서 확인할 수 있기 때문이다.

Zara 특유 RFID 기술은 아직도 진화 중이다. 매장에서 필요한 재고가 본사 물류센터에 있다는 사실만 확인하는 차원을 넘어 물류센터 내 몇 번째 옷걸이에 걸려 있는지도 파악하는 단계로 발전하고 있다.

5. 친환경, 지속 가능한 성장
– 환경단체 승인 받은 원단·폴리에스테르 사용

Zara 본사에서 차로 45분 떨어진 거리에 있는 Inditex 브랜드 Pull&Bear 본사에 들어서니 사무실 벽면의 통창 유리가 한눈에 들어왔다. 창밖으로 펼쳐진 숲을 보고 "전망이 훌륭하네요"라고 감탄하자 "에너지 절감을 최우선으로 지어진 친환경 건물"이라는 답변이 돌아왔다. 낮에는 실내조명이 필요 없을 정도로 강한 햇살이 사무실 안쪽까지 비친다.

Inditex가 주도한 패스트패션 산업은 빠른 상품 회전율과 저렴한 가격으로 시장을 지배했지만, 의류도 일회용품처럼 잠깐 입고 버릴 수 있다는 인식을 심어줬다. 결국 막대한 의류 폐기물을 초래했고, 환경단체들로부터 비난을 받아왔다. 이런 시대적 반발에 발맞춰 Inditex는 '지속 가능한 성장'을 경영 전략 한 축으로 채택했다. 유행에 민감한 Zara의 저력을 다른 방식으로 구현한 셈이다. 이런 고민으로 탄생한 생산라인은 '조인 라이프'. 일부 상품에 조인 라이프 라벨을 따로 붙인다. 이 조인라이프 제품은 환경단체 승인을 받은 면이나 텐셀 원단, 유기농 면, 재활용 면, 재활용 폴리에스테르 등을 활용한다. 생산 과정에서도 Inditex 고유의 '그린투웨어' 기술을 사용한다. 공업용수를 재활용하고 화학 처리 과정도 친환경적으로 운용한다. Inditex 담당자는 "친환경적으로 지속 가능한 섬유 소재를 찾기 위해 노력하고 있다"며 "앞으로 과거 사용했던 소재와 신소재를 결합하면서 생산방식을 개혁해가겠다"고 설명했다.

자료: 조선비즈, 2019년 6월 7일.

제1절 프로세스 관리의 정의

1. 프로세스 관리의 의의

1951년 최초 등장한 상업용 컴퓨터의 발전과 적용분야에 대한 개척은 그야말로 기하급수적이었음에도 불구하고, 기술의 가능성과 잠재력은 그리 높게 평가받지 못하였으나 비교적 최근의 e-commerce, e-business, e-networking 등의 등장으로 다각적인 평가와 함께 다방면으로부터 각광을 받고 있다.

대표적인 온라인 서점인 Amazon.com의 경우, 1995년에서야 온라인 판매를 시작하였으나 2007년 총매출이 미화 148억 달러일 정도로 온라인 쾌거를 달성하였으며, 그 성공사례는 대부분의 경영교재에서 다루어지고 있다. 기술의 발전이 일상에 미치는 영향은 매우 크지만, 이조차도 경영철학 없이는 편리성에 대한 도움 외에는 그리 쓸모없는 것에 불과할 것이다. Amazon.com의 경우에도 마찬가지다. 애초에는 물류창고의 필요성을 공급자의 몫으로 생각하였으나, 고객서비스 개선과 제품에 대한 관리의 필요성이 대두되면서 핵심지역에 대한 물류창고의 건설과 운영을 돌입하였다.

물류창고의 건설과 운영은 업체 스스로가 제3자에게 의존하지 않고 직접적으로 입하 및 출하에 대한 프로세스 관리가 가능함을 의미하고, 이를 통해 고객서비스에 대한 품질을 개선하고 기업의 이익에 기여할 수 있다는 것이다. 프로세스 관리는 물론 유형적인 차원만이 해당하는 것은 아니다. 또한 제조와 서비스의 모든 분야에서 프로세스 관리가 논의되어야 한다. 의사소통과 정보교류에 문제가 존재하는 조직 또한 품질의 극대화가 어려울 것이다. 이에 프로세스 관리는 유형적인 차원과 무형적인 차원에서 동시에 이루어져야 품질개선에 기여할 수 있을 것이다.

프로세스 관리 개선사례는 다양한 분야에 걸쳐 볼 수 있는데, 중요한 점은 조직의 전반적인 가치사슬에 대한 효과적인 프로세스설계와 관리일 것이다. 품질의 대가인 Deming과 Juran은 상당부분의 품질관련 문제들은 프로세스와 관련이 있다고 하였으며 일부만이 사람으로 인한 문제라고 지적했다. 이와 같이 프로세스 관리는 품질과 직접적인 연관이 있으며, 이에 프로세스 관리의 중요성은 조직의 전사적인 차원에서 제기되어야 하기에 여기서는 프로세스 관리와 품질 그리고 통계적 공정관리에 대하여 설명하고자 한다.

2. 프로세스 관리의 정의와 범위

프로세스 관리(process management)란 핵심 사업프로세스의 높은 수준의 성과달성을 위해 요구되는 활동들로서 계획과 관리 기능을 포함하고, 이를 통해, 품질과 운영성과 개선기회를 분석하여 궁극적으로는 고객만족을 추구한다. 프로세스 관리는 또한 요구되는 특성을 가진 제품이나 서비스를 만들어내기 위해 필요한 투입요소, 작업 활동, 산출

요소를 체계적으로 구성하고 유지관리하는 것으로서, 과거의 제품이나 품질성과에 중점을 둔 엄격한 품질검사나 작업자에 대한 책임부여보다 지속적이고 안정적으로 제품을 생산할 수 있는 프로세스구축 및 유지관리에 집중하고, 장기적으로는 비용측면의 효율적인 면과 비제조업 분야에서도 효율적으로 적용할 수 있다는 장점을 보유하고 있다. **프로세스 중심의 품질관리**는 품질성과를 제고할 수 있도록 프로세스를 설계하고 운영하는 것을 의미한다.

프로세스 관리의 장점으로는 결함과 오류예방, 낭비와 과잉의 제거를 통하여 품질을 강화한다는 점과 회전율 단축, 유동성 강화, 고객대응시간 단축 등을 통하여 조직의 성과를 개선한다는 것이다. 일반적으로 프로세스는 고객과 시장 확보, 전략구축, R&D, 구매, 제품 또는 서비스개발, 고객주문 충족, 정보관리, 성과측정 및 분석, 직원훈련 등을 포함한다.

프로세스는 크게 가치창조 프로세스와 지원 프로세스로 분류된다. **핵심 프로세스**라고 부르는 **가치창조 프로세스**(value-creation process)는 경영에 있어 가장 중요한 프로세스들로서 지속 가능한 경쟁우위 유지 및 달성과 관련이 있다. 조직의 전략적 목적에 영향을 미치는 것으로서 보통 설계, 생산·배달 등을 포함한다.

설계 프로세스는 고객 요구사항, 신기술, 설계적합과 관련되는 과거경험 등을 활용하여 사용적합성을 정의한다. **생산·배달 프로세스**는 실제적인 제품의 개발 또는 납품을 의미하고 생산, 조립, 처방책의 분산, 교육 등을 의미한다.

생산·배달 프로세스(production/delivery process)는 설계요구서의 충족을 위해 기획되어야 하고 경제적이고 효율적으로 생산 가능해야 한다. 제품설계는 생산 프로세스, 서비스전략에까지 크게 영향을 미치므로 생산·배달프로세스와 조화를 이루는 것이 중요하다. 제품에 대한 궁극적 가치는 고객의 인지된 품질로부터 산출되는 것이기에 고객의 품질만족을 위한 설계프로세스, 생산·배달프로세스의 역할은 중요하다.

지원 프로세스(support process)는 가치창조, 구성원, 일반운영과 관련되는 사항들로서 가치창조 프로세스에 필요한 기반을 제공하는 역할을 수행한다. 그러나 지원 프로세스는 지원성격의 기능만을 제공할 뿐 제품의 생산 또는 서비스에 대해 직접적인 가치를 추가하는 역할을 수행하는 것은 아니다. 회계, 재무, 조직관리, 경영정보시스템, 주문 등을 지원프로세스의 예로 들 수 있다. 최근에는 R&D, 기술도입, SCM, M&A, 프로젝트 관리, 판매와 영업 등의 기능들이 지원 프로세스들로서 조직의 성장과 성공에 기여하고 있다.

프로세스의 내용과 분류가 모든 조직에게 동일하게 적용되는 것은 아니다. 프로세스는 고객·시장의 요구, 제품·서비스의 특성(본질), 글로벌 추세 등에 따라 조직별로 그 차이를 나타낸다.

우수한 프로세스의 설계는 제품 또는 서비스에 대한 내·외부 고객의 요구충족을 위한 품질의 저하를 예방하는 것에 중점을 두기 때문에 수용가능하고 달성 가능한 프로세스를 창출할 수 있다. 프로세스 관리의 기법 활용을 위한 프로세스는 반복적이어야 하며, 측정 가능해야 한다. **반복적**이라는 것은 사이클 타임(cycle-time)과 무관한 반복적인 프로세스 수행을 의미하고, **측정이 가능**하다고 하는 것은 품질요소와 프로세스 수행과 관련한 유형, 주요 성과지표들이 확인가능해야 한다는 것을 의미한다. 프로세스 설계는 상황에 적절하고 타당해야 하고, 기업의 가치사슬 전반에 기여해야 하며, 공유 가능한 프로세스여야 한다.

가치창조와 지원 프로세스는 조직적인 차원에서 정의되고, 정의된 활동들은 상급 관리자들에 의하여 수행된다. 주요 프로세스들은 많은 **하부 프로세스**들을 포함하고 있으며, 이러한 하부 프로세스들은 해당 기능부서 담당자들에 의하여 관리된다. 하부 프로세스들의 경우, 많은 특정 업무단계들을 포함하고 있는데 이러한 업무들은 개개인에 의하여 수행된다. 프로세스를 수행하는 개인 또는 그룹을 '**프로세스 책임자**'라고 하는데 이들은 프로세스 수행에 대한 책임을 부여받고 있음과 동시에 프로세스 관리 및 개선에 대한 권한을 가지고 있다. 이 때문에 프로세스 수행자는 조직의 임원일 수도 있으며 하부 관리자일 수도 있다. 프로세스 관리는 전사적인 차원의 참여가 요구된다.

다음은 ISO 9000 활용 등 선도기업들의 프로세스 관리에 대한 기본원칙이다.

- 가치창조·지원프로세스의 중요성에 대해 정의하고 문서화하며 성실한 관리에 임한다.
- 설계프로세스 초기단계에서 고객 요구사항을 제품 또는 서비스 설계요구서에 반영하여 제품설계 프로세스와 제조 또는 서비스 프로세스를 연계한다. 추가적으로 공급자의 역량대비 법적문제나 환경적 쟁점사항 등을 파악한다.
- 개발단계에서 품질이 제품 또는 서비스에 함유될 수 있도록 적합한 기술과 도구를 활용한다.
- 부서 간 의사소통 개선, 제품개발 시간단축, 무결점 제품 또는 서비스 출시를 위해 제품개발 프로세스를 관리한다.

- 공급자에 대한 성과요구사항을 정의하고, 요구사항의 충족 여부를 확인한다. 주요 공급자 및 관련 조직들과 유기적인 파트너십을 형성한다.
- 핵심 프로세스에 대한 품질과 운영성과를 관리하고 시스템적 방법을 활용하여 운영성과 및 결과품질에 대한 주요 변동사항을 파악하고 문제의 근원 파악, 수정사항 적용 및 결과를 확인한다.
- 더 나은 품질, 사이클 타임, 전반적인 운영성과를 위해 프로세스를 지속적으로 개선한다.
- 벤치마킹, 리엔지니어링 등을 통한 획기적 성과달성을 위해 혁신을 추구한다.

제2절 제품설계 프로세스

1. 프로세스 설계의 장기적 관점

오늘날의 제품들은 매우 복잡하고 이에 대한 설계 역시 매우 어려운 과정이다. 그러나 설계의 개선은 비용절감은 물론 품질상승 효과를 가져다준다. 제품개발을 논할 때 일반적으로 제조된 상품에만 한정하여 생각하는 경우가 많은데 제품설계 프로세스(product design process)는 제조분야와 서비스 분야 모두를 포함한다. 설계 프로세스는 제품 또는 서비스의 본질에 따라 다른 설계적 접근을 요구한다. **프로세스 설계**란 제품생산에 필요한 투입요소, 작업 활동, 산출요소, 프로세스 흐름, 생산기법 등을 선택하는 것을 의미한다. 다음은 일반적으로 알려진 제품 개발 프로세스의 여섯 단계이다.

1. 고객의 요구와 기대를 새로운 설계 혹은 재설계에 적용하기 위한 아이디어 생성
2. 타당성검증 등을 통한 기본개념개발
3. 설계대안 검토 및 재료, 부품 등의 제조요구서 결정 등 제품 및 프로세스개발(모델시험, 고객반응실험 등)
4. 제조
5. 판매
6. 평가

제품개발에 있어 많은 기업들은 고객을 주요 파트너로 고려한다, 이는 전체 프로세스를 시장평가와 조화를 이루기 위함이다.

다음은 Krajewski 등에 의한 프로세스 설계시의 다섯 가지 고려 요인들이다.

1) 프로세스 선택

생산량과 고객화의 정도에 따라 생산프로세스를 제품 중심과 프로세스 중심의 연속선상에서 어디에 위치할 것인지를 결정하는 것이다.

- 제품중심의 프로세스: 특정한 제품의 대량생산에 적합하도록 전용의 기계설비를 배치하고 제품의 흐름을 중심으로 설계된 프로세스이다.
  - ▸ 표준화된 제품의 소품종 대량생산에 적합하다.
- 공정중심의 프로세스: 다양한 제품의 생산에 적합하도록 범용설비를 갖추고 제품의 흐름보다는 설비의 효율성을 중심으로 설계된다.
  - ▸ 고객화된 제품과 서비스의 제공을 위한 개별적인 프로젝트에 적합하다.

2) 공급사슬관리

원재료의 공급에서부터 제품의 판매, 유통에 이르는 전체 공급사슬 중에서 기업이 어떤 기능을 직접 수행하며, 어떤 부분을 다른 기업에 하청을 주거나 시장에서 구매할 것인지를 결정하는 것이다.

- 기업이 직접 수행하는 활동이 많을수록 수직적 통합의 정도가 높다. 후방통합은 원재료나 부품의 공급과정에 대한 통합이다. 그리고 전방통합은 제품의 유통, 판매과정에 대한 통합이다.
- 기업은 수직적 통합을 통하여 품질 수준을 엄격히 관리하고 생산프로세스의 흐름을 원활히 할 수 있는 반면 시장변화에 유연하게 대응할 수 없다. 수직적 통합의 정도가 낮을수록 공급기업이나 구매되는 부품에 대한 품질개선활동에 많은 노력이 요구된다.

3) 자원유연성

기업이 유연한 노동력과 설비를 바탕으로 새로운 제품의 생산, 생산량변동 등에 낮은 비용으로 신속하게 대처할 수 있음을 의미한다.

4) 고객참여도

생산프로세스에 고객의 요구와 참여를 어느 정도 허용할 것인지를 의미한다.

고객참여도가 높은 경우에는 품질 수준에 대한 고객의 평가나 반응에 관한 정보를 낮은 비용으로 신속하게 얻을 수 있으므로 품질관리 측면에서 보면 매우 유용한 수단이 된다. 단, 생산프로세스에 대한 기업의 관리 정도는 감소된다.

5) 자본집약도

생산프로세스에서 노동력에 의한 작업과 기계설비에 의한 작업의 비중을 나타내며, 자본집약도가 높다는 것은 노동력보다 기계설비에 의한 생산 활동의 비중이 크다는 것을 의미한다.

자동화는 일관된 품질에 크게 기여한다. 단, 품질요인들과는 직접적인 상관관계를 가지기 어렵다.

2. 비용, 제조, 설계품질

잘못된 제품의 설계는 제조가능성, 비용, 품질에 역효과를 가져다 줄 수 있다. 이 때문에 비용 절감과 품질 상승을 가져다 줄 수 있는 설계 프로세스는 중요하다고 할 수 있다. GE의 제조비용의 75%는 설계에 의해 결정되고, Rolls-Royce의 경우에는 최종 생산비용의 80%가 설계비용이다. 설계부주의로 인한 오류와 결함, 산출량 감소 등 사용적합성에 대한 문제들은 비용증가와 함께 품질하락을 가져다 줄 수 있다.

제품 설계의 경우 너무 많은 부품들을 적용할 경우, 부품의 혼동, 분실 등을 초래 가능하다. 복잡하거나 어려운 조립단계, 자연환경에 민감한 부품의 이용 등도 제품신뢰성을 떨어트리고 사용상의 문제를 발생시킬 수 있다. 이에 최고품질의 효율적인 제품을 위한 제조 및 설계품질프로세스가 요구된다.

3. 설계품질 및 사회적 책임

소비재의 안정성은 제품설계에 있어 주요 쟁점사항이라 할 수 있다. 이와 같은 선상에서 기업의 사회에 대한 책임(의무)은 중요하다. 제품책임으로 인하여 제품개발을 포기하는 기업들도 생겨나고 있다. 제품설계, 제조, 판매, 서비스와 관계되는 모든 당사자들은 제품의 결함으로 인한 손해배상으로부터 자유로울 수 없다. 완전책임론에 의하면 결함 또는 비합리적으로 위험한 제품을 판매한 자는 사용자, 고객, 시설에 대한 실제적인 피해보상의 의무가 있다. 쟁점사항은 직간접적인 결함의 존재 여부이다.

결함의 존재는 제조자에게 책임의무가 있음을 의미하기 때문이다. 1997년 Chrysler는 미니-밴의 잠금장치 결함에 대한 책임으로 2억 6,000만 달러를 배상해야만 했다. 설계품질 중시는 제품책임의 가능성을 감소시킴은 물론 변론의 주요증거를 제시 가능케 한다. 제품책임의무는 품질보증절차에 대한 문서화를 필연적인 절차로 만든다. 조직은 제품설계의 모든 프로세스를 (실험, 모니터링 등) 기록함은 물론 절차상의 대응책 및 대응결과에 대해서도 문서화해야 한다. 프로세스설계에 대한 의사결정은 품질, 역량, 배치, 재고, 환경에 미치는 영향 등 다른 요소들도 고려해야 한다.

제품책임에 대한 법적인 문제이외에도 현대는 제품의 환경적인 영향에 대해서도 민감하다. 쓰레기 매립장은 점차 줄어들고 있고, 고객들 또한 점점 환경 친화적으로 변모하고 있다. **환경중심설계(DFE)**(design for environment)는 환경에 대한 고려사항을 제품설계 및 프로세스 등에 적용하는 것으로서 저비용으로 선호도가 높은 제품을 개발할 수 있는 잠재력을 보유하고 있다. 환경중심설계가 비용절감을 가져다 줄 수 있다는 것은 처리비용, 법적대응비용(입법로비 등)을 감소가능하고 제품의 사용후 가치를 높일 수 있기 때문이다. 또한 사용재료의 감소, 제품책임의무 감소 등도 비용절감으로 이어진다. 환경친화적 제품은 제품설계자에 있어 다양한 도전과제를 제공하기도 한다. 재활용 가능한 부품·소재의 활용, 더 적은 수량의 소재를 이용해야 한다든가 등의 과제를 의미한다.

4. 제품개발 프로세스

기업들은 경쟁이 치열한 시장에서 성공하기 위해서 신제품을 신속하게 생산해야 한다. 제품개발 및 출시가 늦어질 경우, 경쟁자들이 시장을 잠식할 수 있다. 대부분 모든 산업은 제품개발 사이클 타임의 단축에 초점을 맞추고 있다. **제품개발 프로세스**는 CAD, CAM, FMS(유연생산시스템), CIM(컴퓨터통합생산)과 같은 첨단기술에 의해 개선될 수 있다. 또한 이러한 기술들은 자동화되어 설계와 제조프로세스를 연결하여 사이클 타임을 단축하고 인적에러의 발생가능성을 제거하므로 품질을 개선한다.

성공적인 제품개발은 조직 내 다양한 기능 그룹의 참여와 협력을 요구한다. 조직 내 모든 부서는 설계프로세스에 있어 주요한 역할을 수행하기 때문이다. 그러나 대기업들의 제품개발은 다른 방법을 통하여 이루어지기도 한다. 예를 들면, 개발초기에는 설계기술자들이 중심이 되고 모델이 나중에 생산을 위한 제조라인으로 전달된다. 최종적으로는 프로세스에 영업과 판매조직이 관여하게 된다.

이러한 접근은 제품개발 기간의 장기화, 설계단계에서 제조비용의 과투입, 최종출시 시점에서의 제품이 시장조건에 있어 최상이 아닐 수 있다는 단점을 갖고 있다. 이러한 문제점들을 완화하기 위한 대안은 동시공학이다. 동시공학의 장점으로는 개발기간단축(30~70%), 공학적 변경감소(65~90%), 출시기간 단축(20~90%), 품질개선(200~600%), 사무직 생산성 향상(20~110%), ROA 개선(20~120%) 등이 있다.

동시공학은 보통 4~20명으로 구성되고 제품의 특징개발, 설계·생산방법 결정, 제품기능분석 등과 제조가능성 연구, 제조시스템 설계 등을 담당한다. 제품개발을 촉진하기 위해 종종 사용되는 접근방법중 하나는 설계검토이다. **설계검토**는 문제발생이전 설계자들이 문제발생을 예상할 수 있도록 협의를 촉진하고, 질문을 유도하며, 새로운 아이디어와 해답을 산출하는 것이다. 〈표 9-1〉은 설계검토의 3단계이다.

제품개발 프로세스 설계의 종합적 접근은 다음과 같다.

〈표 9-1〉 설계검토의 3단계

단계구분	내용
예비	• 마케팅, 엔지니어링, 제조 등 부서 간 의사소통체계 구축 및 상호 간 발전된 협력체 제공 • 임원급 참여, 고객 요구와 관련되는 설계관련 전략적 쟁점사항 • 고객 요구 충족, 사용명세서 완료성 등
중간	• 잠재적인 문제규명과 개선활동 제안 • 실무급
최종	• 제품출시 이전 시행. 생산라인 도입 이전 수정비용 예방을 위한 자재목록, 설계도서, 기타 세부정보 연구

- 문제해결이나 예방차원이 아닌 설계나 제품생산 개선을 위한 방안 모색
- '잘못된 점'보다 '잘된 점'에 초점을 맞춘다.
- 고객기대 일치나 경쟁수위유지보다 고객기대를 정의하고 그 이상의 것을 추구
- 특징의 도입보다 최적화 추구
- 품질과 타협하지 않고 전체 비용의 최소화 추구

제3절 품질 향상을 위한 프로세스 설계

1. 제조 프로세스의 설계

제품·서비스를 생산하고 제공하기 위한 프로세스 등의 설계는 비용, 유연성, 최종물의 품질에 상당한 영향을 미칠 수 있다. 단 표준화된 프로세스는 최종물에 대한 일관성을 부여하여 비용절감 등 품질개선에 기여할 수 있다. 그러나 **표준화된 프로세스**는 다양한 고객층의 요구를 충족시키지 못할 수 있다.

오늘날 많은 기업들은 대량 고객화 전략을 추구하는데, **대량 고객화 전략**은 대량 생산된 개인적이고 고객개개인의 선호에 따른 제품이고 고객중심의 제품설계로 대량으로 생산되어 가격경쟁력을 지니고 있다. 그러나 기업의 대량 고객화 전략의 실행은 상당한 변화를 필요로 한다. 예를 들면 제조기술 유연성, JIT, IT, 사이클 타임단축 활성화 등이다.

반면에 제품고객화가 높다는 것은 프로세스를 통해 산출 가능한 제품 수량이 적음을 의미한다. 고객화, 고품질, 제품의 다양성이 높을수록 제품의 생산 수량은 적다. 다음은 Motorola의 프로세스설계에 대한 기본적 접근방식이다.

- 제품 또는 서비스 정의: 업무분석
- 고객 정의: 최종 수혜자분석
- 공급자 정의: 필요사항 및 대상분석
- 프로세스 정의: 업무공정분석, 투입대비 효과분석
- 실수방지(pokayoke) 프로세스: 문제제거 및 방법분석
- 측정도구 개발 및 관리, 목표향상: 프로세스 평가, 개선방안 제시

실질적인 프로세스 설계는 특정 프로세스에 대한 요구서를 의미한다. 첫 단계는 가치부가프로세스 활동과 특정 업무에 대한 흐름도 작성이다. 흐름도는 프로세스의 이해에 매우 유용하며, 직무설명, 교육훈련, 성과측정에 기초가 된다.

2. 서비스 프로세스 설계와 고려사항

제조와 서비스 프로세스의 근본적인 차이는 서비스 부문은 프로세스 설계에 대한 특수한 배려를 필요로 한다. 서비스 프로세스의 예로는 주문서 작성, 전화주문 접수, 신용카드처리, 호텔 체크-아웃 등이 있다. 대부분의 프로세스는 제조부문보다 고객과의 상호작용이 더 많아 고객의 요구나 기대를 쉽게 파악가능하다. 그러나 고객은 참고나 비교기준을 가지기 이전에는 그들의 요구를 정의하지 못한다.

서비스 프로세스는 내부와 외부 활동 모두를 포함하며 설계품질을 어렵게 하는 요소로 작용한다. **내부 활동**은 효율성 (품질적합성) 중심이고, **외부 활동**(설계품질)은 고객과의 직접적인 상호작용으로 효과성에 집중하는 것을 필요로 한다. 프로세스의 성공은 내·외부의 활동에 관여하는 모든 사람들과 관련이 있고 그들도 고객에게 가치를 부여하고 있음을 인지해야 한다.

서비스의 세 가지 **기본요소**는 다음과 같다. 첫째는 물리적 시설, 프로세스, 절차이고, 둘째는 종업원의 행동이고, 셋째는 종업원의 전문지식에 의한 판단이다. 특정 목표시장에서의 기대를 충족하기 위한 내부 지속성 유지를 위해 서비스 설계는 이 세 가지 기본요소의 효과적인 균형을 필요로 한다.

효과적인 서비스 설계를 위해서는 먼저 서비스가 고객접촉과 상호작용, 노동집약정도, 고객화에 따라 차이가 난다는 것을 인지하는 것이다. 노동집약도가 높을수록 개인 간 변동은 더욱 중요시 된다. 개인행동요소와 전문지식에 의한 판단은 고객화 및 접촉, 상호작용이 낮게 유지될 경우 그리 중요하지 않다. 반대로 고객화가 클 경우, 전문지식에 의한 판단은 고객의 서비스 품질의 인지에 더욱 큰 요소로 작용한다. 품질에 대한 중시는 물리적 시설과 절차는 품질에 중요한 영향을 미친다. 서비스 조직은 사용이 용이하고 신뢰할 수 있는 장비선택과 유지에 특별한 관심을 부여해야 한다.

다음은 서비스 프로세스의 보편화된 구성 구조이다.

1. **전방 오피스**: 고객접촉도 높음, 서비스 공급자와 고객 간 상호작용, 프로세스는 복잡하고 업무절차별 차이가 발생, 프로세스 절차상 자율성 부여, 보편적인 업무형태에서 제외됨
2. **혼합 오피스**: 고객접촉도 보통 수준, 선택할 수 있으나 표준화된 서비스 공급, 일정 수준의 고객화가 이루어짐
3. **후방 오피스**: 고객접촉 정도 낮음, 고객화 수준 낮음, 표준화된 서비스 및 업무흐름, 라인흐름

서비스에서 품질 표준화는 제조에서 적용되는 허용오차와 유사하다. 그러나 서비스 표준은 제조명세서보다 정의, 측정이 어렵다. 적시성, 지속성, 정확성 및 기타 서비스 필요사항 등 고객의 요구와 태도에 대한 충분한 연구를 필요로 한다.

다음은 고품질 서비스 프로세스설계를 위한 고려사항이다.

- 존재하는 서비스 표준은 무엇인가?
- 존재하는 서비스 표준들은 서비스 종업원들에게 충분히 알려져 있는가?
- 대외적으로 서비스 표준들이 알려져 있는가?
- 어떤 표준들이 개선을 필요로 하는가? 등

제4절 프로젝트의 가치창조 프로세스

1. 프로젝트 관리 프로세스

프로젝트 관리는 기획, 일정, 프로젝트 관리와 관련한 모든 활동들을 포함한다. 좋은 프로젝트 관리는 조직의 자원이 효율적이고 효과적으로 사용되고 있는 것을 확고히 한다. 이러한 관리는 특히 식스시그마에서 중요하다. 일반적으로 프로젝트는 조직의 전반에 걸쳐 추진되고 다른 부서, 업무들과 조화를 필요로 하기 때문이다. 전통적으로 프로젝트 관리 방법은 종합적 품질경영 이전에 발전되었기에 종합적 품질경영 접근은 적용되지 않았다.

보통 제조 또는 서비스 기업에 있어 프로젝트는 주요 가치창출 프로세스가 아니다. 그러나 그들은 프로젝트를 신규 시설배치 또는 기술도입 등 가끔 일어나는 요구충족을 위한 수단으로 활용한다. 이러한 활용은 조직전반에 대한 의사소통을 어렵게 하고 더욱 조심스러운 관리적 접근을 필요로 한다. 이러한 문제점들에 대한 실질적인 대안으로 인적자원과 기타 자원을 업무관리를 유지하면서 '대출'해 주는 매트릭스 조직을 활용할 수 있다. 프로젝트 관리자들은 자원의 중복을 최소화하고 조직전반의 의사소통을 위해 업무간 조정역할을 한다.

보통적인 식스시그마 프로젝트 팀은 프로젝트 관리자, 기술자문, 프로젝트 챔피언, 외부 고객 또는 프로세스 책임자, 핵심 프로젝트 팀으로 구성된다. 핵심 리더 역할은 프로젝트 관리자(SSGB 또는 SSBB)에게 있다. 프로젝트 관리자들은 보통 다양한 경력과 경험을 소유하고 있으며, 프로젝트 활동들을 이끌며, 기획하고, 작업프로세스를 유지하고, 프로젝트 팀에게 방향을 제시한다. 또한 프로젝트 팀원 간 의사소통 및 관계를 관리한다. 프로젝트 관리자는 충분한 기술전문성을 소유해야 하며 업무전문가 간의 문제를 해결가능해야 한다.

2. 프로젝트 수명주기 관리

Kloppenborg와 Petrick의 품질중심 프로젝트 관리 프로세스 단계는 다음과 같다.

1) 프로젝트 품질 도입

방향, 우선순위, 한계, 제약조건을 정의한다. 고객 또는 프로세스 책임자 만족을 위한 것으로서 프로젝트의 목표를 명확히 정의해야 하고 추진기간과 방법을 명시해야 한다. 프로젝트 챔피언, 프로젝트 관리자, 기타 팀원분석 작업을 포함한다.

2) 프로젝트 품질 기획

프로젝트 전개도와 소요예상 자원을 정의한다. 모든 프로젝트 관리 의사결정은 시간, 자원, 비용, 성과를 포함한다. 추진이 명백히 필요한 활동들을 규정하고 추진 담당자, 기간, 방법을 정한다(프로젝트 정의 → 자원계획 → 프로젝트 일정수립 → 프로젝트 유지 및 관리).

3) 프로젝트 품질 보증

프로젝트 프로세스에서의 고객관리로 볼 수 있다. 프로젝트 관리자의 의사소통, 대인관계 역량이 필요한 부분으로 프로젝트 관리자가 최종물을 예측 가능하게 한다. 적절하고 검증된 프로세스 활용을 통해 프로젝트 설계요구서를 기술적으로 충족시킨다.

4) 프로젝트 품질관리

적절한 의사소통과 관리도구들을 활용하여 관리적 업무, 프로세스 개선, 고객만족을 확고히 한다. 프로젝트 수행중 시간, 자원, 비용, 성과에 대한 시스템적 검토를 포함한다. 관리자들은 프로젝트의 성과를 모니터하고 대응방안을 필요시 적용해야 한다. 보편적인 프로젝트 품질관리시스템이 포함하는 사항으로는 예상범위, 일정, 비용, 성과목표, 요구사항 등을 포함하는 프로젝트 계획과 모니터링 시스템, 예측 등 변화사항분석이 가능한 보고 시스템 등이 있다.

5) 프로젝트 품질 종료

고객만족 평가, 미래프로젝트를 위한 성패 평가, 만족고객으로부터의 추천 등이 여기 해당된다. 세속적이나 프로젝트 관리 성과의 미래 개선을 위해서 중요한 프로세스참여 팀원에 대한 감사 및 신규 프로젝트 배정, 부서배정 등을 포함한다.

제5절 통계적 공정관리(SPC)와 관리도

여기서는 일상적인 프로세스 관리로서 통계적 공정관리와 관리도를 살펴본다.

1. 변동요인

동일한 설비와 자재를 이용하여 생산된 제품일지라도 그 물리적 특성은 각각의 제품마다 약간씩은 상이하기 마련이다. **변동요인**(variation)이란 설계특성과 개별제품의 특성 간

사례

노루홀딩스

노루홀딩스는 '노루페인트' 등 도료 및 수지를 연구·생산하는 전문 종합화학기업의 지주회사이다. 1945년 이후 77년 동안 한국 도료산업 발전을 선도해 왔다. 그동안 '사업보국(事業報國)'의 경영이념 아래 지속적인 품질경영, 기술혁신, 신기술 개발, 전문 인력 양성, 공장 자동화로 품질경영 체계를 구축했다. 또 국내 페인트 산업 품질 경쟁력 향상과 국가 산업 발전에 지속적으로 기여했다.

끊임없는 기술 개발로 기술 선진화 구축

노루홀딩스는 페인트 업계 최다 특허등록(353건)으로 최고의 기술력을 입증하고 있다. 또한 탄소중립 및 친환경 제품 생산에 힘쓰고 있다. 석유화학 제품 대신 식물과 미생물, 효소가 쓰인 탄소저감 화이트 바이오 기반 원료를 개발했다. 국내 최초 폐(廢)자동차 앞 유리를 활용한 리사이클 페인트 제품 개발 등으로 99건의 친환경 인증을 획득하기도 했다. 코로나19 바이러스를 사멸하는 페인트, 국내 최초 '에너지 세이버' 페인트와 같은 신제품 개발까지 이어지며 친환경·바이오 페인트 시장을 선도하고 있다.

노루홀딩스 소개

소재지	경기도 안양시 만안구 박달로 351
자본금	85억 원
종업원 수	62명
주요 생산품	건축용 · 중방식용 · 자동차용 · 플라스틱 · 컬러강판용 도료 및 수지 등

노루홀딩스의 기술 원천인 기술연구소는 1986년 안양공장에 세워졌다. 또 1987년에는 업계 최초로 색채연구소를 설립해 첨단 도료 및 컬러의 개발에 전력을 다해 왔다. 이러한 최고의 기술력으로 노루홀딩스는 과학기술정보통신부가 주관하는 IR52 장영실상 대통령상을 받았다. 2021년에는 기후변화 대응 대표 기술 10선 선정 장관상, 산업통상자원부가 주관하는 페인트 업계 최초 품질경쟁력우수기업 15년 연속 선정, 품질경쟁력우수기업 '명예의 전당' 등극 등의 성과를 창출하기도 했다.

QES(품질·환경·안전) 경영으로 품질 경쟁력 강화

노루홀딩스는 강력한 품질경영을 추진하고 있다. 이러한 품질경영 시스템은 협력사에도 똑같이 적

▼ 추진성과

구분	2020년	2021년	2022년 (추정)
매출액(억 원)	8,480	9,552	1조 503
영업이익(억 원)	358	267	331
경상이익(억 원)	437	268	308

▼ 인증 및 수상

- 2022년 국가인적자원개발 컨소시엄 최우수기관 선정(고용노동부)
- 2021년 기후변화대응 기여 과학기술정보통신부 장관상 수상-2021년 ESG(환경 · 사회 · 지배구조) 평가 통합 A등급 획득
- 2021년 제3회 범죄예방대상 국무총리 정부포상 수상

용된다. 정보와 기술 공유, 중점 항목을 선정해 품질 교육 제공, 생산 공정과 품질 안정화에 대한 계획 수립, 측정·실험·생산 설비 등 생산 과정에 대한 효율적인 운영법 지도 등 자사와 협력사를 아우르는 모든 공정에서 품질관리 리딩 활동을 수행하고 있다. 또한 원자재와 제품 현황을 조회하고 생산에 효율적으로 반영할 수 있는 공급자 포털과 통합 라벨 시스템이 도입됐다.

생산현장 개선활동 전개로 원가 절감(최근 5년간 9,379건 개선·11억 원 절감), 포장 설비 속도 개선이 이뤄졌다. 그리고 보일러 응축수 재사용, 원료 투입 방법 개선, 작업방법 변경 등 공정 개선 활동을 통해서도 원가 절감(최근 5개년 345건 개선·34억 원 절감) 과 품질 문화 정착에 성공했다. 친환경 생산을 통해서는 전기 및 열 사용량과 온실가스 배출량까지 8.2% 절감(최근 3개년)하고 있다. 이와 함께 보일러 저(低)녹스 버너 설치와 청정 생산기술 적용으로 대기오염물질 배출량 저감에 힘쓰는 중이다.

자료: 조선일보, 2022년 11월 24일.

의 차이를 말한다. 예를 들어 변동요인을 통계적으로 나타내는 표준편차는 다음과 같이 구할 수 있다.

$$\sigma = \sqrt{\frac{\sum_{i=1}^{n}(x_i - x)^2}{n-1}}$$

σ = 표준편차

n = 표본의 수

x_i = 표본의 관찰치

x = 설계특성치

편차는 우연 원인에 의한 편차와 이상 원인에 의한 편차로 구분할 수 있다. **우연 원인**(common cause)에 의한 편차는 확률적으로 자연스럽고 우연한 원인에 의한 편차를 의미하며 현재의 공정구성에서 일반적으로 나타나는 편차를 의미한다. **이상 원인**(assignable cause)에 의한 편차는 기계설비의 오작동이나 작업자의 실수 등과 같이 그 원인을 명확히 추적할 수 있는 편차를 의미한다. 따라서 우연 원인에 의한 편차는 일상적인 설비의 유지보수나 작업자에 대한 교육훈련 등으로 해결할 수 있는 것이라고 할 수 있다. 그러므로 생산공정 내에서의 편차가 우연 원인에 의한 편차로만 이루어진 경우가 가장 바람직하며, 이를 생산공정이 안정적(stable)인 상태에 있거나 통제되고(controlled) 있다거나 또는 통계적으로 관리되고 있다고 할 수 있을 것이다.

〈그림 9-1〉 우연 원인과 이상 원인에 의한 공정분포

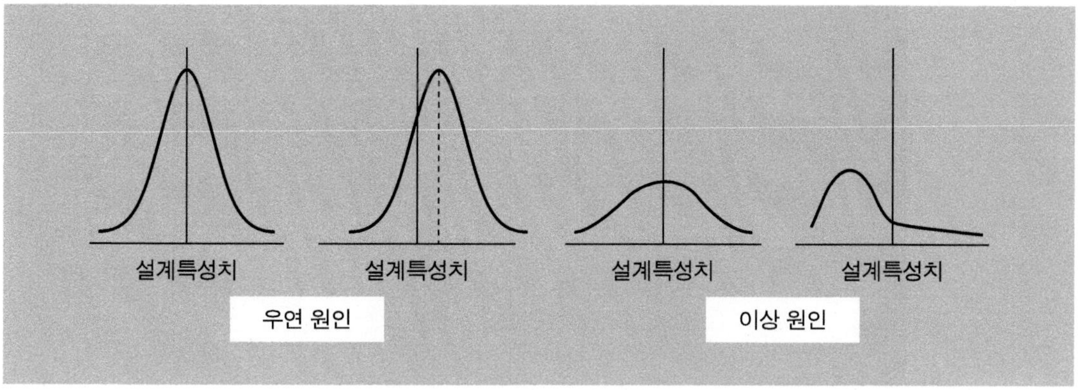

2. 공정관리도

공정관리도는 제품이 서비스의 특성을 그래프로 도식화하여 지속적인 추세나 공정의 안정성 여부를 제시하고 통계적으로 분석하기 위한 것이다. Shewhart에 의해 창안된 관리도는 제품의 특성치를 나타낸 분포가 우연 원인에 의한 것인지 아니면 이상 원인에 의한 것인지를 밝혀냄으로써 공정의 이상 유무를 밝혀내는 것이다. 일반적으로 제품특성치의 분포가 표준편차의 3배 범위 내($\pm 3\sigma$)에 포함될 때 공정이 관리한계 내에 있다고 할 수 있으며 통계적으로 공정이 안정적인 상태에 있다고 판단하게 된다.

공정관리도의 구성요소는 목표값, 관리 상한값(UCL)(Upper Control Limit), 관리 하한값(LCL)(Lower Control Limit), 표본의 관찰치로 구성된다. 표본의 관찰치가 관리 상한값과 관리 하한값 사이에서 움직일 때에는 공정이 통계적으로 관리되고 있다고 판단할 수 있을 것이다. 그러나 공정관리도는 샘플링(표본)검사에 의존하기 때문에 다음과 같은 두 가지의 오류를 범할 가능성이 항상 존재한다.

1. **유형 I 오류**(type I error): 실제로는 안정적으로 관리되고 있는 데도 샘플링검사 결과 이상 원인이 존재하는 것으로 잘못 판단하는 것이다.
2. **유형 II 오류**(type II error): 실제로는 공정이 통계적으로 관리되고 있지 못하고 있는데도 통제되고 있는 것처럼 잘못 판단하는 것이다.

공정관리도는 제품의 품질 수준을 결정하는 물리적 특성의 유형에 따라 **변량관리도**(control chart for variables)와 **속성관리도**(control chart for attributes)로 구분할 수 있다. 변

〈그림 9-2〉 제품특성의 분포와 관리한계

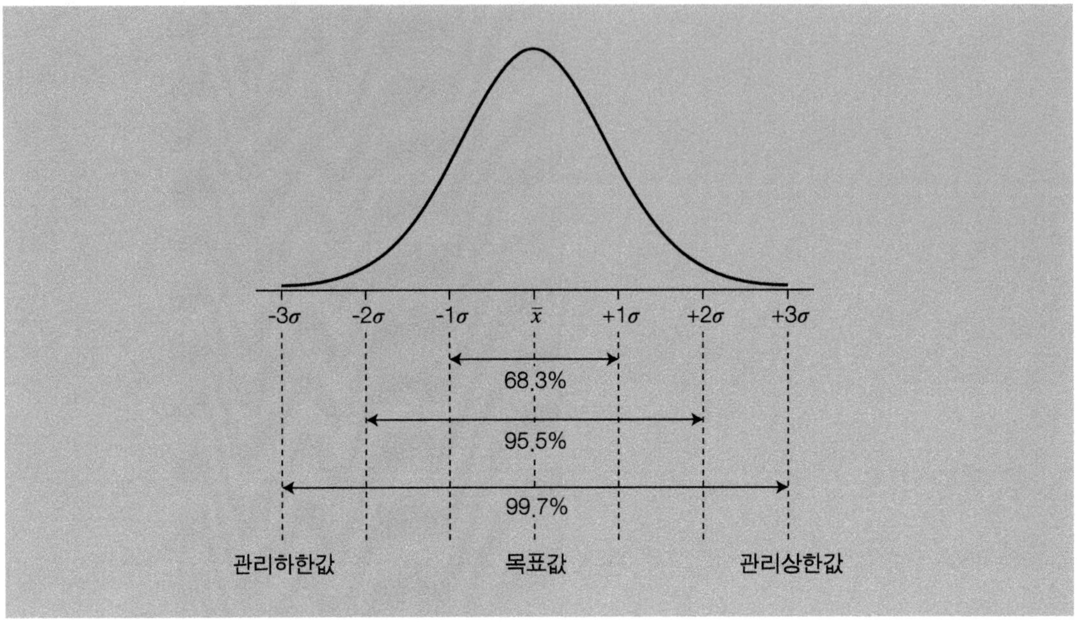

량관리도는 무게, 두께, 길이, 부피 등과 같은 연속적인(continuous) 특성값을 가진 제품을 관리하기 위한 것이며, 속성관리도는 사전에 정한 기준에 따라 결정되는 합격품, 불량품의 개수나 제품의 단위면적당 흠집의 개수와 같이 이산적(discrete)인 특성값을 갖는 제품을 관리하기 위한 것이다. 변량관리도에는 평균과 편차를 관리하기 위한 R-관리도, $\bar{x}$-관리도가 여기에 포함된다. 속성관리도는 제품의 불량률이나 불량의 빈도를 관리하기 위한 p-관리도, c-관리도가 포함된다.

1) 변량관리도

(1) R-관리도

범위관리도라고 하는 R-관리도는 표본의 범위(range)를 관리함으로써 생산공정의 변동이 적절히 유지되고 있는지를 분석하기 위한 것이다. 범위는 특정한 표본 내의 가장 큰 관찰값과 가장 작은 관찰값의 차이를 나타낸다. 관리도의 관리한계값은 다음과 같다.

$$\text{UCL} = D_4 \cdot \overline{R}$$

$$\text{CL} = \overline{R}$$

〈**표 9-2**〉 3σ관리 한계결정을 위한 상수값

표본규모(n)	$\bar{x}$-관리도 상수(A_2)	R-관리도 상수(D_3)	R-관리도 상수(D_4)
2	1.880	0	3.267
3	1.023	0	2.575
4	0.729	0	2.282
5	0.577	0	2.115
6	0.483	0	2.004
7	0.419	0.076	1.924
8	0.373	0.136	1.864
9	0.337	0.184	1.816
10	0.308	0.223	1.777

$$\text{LCL} = D_3 \cdot \overline{R}$$

$\overline{R}$ = 과거의 R값의 평균치 또는 목표치

D_4, D_3 = 표본크기(n)와 σ관리한계를 고려한 상수값

(2) $\bar{x}$-관리도

평균관리도라고 하는 $\bar{x}$-관리도는 표본의 평균값을 측정하여 생산공정의 이상유무를 분석하기 위한 것이다. 관리도의 관리한계값은 다음과 같다.

$$\text{UCL} = \bar{x} + A_2 \cdot \overline{R}$$

$$\text{CL} = \bar{x}$$

$$\text{LCL} = \bar{x} - A_2 \cdot \overline{R}$$

$\bar{x}$ = 과거 평균값 또는 목표치

A_2 = 표본크기(n)와 σ관리한계를 고려한 상수값

〈표 9-2〉에서는 표본크기에 따라 $\bar{x}$-관리도와 R-관리도의 3σ관리한계를 결정하기 위한 상수값을 구할 수 있다.

2) 속성관리도

(1) p-관리도

p-관리도는 사전에 정해진 일정한 기준에 따라 제품이나 서비스가 불량인지 아닌지를 판단하여 그 개수를 바탕으로 공정의 이상유무를 파악하기 위한 것이다. 관리한계값은 다음과 같다.

$$UCL = \bar{p} + Z \cdot \sigma_p$$

$$CL = \bar{p}$$

$$LCL = \bar{p} - Z \cdot \sigma_p$$

σ_p = 표준편차 = $\sqrt{p(1-p)/n}$

n = 표본의 수

$\bar{p}$ = 과거평균값 또는 목표치

Z = 정규분포편차

(2) c-관리도

c-관리도는 검사단위당 총 결점수, 예를 들면 직물의 단위(yard)당 결점수나 전선의 단위(feet)당 흠집의 수 등의 속성치를 바탕으로 생산공정의 이상유무를 판단하기 위한 것이다. 관리한계값은 다음과 같다.

$$UCL = \bar{c} + Z\sqrt{c}$$

$$CL = \bar{c}$$

$$LCL = \bar{c} - Z\sqrt{c}$$

$\bar{c}$ = 과거 평균값 또는 목표치

Z = 정규분포 편차

위에서 제시된 통계적 공정관리는 품질 수준을 사후적으로 평가하여 그 결과를 알려준다는 점에서 기본적인 한계점을 지니고 있다. 따라서 발견된 품질문제의 원인을 찾아내고 근본적으로 문제가 재발하지 않도록 조치하는 것이 필요하다. 이는 문제점의 발견에 이용되는 통계적 기법만으로는 해결하기 어려우며 조직구성원 모두의 참여를 바탕으로 체계적인 접근방법을 이용해야만 한다. 따라서 다양한 부문의 구성원들이 문제점

〈**표 9-3**〉 관리도의 유형

관리도	제품특성	관리도	관리대상항목
변량관리도	무게 · 길이 · 부피 · 면적 · 두께 등의 변량	$\bar{x}$-관리도	평균
		R관리도	범위
		$\bar{x}$-R관리도	평균 · 범위
		$\bar{x}$-σ관리도	평균 · 표준편차
		σ관리도	표준편차
		$\tilde{x}$-R관리도	평균 · 범위
		x-관리도	원자료(raw data)
		$\tilde{x}$-관리도	평균
속성관리도	불량률 · 불량개수 · 결점수 등과 같은 속성	p관리도	불량률
		pn관리도	불량개수
		c관리도	검사단위당 총 결점수
		u관리도	생산단위당 평균결점수
		U관리도	생산단위당 가중평균결점수

을 진단하고 원인을 발견하며 해결방법이나 개선안을 제시하기 위해서는 구체적이고 사용하기 쉬운 실행수단을 가져야만 한다. 그러한 실행수단은 또한 개선활동의 효과와 성과를 제시함으로써 개선활동에 대한 동기를 부여해주고 지속적으로 개선활동이 정착될 수 있도록 하는 역할을 한다. 그러므로 다음 절에서 소개되는 품질관리도구들은 공정관리에서의 품질관리활동을 실제적으로 실행에 옮겨주는 수단이 된다.

예제 1 R-관리도·$\bar{x}$-관리도

A기업에서는 직경의 설계사양이 5.2인치인 나사를 생산하고 있다. 평균범위는 0.2인치이며 5개씩의 표본을 추출하여 직경을 측정한 결과는 다음과 같다.

표본번호	표본				
	1	2	3	4	5
1	5.21	5.13	5.15	5.23	5.33
2	5.35	5.28	5.21	5.13	5.24
3	5.19	5.42	5.31	5.15	5.26
4	5.17	5.32	5.26	5.04	5.19
5	5.36	5.41	5.25	5.12	5.22

이때 R-관리도·$\bar{x}$-관리도를 이용하여 이 제품의 생산공정이 관리되고 있는지를 보기로 하자(3σ의 관리한계를 가정할 것).

1. R-관리도

표본의 크기가 5이고 관리한계가 3σ이므로 〈표 12-1〉에서 상수값($D_3 \cdot D_4$)은 각각 0과 2.115이다. 따라서 관리한계값은 다음과 같다.

$$\begin{aligned} \text{UCL} &= D_4 \cdot \overline{R} \\ &= 2.115 \cdot 0.2 = 0.4230 \\ \text{CL} &= 0.2 \\ \text{LCL} &= D_3 \cdot \overline{R} \\ &= 0 \cdot 0.2 = 0 \end{aligned}$$

제시된 표에서 각 표본의 범위(최대치와 최소치 간의 차이)를 계산하여 이를 관리도에 나타낸다(5개 표본의 범위는 각각 0.19·0.29·0.16·0.19·0.14).

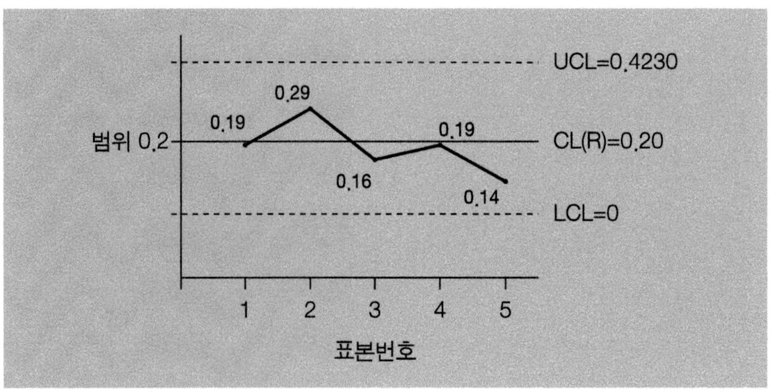

작성된 R-관리도에 따르면 제품의 범위분포는 관리한계 내에 있으므로 공정이 안정적인 상태에 있다고 할 수 있을 것이다.

2. $\bar{x}$-관리도

목표값이 5.2인치이고 평균범위가 0.2인치이므로 표본의 크기가 5에 해당하는 상수 A_2를 찾으면 다음과 같이 관리한계를 구할 수가 있다.

$$\begin{aligned} UCL &= \bar{x} + A_2 \cdot \overline{R} \\ &= 5.2 + 0.577 \cdot 0.2 = 5.3154 \\ CL &= 5.2 \\ LCL &= \bar{x} - A_2 \cdot \overline{R} \\ &= 5.2 - 0.577 \cdot 0.2 = 5.0846 \end{aligned}$$

관리도에 각 표본의 평균값을 나타내면 다음과 같다.

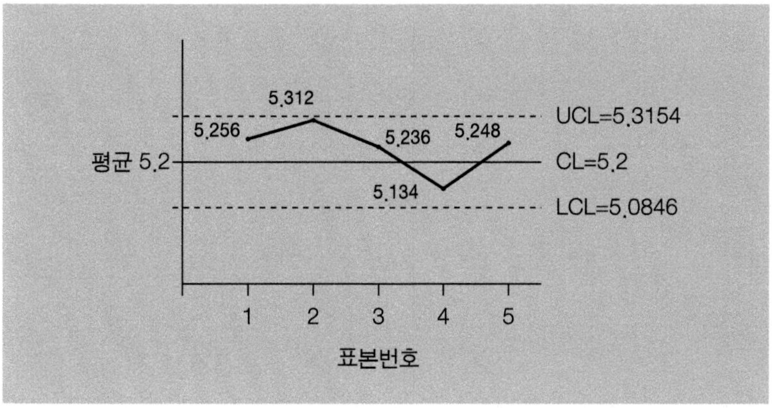

작성된 $\bar{x}$-관리도에 따르면 제품의 평균분포는 관리한계 내에 있으므로 공정이 안정적인 상태에 있다고 할 수 있을 것이다.

예제 2 p-관리도·c-관리도

1. p-관리도

B은행에서는 매주 1,000건의 입금자료를 표본추출하여 정확히 입력되고 있는지를 검사하였는데, 5주 동안 다음과 같은 입력오류가 발견되었다. 3σ의 관리한계를 가진다고 할 때 공정이 안정적으로 관리되고 있는가?

주	1주	2주	3주	4주	5주	평균
입력오류	10	9	14	7	5	9

표본검사자료를 이용하여 관리한계값을 계산하고 관리도에 나타내면 생산공정이 관리되고 있음을 알 수 있다.

$$UCL = \overline{p} + Z \cdot \sigma_p$$
$$= 0.009 + 3(0.003) = 0.018$$
$$CL = 0.009$$
$$LCL = \overline{p} - Z \cdot \sigma_p$$
$$= 0.009 - 3(0.003) = 0$$
$$\overline{p} = \text{총불량수}/\text{총검사수}$$
$$= 45/(1000 \times 5) = 0.009$$
$$\sigma_p = \sqrt{p(1-p)/n}$$
$$= \sqrt{0.009(1-0.009)/1000} = 0.003$$

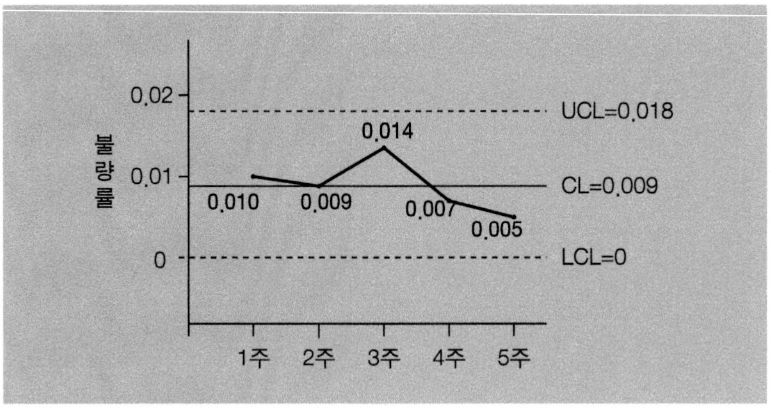

2. c-관리도

C회사에서는 직물을 생산하는 데 5주 동안의 표본검사결과 야드(yard)당 다음과 같은 수의 결함을 발견하였다. 3σ의 관리한계를 가진다고 할 때 공정이 안정적으로 관리되고 있는가?

주	1주	2주	3주	4주	5주	평균
결함 수	13	16	11	8	12	12

표본검사 자료를 이용하여 관리 한계값을 계산한다.

$$\begin{aligned} \text{UCL} &= \bar{c} + Z\sqrt{c} \\ &= 12 + 3\sqrt{12} = 22.39 \\ \text{CL} &= 12 \\ \text{LCL} &= \bar{c} - Z\sqrt{c} \\ &= 12 - 3\sqrt{12} = 22.39 \\ \bar{c} &= 12 \end{aligned}$$

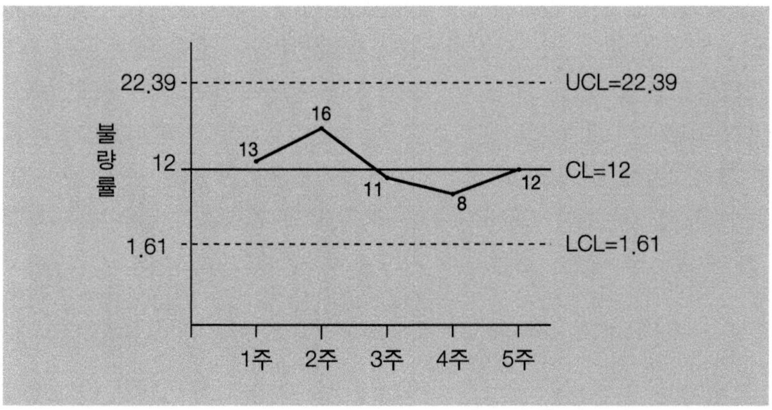

5주 동안의 결함 수가 모두 관리한계 내에 포함되므로 공정이 안정적으로 관리되고 있다고 할 수 있다.

사례

Hilton Hotel의 Christopher Nassetta

여름방학 때 호텔에서 알바를 하던 고등학생이 있었다. 그는 막힌 변기를 뚫는 일을 했다. 소년은 훗날 100년 역사를 자랑하는, 세계에서 둘째로 큰 호텔 그룹의 수장이 된다. Hillton의 최고경영자(CEO)인 Christopher Nassetta 회장이다.

몇년 전 그가 새로 개장하는 호텔을 방문해 직원 유니폼을 입어볼 기회가 있었다. 그는 옷이 너무 무겁고 신축성도 없어 불편하다는 점을 발견했다. 얼마 뒤 Hillton은 스포츠 의류 업체 언더아머와 제휴해 편안한 작업복을 만들었다. Hillton은 2018년 포천이 선정하는, 미국에서 일하기 좋은 직장 1위에 올랐는데, 이런 세심한 배려가 뒷받침됐음은 물론이다. Hillton은 특히 청소나 주방 직원 같은 말단 직원의 만족도가 경쟁사보다 높게 나타났다. Nassetta는 "어떻게 하면 직원들에게 잘해줄지 골몰하고 있다"고 말한다.

쇠락하던 Hillton에 소방수로 등장

Nassetta 회장은 Hillton의 소방수로 영입된 인물이었다. 사모펀드인 블랙스톤은 옛 명성을 잃고 쇠락하던 Hillton을 2007년 인수했다. 그리고 기업 구조조정 전문가이며 호텔을 재건한 경험이 있는 Nassetta를 영입했다. 어떻게 사모펀드가 인수한 회사가 고성장 기업으로 탈바꿈하고, 종업원에게도 사랑받는 회사가 될 수 있었을까? 단순화라는 키워드로 설명할 수 있다. 고수일수록 잘 정리되어 있고 단순하다. 목표가 뚜렷하고 중요한 일에 집중하기 때문이다. 과거의 Hillton은 그렇지 않았다.

Christopher Nassetta 소개

1984 버지니아대 경영대 졸업
1991 베일리캐피털 창업
1997 호스트호텔앤드리조트 COO(최고운영책임자)
2000 호스트호텔앤드리조트 대표
2007 힐턴호텔앤드리조트 CEO(최고경영자)

Nassetta 회장은 부임 후 90일간 전 세계 Hillton을 돌아다녔는데, 조직을 묶어주는 비전이 없음을 발견했다. Hillton은 오랜 명성에 기대 자만에 빠졌고, 고객을 위해 변화하겠다는 의지가 결여되어 있었다. 호텔업의 본질이 "사람들이 사람들에게 서비스하는 업"이라는 점을 잊고 있었다. 회사 운영은 일선 직원들과 단절된 채 이뤄지고 있었다. Nassetta 회장은 고위 간부들이 고객과 직접 교감해야 한다고 생각해 1년에 1주일은 호텔에서 객실 관리나 프런트 같은 일을 직접 해보게 하는 집중 훈련(immersion) 제도를 도입했다.

Nassetta 회장이 직원들에게 Hillton의 핵심 가치에 대해 물었을 때 답은 저마다 달랐다. 직원들의 대답을 다 세어보니 가짓수가 30가지에 이르렀다. 그는 곁가지를 치고 북극성처럼 비전을 뚜렷이 설정해야 하겠다고 마음먹었다. 그는 Hillton의 가치를 영어 철자로 압축했다. H(hospitality·환대), I(integrity·성실), L(leadership·리더십), T(teamwork·팀워크), O(ownership·주인의식) N(now·바로 지금)이 그것이다. 이를 모든 직원이 공유하고 어디를 가나 'HILTON' 문자 하나하나의 의미를 되새기게 했다.

목표의 단순화

Nassetta 회장은 이런 가치관의 바탕 위에 목표의 단순화를 추구했다. 그는 Hillton의 턴어라운드(구조조정) 전략을 두 가지로 단순화했다. 첫째, 세계시장 개척이다. Hillton은 강력한 브랜드와 시스템을 갖고 있음에도 해외 확장은 부진한 편이었다. 둘째, 업(業)의 재정의이다. 호텔업은 과거와 달리 호텔 소유와 분리되는 추세이다. 소유는 하지 않되, 브랜드와 백오피스 서비스를 제공하고 로열티를 받는 프랜차이즈나 위탁경영 방식이 확산하고 있다. 이 분야에서 Hillton의 확장 가능성이 크다고 Nassetta 회장은 보았다. 첫째와 둘째 전략은 연결되어 있다. 해외에서 프랜차이즈·위탁경영 방식으로 확장하면 Hillton의 높은 인지도를 이용하면서 리스크를 크게 줄일 수 있기 때문이다.

Nassetta 회장은 1년에 3분의 2 이상을 여행하는데 그 대부분이 해외일 정도로 시장 개척에 힘을 쏟았다. 중산층과 출장객들을 잡기 위해 중저가 브랜드인 힐턴가든인이나 햄프턴인으로 공략했다.

그 결과 부임 초기에는 계획 중인 호텔 중 해외 비중이 19%이던 것이 2014년엔 60%로 커졌다. 또 2019년 2월 현재 전 세계에서 건설 중인 호텔 객실의 20%가 Hillton 관련이라고 Hillton 측이 투자자 설명회에서 밝혔다. 기존 호텔 객실 중 Hillton 비중이 5% 정도임을 감안하면, 확장세가 뚜렷하다. 특히 중국을 비롯한 아시아 지역의 성장세가 가팔라 진행 중인 호텔의 30%를 차지한다.

제품과 서비스의 단순화

이번에는 제품과 서비스의 단순화이다. 요즘 Hillton은 기술을 호텔 경영에 발 빠르게 활용하는 회사로 유명하다. 스마트폰으로 객실 문을 여는 디지털 키 기술을 가장 먼저 도입, 전체 호텔

▼ 힐턴호텔앤드리조트 경영 성적표

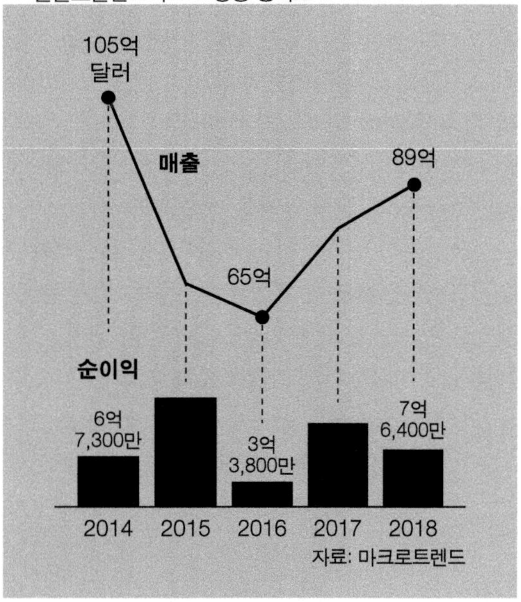

의 72%에서 이용 가능하다. 나아가 스마트폰을 리모컨처럼 사용해 조명을 켜고 온도를 조절하고 TV 채널을 돌릴 수 있는 '커넥티드룸' 기능을 2019년 말까지 300개 호텔에 도입할 예정이다. Hillton이 신기술을 도입할 때 가장 먼저 고려하는 것은 '고객 경험을 단순하고 즐겁게 만드는가?'에 있다고 기술 담당 임원이 말했다.

Nassetta 회장 부임 전 Hillton의 회원 제도인 '힐턴 아너스 프로그램'은 마일리지를 쌓기는 쉬워도 쓰기는 어려운 항공사 마일리지 제도처럼 온갖 제한 규정으로 가득했다. Nassetta 회장은 과감히 제한 규정들을 풀어 고객에게 실제로 도움이 되도록 했다. 힐턴 아너스 회원은 2012년부터 2018년까지 3,600만 명에서 8,500만 명으로 급신장했다.

Nassetta 회장은 직원이 해야 할 일과 하지 말아야 할 일을 규정한 직원 수행 항목을 3,000개에서 300여 개로 줄이고, 본사를 땅값 비싼 미국 LA 베벌리 힐스에서 버지니아주로 옮기는 등 운영의 단순화도 추구했다.

채권자 설득해 금융위기 넘겨

Nassetta 회장이 부임하고 얼마 뒤 미국발 금융위기가 터졌고, 블랙스톤의 Hillton 인수는 세계에서 가장 값비싼 거래라는 비아냥을 받기도 했다. Nassetta 회장의 최대 난제는 205억 달러에 달하는 채무였다. 금융위기로 매출액이 20%, 이익이 40% 가까이 추락하면서 상황은 더욱 악화됐다. 그는 채권자와 블랙스톤을 설득해 채무를 연장하고 블랙스톤의 추가 출자를 이끌어낸다. 위기를 넘긴 Hillton은 Nassetta 회장의 단순화 경영에 힘입어 성장 궤도에 올라타게 된다.

블랙스톤은 증시에 재상장된 Hillton 주식을 2018년까지 모두 팔아 큰 투자 수익을 거두었다. 실적 향상과 투자자들의 신뢰에 힘입어 Hillton은 종업원 복지에 투자할 수 있었다. Nassetta 회장은 블랙스톤이 떠난 뒤에도 계속 CEO를 맡을 수 있었으니 모두 윈윈이었던 셈이다.

Nassetta 회장은 리더십을 이렇게 정의한다. "미래의 비전과 전략을 세우는 것, 그리고 사람들을 앞으로 나가게 동기 부여하는 문화를 만드는 것이다."

조직이 방향을 잃고 있다고 느끼는가? 고객과 괴리되어 있다고 느끼는가? 단순화하라. 목표를 단순화하고, 제품을 단순화하고, 운영을 단순화하고, 조직을 단순화하라. Nassetta 회장이 전하는 교훈이다.

자료: 조선비즈, 2019년 5월 10일.

연습문제

1. 프로세스 관리란 무엇인지 설명하라.
2. 제품설계 프로세스에 대해 설명하라.
3. 품질향상을 위한 프로세스 설계에 대해 설명하라.
4. 프로젝트의 가치창조 프로세스에 대해 설명하라.
5. 서비스 프로세스 관리에 대해 설명하라.
6. 통계적 공정관리와 관리도에 대해서 설명하라.

참고문헌

김기영 외 공저 (1999), 품질경영, 박영사.

김연성 외 공저 (2015), 품질경영론, 제5판, 박영사.

Evans, J. R. and Lindsay, W. M. (2014), *The Management and Control of Quality*, 9th ed., South-Western Cengage Learning.

Kloppenborg, T, J. and Patrick, J. A. (2003), *Managing Project Quality, Management Concepts*, p. 11.

Krajewski, L. J. and Ritzman, L. P. (2005), *Operations Management - Processes and Value Chains*, New Jersey, Pearson Prentice Hall.

제10장
프로세스의 지속적 개선과 도구

학습목표

1. 지속적 개선의 개념과 표준화를 이해한다.
2. 품질개선을 위한 7가지 도구를 이해한다.
3. 품질개선을 위한 신 7가지 도구를 이해한다.

사례

현대자동차 제품개발 프로세스 혁신

현대자동차그룹 연구개발본부와 상품본부 임원들이 독일 뉘르부르크링에서 차세대 전략차종에 대한 최종 점검을 벌였다. 주행성능 관련 연구개발본부와 상품개발 담당 임원들이 해외에서 자동차 성능 점검에 나선 것은 이번이 처음이다.

현대차그룹은 2019년 8월 15일부터 17일(현지 시간)까지 독일 뉘르부르크링에 위치한 테스트센터에서 차세대 전략차종의 성능을 종합적으로 점검하는 트랙데이를 실시했다고 2019년 8월 20일 밝혔다. 출시가 임박한 현대자동차와 기아자동차, 제네시스 등 전 브랜드 신형 모델이 테스트에 투입됐다.

신차 테스트에 투입된 주요 차종은 제네시스 브랜드 첫 스포츠유틸리티차량(SUV) 'GV80(미정, 개발명 JX)' 시험주행차를 비롯해 신형 G80(개발명 RG3)과 G70 페이스리프트로 추정되는 모델, 현대차 i30 페이스리프트(추정), 벨로스터 N, 기아차 SUV '엑시드(XCeed)' 등 6개 모델이다. 다른 브랜드 경쟁차종도 함께 모습을 보였다.

트랙데이에는 연구개발본부 Albert Biermann 사장과 Luc Donckerwolke 디자인 담당 부사장, Thomas Schemera 상품본부 부사장, 유럽 권역 상품 담당자 등 20여 명이 참석했다. 참석자들은 독일 일반도로 테스트에서 시속 280km까지 속도를 끌어올리고 연속 커브 구간과 시골길 주행 등을 통해 신차 성능을 점검했다. 또한 세계에서 가장 길고(20.8km) 가혹한 레이싱 서킷인 뉘르부르크링에서는 반복 주행을 통해 신차 내구성과 성능 한계를 테스트했다.

Albert Biermann 사장은 각 테스트 세션을 거칠 때마다 참석자들과 점검 대상 차량의 가속력과 브레이크, 승차감, 소음진동 등에 대한 토론을 진행하고 개선 방향에 대한 의견을 공유했다. 각 부문 중역들이 한 자리에 모여 신차에 대한 대대적인 제품 테스트를 진행하는 것은 최근

그룹 차원에서 단행한 제품개발 프로세스 혁신의 연장선이라고 회사 관계자는 강조했다.

현대·기아차는 2019년 3월 상품본부 조직을 세분화된 차급과 전동화, 미래차 등을 중심으로 개편했다. 2019년 7월에는 자동차산업 변화에 신속하고 유연하게 대응하기 위한 조치로 연구개발 조직을 아키텍처 기반 시스템의 삼각형 구조로 재정비했다. 개편된 두 조직 주요 임원이 모여 향후 제품의 개발 방향과 개선 사항을 빠르게 공유할 수 있도록 구성됐다는 설명이다.

트랙데이에서는 유럽 현지 시장 동향과 미래 유럽 시장 공략을 위한 장기적인 제품개발 방향성에 대한 토론도 이어졌다. 현대차그룹에 따르면 이는 유럽에서 상승세를 타고 있는 브랜드 입지와 관련 있다. 현대·기아차는 2018년 유럽시장에서 점유율 6.7%를 기록하면서 사상 처음으로 판매대수 100만 대를 돌파한 바 있다.

제품 기술력에 대한 유럽 현지 평가도 과거와 달라졌다는 평가다. 최근 독일 자동차 전문지 '아우토빌트 스포츠카(Auto Bild Sportscars)'가 진행한 비교 시승 평가에서 기아차 씨드GT는 BMW와 Mercedes-Benz를 제치고 가장 경쟁력 있는 모델로 선정되기도 했다. '아우토 모토 운트 슈포트(Auto Motor und Sport)'는 전기차 평가에서 현대차 코나 일렉트릭이 BMW i3보다 우수한 것으로 평가했다. 수소전기차 부문의 경우 넥쏘가 Benz GLC F-셀(cell)보다 높은 점수를 받았다.

현대차그룹은 2013년 뉘르부르크링 트랙 직선 구간 옆에 상시 평가가 가능한 테스트센터를 설립하고 최근 센터 확장을 추진하고 있다. 테스트센터에서는 고성능차량은 물론 모든 신차들의 내구 한계를 시험하고 시험주행을 강화하기 위한 혹독한 평가를 실시해오고 있다. 특히 뉘르부르크링은 차량 가속 및 선회 성능 내구성에 대한 테스트를 보다 밀도 있게 진행할 수 있는 장소로 꼽힌다.

Albert Biermann 사장은 "최근 이뤄진 연구개발 조직 개편은 제품을 기획하는 상품 부문과 개발 부문의 협업을 위한 시작점이었다"며 "이번 트랙데이는 개발자로 한정됐던 현지 평가 범위를 상품 담당자로 넓혀 주요시장 잠재소비자들의 목소리를 직접 듣고 향후 개발 방향과 개발 프로세스의 혁신 등을 꾀하기 위한 첫 걸음이 될 것으로 기대한다"고 말했다.

이어 "경쟁이 심화되는 현 시장상황에서는 제품개발을 책임지는 주요 담당자들이 현재 수준을 몸소 체감하고 변화 필요성에 공감하는 것이 무엇보다 중요하다"며 "이번 기회를 통해 현대차그룹 자동차 부문이 미래 경쟁력 확보를 위해 공격적으로 나설 수 있는 계기가 될 것"이라고 덧붙였다.

자료: 동아닷컴, 2019년 8월 20일.

제1절 지속적 개선의 개념

1. 지속적 개선의 개념

지속적 개선이란 투입물을 산출물로 변환시키는 과정에 관련된 모든 요소를 향상시키려는 활동을 말한다. 지속적 개선의 대상은 장비와 작업방법, 재료 그리고 사람 등이다. “망가지지 않았다면 수선하지 마라”라는 옛 격언인 “망가지지 않았다고 해서 더 개선될 수 없다는 의미는 아니다”라는 격언으로 바뀌게 된 것도 지속적 개선의 개념 때문이다.

지속적 개선의 개념은 새로운 것은 아니다. 미국에서 시작되었음에도 불구하고 미국에서 큰 관심을 받지 못했을 뿐이다. 그러나 일본 기업들은 지속적 개선활동을 수년간 지속해왔으며 그 결과 지속적 개선활동은 일본기업들의 생산에 대한 발전의 초석이 되었다.

일본사람들은 지속적 개선활동을 카이젠(kaizen)이란 일본말로 표현한다. 일본기업이 세계 시장에서 성공을 거두자 다른 나라의 기업들도 여러 접근방법에 대한 재검토를 하게 되었는데 이것이 지속적 개선 접근 방법에 대한 관심을 불러일으킨 동기라 할 수 있다.

성공적인 지속적 개선활동 시스템을 위해서는 조직 전계층 경영진의 지원과 관심이 반드시 필요하다. 왜냐하면 지속적 개선활동은 개선을 향한 장기적 노력을 유지하기 위해서 조직문화의 변화가 요구되기 때문이다. 여기에서 조직의 주요 변화를 파악하고 권장하는 것은 경영자의 책임이 된다.

경영자에게 필요한 행동은 다음과 같다.

- 목표수립, 전략, 하위조직의 지원을 수반하는 전술 등을 개발
- 개방, 신뢰, 협력을 촉진시키는 경영 스타일 개발
- 불변의 목표를 유지하는 것, 특히 어려운 시기에
- 정해진 방침을 고수하는 결정을 내리는 것
- 협력을 이끌어내는 보상체계의 개발
- 장·단기의 균형된 관점을 지닐 것
- 지속적인 교육훈련 프로그램 실시
- 팀 단위의 노력과 같이 개인의 노력도 지원해 주는 형태의 공로인정

최고경영자의 역할은 지속적 개선활동의 성공에 있어 결정적인 역할을 한다. 이러한 경영자의 리더십 없이는 하위조직의 의지와 노력에 상관없이 지속적 개선의 효과는 기대할 수 없다.

프로세스 개선 활동은 주로 팀 단위로 이루어진다. 개선과정은 다음과 같은 단계로 이루어진다.

1. 개선을 위한 프로세스를 선택하고 개선의 목표설정
2. 현 프로세스를 연구하고 문서화
3. 프로세스를 개선시키기 위한 방법을 연구
4. 개선된 프로세스를 설계
5. 개선된 시스템을 적용
6. 개선된 시스템을 평가
7. 개선된 해결책을 제공하고 모든 관계자에게 전달하고 새로운 시스템에 적합한 훈련방침 마련 실시

〈그림 10-1〉 지속적 개선과정

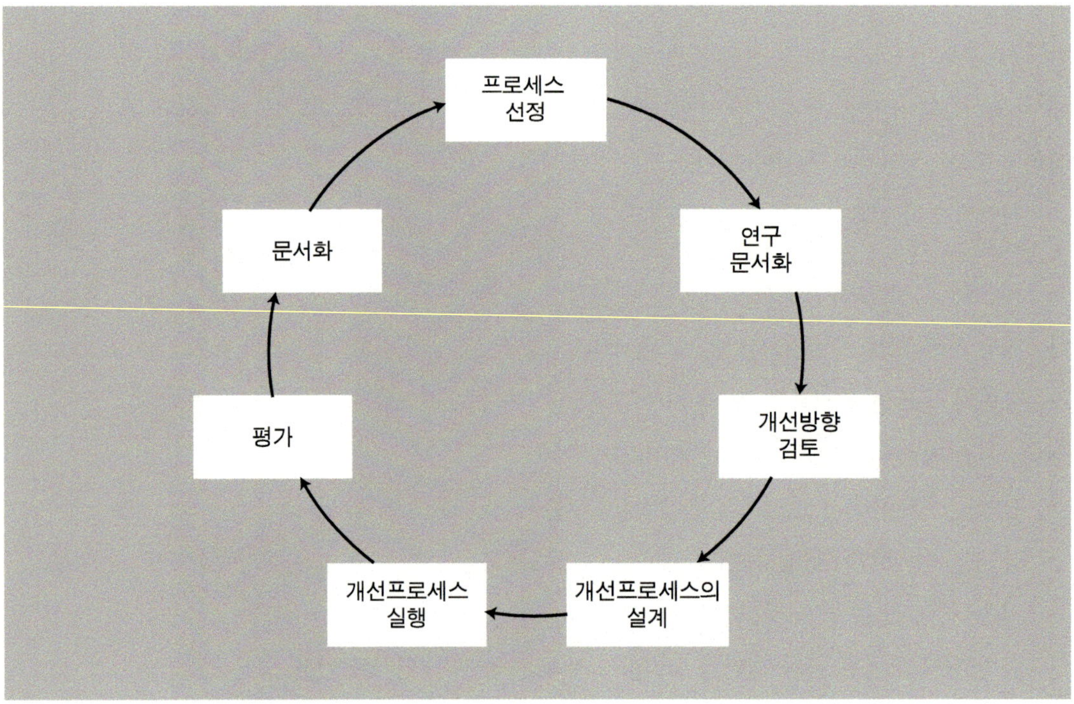

4~6단계는 만족스런 결과를 얻을 때까지 반복되어야 할 것이다. 이상은 〈그림 10-1〉에 자세히 나타나 있다.

프로세스 개선 사이클의 주요 요소들은 이러한 움직임의 원리를 더욱 잘 설명해 주고 있다. 이들을 요약하면 다음의 세 가지로 요약된다.

- 표준화
- PDCA 사이클
- 개선을 위한 도구의 활용

2. 표준화

표준화는 어떤 작업을 수행하는 최상의 방법을 문서화하는 과정이다. 표준화는 두 가지 방법으로 적용된다. 첫째는 공정개선을 위한 시도가 이루어지기 전에 적용된다. 이것은 현재의 작업수행방법 중에 가장 효율적인 방법을 결정하는 것도 포함된다. 이것은 내부 공정에만 해당되는 것이 아니라 새로 생겨나는 여러 개선들의 비교의 기준이 된다.

두 번째 표준화의 적용은 공정이 개선된 후에 발생하는 것이다. 작업의 새로운 표준이 될 수 있는 새 방법을 문서화해야 한다. 그것을 작업의 새로운 기준으로 삼는 것이다. 이것은 작업자 훈련이나 관련공정에 대한 참고기준이 된다. 표준화는 지속적 개선활동에서 자주 사용되는 훈련된 접근법을 보여준다. 개선을 구체적으로 문서화하는 것도 중요하다.

3. PDCA 사이클

슈하르트 사이클 또는 데밍 휠(Deming wheel)로 불리는 PDCA 사이클(Plan-Do-Check-Action cycle)은 지속적 개선활동의 개념적인 기초이다. 이 사이클은 〈그림 10-2〉에 나타나 있다. 이 사이클은 네 가지 기본적인 부분으로 나누어지며 이 사이클은 과정을 원으로 나타내어 계속되는 성질을 강조하고 있다.

1. **계획**(plan): 계획은 현재 공정에 대한 연구로 시작된다. 공정을 표준화시키고 문제인식을 위한 자료를 수집한다. 다음으로 자료를 분석하고 개선을 위한 계획을 개발한

〈그림 10-2〉 PDCA 사이클

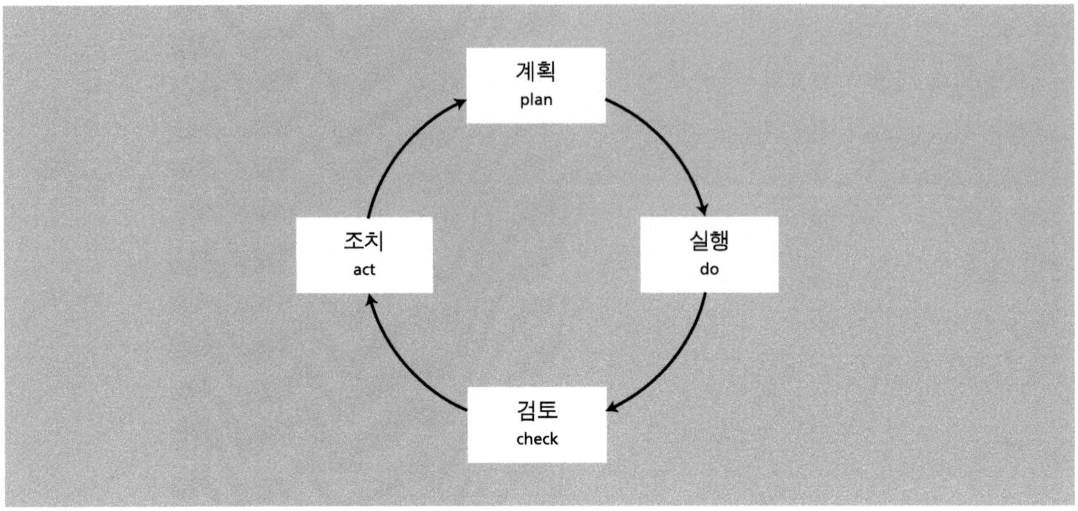

자료: 김연성 외 공저 (2015), 글로벌 품질경영, 박영사, p. 422.

다. 계획을 평가하기 위한 척도(measures)를 상세히 한다.

2. 실행(do): 계획을 이행한다. 가능하면 규모를 적게 하여 실시한다. 이 단계에서 어떤 변화가 있었는지 문서화한다. 평가를 위해 자료를 체계적으로 수집한다.
3. 검토(check): 실행단계에서 모아진 자료들을 평가한다. 계획단계에서 설정된 원래 목표와 결과가 얼마나 밀접히 부합되었나를 확인한다.
4. 조치(act): 만일 결과가 성공적이였다면 새로운 방법을 표준화하고 공정에 관련된 모든 사람들에게 새로운 방법을 전달한다. 새로운 방법을 위한 훈련을 실시한다. 만일 결과가 성공적이지 않았다면 계획을 수정하고 공정을 되풀이하거나 계획을 중단한다.

제2절 품질개선을 위한 7가지 도구

품질개선활동에 사용되는 기본적인 7가지 품질관리 도구(seven QC tools)는 ① 체크시트, ② 히스토그램, ③ 파레토도, ④ 특성요인도, ⑤ 산점도, ⑥ 층별, ⑦ 관리도이다.

이들 7가지 도구 중 관리도에 관해서는 앞장에서 다루었고 이 장에서는 7가지 도구 이외에 널리 사용되는 도구인 흐름도를 추가로 설명하기로 한다.

1. 체크시트

체크시트(check sheet)는 공정으로부터 필요한 자료를 수집하는 데 가장 흔하게 사용하는 도구이다. 즉, 불량개수, 결점수 등 셀 수 있는 데이터를 기입할 수 있게 작성된 용지로서 이 체크시트를 사용하면 자료를 쉽고 체계적으로 수집할 수 있을 뿐만 아니라 자료를 유용한 정보로 쉽게 변형시킬 수 있다. 수집된 자료는 히스토그램, 파레토도, 관리

〈표 10-1〉 체크시트의 예

요일 시간	결점의 형태					합계
	꼬리표 미부착	균형이 안 맞음	염색상태가 희미함	헐렁함	기타	
월 8~9	IIII	II				6
9~10		III				3
10~11	I	III	I			5
11~12		I		I	I	3
1~2		I				1
2~3		II	III	I		6
3~4		II	IIII			6
합계	5	14	8	2	1	

자료: 김연성 외 공저 (2015), 글로벌 품질경영, 박영사, p. 425.

〈그림 10-3〉 체크시트의 예

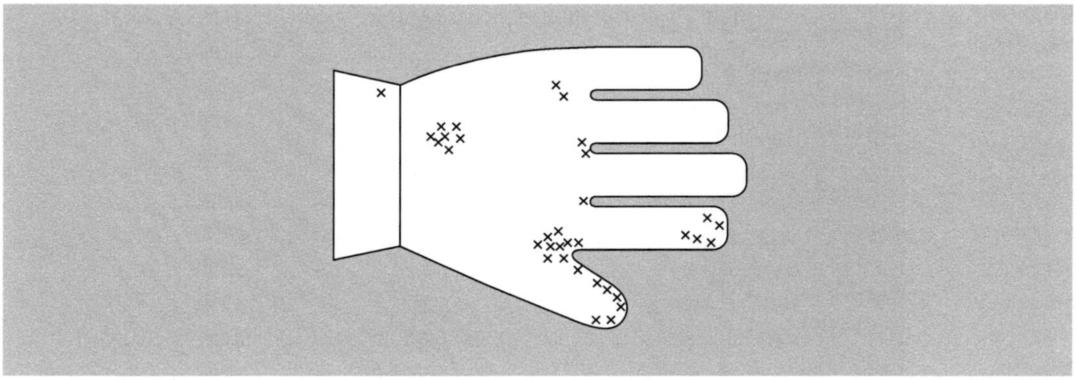

도 등을 작성하는 데 사용된다.

〈그림 10-3〉은 제품의 어느 부위에 결함이 생기는가를 알기 쉽게 해준다. 이 경우 결함은 엄지 끝과 둘째 손가락 끝, 손가락 사이, 특히 엄지와 둘째 손가락, 그리고 장갑의 가운데 부분에 주로 일어나는 것으로 보인다.

2. 히스토그램

히스토그램(histogram)은 어떤 조건 하에서 취해진 데이터가 존재하는 범위를 몇 개의 구간으로 나누어 각 구간에 포함되는 데이터의 발생도수를 세어서 도수표를 작성한 다음 이를 도형화한 것으로 막대그래프(bar graph) 또는 도수분포표도(frequency distribution graph)라고도 한다.

공정으로부터 수집한 개별 자료들은 비록 일정한 표준 내에서 생산되도록 설계되어 있지만 실제로는 모두 차이가 있기 때문에 단순히 이들을 보기만 해서는 공정특성의 분포를 알 수 없다. 히스토그램은 이러한 정보를 정리하여 공정상태에 관해 결론을 내릴 수 있는 양식으로 표현한 것이다.

히스토그램의 용도는 다음과 같다.

- 데이터의 분포모습 및 산포상태의 파악
- 평균치와 표준편차의 산출
- 실제 데이터와 규격과의 비교

히스토그램의 작성순서는 다음과 같다.

1. 정해진 방법에 따라 데이터를 모은다(통상 100개).
2. 데이터 중에서 최대치(L)와 최소치(S)를 구한다.
   최대치와 최소치의 차로 범위(range)를 구한다.
3. 계급의 폭을 결정한다.
   계급의 폭 = $\frac{\text{범위}}{\text{계급의 수}}$ (단, 계급의 수는 데이터 개수의 제곱근에 근사한 값으로 한다.)
4. 최소치와 최대치를 포함하도록 계급의 경계치를 결정하여 도수표에 기입한다.

5. 계급의 중앙치를 계산한다. 중앙치는 계급의 양쪽 경계치를 더하여 2로 나누면 된다.
6. 데이터를 계급별로 구분한다.
7. 그래프용지 가로축에 계급경계 눈금을, 세로축에 도수를 잡아 히스토그램을 그린다.
8. 기타 필요사항(데이터의 이력 및 수)을 기입한다.

3. 파레토도

파레토도(Pareto diagram)는 현장에서 문제가 되고 있는 불량품, 결점, 클레임, 사고 등과 같은 현상이나 그러한 현상에 대한 원인별로 데이터를 분류하여 불량개수 및 손실금액 등이 많은 순서로 정리하여 그 크기를 막대그래프로 나타낸 것이다.

파레토도는 19세기 이탈리아 경제학자 빌프레도 파레토(Vilfredo Pareto)의 이름을 따서 만들어진 것으로 일반적으로 총발생률에 대해서 높은 비율을 발생시키는 비교적 적은 요소를 추출하기 위한 것이다. 즉, 이 분석의 목적은 발생사례를 중요 정도에 따라 분류해서 가장 중요한 것의 해결에 먼저 중점을 두려는 데 있다. 이 분석은 대부분 80%의 문제는 20%의 항목에서 발생한다고 해서 80-20법칙, 혹은 사소한 다수와 중요한 소수(trivial many, viral few)라고 한다. 예를 들어 80%의 기계고장은 20%의 기계고장을 유발하는 요소에 비롯되며 80%의 제품결점들은 20%의 결점을 일으키는 요인들에서 기인된다는 것이다.

파레토도의 특성은 다음과 같다.

- 어떤 항목이 가장 문제가 되는지를 찾아 낼 수 있다.
- 문제 크기의 순위를 한눈에 알 수 있다.
- 그 항목이 전체의 어느 정도를 차지하고 있는지 알 수 있다.
- 문제의 크기를 한눈에 볼 수 있기 때문에 설득력이 있다.
- 복잡한 계산을 필요로 하지 않기 때문에 수월하게 그릴 수 있다.

파레토도는 문제해결도구는 아니고 분석도구이다. 이는 문제들을 어떤 순서로 해결해야 할 것인가를 결정하는 데 사용된다. 〈표 10-2〉는 한 은행에서의 1년 동안의 고객클레임 전수를 6명의 은행원별로 기록한 자료로서 은행원별 클레임 전수의 상대도수와 누적 상대도수 등을 나타내고 있다.

〈표 10-2〉의 자료를 이용하여 파레토도를 작성하기 위해서는 다음과 같은 절차를 거쳐야 한다.

1. 자료를 분류할 때 문제의 원인, 불량품의 형태 등 수단을 결정한다.
2. 관련된 화폐가치 또는 발생도수 등을 기준으로 하여 상대적 중요성을 결정한다.
3. 가장 중요한 항목으로부터 시작하여 차례로 순위를 결정한다.
4. 순서대로 각 항목의 누적도수를 계산한다. 가장 중요한 항목은 도표의 왼쪽에서 시작한다.
5. 각 항목별로 상대적 중요성을 나타내는 막대그래프를 그린다.

〈표 10-2〉 은행원별 고객클레임 건수

은행원	클레임 건수	도수	누적 상대도수
C	112	0.62	0.62
A	35	0.19	0.81
F	12	0.07	0.88
B	10	0.05	0.93
D	8	0.04	0.97
E	5	0.03	0
합계	182	1	1

〈그림 10-4〉는 〈표 10-2〉의 자료를 이용하여 작성한 파레토도이다. 이 그림에 의하면 고객클레임의 81%는 은행원 C와 A가 발생시키고 있음을 알 수 있다. 각 항목의 도수를 상대도수로 변환하는 것이 바람직하기 때문에 파레토도는 2개의 수직척도를 사용한다. 즉 왼편 척도는 원래의 측정치를 나타내고 오

〈그림 10-4〉 클레임 발생의 원인에 대한 파레토도

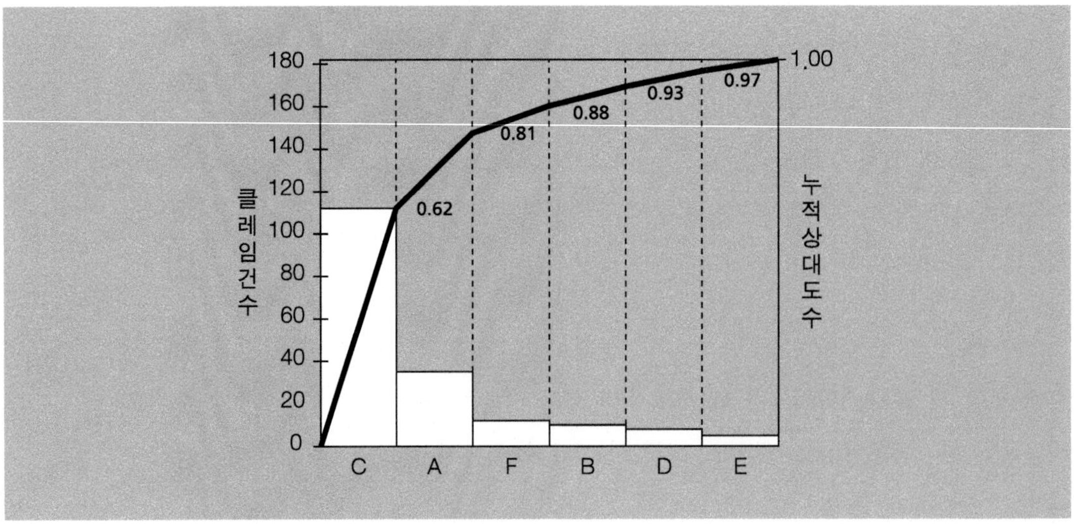

른편 척도는 해당하는 상대도수를 나타낸다.

만일 은행원 C로 인한 고객클레임의 원인을 좀더 자세히 분석하고자 한다면 〈표 10-3〉과 같이 각 원인별 클레임의 수를 조사해야 한다. 〈그림 10-5〉는 〈표 10-3〉을 이용하여 작성한 파레토도이다. 여기서 은행원 C로 인한 클레임의 80%는 불친절한 태도와 장시간 자리이탈 때문임을 알 수 있다.

이와 같이 파레토도는 문제의 근본원인(root cause)을 규명하는 데 이용된다. 파레토도의 작성을 통하여 은행고객의 불만을 야기시킨 주범은 은행원 C이고 그가 야기시킨

〈표 10-3〉 원인별 클레임의 수

원인	빈도	상대빈도	누적상대빈도
a. 불친절한 태도	45	0.04	0.40
b. 장시간 자리이탈	45	0.04	0.80
c. 신속하지 못한 업무처리	12	0.11	0.91
d. 질문에 대한 응답회피	6	0.05	0.96
e. 신권 교환 요구에의 불응	4	0.04	1.00
합계	112	1.00	

〈그림 10-5〉 파레토도

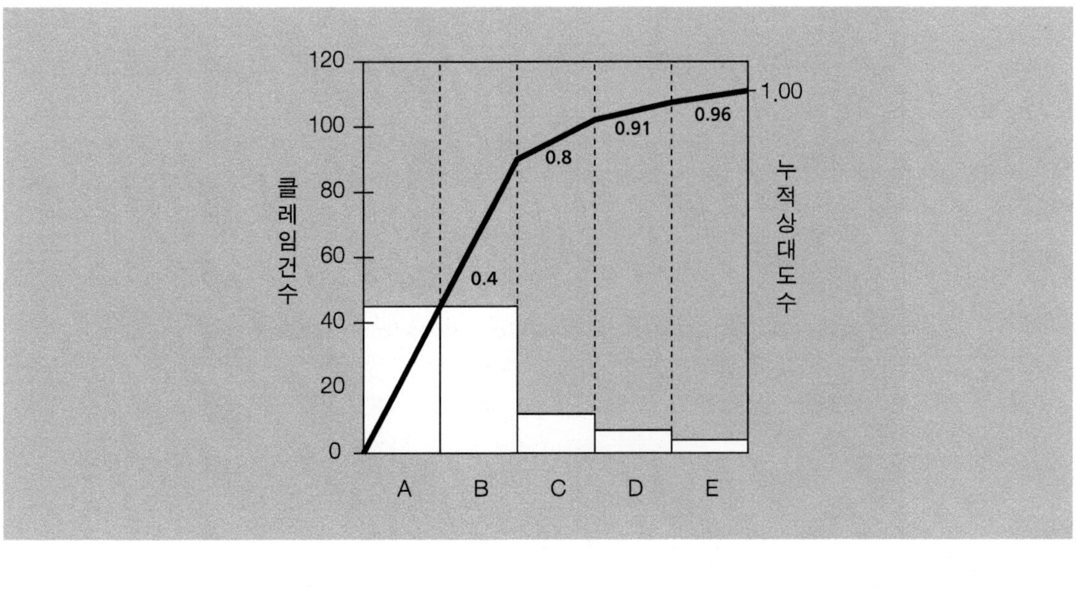

고객클레임의 주원인은 불친절한 태도와 장시간 자리 이탈임이 밝혀졌다. 파레토도는 이와 같이 문제발생의 근원만을 밝힐 수 있기 때문에 그의 구체적 원인을 밝히고 문제를 해결하기 위해서는 또 다른 분석을 필요로 한다. 즉, 은행원 C로 인한 고객클레임의 문제를 해결하기 위해서는 다음에서 설명할 특성요인도에 의하여 그 원인을 밝힐 수 있다.

4. 특성요인도

자료의 분석과 문제해결에 사용되는 도구들 중에서 **특성요인도** 혹은 원인결과도표(cause and effect diagram)는 문제해결에 구조적인 접근을 가능하게 한다. 이것은 생긴 모양 때문에 생선뼈 도표(fishbone diagram)라고도 불리며 1943년에 이 기법을 개발한 일본교수 Kaoru Ishikawa의 이름을 따서 이시카와 도표라고도 한다.

이 분석은 파레토도와 함께 사용할 수 있다. 파레토도는 앞 절에서 설명한 바와 같이 규격불일치의 주요한 품질특성을 찾아내는 데 이용된다. 이러한 개선코자 하는 특성을 결과라고 할 때 이에 영향을 주는 여러 가지 요인들을 찾아내는 데 이용되는 기법이 특성요인도이다. 여러 가지 요인이 규명되면 품질불량(결과, 특성)도 자연히 제거되는 것이다.

간단한 특성요인도는 〈그림 10-6〉과 같다. 개선하고자 하는 품질특성(이는 문제, 또는 결과라고도 한다)을 그림 오른쪽 화살표 끝에 있는 생선의 머리에 표시하고 화살표

〈그림 10-6〉 특성요인도의 예

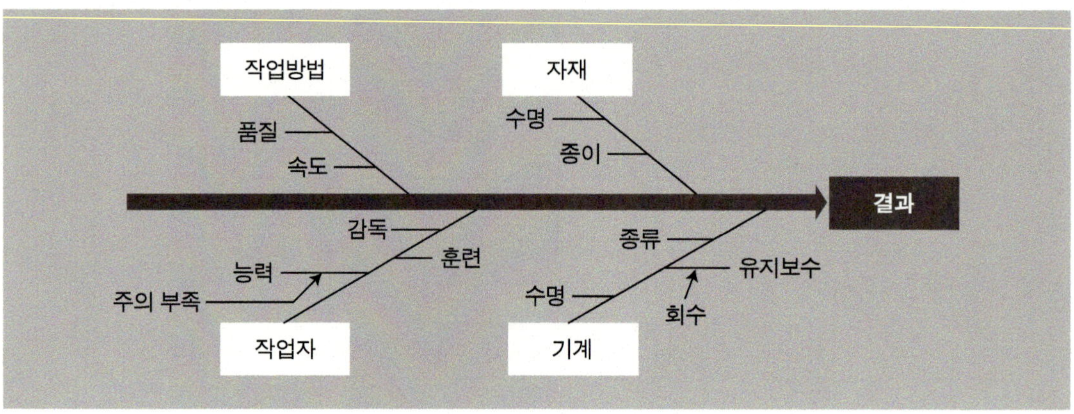

반대방향으로 등뼈를 그려 나간다. 개선하고자 하는 품질특성의 성격에 따라 원인의 분류는 상이하나 보통 4M(man, machine, method, material)과 환경(environment)을 주요 원인으로 취급한다. 특성요인도를 작성할 때는 고려하는 문제(결과)에 영향을 미치는 모든 가능한 원인을 열거하기 위하여 브레인스토밍(brain-storming)을 실시한다.

특성요인도를 작성하는 절차는 다음과 같다.

1. **문제(결과)의 정의**: 해결코자 하는 문제 혹은 품질특성을 분명하게 정의한다. 이러한 문제는 파레토도에 나열된 문제일 수 있다. 일단 문제를 분명히 정의하면 특성요인도의 오른편에 이를 적고 이를 향하여 화살표를 그린다.
2. **주요한 원인의 규명**: 문제를 일으키는 주요한 원인들을 규명해야 하는데 예를 들면 제조공정에서 불량부품을 생산하는 주요한 원인은 4M과 환경 등이다.
3. **세부원인의 규명**: 문제를 일으키는 모든 가능한 세부원인을 회의에 참여한 모든 멤버의 브레인스토밍을 통하여 규명한다.
4. **도표의 작성**: 일단 아이디어를 취합하면 원인별로 분류하여 이들을 주요한 원인 밑에 나열한다. 한 세부요인에 대해 도 세부요인이 있게 되면 가지(뼈)를 그어 이를 표시한다. 이러한 과정을 모든 요인의 기록이 끝날 때가지 계속한다.
5. **도표의 분석**: 개선하고자 하는 문제의 원인들을 분석하여 가장 가능한 원인을 표시한다. 다음에는 이러한 원인이 문제에 심각한 영향을 미치는지를 살펴보기 위하여 자료를 수집·분석한다. 각 원인에 대해서는 이것이 근본원인인지, 이 근본원인을 제거할 해결책은 있는지, 이 해결책은 실행가능하며 비용 효과적인지 등을 따져야 한다.

특성요인도는 파레토도와 함께 사용할 때 더욱 효과적이다. 최초의 파레토도는 개선할 품질특성(결과)을 제시하고 이를 해결하기 위한 특성요인도에서는 다음 파레토도를 작성하는 데 필요한 세부요인들을 만들어내는 것이다. 〈그림 10-7〉은 PC에서 소프트웨어를 사용하지 못하는 원인에 관한 특성요인도이다.

〈그림 10-7〉 PC에서 소프트웨어를 사용하지 못하는 원인에 관한 특성요인도

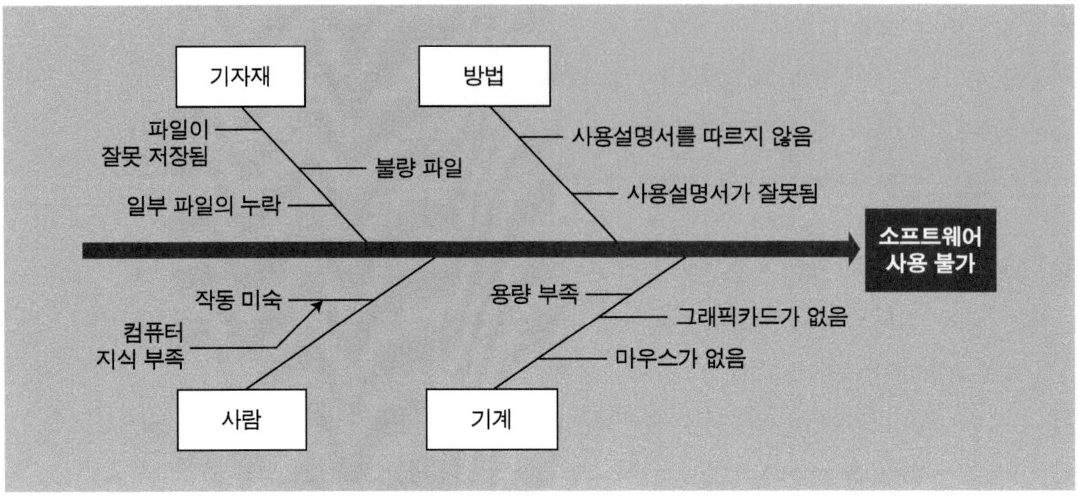

5. 산점도

산점도(scatter diagram)란 두 종류의 데이터의 관계를 그림으로 나타낸 것이다. 앞에서 설명한 특성요인도는 결과에 영향을 미치는 여러 가지의 원인을 밝힘으로써 단순히 결과와 원인의 관계만을 고려할 뿐 상관관계(correlation)의 정도는 고려하지 않으므로 결과와 원인 사이의 관계가 어느 정도인지를 파악하기 위해서 산점도가 필요한 것이다.

따라서 품질문제를 해결하기 위해서는 특성요인도와 산점도를 함께 작성해야 한다. 품질문제에 영향을 미치는 가능한 요인을 완전히 분석하기 위해서는 특성요인도가 필요하고 품질문제와 이에 직접적으로 영향을 미치는 요인과의 사이에 존재하는 상관관계의 정도를 분석하여 시정조치를 취할 수 있도록 하기 위해서는 산점도가 필요하다.

산점도를 그리려면 먼저 원인과 결과를 나타내는 두 변수를 결정하여 자료를 수집한다. 그 다음으로 결과에 해당하는 변수를 Y축에 표시하고 결과에 영향을 미치는 원인에 해당하는 변수를 X축에 표시한다.

산점도를 작성한 후 두 변수 간 상호 의존관계의 강도와 방향을 측정하기 위해서는 상관계수(correlation coefficient)를 계산해야 한다. 또한 원인에 해당하는 변수(독립변수)의 특정한 값에 상응하는 결과변수(종속변수)의 값을 추정하기 위해서는 두 변수 사이에 존재하는 함수관계를 나타내는 회귀방정식(regression equation)을 구해야 한다.

〈그림 10-8〉 판매경력과 매출액의 산점도

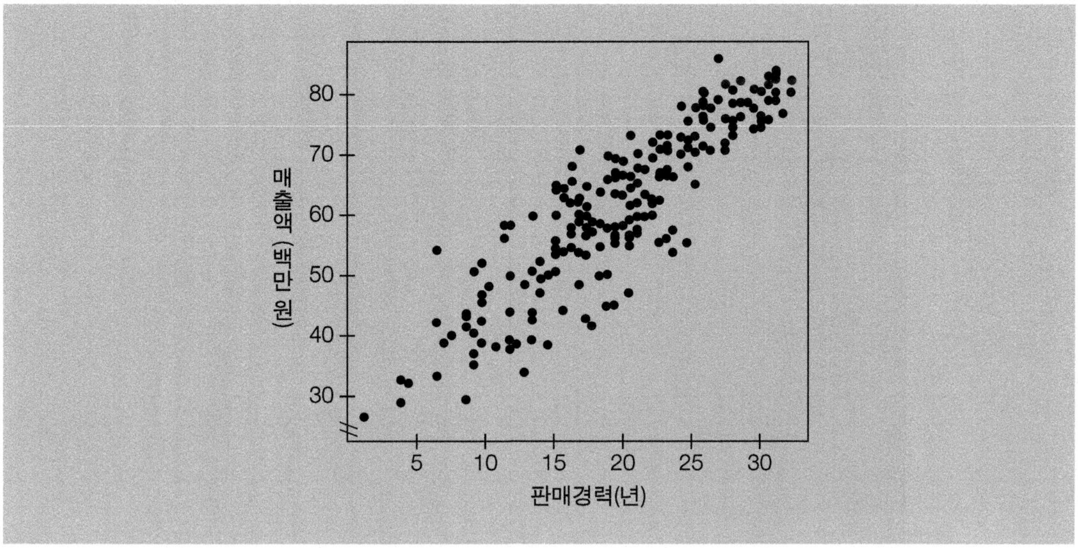

6. 층별

층별(stratification)이란 데이터를 몇 개의 범주(categories)에 의하여 구분함으로써 문제의 원인을 파악하려는 기법이다.

〈그림 10-9〉 작업형태별 불량건수

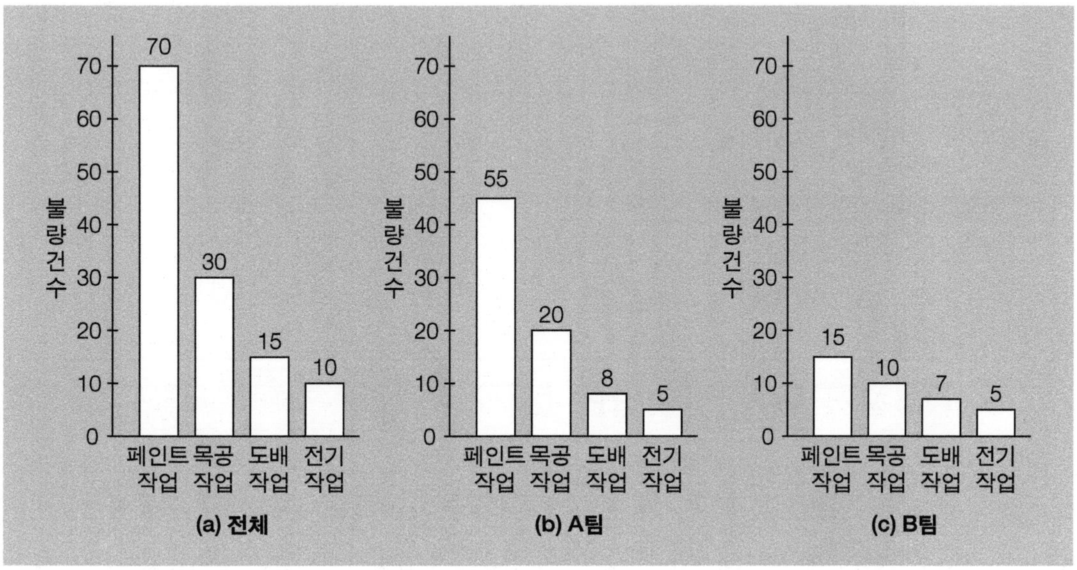

데이터를 층별화하는 절차는 다음과 같다.

1. 조사대상 변수를 선정한다.
2. 층별화할 범주를 설정한다.
3. 범주별로 데이터의 개수를 센다.
4. 막대그래프의 형태로 층별화한 결과를 나타내고 분석한다.

〈그림 10-10〉 흐름도

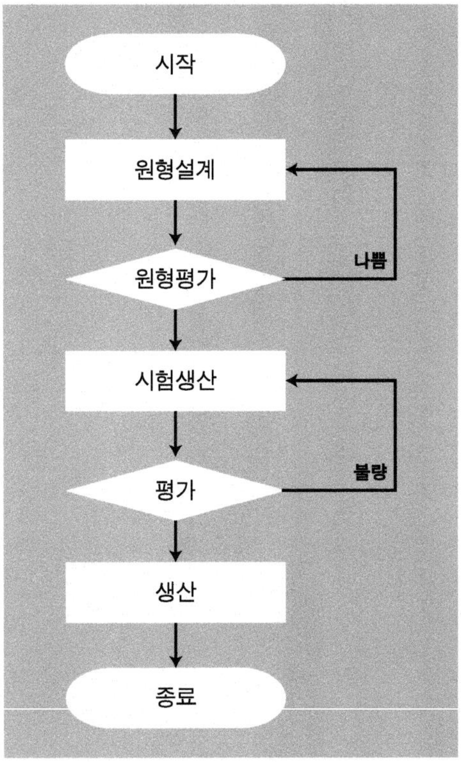

7. 흐름도

현재의 공정이나 의사결정과정을 문장으로 표현할 수도 있다. 그렇지만 가시화된 형태의 공정이나 도표를 이용한 설명은 매우 유용하다. **흐름도**(flow diagram)는 공정에서의 주요 단계를 가시화된 설명으로 나타낸 것이다. 이러한 흐름도에 의하여 사람이나 자재가 흐르는 과정을 추적할 수 있다. 흐름도는 생산조업에서의 물질적인 공정일 수도 있고 어떤 행위를 결정하는 의사결정과정일 수도 있다. 〈그림 10-10〉은 흐름도를 보여주고 있다.

제3절 품질개선을 위한 신 7가지 도구

앞에서 설명한 기본적인 7가지 품질관리 도구는 수치화된 자료를 분석하여 품질문제를 해결하려는 계량화된 기법임에 반하여 신 7가지 품질관리기법은 언어데이터를 이용하

〈그림 10-11〉 신 7가지 도구의 관계

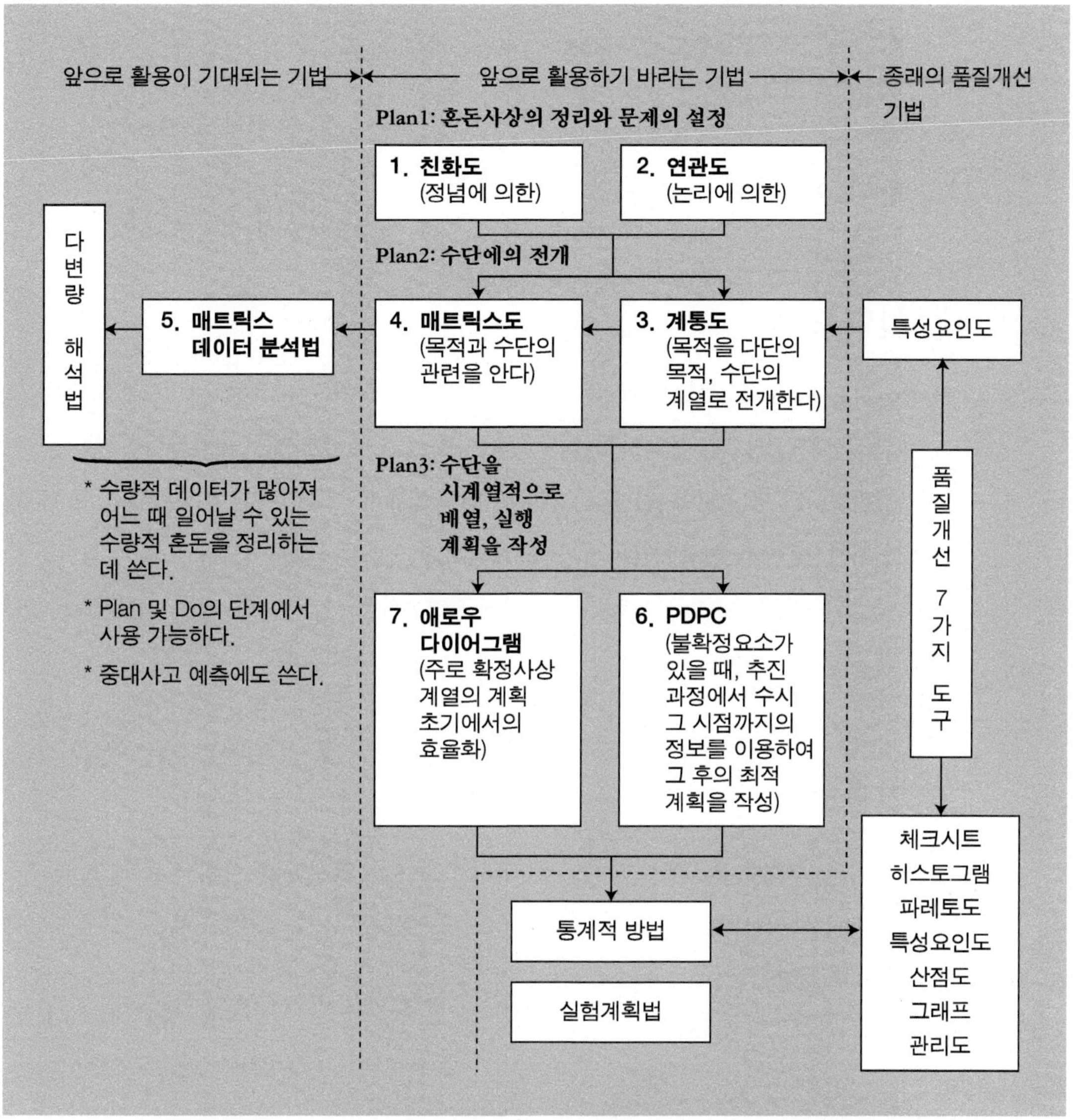

여 문제를 분석하는 정성적 분석방법이다. 즉, 이 방법은 문제를 체계화하고 대책을 수립함에 있어서 수학적으로 접근하지 않고 언어적으로 접근하는 방법이다.

신 7가지 품질관리 도구는 다음과 같다.

1. 친화도
2. 연관도

3. 계통도
4. 매트릭스도
5. 매트릭스 데이터 해석
6. PDPC
7. 애로우 프로그램

1. 친화도

친화도(affinity diagram)는 확실하지 않고 복잡하게 얽혀져 있는 정보를 언어데이터로서 포착하여 아이디어나 문제 사이의 관계 또는 상대적 중요성을 이해하는 데 도움을 주는 방법이다. 즉, 언어데이터를 상호의 친화성에 의해서 정리함으로써 문제를 명확히 하는 방법이다. 따라서 친화도법은 어떤 문제의 요인 간의 관계를 검토함으로써 요인분석을 하는 데도 도움을 준다. 〈그림 10-12〉는 경영성과를 측정할 수 있는 지표를 친화도에 의해 분류한 것이다.

2. 연관도

연관도(relationship diagram)는 친화도에 의하여 문제가 체계화된 이후에 관련된 개념이나 아이디어 사이의 인과관계를 규명할 경우에 사용된다. 즉, 풀어야 할 문제는 결정되

〈그림 10-12〉 경영성과지표의 친화도

품질
- 순도
- 고객이탈률
- 색깔
- 클레임건수
- 공정능력지수
- 재작업률

제조비
- 초과조업비
- 자재비
- 원자재 활용률
- 수율
- 유지비
- 인당 작업시간

안전 및 환경
- 재해율
- 환경관리비
- 이직률

매출
- 생산량
- 가동률
- 조업률

〈그림 10-13〉 안전사고 경감을 위한 연관도

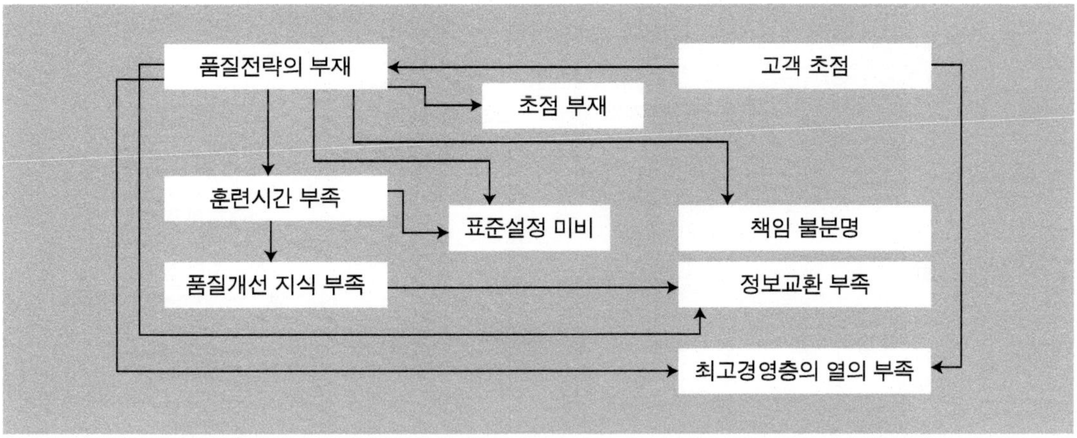

어 있지만 그 문제에 영향을 미치는 원인이 서로 복잡하게 얽혀 있는 경우에 이들 복잡한 원인들을 언어데이터로 포착하여 그 문제점을 1차, 2차 원인으로 전개함으로써 주요 원인을 파악하는 방법이다. 따라서 연관도법은 특성요인도의 변형된 형태라고 할 수 있다.

연관도를 작성하기 위해서는 우선 팀으로 하여금 동그라미 속에 각 아이디어를 적도록 한 후 이들을 서로 가까이 놓게 한다. 다음에는 각 아이디어 사이에 영향을 미치는 관계를 분석한 후 화살표를 사용하여 영향의 방향을 나타낸다. 들어오는 화살표의 수를 감안하여 나가는 화살표가 가장 많은 아이디어가 주요한 원인이 되기 때문에 이 아이디어를 개선하도록 해야 한다. 〈그림 10-13〉은 품질경영과 관련된 주요 과제의 연관도이다. 이 연관도에 의하면 품질전략의 부재가 품질경영에서 해결해야 할 가장 중요한 과제임을 알 수 있다.

3. 계통도

계통도(tree diagram)란 설정한 목표를 달성하기 위해서 목적과 수단의 계열을 계통적으로 전개함으로써 최적의 수단을 탐색하는 방법이다. 즉, 친화도는 문제를 규명하고 연관도는 그들의 상호관계를 밝히는 데 이용되지만 계통도는 이렇게 결정된 문제를 해결하거나 목표를 달성하기 위한 최적의 수단과 방법을 추구하는 데 이용된다. 따라서 계통

〈그림 10-14〉 품질경영과 관련된 주요 과제의 계통도

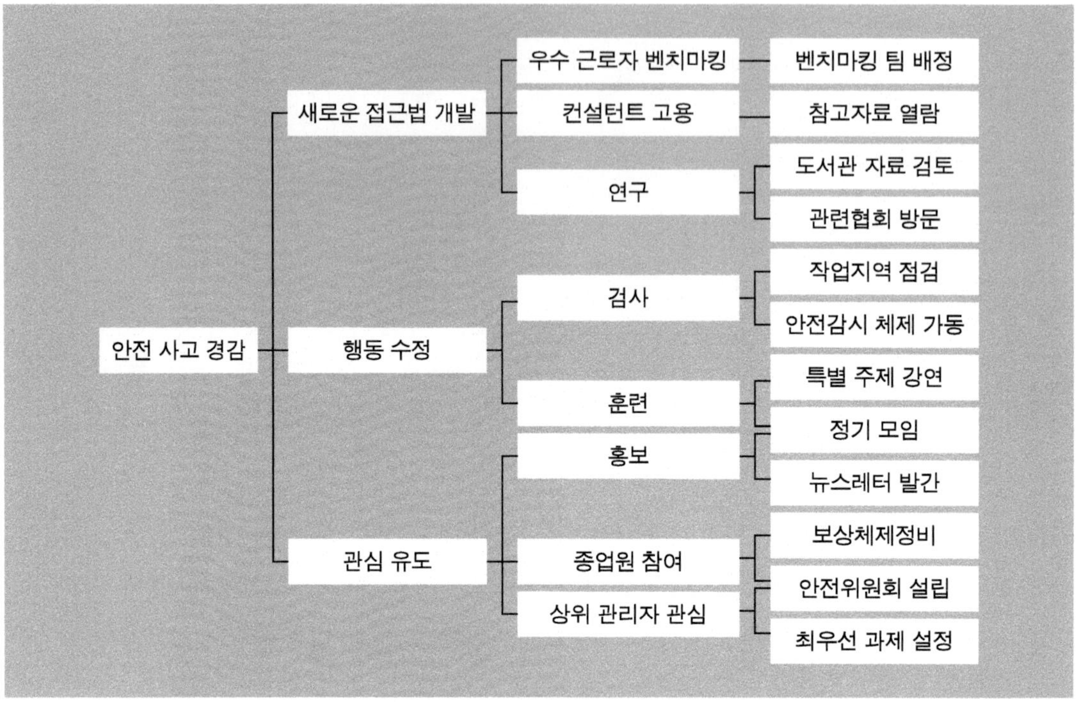

도는 문제에 영향을 미치는 원인은 밝혀졌지만 이 문제를 해결할 계획이나 방법은 아직 개발되지 않은 경우에 사용된다.

계통도는 특정 문제를 해결하기 위하여 할 일은 무엇인가를 탐색함으로써 작성된다. 〈그림 10-14〉는 직장 내에서의 안전사고를 줄일 수 있는 방법에 관한 계통도이다.

4. 매트릭스도

매트릭스도(matrix diagram)는 아이디어나 활동, 책임, 기능 등에 존재하는 논리적 연관성을 그래프에 표시함으로써 문제의 소재나 문제해결의 착상을 얻기 위해 사용하는 도구이다. 즉, 원인과 결과 사이의 관계, 목표와 방법 사이의 관계를 밝히고 나아가 이들 관계의 상대적 중요도를 나타내기 위해 사용된다.

매트릭스도는 품질계획에서 많이 활용되는데 특히 품질기능전개(quality function deployment)에서 무엇(what)과 어떻게(how)의 관계를 나타낼 때 이용된다.

〈표 10-4〉 매트릭스도의 예

목적 \ 수단	저가격원자재 구입	높은 수준의 재고유지	임금 삭감
비용효과성	●	△	○
고품질	△	△	△
납기	△	●	△

● 강한 관계　　○ 중간 관계　　△약한 관계

〈표 10-4〉는 매트릭스도의 예이다. 이 그림에서 세 개의 기본적인 목적은 행에 표시하고 이를 달성할 조치는 열에 표시하였다. 매트릭스도에서는 열과 행에 배치된 요소 간의 관계가 나타나는데 만일 많은 관계를 나타내지 않는 행이 있다면 이는 제안된 조치로서는 그 행이 나타내는 목적을 달성할 수 없음을 의미한다. 이러한 그림 또한 계획과 조치의 우선순위를 결정하는 데에도 유용하다.

5. 매트릭스 데이터 해석

매트릭스 데이터 해석(matrix data analysis)은 매트릭스도에 나타난 여러 요인 간에 존재하는 관계의 정도를 수량화하는 방법으로 주성분분석(principal component analysis)이라고 불리는 다변량해석(multi-variate statistical analysis)의 한 수법이다. 따라서 품질관리 신 7가지 도구 중 유일한 계량화기법이라 할 수 있다.

〈그림 10-15〉는 매트릭스 데이터 애석법의 예를 보여 주고 있다. 이 예는 여섯 종류의 아스피린에 대하여 그 효과와 위장장애의 측면에서 분석한 것이다. 즉, 브랜드 2와 3은 위장장애가 없으면서도 높고 브랜드 4, 5, 6은 위장장애는 없지만 효과는 높지 않음을 보여 주고 있다.

6. PDPC

PDPC(process decision program chart)란 어떤 업무를 실행해 나가는 과정에서 발생할 수 있는 모든 상황을 상정하여 가장 바람직한 결과에 도달할 수 있도록 정하는 방법이다. 이

〈그림 10-15〉 아스피린에 대한 매트릭스 데이터 해석

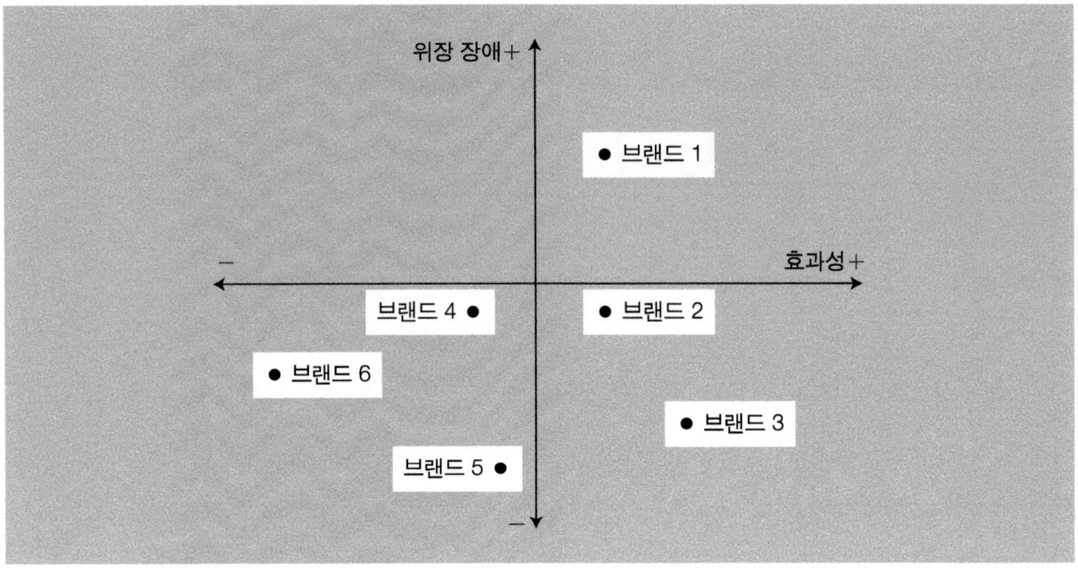

방법은 아직 문제의 개발단계에 있으면서도 상황의 전개를 예측할 수 있도록 하고, 바람직한 결과에 이르는 가장 좋은 과정을 선정하는 데 도움을 준다. 〈그림 10-16〉은 주문이 있을 경우 이를 결렬시키지 않고 성사시키는 PDPC의 예이다.

7. 애로우 다이어그램

애로우 다이어그램(arrow diagram)은 목표를 달성하기 위한 수단을 주로 시계열적인 순서에 따라 화살표 그림을 이용하여 네트워크로 나타내고 최적의 일정계획을 위한 진척도를 관리하는 방법이다. 즉, 프로젝트의 일정계획을 수립하는 데 이용되는 단순한 PERT/CPM 기법이라고도 할 수 있다. 〈그림 10-17〉은 건축 프로젝트의 일정계획을 수립하는 데 이용되는 애로우 다이어그램의 예이다.

애로우 다이어그램은 '신제품의 개발일정계획', '7가지 품질관리기법 연수일정계획' 등의 각종 일정계획에 활용되고 있다.

〈**그림 10-16**〉 PDPC의 예

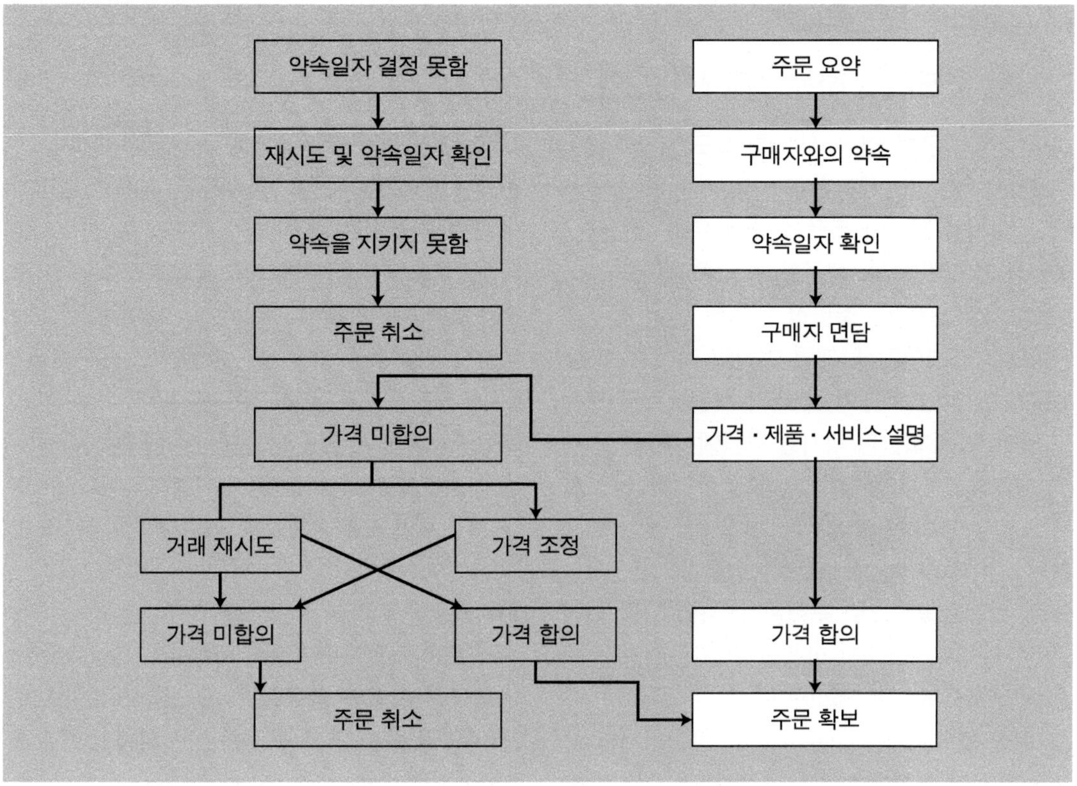

〈**그림 10-17**〉 건축 프로젝트의 애로우 다이어그램

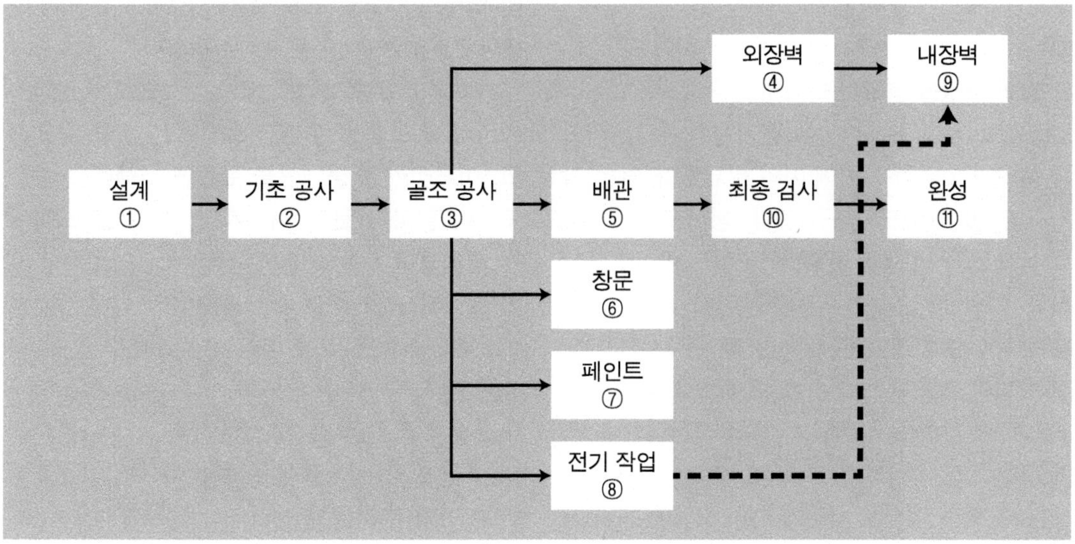

사례

디지털 시대 주도하는 4대 사업모델

한국 기업들은 산업화 시대를 주도한 제조업이 주축이다. 하지만 세상은 디지털 시대로 바뀌고 있다. 디지털 시대의 폭풍 속에서 우리 기업들은 어떻게 자리매김해야 생존할 수 있을까.

4차 산업혁명이 총론적 논의를 넘어 각론적 전략으로 심화되면서, 개별 기업의 혁신은 '제품, 프로세스, 사업 모델'의 세 가지 차원으로 전개되고 있다. 제품 혁신은 디지털 관점에서 제품을 재(再)정의하고 신제품을 개발하는 작업이다. 프로세스 혁신은 사물 인터넷을 가치사슬 전반에 적용하고 빅데이터분석으로 효율성을 높이는 작업으로, 스마트공장으로 구현된다. 사업 모델 혁신은 센서·네트워크에서 파생되는 경제 효과를 기존 사업에 접목하는 작업이다.

혁신 필요성에는 모든 기업이 공감하지만 구체적인 방향 설정에 어려움을 겪는다. 어떻게 해야 하는가? 세 가지 단계를 따라가면서 자기 기업의 위치를 재정립하면 된다.

Step 1

— 업의 본질을 정확히 파악하라

아날로그 시대에는 산업을 전기전자, 철강, 화학 등 생산의 기술적 기반에 따라 분류했다. 혹은 가치사슬 단계에 따라 연구·개발, 생산, 유통, 서비스 등으로 구분했다. 하지만 플랫폼 개념이 출현하고, 기존 산업의 경계가 허물어지면서 전통적 분류 방식은 한계에 봉착했다. 과거에는 전자 회사가 화학 부문으로 진출하고 제조 기업이 유통업으로 확장하는 사례를 다각화의 관점으로 이해했다. 그러나 여러 가지 이종 사업을 동시에 진행할 수 있는 디지털 시대의 사업 모델에 이 전통적 분류법을 그대로 적용하기는 어렵다.

이런 배경에서 '업의 본질'을 재정립하는 차원의 사업 모델 혁신이 필요하다. 기존 산업의 경계가 허물어지며 재편되는 디지털 시대의 사업 모델은 인프라 사업자(Infrastructure Provider), 플랫폼 조직자(Platform Organizer), 신뢰 있는 정보 제공자(Trusted Organizer), 제품 제조자(Product Maker)의 네 가지 유형으로 분류된다. 이 중 우리 조직은 어디에 서 있는가. 업의 본질을 잘 생각해 이 네 가지 가운데 하나를 먼저 선택하라. 그리고 이 네 가지 사업 모델의 특성을 빨리 습득해야 한다.

Step 2-1

— 인프라 사업자: Fedex, Paypal, Kickstarter

인프라 사업자는 대규모 설비 집적으로 규모의 경제를 확보해, 고정 비용을 분산시키고 프로세스를 효율화한다. 이 기업들은 연구·개발, 설계, 제조, 유통에 이르는 가치사슬의 각 단계에서 서비스를 제공한다. 물류의 Fedex와 DHL, 생산설비 부문의 Flextronics, 결제의 Paypal, 크라우드 펀딩의 Kickstarter 등이 대표적이다.

온라인 유통의 경우 일본의 클래식 애호가가 영국의 중고 음반 판매점에서 직접 LP를 구입하고, 아프리카 수공예품을 유럽에서 택배로 받는 모습이 일상이 됐다. 사용자 입장에서는 스마트폰 클릭으로 주문과 결제, 배송 확인이 실시간으로 진행되는 간단한 과정이지만 이면에는 글로벌 인프라의 뒷받침이 있어야 가능하다. 디지털 시대에 대거 출현해 소규모로 글로벌 사업을 전개하는 마이크로글로벌 기업들이 인프라 사업자들의 주요 고객이다. 물론 글로벌 대기업들도 핵심 역량 이외 부분들을 인프라 사업자에게 아웃소싱하는 추세가 확산되고 있다.

Step 2-2

– 플랫폼 조직자: Amazon, Facebook, Airbnb

플랫폼 조직자는 시장의 광범위하고 다양한 참여자들을 네트워크로 연결한다. 참여자들의 상호 작용을 통해 가치를 증폭시키는 사업 모델이다. e-bay, Amazon, Etsy 등 온라인 유통기업으로 시작해 Facebook, Twitter, Instagram 등 SNS 기업들로 이 사업 모델이 확산했다. 이후 Airbnb, Uber 등 부동산·자동차와 같은 전통적 고정 자산을 연결해 활용도를 높이는 플랫폼이 출현했다. 플랫폼 조직자들은 스타트업 단계에서부터 플랫폼을 전제로 사업 모델을 구상한 점이 공통적이다. 기존 기업들은 연구·개발-생산-판매에 이르는 전체 프로세스를 일관 운영하는 특성상, 다양한 외부 참여자들의 자원을 결집하여 아이디어를 얻기가 어렵다. 이 틈새를 노린 것이다.

Step 2-3

– 정보 제공자: Tripadvisor, Stitch Fix

디지털 시대에 공급자의 시장 도달 범위는 글로벌 차원으로 넓어졌고, 수요자들의 선택도 그만큼 복잡해졌다. 정보 제공자는 소비자들에게 신뢰성 높은 대안을 조언한다. 식료품, 식당과 같은 일상적 구매 품목에서 해외여행 등의 특별한 이벤트에 이르기까지 고객이 원하는 대안을 추천한다. 또 소비자의 총체적 구매 경험을 분석해 새로운 선택을 제안하기도 한다. 예를 들어 고객의 식료품 구매와 사용하는 운동기구를 모니터링하여 미리 건강검진을 추천하거나, 생활습관을 바꿔보도록 권고하는 방식이다. 과거에도 쇼핑 대행, 금융상품 등에서 오프라인 추천 서비스는 존재했다. 하지만 1인당 서비스 비용이 높았고, 시장 정보가 적어 추천 매력도가 낮았다. 그러나 디지털 시대에는 네트워크 효과로 축적되는 고객정보를 활용해 더욱 저렴하게 서비스를 제공할 수 있다.전 세계 여행자들이 사용하는 TripAdvisor는 여행안내서를 대체했다. 사용자들은 스마트폰으로 여행지 주변의 명소와 맛집들을 검색하고, 실시간으로 방문자 후기를 참고하며 여행을 즐긴다. 특히 기존 여행안내서처럼 정보를 수집하여 배포하는 방식이 아니라 참가자들이 스스로 사진과 경험담을 올리는 방식을 채택, 단기간에 방대하고 정확한 정보를 축적할 수 있었다. 미국의 Stitch Fix는 가입자들에게 의류, 신발, 액세서리 등 스타일링을 조언한다. 신장, 몸무게, 스타일, 가격대 등을 분석하여 남성 30개, 여성 250개 브랜드 중에서 선별한 다섯 가지 품목을 무료 배송하면, 가입자는 마음에 드는 품목을 구입하고 나머지는 반송하는 방식이다. 1회 스타일링 서비스 비용은 20달러이며, 배송된 물건 중 한 가지 이상 구매하면 서비스 비용을 받지 않는다.

Step 2-4

– 제품 제조자: GM · GE · 삼성 · LG

GM, GE, Toyota, Siemens를 비롯하여 삼성, LG, 현대차, SK 등 현존하는 대다수 주요 기업이 위치한다. 기술개발, 제품혁신, 마케팅 등 가치사슬의 일관된 운영 역량이 주요 경쟁력이다. Ford

▼ 디지털 시대의 4대 주요 사업자

정보 제공자	플랫폼 조직자	제품 제조자	인프라 사업자
Tripadvisor, Stitch Fix, RunUp, Rent the Runway, Upwork, Ixigo	e-bay, Amazon, Etsy, Facebook, Uber, PCH, Twitter, Instagram, Airbnb, InnoCentive	GM, GE, Ford, Toyota, Siemen, 삼성, LG, 현대차	Fedex, DHL, Paypal, Farfetch, Flextronics, Kickstarter

의 컨베이어와 McDonalds식 표준화로 상징되는 대량생산 대량소비 시대에는 전후방 통합이 시대정신이었다. 20세기 초반에 Ford는 타이어 생산 원료인 말레이시아 고무농장을 소유했을 정도였다. 하지만 1980년대 확산된 정보화 혁명으로 가치사슬의 해체가 진행되어 연구·개발, 생산, 마케팅 등 핵심 분야에 집중하고 나머지 영역은 아웃소싱하는 형태가 확산됐다. 가치사슬 해체의 트렌드에서 제조에 특화하여 성장한 대표적 회사가 Apple 제품을 생산하는 대만의 Foxconn이다.

Step 3

– 다른 모델과 진화·융합하라

디지털 시대의 특성은 변화의 가속, 불확실성의 증폭, 상시적 불안정이다. 아날로그 시대의 정적인 안정성은 이제 옛말이 됐다. 움직이는 상황에서 계속 균형을 잡아야 하는 자전거 타기와 같은 역동적 안정성(dynamic stability)을 추구해야 한다. 디지털 시대를 주도하는 기업들은 특정 영역에서 출발하여 진화하면서 다른 모델과 융합하는 현상이 두드러진다.

우리나라에도 진출한 Netflix는 1997년 오프라인 비디오 대여사업으로 시작하였다. 당시 시장 지배자였던 Blockbuster와의 차별점을 온라인 주문과 우체국 택배를 결합한 편리성에서 찾았다. 영상물 유통이 온라인 스트리밍으로 전환되면서 Netflix는 플랫폼 사업자로 자리매김했다. Netflix는 최근 고객 데이터를 활용한 추천 기능을 발전시켜 정보 제공자 사업 모델로 진화하고 있다.

Amazon은 1994년 온라인 서점으로 출발해서 '세상 모든 것을 판매하는 온라인 쇼핑몰'로 성장했다. 글로벌 유통 공룡이면서 동시에 글로벌 클라우드서비스 시장 최강자이다. Amazon은 플랫폼 조직자인 동시에, 인프라 사업자다. 2002년 출범한 아마존웹서비스(AWS)는 Amazon 전체 매출의 10%를 차지하고 있지만, 2016년 영업이익 35억 달러 중 75%를 벌어들인 알토란 사업이다. Amazon은 1990년대 후반 온라인 서점을 운영하면서 급증하는 여타 온라인 사업자들이 시스템 구축과 운영에서 겪는 어려움에서 사업 기회를 포착했다. 독립사업부로 출범시킨 클라우드서비스는 오늘날 글로벌 시장점유율 절반에 육박하는 사업으로 성장했다.

자료: 조선비즈, 2017년 9월 15일.

연습문제

1. 지속적 개선의 개념과 표준화를 설명하라.
2. 품질개선을 위한 7가지 도구를 설명하라.
3. 품질개선을 위한 신 7가지 도구를 설명하라.

참고문헌

김기영 외 공저 (1999), 품질경영, 박영사.

김연성 외 공저 (2015), 품질경영론, 제5판, 박영사.

안상형·이관석·이명호 (2008), 21세기품질경영, 박영사.

Evans, J. R. and Lindsay, W. M. (2014), *The Management and Control of Quality*, 9th ed., South-Western Cengage Learning.

제11장 인적자원 중시

학습목표

1. 품질향상을 위해 인적자원관리의 중요성과 범위에 대해서 이해한다.
2. 품질향상을 위한 조직설계 및 품질개선을 위한 팀의 구성을 알아본다.
3. 고성과 작업시스템의 설계를 위한 개념을 이해하고 인터넷 시대에서 인적자원관리를 이해한다.

사례

흑자 반전의 주역 Sara Casanova CEO

캐나다인으로 2013년 일본 McDonalds 지휘봉을 잡은 Sara Casanova 최고경영자(CEO). 취임 이듬해인 2014년 7월 유통기한이 지난 닭고기 사용 문제가 불거지고 요리에 이물질이 섞였다는 지적이 터지면서 사죄 기자회견을 열고 고개를 숙여야 했다. 그럼에도 고객들은 등을 돌렸고 2015년 일본 McDonalds는 350억 엔 적자를 기록하며 창립 이후 최대 위기를 맞았다. 그런데 그 해 12월부터 반등을 시작, 최근까지 41개월 연속 전년 동기 실적을 웃돌며 재기에 성공했다. 2018년 매출은 2,723억 엔(약 2조 9,700억 원)으로 경쟁 업체 모스버거 713억 엔, 롯데리아 267억 엔, 버거킹 88억 엔을 멀찌감치 따돌렸다. Casanova CEO가 도대체 무슨 마법을 부린 걸까.

현장에서 답을 찾다

위기에 빠진 일본 McDonalds를 구하기 위해 Casanova는 가장 먼저 전국 매장 점검에 나섰다. "보여주기식 퍼포먼스"라는 불편한 시선도 있었다. 하지만 그는 "고객이 McDonalds에서 원하는 게 뭔지 직접 느껴봐야겠다"면서 2,000여 개 전국 도도부현(都道府縣) 매장을 일일이 찾았다. 매장에서 만난 고객들은 "원래 McDonalds로 돌아왔으면 좋겠다"고 입을 모았다. Casanova는 저렴하지만 맛있는 햄버거, 현대적인 디자인의 청결한 매장, 즐거운 경험을 제

Sara Casanova 소개

1965 캐나다 출생
1988 캐나다 궬프대 호텔식품관리학 학사
1991 McDonalds 캐나다 입사
2001 McDonalds 캐나다 마케팅 수석 디렉터
2004 일본 McDonalds 마케팅 본부장
2013 일본 McDonalds CEO
2014 일본 McDonalds 홀딩스 CEO

공하는 패스트푸드 매장이라는 3대 목표를 내걸고 개혁에 착수했다. 도쿄 본사 명칭도 '중앙 레스토랑 지원사무소'로 바꾸고 일본 매장을 3개 구역으로 나눠 각 구역 본부에 마케팅·인재·재무권한을 줬다. 고객과 가장 가까운 현장에서 최선의 의사결정을 하도록 배려한 조치다.

기본으로 돌아가 매장과 메뉴 개편

Casanova는 메뉴 품질과 안전 강화에도 팔을 걷어붙이고 나섰다. 품질(Q), 서비스(S), 청결(C)의 영어 약자를 딴 'QSC'는 McDonalds 창업자 레이 크록이 중시한 '기본 헌장'이다. Casanova는 캐나다 McDonalds에서 마케팅 총괄책임자로 근무하며 얻은 "기본이 가장 중요하다"는 현장 경험을 일본 직원들과 공유했다. QSC의 중요성을 담아 12만명 종업원 교육 프로그램도 다시 짰다.

매장도 대대적으로 개선했다. 지은 지 오래되어 낡은 매장은 고객이 꺼린다고 판단하고 노후 매장을 전면 재단장한 것. 비용 부담이 만만치 않았지만 "가고 싶은 매장을 만들어야 손님이 찾아온다"는 신념으로 전체의 92%에 해당하는 2,600여 개 매장을 현대적 디자인으로 단장했다.

'저렴하면서 맛있는 햄버거'라는 기본 메뉴도 강화했다. '저렴한 맥버거' 시리즈에 에그치즈버거 등 햄버거 식감을 최대한 살린 3종류 200엔 햄버거로 제품 구성을 짰다. 오후 5시 이후 주문한 햄버거 세트메뉴에 100엔을 추가하면 패티를 하나씩 더 얹어주는 선택 사항도 가미했다. '기간 한정' 메뉴에 집착하다 위기에 빠졌던 과거 실패담도 교훈으로 삼았다. McDonalds는 2015년 건강붐을 타고 토마토와 파프리카 등 생야채를 듬뿍 넣은 '프레시(신선한) 버거'를 내놓았지만 별다른 호응을 얻지 못하고 접었다. "정크푸드를 먹고 싶어 방문하는 고객 욕구를 제대로 꿰뚫지 못했다"는 내부 비판이 잇따랐다. 2010년대 초반부터는 메가맥과 쿼터파운드 햄버거 등 400엔을 웃도는 고가 햄버거 열풍을 주도했지만 이조차 오래가지 못했다. 햄버거 단가가 상승하자 다른 단품이나 세트메뉴 구입을 꺼리면서 2012년부터 고객당 구매 단가가 오히려 하락했고 고객 이탈이 생겨났다. 2015년 Casanova가 직접 영입한 아다치 히카루 CMO(마케팅 담당 최고임원)는 "한정 메뉴가 인기를 끌어도 전체 판매의 30%를 넘기지 않는다"라는 내부 규칙까지 정했다.

고객이 메뉴명 정하는 이색 이벤트

디지털 기술을 활용해 즐거운 매장 만들기에도 적극 나섰다. 2016년부터 일본 McDonalds는 홈페이지에 '메뉴명 모집 버거' 이벤트를 정기적으로 개최하고 있다. 새로운 메뉴 아이디어 공개 모

▼ 일본 McDonalds 경영 실적 추이

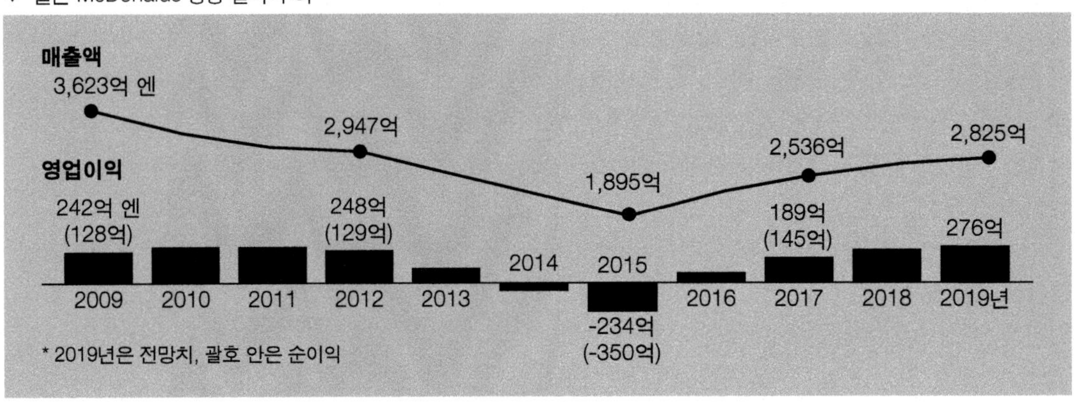

일본 McDonalds 홀딩스 소개

설립	1971년
CEO	Sara Casanova
본사	도쿄 신주쿠
매출액	2,723억 엔
매장	2,898곳
직원	2,208명

* 매출액 · 매장 · 직원 수는 2018년 기준

집에는 2주간 평균 100만 건, 총 500만 건의 의견이 쇄도했다. 여기서 그치지 않고 2017년부터는 앱을 통해 'McDonalds 총선거' 이벤트를 열고 있다. 매장에서 메뉴를 구입한 고객이 직접 인기 메뉴를 선정하는 행사다. 2017년에는 더블치즈버거가 1위에 올랐는데 이를 기념해 치즈를 한 장 더 얹어 '트리플 치즈버거'로 업그레이드해 제공하면서 인기를 끌기도 했다.

외부 인사 영입해 조직 쇄신

품질 문제로 골머리를 앓던 2015년 1월 Casanova는 혁신을 주도할 주요 직책에 외부 인사를 직접 영입했다. 니가타의 프랜차이즈 브랜드 매장관리직 출신 시모히라 아쓰오 부사장과 일본어패럴 브랜드 '온워드' 임원이던 아다치 히카루 CMO는 Casanova 체제 혁신을 2인3각으로 이끌었다. 아다치 CMO는 2018년 3월 선풍적 인기를 끈 '밤맥(밤에 먹는 McDonalds)' 메뉴 출시를 주도하기도 했다. 당시 아다치는 오후 5시 이후 100엔에 고기 패티를 추가해주는 '밤맥' 메뉴를 임원 회의에 올렸는데 다른 임원들 반대에 부딪혀 애를 먹었다.

당시 일본 McDonalds는 하루를 4시기(아침, 점심, 간식, 저녁·심야)로 나눠 운영했는데 오후 5시 이후 매출 규모는 점심의 30~40% 수준에 불과해 '밤맥' 도입이 수익 창출에 도움이 되지 않는다고 지적한 것이다. 하지만 Casanova가 아다치에게 적극 힘을 실어주면서 2017년 6월부터 나고야 등 일부 지역에서 시험 판매에 들어갔고, 두툼한 햄버거 두께가 소셜미디어에서 소문을 타고 폭발적인 인기를 끌었다. '밤맥'은 2018년 3월 모든 매장에서 정식 메뉴로 입성했다.

Casanova는 "오랫동안 한 조직에 몸담게 되면 새롭게 도전에 나서기란 어려운 법"이라고 말했다. 2018년 10월 Casanova는 시세이도 마케팅 담당자를 마케팅 임원으로 영입하고 2019년 3월엔 후임 사장에 일본 Johnson & Johnson의 히이로 다모쓰 전 사장을 스카우트했다. 내부 승진이 어려워진 기존 직원들이 불만을 내비쳤다. 그러나 Casanova는 "다양한 인재가 모여야 강한 조직이 만들어지고 실적이 상승한다"면서 이를 진정시키고 있다.

무인화 대신 '접객 서비스' 강화

최근 패스트푸드 업체들은 비용 절감을 위해 무인 계산기 도입에 열을 올리고 있다. 그런데 일본 McDonalds는 이런 무인화 흐름에 역행해 주문한 메뉴를 고객 좌석까지 직접 가져다주는 '테이블 서비스'를 도입했다. 이 서비스는 2019년 1월에는 오키나와현, 4월부터는 시즈오카현 일부 매장에서 운영하고 있으며, 2019년 안에 전체 매장 절반에 도입할 계획이다. 과잉 서비스로 인력이 부족할 것을 대비해 서비스 대상 고객을 짐이 많은 아이를 동반한 고객 등으로 한정했다. Casanova는 "패스트푸드업계가 다 한다고 무조건 따라 할 게 아니라 고객에게 정말 필요한 서비스가 뭔지 끊임없이 고민해야 살아남는다"고 말했다.

자료: 조선비즈, 2019년 6월 7일.

제1절 인적자원관리의 의미와 범위

인적자원관리(human resource management)는 조직의 사람들에 대해서 설계하고 조정하는 활동들을 포함한다. 조직의 인적자원을 관리하기 위해서는 신입사원 모집, 선발, 교육, 상담, 동기부여, 그리고 보상 등의 활동들이 필요하다.

인적자원관리의 목적은 전략적 목적을 달성하고 변화에 적응하기 위해서 필요한 품질 우수성을 달성하는 환경을 유지하기 위해서 성과 지향적인 작업장을 구축하기 위한 것이다. 따라서 과거에 비해서 인적자원관리의 중요성과 책임범위는 현저히 증대되었다. 기업의 인적자원은 아주 중요한 경쟁우위의 하나가 된다.

사람들을 통한 경쟁적 성공을 이루기 위해서는 먼저 경영자들이 자신의 직원들에 대해서 어떻게 생각하는지 그리고 그들의 관계들을 어떤 시각으로 바라보는지 등과 같은 아주 기본적인 것에서부터 변화가 있어야 한다.

종합적 품질경영에 기반하는 인적자원관리를 수행하기 위해서는 다음과 같은 업무들이 수행되어야 한다.

1. 종합적 품질을 위해 각 종업원들이 가진 품질에 대한 공헌의 중요성을 의사소통한다.
2. 팀워크를 통한 품질 관련 협조관계를 강조한다.
3. 차별화를 위해 종업원들에게 권한을 부여한다.
4. 팀이나 개인에게 품질과 관련된 위양된 일을 잘 하기 위해서 보상을 강화한다.

업계를 리드하는 선도 기업들은 다음과 같이 실천한다.

첫째, 작업 단위와 작업위치를 통틀어서 팀워크와 상호 간의 기술을 증진시킨다. 팀원들 간의 자유로운 참여와 상호작용에 의해서 팀을 고무시키는 것이다.

둘째, 종업원들의 서로 다른 생각과 사고를 집약하고, 조정하는 문화를 장려하며, 협동심 권한부여를 장려함으로써 작업과 직무를 조직화한다.

셋째, 개개인과 팀에 품질과 고객만족에 영향을 주는 의사결정의 권한을 부여한다.

넷째, 기업이 목표를 성취하고 고객에게 초점을 맞추고 직원들에게 동기를 부여하기 위해서 효과적인 경영시스템과 보상제도와 상을 부여한다.

다섯째, 고용과 전문적인 인력향상을 위한 효과적 진행방법을 가지고 있다.

여섯째, 직원을 양성하고 교육하는 데 많은 투자를 한다.

일곱째, 직원들의 발전과 창의력을 사용하기 위해 동기부여를 한다.

여덟째, 직원들의 복지와 성장을 위해서 도움이 되는 근무환경을 유지한다. 근무환경에 만족하는 직원들이 곧 이익을 내는 직원인 것이다.

아홉째, 지속적 발전을 위해서 인적자원관리와 직원만족을 광범위하고도 효과적으로 관리한다.

제2절 조직설계와 품질개선을 위한 팀

전통적으로 인적자원개발의 초점은 개인을 중시하였다. 이런 성향은 목적, 개인적인 수행가치, 전문적인 직위, 개인적인 승진과 같은 관리 성향에 의한 경영시스템이다. 개인적인 것에 초점을 맞추는 것은 경쟁, 성향, 자기중심적인 것에 기여하였다.

팀은 일반적인 목적과 수행 목표 설립에 집중하는 보완적인 업무능력을 가진 적은 수의 사람들로 구성된다. 팀은 다양한 문제해결활동을 이행한다. 예를 들어 소비자 요구 결정, 과정 연구에 대한 작업 공정도 개발, 향상을 위한 기회발견의 영감, 프로젝트 선택 등이 있다. 또한 팀들은 많은 관리적 기능들을 생각한다. 예를 들어 GM의 세턴 공장의 조립 팀은 그들의 종업원을 인터뷰하고 고용하며 공급자를 승인하고, 공구의 선택 그리고 예산을 조정한다.

기업에는 많은 유형의 팀이 존재한다. 이를 설명해보면 다음과 같다.

1. **경영 팀**: 다양한 부서의 매니저들로 구성된다.
2. **일반업무 팀**: 특별한 업무보다는 전체적인 일에 관여한다.
3. **자율관리 팀**: 특별한 권한이 부여된 팀이다. 고도로 훈련된 종업원으로 구성된 그룹이며 맡은 일에서 성공적인 결과를 가져오도록 하는 책임을 진다.
4. **가상 팀**: 컴퓨터를 통해 팀 멤버들 간의 대화를 하고 리더를 돌아가면서 하는 연관적이며 새로운 형식의 팀이다.
5. **품질관리 분임조**: 품질과 생산성을 포함하는 다양한 문제를 위하여 정기적으로 만나는 종업원과 책임자로 구성된 팀이다.

6. 문제해결 팀: 특별한 문제를 해결하기 위하여 구성된 팀이다.
7. 프로젝트 팀: 어떤 새로운 것을 발전시키거나 복잡한 업무를 수행하기 위한 특별 임무를 위한 팀이다.

경영 팀, 일반 업무 팀, 가상 팀은 일상적으로 조직을 담당하거나, 제품을 생산하거나, 전자제품의 디자인을 수행하는 등의 경영활동을 하고 있으며, 이런 팀들은 업무가 구성되고 조직되는 경우에 없어서는 안 될 요소이다. 그에 반해, 품질관리 분임조, 문제해결 팀, 프로젝트 팀들은 품질 향상과 관련되는 명확한 업무나 문제를 해결하기 위해 많은 업무를 수행한다.

일반업무 팀, 자율관리 팀, 그리고 품질관리 분임조는 일반적으로 동일한 부서 내에서 구성원들이 모이는 대내적 조직이다. 반면에 경영 팀, 문제해결 팀, 가상 팀, 그리고 프로젝트 팀들은 조직구조와 상관없이 여러 다른 기능을 가진 부서들을 망라한 다기능 조직이다.

1. 품질관리 분임조

품질관리 분임조는 제한된 품질문제만을 다루는 팀이 아니다. 이는 동경대학교의 Kaoru Ishikawa 교수에 의해서 개발되었고, 이것은 일본에서 폭발적인 반응을 일으켰다. 일본의 과학자 및 공학기술자 연합은 품질관리 분임조의 등록수가 1962년의 400팀에서 1968년에는 200,000팀 1978년에는 700,000팀으로 불어났다고 잠정 집계했다.

예를 들어, Toyota 자동차 회사의 경우, 그들의 이익창출을 위해 품질관리 분임조 기술자들의 문제해결 기술을 사용했다. 이 회사가 50%의 보증손실이 120개의 큰문제와 400개의 작은 문제에서 발생했다는 걸 발견했을 때, 큰 문제들은 기술자들에게 할당되었고 작은 문제들은 품질관리 분임조에 맡겨지게 되었다.

2. 효과적인 팀의 구성

충분한 실천 계획을 가지고 팀을 결성해야 성공할 수 있다. Robbins과 Finley (1995)는 팀들이 실패할 이유가 없는 데도 불구하고 왜 실패하는지 14개의 원인을 리스트화하여 다양한 이유를 설명하였다. 그들이 제시한 원인은 조직적인 문제(잘못된 정책, 잘못된 과정, 불투명한 비전, 복잡한 목표, 명확하지 않은 역할), 리더십 문제(잘못된 리더십, 부족한 피드백과 정보), 그리고 개인 및 팀 장애(요구의 불충족, 의견 숨기기, 개인 의견차, 팀 신뢰의 부족, 변화의 의지부족) 등이다. 이러한 이유 때문에 경영자들은 주의 깊게 팀이 조직에 어떻게 적응해 가는지를 비판적인 관점에서 관리해야 할 필요가 있다. 팀 업무의 이행은 반드시 관찰, 반영, 그리고 심혈을 기울인 조사를 마친 후에 조직되어야 한다.

〈그림 11-1〉 보잉사 A&T팀의 개발과정

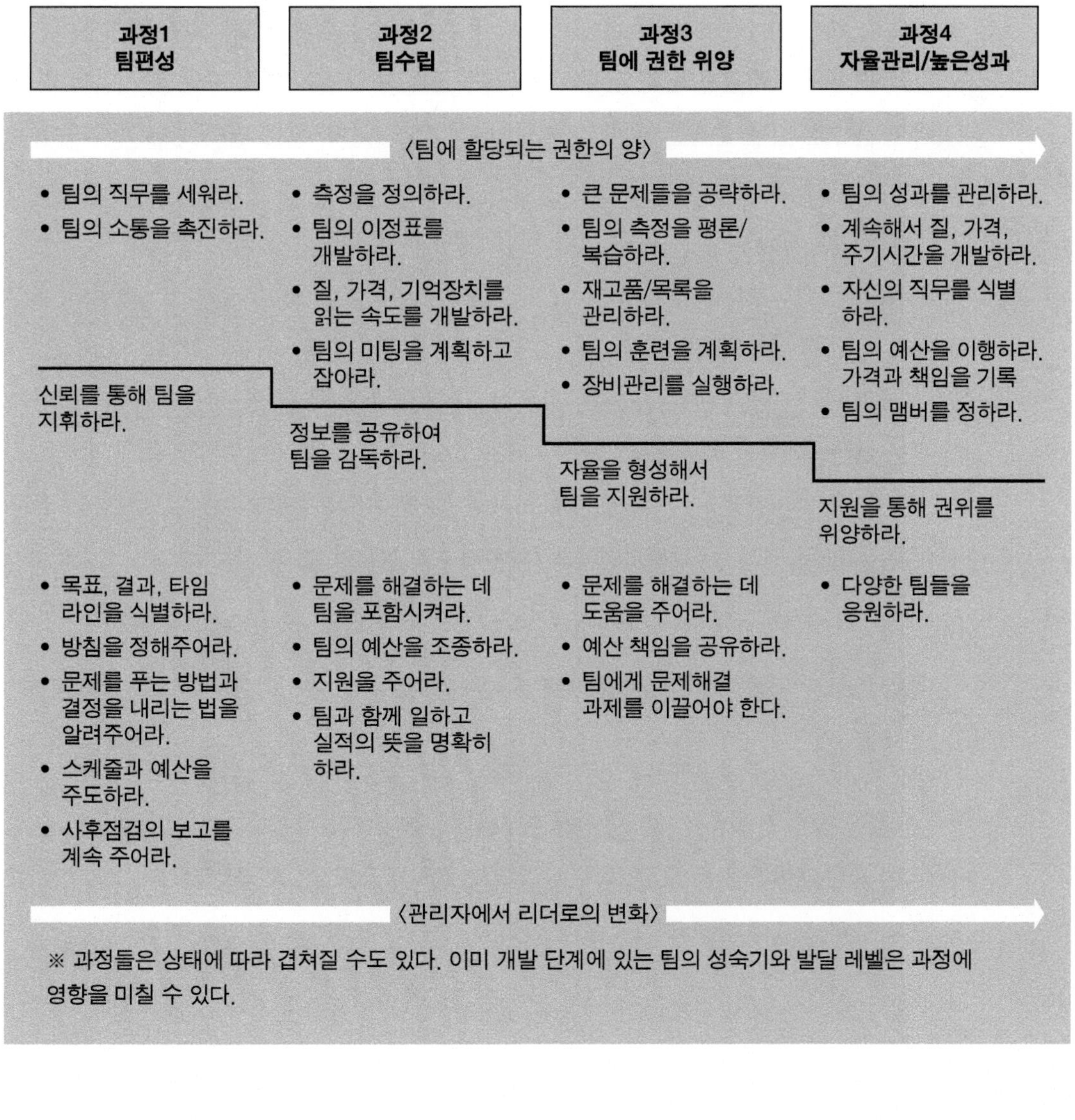

과거에는 기업 조직에서 모든 방향이 위로부터 제시되었다. 하지만 지금은 고객의 니즈에 신속하게 대응하기 위하여 보다 고객 기반으로부터 직접 제시되고 있는 추세이다. 이러한 점이 기업에서 팀워크를 요구하고 있다. 또한 팀들이 보다 점점 자율관리 팀(SMT)으로 전환되기를 바라고 있다. 고객이 이제는 기업의 능력과 품질을 심판하고 있다. 그래서 팀 구성원들은 고객들의 변화하는 요구에 보다 유연하고 보다 신속하게 반응하지 않으면 안 되게 되었다. 결과적으로 자율관리 팀 구성원들은 필요할 때마다 서로 함께 일하기 위하여 다른 사람의 직무를 충분히 습득하지 않으면 안 된다. 이것이 제대로 될 때 고객들은 담당자가 누군지 찾으러 다니는 수고를 겪지 않을 것이다. 전체 업무 프로세스는 반드시 최선의 결과물을 내고 그것을 서로 인정할 수 있는 유연한 시스템으로 가야 할 것이다. 초점은 이제 더 이상 개인의 성과달성에 맞춰서는 안 된다. 개인적 명성에 관계없이 팀의 산출이 최고 수준의 품질에 어떻게 도달할 것인지 하는 것이 관건이다. 업무 분장은 이제 더 이상 바람직하지 않다. 모든 팀 구성원 각자가 업무의 전 과정에 모두 개입해야 한다.

팀 구성(forming)은 팀이 서로 소개되고, 만나고, 새로운 업무를 구상하게 되면서 이루어진다. **의견교환**(storming)은 팀 간에 역할이나 그들이 행하고자 하는 방법에 의견 불일치가 생길 경우에 일어난다. 세 번째 단계인 **규칙수립**(norming)은 바로 전단계가 시행될 때 발생하며, 구성원들은 각자의 역할, 규칙, 허락된 습관 등에 동의한다. 네 번째 단계인 **실행**(performing)은 프로젝트를 마무리하고, 그들의 목표를 만족스럽게 성취했을 때 일어나며 마지막 단계인 **조정**(adjourning)은 해산준비와 함께 다른 프로젝트를 위한 준비를 한다(팀 구성 → 의견교환 → 규칙수립 → 실행 → 조정).

3. 식스시그마 프로젝트 팀

프로젝트 팀은 식스시그마의 근간이다. 식스시그마는 기술적인 분석, 창조적인 해결 발전, 그리고 착수 등의 다양한 기술을 요구한다. 그러므로 식스시그마는 갑작스런 문제뿐만 아니라 개인적인 학습, 관리개발, 그리고 경력개발까지도 제공한다. 식스시그마 팀들은 다양한 모습의 개발적 요소로 표현된다.

1. 챔피언(Champions): 간부급의 레벨로서 홍보와 함께 사업에 있어 그룹의 식스시그마

를 리드한다. 챔피언 그룹은 식스시그마 툴의 개념을 이해하고 프로젝트를 선택하며, 목표를 정하고, 자원을 배분하고, 팀을 교육한다.

2. **마스터 블랙벨트**(Master Black Belts): 완벽한 식스시그마의 전문가로서, 식스시그마의 전략, 훈련, 교육, 그룹 그리고 결과에 대한 책임을 진다. 마스터 블랙벨트 그룹은 식스시그마의 사용에 대한 고도의 훈련을 받았으며 진보된 기술력을 제공한다.
3. **블랙벨트**(Black Belts): 160시간의 완벽히 훈련된 식스시그마의 전문가로서 식스시그마 프로젝트에 요구되는 기술적인 분석을 많이 수행한 인원이다. 이들은 기술과 DMAIC의 진화된 지식을 보유하고 있으며, 개인적으로 또는 팀의 리더로서 그 지식을 적용한다. 그들은 또한 그린벨트도 발전시키고 교육한다.
4. **그린벨트**(Green Belt): 기초적인 식스시그마들과 방법 파트타임에 기초한 프로젝트를 수행한 직원들은 말하는데 블랙벨트 그룹의 지원을 받는다. 일상적으로 그린벨트 지정수여를 위한 요구사항의 하나는 식스시그마 프로젝트를 완벽하게 수행하는 것이다. 성공적인 그린벨트 그룹은 블랙벨트 그룹으로 승격된다.
5. **팀 구성원**(Team members): 다양한 기능 지역에서 모인 개인들의 집합이다.

제3절 고성과 작업 시스템의 설계

성과란 단순히 넓은 의미로 볼 때 한 개인이 한 조직의 목표와 과제를 성취하기 위한 일련의 활동을 뜻한다. 고성과(high performance) 작업은 융통성, 창조, 지식과 스킬공유에 의해 특성화되는데, 이것은 기관의 지침, 고객중심 그리고 마켓플레이스의 요구와 변화하는 비즈니스 요구의 빠른 반응과 연계된다고 볼 수 있다. 팀들은 종종 고성과 작업 시스템을 위해 하위 그룹을 제공하기도 한다.

1. 작업과 직무설계

1) 직무설계란

직무설계는 직무내용(work content)과 보상(rewards) 및 개별직무가 요구하는 자질(qualification)

〈그림 11-2〉 Hackman과 Oldham의 직무설계 모델

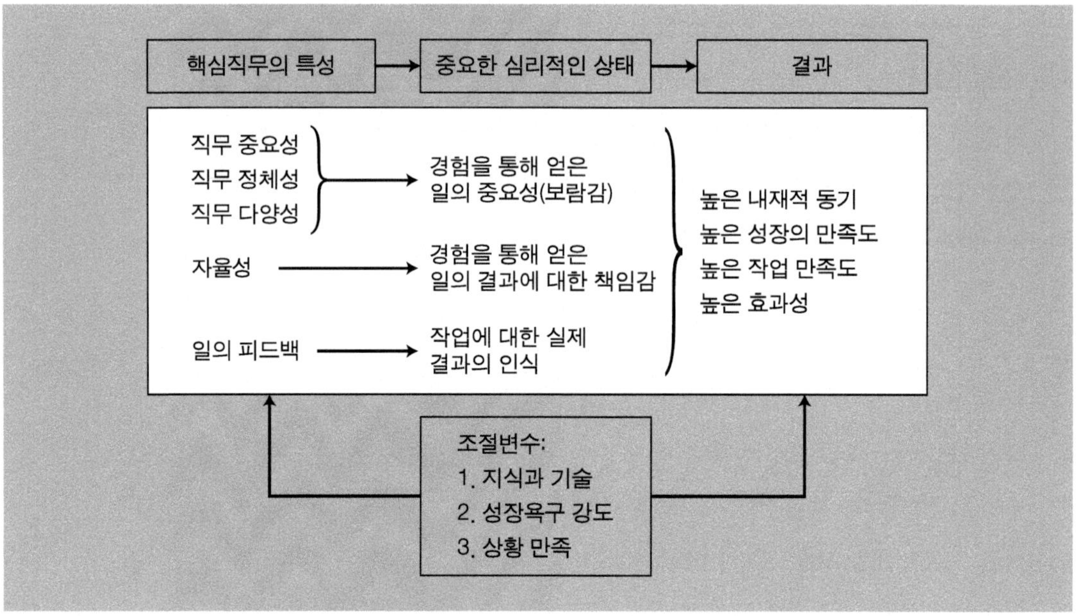

자료: J. R. Hackman and G. R. Oldham(1980), *Work Redesign* (figure 4.6 from p. 90). © by Addison-Wesley Publishing Co., Inc. Reprinted by permission of Addison Wesley Longman.

등의 총합화로 정의된다. 즉 **직무설계**는 과업·기능·관계성을 포괄하는 직무내용과 보상, 개별직무가 요구하는 기술·지식·능력을 포함하는 자질 등을 포괄하는 실제적인 계획을 의미한다. 따라서 직무설계는 조직 전체차원에서의 직무내용과 이에 수반되는 직무별 보상, 그리고 개별 직무수행에서 요구되는 자질 등을 계획하는 관리과정이라고 정의될 수 있다.

〈그림 11-2〉는 Hackman과 Oldham(1980)의 직무특성 모델으로서 핵심직무차원, 작업자의 중요한 심리상태, 작업자의 성장-욕구 강도에 의해 영향을 받는다는 것을 나타내고 있다.

직무가 가지고 있는 특성 중 가장 중요한 요인 다섯 가지 핵심직무 특성이 있다.

1. 직무 중요성(task significance): 직무가 조직 외부 및 내부의 다른 사람들의 삶이나 작업에 실질적인 영향을 미치는 정도
2. 직무 정체성(task identity): 작업자가 직무의 전체 혹은 일부분의 시작부터 끝까지 전 과정을 완결함으로서 눈에 띌 만한 어떤 결과를 산출할 수 있는 정도

3. 직무 다양성(skill vairety): 작업자의 직무가 다양한 활동으로 이루어져 있으며 직무 수행 시 상이한 기술 및 재능의 발휘를 필요로 하는 정도
4. 자율성(autonomy): 작업자가 직무를 완성하는 데 필요한 작업계획 및 절차를 결정하는 데 있어서 실질적인 자유, 독립성 그리고 자율성을 제공받는 정도
5. 피드백(feedback): 작업자가 자신의 작업결과의 효과에 대한 직접적이고 명확한 정보를 얻을 수 있는 정도

직무특성이론은 작업자의 태도와 행위에 영향을 미치는 직무특성을 규명하는 것으로서 직무설계이론의 핵심적인 토대를 마련하였다.

2) 직무설계의 접근방법

이론과 조사연구과정에서 직무설계는 종업원과 조직의 효율성에 영향을 미치는 것으로 나타나고 있다. 이러한 직무설계의 네 가지 접근방법은 직업의 심리적 차원과 전문화 단계에 영향을 미치고 있는데, 그 내용을 체계적으로 검토하여 보면 다음과 같다.

(1) 작업 단순화

작업 단순화(work simplification)는 전문화된 직무를 선도하고 있다. 즉, 자동차라는 완제품을 생산할 때 수행되는 직무는 작업을 단순화시켜 적은 단위의 소규모 부품으로 다양하게 분리된다. 이 과정에서 작업의 단순화로 성과의 증대를 기대할 수 있고, 동시에 원가절감과 분업의 효과 및 직무수행의 성과증대로 작업능률의 증대를 기할 수 있다. 따라서 작업의 단순화는 완전운영 및 관리의 신속성을 기대할 수 있는 반면에, 세분화된 소규모의 작업단순화로 저임금근로자의 불평을 조장할 가능성을 배제할 수 없다.

(2) 직무순환

직무순환(job rotation)은 종업원이 단순화 및 세분화된 업무를 일정기간동안 순환하면서 직무를 수행하고, 동시에 직무수행과정에서 실무를 통해서 직무의 성질과 처리방법 및 절차와 유기적 상호관계성을 이해하게 된다. 그리고 직무순환은 단순화된 작업의 단조로움과 권태감을 감소시킬 수 있는 반면 스태프에게는 바람직하지 못한 직무가 될 수 있다.

따라서 직무순환은 조직 내 직무의 유기성과 수행능력을 파악하는 데에는 효과적이고, 또 동일직무를 장기간 수행하는 과정에서는 태만성과 권태감을 제거시키는 관리기법으로서 효과가 있다. 그러나 순환과정에서 업무의 성격과 내용에 따라 순환기간과 순환시점의 타당성분석이 선행되어야 효과를 증대시킬 수 있다.

(3) 직무확대

직무확대는 직무(직업)단순화와 반대개념을 갖고 있다. 즉, **직무확대**(job enlargement)는 특정인을 중심으로 하여 직무의 다양한 부분을 동시에 수행시켜 한 사람에 의해 몇 가지 직무가 수행되도록 직무를 확대시키는 것을 의미한다. 이 이론은 직무수행과정에서의 다양성을 통해 직무의 지루함과 권태감을 감소시키면서 작업의 능률을 증대해야 한다고 주장한다. 그러나 직무확대는 직무수행의 주체인 개인의 능력과 자질을 고려하지 않고 제도적으로 운영을 강요하다 보면 업무수행과정에서 작업결과의 질이 떨어질 가능성이 있다. 따라서 직무확대는 과학적이고 계량적인 분석결과를 기초로 하여 이루어져야 한다.

〈그림 11-3〉 직무충실화 방법(1)

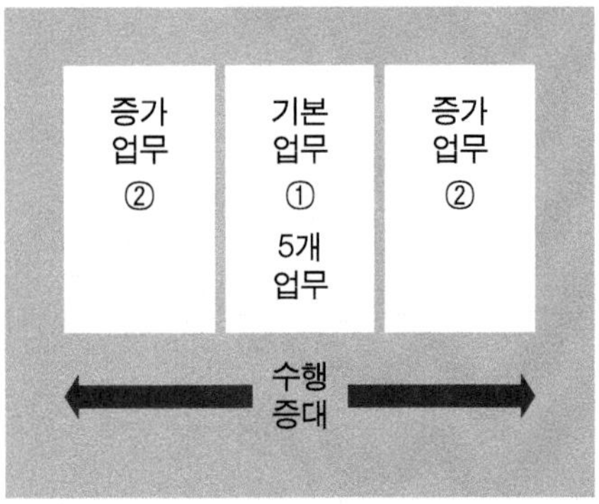

〈그림 11-4〉 직무충실화 방법(2)

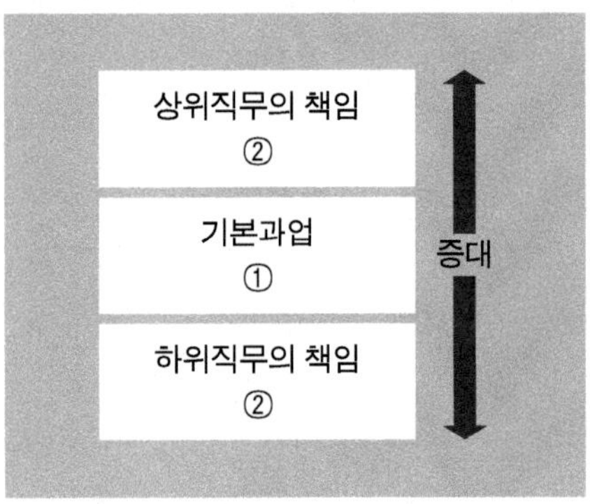

(4) 직무충실화

직무충실화는 작업의 책임성이 증대되고 더 많은 자율성과 통제를 부여한다. 즉, **직무충실화**(job enrichment)는 작업을 수행하는 과정에서 해당 직무수행과 성과에 책임성이 강하게 요구되는 반면에, 수행과정에서 자율성이 보장된다. 결국 직무충실화는 종업원에게 작업의 능률을 강조하고 있다.

직무충실화를 위한 접근방법으로는 ① 한 직무에 수평적 범위를 증대시키기 위한 것과 ② 한 직무에 수직적·수평적 범위를 확대시키기 위한 것 등 두 가지로 검토할 수 있다. 즉 〈그림 11-3〉은 ①을 ②로 수평적으로 범위를 확대하기 위한 것이고, 〈그림 11-4〉는 특정직무 ①에 상위직무 ②와 하위직무 ②를 수직적으로 추가시키는 방법이다.

직무충실화를 위한 수평적 확대에는 다양성의 증대, 순환주기, 총체성과 통일성을 갖는 과업준비, 그리고 이러한 과업을 수행하기 위한 필요한 지식 등이 고려되어야 한다.

2. 종업원의 참여

종합적 품질경영 혹은 품질경영시스템(Quality Management System)이 성공하기 위해서는 모든 **종업원들의 참여**(employee involvement)가 필수적이다. 즉 모든 종업원이 그들의 직무의 질에 대하여 주인의식을 가져야 한다. 각 종업원이 직무의 질에 대하여 주인의식을 갖는 것은 그들이 품질정책의 목표를 확고히 하는 과정에 참여하게 되었을 경우에만 가능한 것이다.

종업원 품질경영의 일환으로 권한부여를 시행하고 있는 기업들은 그렇지 않은 기업들에 비해 제품의 품질측면이나 고객에 대한 서비스 향상측면에서 거의 두 배의 성과를 보이고 있다. **권한부여**(empowerment)는 의사결정 과정에 작업자들을 참여시키는 종업원 참여 개념을 확대시킨 것인데, 종합적 품질경영(TQM)이 성공하려면 종업원들이 의사결정뿐만 아니라 의사결정에 선행하는 창조적인 사고과정에도 참여해야 하고, 참여하는 종업원들은 구체적인 권한을 부여받아야 함을 의미하는 것이다.

1) 종업원의 참여를 위해 요구되는 사항

우선 관리자들은 종업원의 참여가 필요하다는 것을 그들에게 인식시켜야 한다. 종업원의 태도와 행동은 일반적으로 관리자들이 그들로부터 무엇을 원하는가에 의해 결정되기 마련이다. 따라서 기업이 종업원의 참여를 원한다는 것을 명백히 하는 것이 필수적이다.

둘째, 종업원은 그들이 기여할 수 있음을 알아야 한다. 일반적으로 종업원들은 허락이 없이는 어떤 활동에 참여하기를 꺼리게 된다. 따라서 그들의 역할의 한계와 책임 및 권한을 알려주어야 한다. 직무명세서는 이를 위한 한 가지 방법이 될 수 있다. 이때의 직무명세서는 종업원들이 수행할 것으로 기대되는 과업에 대한 설명만이 아니라 개개인의 참여도에 따른 관리권한을 명시하고 종업원이 자신의 책임을 다하도록 하는 수단이 되어야 한다.

셋째, 종업원은 필요한 교육과 훈련을 받아야 한다. 모든 종업원의 참여를 유도하기 위해서는 종업원의 혁신이 필요하다. 혁신은 이해를 필요로 하고 이해는 훈련을 필요로 한다. 훈련은 관리자들의 노력과 시간의 투자에 의하여 이루어지는 것이다.

2) 종업원 참여를 위한 환경조성

종업원 참여는 역할관계의 문제이다. 대인관계에서의 역학관계는 쉽게 바뀌지 않기 때문에 종업원 참여는 쉽게 성취될 수 없다. 따라서 종업원 참여는 이러한 역학 관계를 변화시킬 수 있는 시스템을 필요로 한다. 종업원 참여는 기업이 원한다고 해서 얻을 수 있는 것이 아니다. 그들의 참여는 관리자의 일관된 행동과 종업원의 의견 경청, 실수에 친숙하게 하는 환경과 같은 분위기 조성과 참여를 유도할 수 있는 과업집단이나 품질관리 분임조 그리고 기능별 조직 등을 구축함으로서 실현될 수 있는 것이다.

(1) 관리자의 일관된 행동

우리는 DAISY(Do AS I Say You: '당신, 내가 시키는 대로 하라!') 관리방식을 지양해야 한다. 즉 권위적이고 명령적이며 부하의 아이디어를 자기 것처럼 도용하고 무능하며, 실수를 인정할 줄 모르는 등의 관리자를 없애야 한다. 왜냐하면 이들은 종업원들의 창의력을 저해할 뿐만 아니라 참여의식에도 나쁜 영향을 미치기 때문이다.

(2) 실수에 친숙하게 하는 환경의 조성

실수에 친숙하게 한다는 것은 실수를 관대히 처리하는 것과는 다르다. 그것은 실수가 미래의 개선을 위한 기회로 인식되는 것을 의미한다. 이러한 환경을 만들기 위해서는 종업원 실수의 원인이나 목표치 미달에 대하여 관리자들이 그 내용을 정확히 이해하고 있어야 한다. 그렇지 않으면 그 문제에 대한 비난이나 책임은 그 문제와 가장 밀접한 관련을 가지고 있는 사람, 즉 종업원에게 돌아가기 마련이다. 또한 이것은 종업원 참여를 이끌어내는데 큰 걸림돌이 될 수 있다. 모든 관리자들은 문제의 원인을 근본적으로 이해해야 한다. 상위 관리자는 종업원이 자발적으로 좋은 일을 하려 하더라도 시스템 내부적인 문제로 실천을 못하는 문제점은 없애야 하는 책임이 있다는 것을 명심해야 한다.

(3) 종업원의 의견 경청

기업경영에 있어 성공을 위한 중요요소 중의 하나는 시장에서 얻을 수 있는 정보를 감지하고 해석하는 능력이라 할 수 있다. 그러면, 시장에 가장 근접해 있는 사람이 누구이겠는가? 물론 종업원이다. 판매원, 고객서비스요원, 전화교환수, 물류 담당자, 운전사, 생산담당자들이 모두 고객에 대한 나름대로의 견해를 가지고 있는데, 이러한 견해는 고위관리자의 견해나 형식화된 조사보다 더욱 구체적이고 다른 견해를 보이기도 한다. 현장 종업원들은 조직의 안테나 역할을 하고 있다고 할 수 있다. 그럼에도 불구하고 그들은 지위가 낮다는 이유로 혹은 다른 이유로 그들의 의견이 무시되는 경우가 많다. 만약, 경영자가 종업원이 얻는 자료를 그들로부터 입수하여 활용하려는 협조적인 노력을 하지 않는다면 미래의 상황에 대한 가치 있는 정보와 단서들은 공개되지 않은 채 종업원의 손에서 사장될 것이다.

(4) 태도조사의 설계

태도조사는 종업원의 사기나 견해를 파악하기 위한 것으로 종업원 참여를 유도하고 종업원 참여의 분위기를 조성하기 위한 대표적인 방법이다.

태도조사의 이점은 다음과 같다. 첫째, 태도조사는 상위관리자들의 관심표명의 수단이 될 수 있다. 둘째, 조직에 대한 종업원의 감정발산을 위한 유용한 배출구 역할을 할 수 있다. 셋째, 관리적인 측면에서 보면 새로운 방침이나 체제변화에 대한 지원역할을 할 수도 있다.

3) 제안제도

품질관리 분임조와 함께 종업원의 참여의식을 높일 수 있는 제도로 제안제도가 있다. **제안제도**란 생산부문이나 영업 및 관리부문 등 조직의 전반적인 활동과정에서 회사에 유익하다고 생각되는 의견을 제시하도록 함으로서 개선의 효과를 극대화시키고자 하는 제도이다. 즉 조직구성원들이 품질과 관련된 제안을 하면 보상을 함으로서 참여의식을 높이고 그들의 제안에 의하여 궁극적으로 개선을 실현하는 것이다. 제안제도는 직장을 활성화시키기 위한 도구로서 그리고 종업원의 능력을 개발하기 위한 수단으로 많은 기업에서 활용되고 있다.

3. 권한부여

경영참여는 근본적으로 의사결정과정에의 참여를 의미하고, 따라서 구성원들의 경영참여는 조직체가 의사결정권한을 하위계층으로 부여하는 것을 의미한다. 구성원들의 경영참여가 최종 문제해결에까지 연장될수록 물론 의사결정권한도 그만큼 더 부여된 것을 의미하고, 하위 구성원들에게 의사결정권한이 부여될수록 그들 자신의 자율적 경영과 더불어 조직의 활력화가 이루어질 수 있다.

권한부여(empowerment)로 하위계층 구성원들에게 자율성을 부여하여 그들의 적극적인 경영참여를 유도하는 데에는 근본적으로 몇 가지의 요건이 조성되어야 한다.

1. 최고경영층의 참여: 첫째는 권한부여와 자율적 경영에 대한 최고경영층의 커미트먼트와 의지로서, 의사결정권한을 구성원들과 공유하려는 경영이념과 이를 실현시키려는 강한 의지가 없이는 자율경영이 성공할 수 없다.
2. 자율적 의사결정의 존중과 성과배분: 구성원들의 자율적 의사결정을 존중하여 이를 그대로 받아들이는 한편, 그들의 경영참여로 달성된 성과도 그들에게 분배됨으로서 적극적인 참여가 계속 강화될 수 있다.
3. 교육훈련과 조직개발: 구성원들의 경영참여는 끊임없이 이루어져야 하고, 참여수준이 고도화됨에 따라서 구성원들에게 새로운 지식, 기술, 행동, 능력을 개발하기 위한 교육훈련과 조직개발이 지속적으로 뒷받침되어야 한다.

4. 모집과 경력개발

1) 모집의 목표

모집(recruitement)은 조직의 특정 기술과 지식, 능력에 대한 수요가 현재의 공급보다 클 경우, 조직의 지속적 운영을 위해 필요한 인적자원을 찾는 단계이다. 특히 모집은 실제 또는 예상되는 직무의 공석을 채울 후보자를 발견하는 과정으로 정의되고, 또 다른 관점에서 구인자와 구직자를 연결시켜 결합시키는 활동으로 볼 수 있다.

이러한 모집활동의 목표는 어디에 두고 있는가? 모집의 목표는 ① 인력유인의 최적화, ② 모집비용의 최소화 등 두 가지로 구분·설명된다. 모집의 첫째 목적은 구직자의 욕구와 조직의 목표를 일치시키는 방향에서 최적인력을 유인하는 데 있다.

유인에는 원천분석과 홍보가 전제되어야 한다. 이때 조직은 응모자가 많으면 직무요건에 가장 적합한 사람, 즉 최적의 기술과 지식, 그리고 능력을 갖춘 사람을 찾는 데 유리한 기회를 갖게 된다.

모집의 두 번째 목적은 모집비용을 최소화시키는 데 있다. 모집시 무자격자나 부적합한 인력은 자발적으로 포기할 수 있도록 충분한 정보를 제공하여, 가능하면 무자격자의 응시나 지원을 제한시켜야 한다. 응모자 수가 많으면 유능한 인력의 취사선택에 유리하지만 상대적으로 많은 비용이 소요된다. 따라서 모집활동에 소요되는 비용을 최소화시키고 최적인력의 응모를 극대화시키기 위해 완벽한 정보를 제공할 수 있는 모집 프로그램을 개발해야 한다.

2) 경력개발

경력개발(career development)은 조직이 그 구성원 개개인의 경력을 조직 내에서 개발하도록 격려하며, 그 과정에서의 조직의 목표달성에 필요한 능력개발을 하기 위해서 나타난 제도이다. 따라서 경력개발의 목적은 기본적으로 개인의 경력욕구를 충족시키는 것이고, 경력기회를 제공하는 조직 측에서는 적시에 조직의 적소에서 개인능력을 활용함으로서 조직의 효율성을 높이는 것이 된다.

경력개발은 개인적 차원과 조직적 차원으로 나눈다. 경력개발제도가 적절하게 설계되기 위해서는 종업원이 그들 자신의 내적 경력욕구를 평가하는 데 도움을 주어야 하고, 조직 내에서 가능한 경력기회를 개발하고 공표하며, 경력기회에 따라 종업원의 욕구와 능력을 연결시켜야 한다.

경력관리체계

1. 1단계(탐색단계): 25세 이하의 1단계는 자아개념을 수립하고 미래에 자신이 무엇을 해야 할 것인가의 경력 지향을 결정한다. 이 단계의 마지막 부문은 시도기로서 조직에 새로 들어온 지 1~2년 정도의 시기이며 자신에게 적합한 분야를 탐하고 이에 따른 초기 직무를 찾아내어 시초직무를 발전시켜 평생의 업으로 삼을 것을 계획하는 시기이다.
2. 2단계(확립 및 전진단계): 25~45세에 이르는 2단계는 일단 특정의 직무영역에 정착하는 시기로서 각 개인은 자신의 분야에서 유능함에 이를 필요가 있다. 경쟁 시 작

용하며 경쟁상황에서의 갈등 및 실패에 대한 감정적 처리가 대단히 중요하다.

3. 3단계(유지단계): 45~65세의 3단계는 생산의 시기이다. Levinson이 지적한 중년의 위기 혹은 중간경력위기 다가오며 개인이 이를 얼마나 잘 극복하느냐에 따라 다시 성장할 수도 또는 쇠퇴할 수도 있다. 좀 더 조직과 자신을 동일시하게 되고 미래의 계획을 다시 한번 수립하려 한다.
4. 4단계(하락단계): 65세 이상의 4단계는 조직에서의 은퇴를 준비하는 시기로서 자신의 조직생활을 통합해보려는 시기이다. 퇴직 후의 계획을 세우고 조직 내에서 자신의 역할을 좀 소극적인 것으로 되어 버린다.
5. 5단계(쇠퇴단계): 쇠퇴단계는 은퇴를 준비하고 계획하면서 조직 외의 활동을 시작하는 단계이다. 이 단계는 경력의 후반기로 참여와 영향력이 감소하게 되며 실질적인 은퇴에 앞서 정신적으로 은퇴를 먼저 고려해보게 되는 시기이다. 이 단계에서는 책임과 역할의 감소는 물론이고, 자의 또는 타의에 의한 은퇴가 많아지며, 이로 인해 자격을 갖춘 고령종업원에 대한 수요가 증대되는가 하면 평균수명이 길어짐에 따라 고용기간의 연장을 희망하는 경우도 있다. 유능한 고령종업원의 유용성이 인정되는 경우는 많은데 간호사의 근무경력이 길어짐에 따라 경력의 공헌도도 증가한다는 한 연구결과에 유의할 필요가 있다.

5. 품질교육훈련

교육훈련(training and education)의 경우, 세계화에 적극 대응하여 지역전문가의 양성을 위한 투자가 가속화되고 있으며, 신입사원 교육에서부터 해외경험을 쌓을 수 있도록 배려하고 있다. 한편 각각의 기업에 적합한 인재의 유형을 인재로 명시하고 이를 추구하기 위한 직능별·계층별 교육을 체계화하고 이를 이수한 경우 학점을 부여하는 교육이수학점제가 활성화되고 있다. 또한 시공간을 극복하는 통신교육과 컴퓨터보조학습 등에 대한 학습지원들이 강화되고 있다. 이외에 외부 교육기관을 이용한 어학교육 등에 대한 학습비지원 등이 강화되고 있다. 나아가 이러한 교육이수 현황은 개인별로 관리되어 이동·승진의 기준으로 활용되고 있다.

강의실 교육에서 첨단매체 활용의 학습, 즉 원격교육, 예를 들면 가상연수원등과 같이 인터넷을 활용한 열린 교육, 컴퓨터 네트워크, 멀티미디어, 소프트웨어 기술을 활용한 열린 교육이 강조되고 있다. 나아가 학습자 중심의 교육, 누구나 언제 어디서나 원하는 학습을 할 수 있는 평생 학습사회, 열린 교육 사회의 구현이 이루어지고 있다.

1) 품질교육훈련의 정의

TQM에 있어서 가장 근본적인 요소 중의 하나는 종업원들의 끊임없는 개발이다. **교육훈련**은 구성원들에게 작업과 관련된 지식, 기술을 부여하기 위해 또 동기유발을 시키기 위해 고안된 조직적이고 체계적인 일련의 행동들이라고 정의할 수 있다.

2) 교육훈련이 필요한 이유

교육훈련이 필요한 이유는 다음과 같다.

1. 기존 가용노동력의 자질
2. 전 세계적인 경쟁
3. 급격한 변화
4. 기술이전의 문제(신기술의 잠재된 효능을 최대한 활용하기 위해서는 신기술 활용법을 교육을 통해 배워야 한다.)
5. 인구 통계적 변화(서로 다른 배경을 가진 사람들이 팀워크를 활성화하기 위해서는 교육훈련이 필요하다.)

3) 교육훈련의 방법

첫째, 사내교육은 흔히 일반적인 교육으로 언급되며 산업과 기업의 필요에 부응하기 위해 최근에 더욱 빈번히 이용되고 있다.

둘째, 기업에 의해 소유되고 운영되는 교육훈련시설이 보편화되고 있다.

셋째, 기업이 소유 및 운영하고 공립이나 사립대학들이 공인하여 학위를 수여하는 기관들이 보편화되고 있다. 많은 대학들이 기업과 협력하여 산학협동교육 프로그램을 운영하며 학위를 수여하고 있다.

넷째, 강의가 위성을 통해 이루어지는 위성통신대학도 보편화 추세에 있다.

〈표 11-1〉 품질교육훈련의 내용

품질계획교육	품질관리교육	품질개선교육
1. 품질정책과 그 정책의 전개	1. 품질에 대한 전략적 관리	1. 품질에 대한 전략적 관리
2. 전략적 품질목표와 그 전개	2. 통제가능성(자기통제)	2. 품질평의회와 그 책임
3. Big Q와 Little Q	3. 관리계획	3. 열악한 품질의 비용과 측정방법
4. 내·외부 고객	4. 성과측정방법	4. 품질개선의 하부구조
5. 거시적 프로세스계획 등	5. 의사결정 등	5. 진단여정 등

4) 품질교육 커리큘럼

관리자가 TQM 환경 하에서 리더 역할을 하기 위해서는 최소한 품질계획, 품질관리 및 품질개선에 대해 충분한 교육을 받아야 한다. 이 세 분야 각각에 대한 품질교육 커리큘럼의 개관은 〈표 11-1〉과 같다.

사례

기업의 역량을 향상시키는 직원 교육

제품이 완성되려면 원재료부터 여러 단계의 가공과 변형과정을 거쳐야 하고 그때마다 생산되는 중간재는 이전 단계의 중간재보다 가치(value)가 높아진다. 즉 부가가치(value added)가 발생한다. 경영학에서는 이러한 일련의 과정을 가치사슬(value chain)이라고 한다.

가치사슬에서 원재료에 가까운 방향을 '전방'이라고 하고, 완성품 혹은 고객에 가까울수록 '후방'이라고 한다. 통상적으로 가치사슬의 맨 후방에 위치한 대기업은 공급받은 부품과 중간품을 조립해 완성품을 생산하고, 가치사슬 상의 전방에 위치한 중소기업은 최종 완성품 업체가 필요로 하는 부품과 중간재를 생산한다.

일반적으로 대기업의 경쟁력이 곧 그 나라의 산업경쟁력을 나타낸다고 생각하기 쉽지만 중소기업이 생산하는 부품 등 중간재의 품질과 성능이 뒷받침되지 않는다면 대기업의 제품경쟁력을 기대하기 어렵다. 이러한 맥락에서 우라나라 산업의 국제경쟁력을 높이기 위해서는 대기업과 협력관계에 있는 중소기업의 역량이 함께 향상되어야 한다.

기업의 역량을 향상시키는 대표적인 방법으로 직원에 대한 교육이 있다. 그러나 교육훈련의 중요성을 알고 있지만 이를 실행하는 것은 쉽지 않다. 교육훈련을 위한 시간을 할애해야 하고, 과정을 개발하고 운영할 수 있는 교육역량, 시설과 장비 등의 인프라, 예산 등이 뒤따라야만 하기 때문이다.

그래서 정부는 기업의 교육훈련을 장려하기 위해 고용보험법에 사업주가 실시하는 직업능력개발 훈련을 지원할 수 있도록 '사업주직업능력개발훈련 지원 규정'을 마련해 두었다. 이를 근거로 사업주는 규정된 절차에 따라 직원을 훈련시키는 경우 훈련비용을 고용보험기금에서 환급받을 수 있다.

그러나 기업들, 특히 중소기업들은 교육훈련 개발 능력 부족이나 별도의 교육인력을 갖추지 못하는 등의 이유로 직원들에게 필요한 훈련을 충분히 제공하지 못하고 있다.

그럼에도 불구하고 직원들에 대한 교육훈련의 필요성은 절실하다. 동일한 가치사슬 상에 있는 중소기업과 대기업 간에 교육훈련 측면에서 진정한 '대중소상생'이 요구된다고 볼 수 있는데 이를 가장 잘 반영하고 있는 것이 바로 '국가인적자원개발컨소시엄(이하 컨소시엄) 사업'이다.

컨소시엄 사업은 대기업이 공동훈련센터로서 중소기업과 협약을 체결해 우수한 커리큘럼과 훈련인프라를 통해 양질의 교육훈련을 제공하고 그 과정에서 발생하는 행정소요를 대신함으로써 중소기업의 부담을 최소화 해주는 사업이다. 이 사업은 효과적인 훈련수요 파악, 효과적인 훈련과정 개발과 운영, 대기업이 축적한 경험과 노하우를 중소기업과 공유하는 등의 많은 장점을 갖고 있다.

이 같은 효과를 기대할 수 있는 컨소시엄 사업은 여러 측면에서 대한민국 산업경쟁력을 높이는데 크게 기여했다. 그 대표적인 사례가 바로 한국의 조선산업이다. 1970년대만 하더라도 조선산업의 불모지에 가까웠던 한국은 1972년 본격적으로 대형조선소를 건설하면서부터 조선산업의 비약적 발전을 이룰 수 있었다. 이와 관련 선체 건조 과정에서 매우 두꺼운 철판을 용접해야 하는 숙련인력의 육성과 개발이 무엇보다 중요했다. 그래서 조선 3사는 자체적으로 인력양성기관을 설립해 우수인력 양성에 심혈을 기울였다.

그러나 1980~1990년대를 거치면서 조선업에 대한 과잉투자와 국제경기가 맞물려 한국 조선산업은 큰 위기를 맞았고, 결국 대규모 구조조정을 거쳐야 했다. 세계적으로 조선 수요가 늘었지만 90년대 진행된 조선업 구조조정 여파로 한국 조선업체는 우수기능공 부족 현상을 극심하게 겪었다. 당시 가뭄에 단비처럼 인력난을 해소하고 한국조선업을 세계 1위로 도약시킨 디딤돌이 된 것이 바로 컨소시엄사업이었다.

하지만 그것도 잠시 다시 세계적인 경기위축의 여파로 또 다시 위기에 처하게 됐다. 다행히 2018년을 기점으로 선박 수주량이 회복되고 조선업 세계 1위 타이틀을 되찾았다. 이러한 과정에서 조선업은 심각한 인력난에 직면해 있다. 이러한 어려운 여건 속에서 컨소시엄 사업은 한국 조선업의 인력난 해소와 경쟁력 향상에 다시 한번 큰 기여를 할 수 있을 것으로 기대된다. 이것이 다른 산업에 폭넓게 적용되어 대한민국 국가경쟁력 제고의 기폭제가 되기를 기원한다.

자료: 2019년 9월 4일, 안성익 영남대 경영학과 교수.

6. 보상과 인정

근년에 이르러 종업원의 능력을 극대화시키고 고부가가치를 창출해낼 수 있는 전략적 동기부여 요인으로 보상의 중요성이 강조되고 있다. 보상이라고 하면 "고용관계 속에서 인적자원의 공헌에 대하여 제공되는 모든 형태의 반대급부"라고 정의되고 있다. 임금, 복지후생, 건강·안전을 포함하는 광의의 개념으로 해석되고 있는 것이다. 이러한 보상이 효과적으로 관리되기 위해서는 보상의 적정성, 공정성, 합리성이 삼위일체가 되어야 하며, 그것이 종업원과 물론 사회 모두에게 만족할 수 있는 것이어야 한다.

원래 보상에는 종업원이 고용관계의 일부로 받는 재무적 손익과 유형적 서비스 및 부가급부(fringe benefit)가 포함된다. 이러한 의미에서 보상관리는 직무평가의 결과를 기초로 한다. 즉 직무평가를 조직 내 개별직무의 상대적 가치를 기술하는 과정이라고 한다면, 보상관리는 결국 조직의 보상프로그램(compensation program)을 체계적으로 설계하는 과정을 의미한다. 이 과정에서 각 직무의 적절한 가치를 비교하게 된다.

보상관리(compensation)의 기본목표는 종업원을 유인하고 동기부여하여 경쟁을 유발시킬 수 있는 효과적인 임금구조를 설계하는 데 있다. 물론 이러한 설계는 모든 종업원에게 공정한 것으로 인정되고 수용될 수 있어야 한다. 공정성(fairness)은 조직의 보상 프로그램 관리에서 자주 거론되는 용어이다. 조직은 일반적으로 비용을 최소화하고, 임금이나 봉급이 직무의 수요와 요구에 적절하게 책정되는 것으로 이해된다. 물론 공정성은 상호적(쌍방에 영향을 미치는 것)이다. 즉, 종업원은 공정한 보상을 원하게 되므로 노력과 보수의 비율(effort-reward ratio)이 비교기준(comparative standard)에서 불균형하다는 사실을 알게 되면 불공정한 사실의 수정을 위한 행동을 할 것이다. 그래서 공정성의 연구는 고용주와

〈표 11-2〉 조직 내에서 주어지는 전형적인 보상들

물질적 보상	복리후생	신분상징	사회적 및 인간적 보상	자연적인 보상 (과업으로부터의)	자기보상
급여 승급 주식옵션 이윤배당 보너스제도 상과급제도 크리스마스 보너스	의료혜택 회사 차 보험 연금제도 제품할인권 여행 오락시설물 이용원 휴가 클럽회원권 판공비	개인 사무실 반지 카페트 커튼 그림 시계 창 달린 사무실	비공식적 인정 칭찬 미소 평가에 대한 피드백 축하 제스처 등을 두드리는 것 제안요청 커피나 식사에 초대 공식적인 시상 및 인정	도전할만한 과업으로부터 느끼는 유능하다는 느낌 스스로를 통제한다는 느낌 가치를 창출한다는 느낌 더욱많은 책임이 주어진임무 업무로테이션 성과에대한 피드백	자기인정 자기칭찬 자축 자기가 주는 물질적 보상(휴식, 커피 등) 자기가 주는 인지적 보상(멋진 휴가지를 상상하거나 시상식장에서 인정받는 모습을 상상하는 것)

종업원 모두가 추구하는 핵심과제이다.

넓은 의미에서 보상은 조직구성원이 조직체에 기여한 공헌에 대한 대가로서, 경제적 보상과 비경제적 보상을 포함한다. 경제적 보상은 각종 임금과 주식옵션 등 직접적인 보상과 각종 복리혜택 등 간접적인 보상을 포함한다. 비경제적인 보상은 직장안정과 경력발전 등 경력 상의 보상과 지위신분과 인정 등 사회적 보상을 포함한다.

7. 보건, 안전, 종업원복지

조직구성원에게 안전한 작업조건과 건전한 작업환경을 마련하고 이를 유지, 관리하는 것은 인적자원의 유지와 보존 관점에서 기본적인 요건이고, 전략적 성과관리 관점에서도 매우 중요한 기능이라 할 수 있다. 조직 구성원들의 관점에서 안전하고 건전한 작업환경을 기대하는 것은 그들의 도덕적 권리이고, 조직체 관점에서도 구성원들에게 안전하고 건전한 작업환경을 마련하는 것은 현대조직의 기본적인 사회적 책임이다.

기본임금과 수당 그리고 성과급과 인센티브 이외에 구성원들의 경제적 안정과 그들 생활의 질을 향상시키기 위한 간접적인 보상을 **복지**(복리후생)이라 한다. 전통적으로 복지는 여분 또는 보완적 개념 하에 기본임금에 추가적인 혜택으로 취급되어 왔으나, 근래에 와서 복리후생이 전체 보상에서 차지하는 비중이 커짐에 따라서 부가급부 개념으로부터 보다 포괄적인 복지 개념으로 변해가고 있다.

8. 종업원들의 동기부여

동기부여(motivating employee)는 외적인 자극에 의한 행동으로 규정된다. 동기부여된 종업원은 작업이나 직무수행과정에서 능동적이고 적극적인 노력을 기울인다. 이러한 노력을 자발적인 목표달성의 의지로 볼 수 있고, 의지는 생산적인 성과증대와 개인적 욕구충족의 수단이 된다. 따라서 종업원 동기부여는 개인의 요구를 충족시키기 위한 노력으로 조직의 목표를 달성시키려는 개인의 의지로 정의된다.

동기부여는 개인의 자발적이고 지속적인 노력을 이끌어내는 과정이다. 프로젝트 관리자는 모든 영향력을 발휘하여 동기를 부여해야 한다. 인간은 일반적으로 어떤 목적을 달성하기 위하여 열심히 일하고, 그 작업을 지속하여, 목표 지향적 행동을 한다. 이

〈표 11-3〉 동기유발 이론들의 분류법

동기이론	선구자/개발자	이론의 유형
내용이론		
욕구계층	Abraham Maslow	욕구
동기유발과 유지	Frederick Herzberg	욕구/만족
XY이론	Douglass McGregor	경영의 기대
n-Ach, n-Aff, n-Pow	David McClelland	획득한 욕구
과정이론		
선택-기대	Victor H.Vroom	기대
상황	Porter and Lawler	기대/보상
목표설정	Edward Locke	목표
리더십의 경로목표이론	Robert J.House	목표
환경 기반 이론		
자발적인 조절	B.F.Skinner	강화
공정성	J.Stacy Adams	공정성
사회학습/자아 효능감	A. Bandura, Snyder and Williams	사회학습/자아효능감

러한 인간의 노력, 지속, 또 방향은 동기의 세 가지 의미를 나타낸다. 이러한 동기의 세 가지 측면으로 동기유발이론을 논하면 내용이론과 과정이론, 환경기반이론 세 가지로 나눌 수 있다.

9. 인사고과

직무수행평가, 근무평가, 업적(실적)평가는 같은 용어로서 일반적으로 종업원이 얼마나 열심히 일하고, 업적을 올리고, 능력을 지니고 있는지를 평가하여 ① 승진·승격, 배치, 이동 등과 관련한 신분상의 의사결정, ② 인재를 육성개발하기 위한 교육훈련상의 의사결정, ③ 승급, 인센티브 및 복지후생 등과 같은 처우상의 의사 결정을 하기 위한 기준으로 활용되는 것이 일반적인 의미이다. 즉 인사상의 의사결정을 위한 정보수집 차원은 물론 전사적인 차원에서 경영관리의 효율을 높이기 위한 피드백 과정으로서의 의미가 강조된다.

〈**그림 11-5**〉 인사고과에서 파악하는 능력

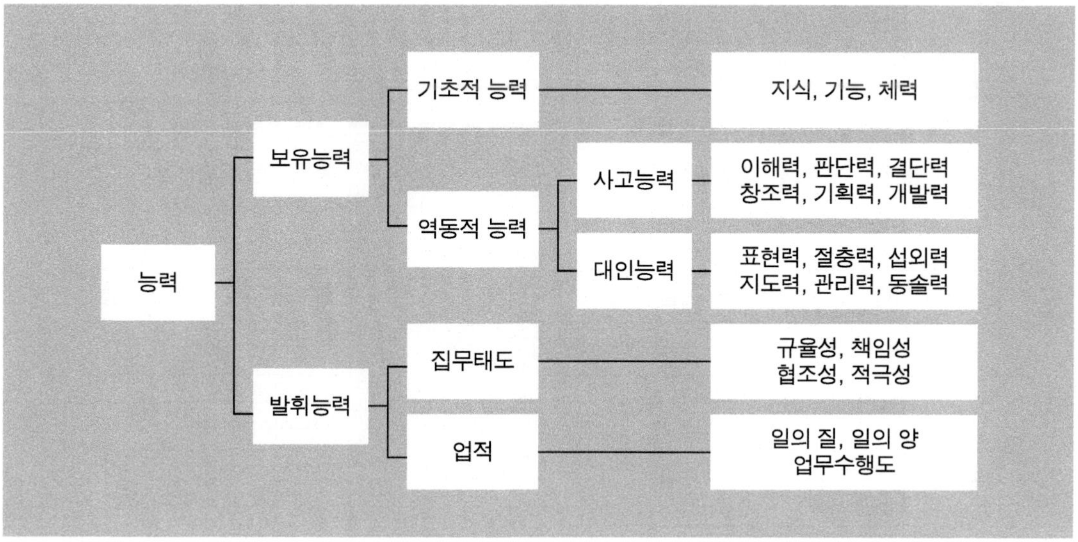

보유능력이란 종업원이 잠재적으로 가지고 있는 능력이고, 발휘능력이란 직무수행의 결과 발휘된 능력을 말한다.

인사평가 방법(performance appraisal)은 다양한 기준으로 분류를 할 수 있다. 먼저 평가의 내용과 기법이 어떠한가에 따라 구분해볼 수 있다. 평가내용은 자질을 측정하는 것과 행위를 측정하는 것 그리고 업적을 측정하는 것으로 구분해볼 수 있고, 측정기법으로는 척도를 이용하는 방법과 기타 방법으로 구분할 수 있다.

10. 인터넷 시대의 인적자원관리

시간이 흐름에 따라 조직 내 인력구성이 더욱 다양해지고 개인의 경력가치에 대한 욕구가 구체화, 적극화함에 따라 기존 전통적 인사기능으로는 다양한 종업원 및 현장의 욕구를 수용하고 신속하게 대응할 수 없게 되었다.

디지털 시대의 다양성과 복잡성을 관리하게 위해서는 인사관리방식도 개인의 욕구를 반영한 맞춤식 인사관리방식의 도입이 불가피하다. 이러한 새로운 인사관리의 실행을 위해서는 전통적인 방식인 서류위주 인적자원관리(paper-HRM) 체제로는 한계가 있다. 기존의 인사관리 대상과 범위가 변화함으로써 인적자원관리에 있어서도 제반 디지털환

〈그림 11-6〉 전통적 p-HRM과 e-HRM

	전통적 HRM	IT 기술	e-HRM
1. 관리형태	집단 차원의 관리	스피드	개별 차원의 관리
2. 작업환경	종이 중심 작업환경 물리적 사업장 근무시간의 제약	유연성	종이 없는 작업환경 가상작업공간 등장 근무시간 유연화, 탄력화
3. 필요기술	사람관리 기술		정보 관리 및 IT 관리 기술
4. 주요 인사 기능	데이터 관리 및 정보전달	다양성	전략적 인사관리
5. HR 담당자 역할	관리, 지원 역할 개인적 접촉 등	정확성	전문적인 자문, 어드바이저 역할
6. 정보수집 방법	비과학적 방법		컴퓨터 기반의 통계자료 및 과학적 방법
7. IT 활용도	수동적 대응	참여성	주도적 개발 요구

경에 기초하여 빠르고 혁신적인 변화를 시도하고 있다. 이와 같이 전통적인 인사관리와 구분된 디지털 시대의 새로운 인적자원관리가 디지털 인적자원관리(e-HRM)이다.

인사관리의 복잡성과 다양성을 효율적, 효과적으로 관리하고 구성원들에게 질 높은 서비스를 제공하기 위해서는 디지털 인적자원관리의 추진은 당연한 추세이다. 디지털 인적자원관리란 쌍방향 커뮤니케이션을 할 수 있는 인트라넷 또는 인터넷 등 정보기술 시스템을 활용하여 효율적이며 효과적으로 인사정보와 서비스를 조직 내의 구성원들에게 제공하는 체제를 의미한다. 디지털 인적자원관리의 적용 영역은 셀프 서비스, 온라인 채용, 컴퓨터를 활용한 평가, 인터넷을 활용한 교육훈련 등 제반 인사관리 기능 및 프로세스 관련 내용이 모두 포함된다.

사례

HRM에 부는 혁신의 바람
— 평가도 데이터와 분석으로, 조직 구성은 더 유연하게

2015년 8월 대표적인 글로벌기업 General Electric (GE)이 더는 줄 세우기식 연간 성과 평가를 하지 않겠다고 선언해 신선한 충격을 안겼다. GE의 발표 직후 미국의 유명 인적자원관리(HRM) 협회인 SHRM은 '이제 연간 성과 평가 시스템 시대는 끝난 것인가'라는 제목의 글을 내기도 했다. 비단 성과 관리 시스템에 국한된 이야기가 아니다. HRM 분야 전반에 불고 있는 변화의 바람이 심상치 않다.

얼마 전 '게임 체인저'의 저자 Ram Charan은 "요즘 최고경영자(CEO)들은 기술, 사업을 잘 모르는 HRM에 불만을 갖고 있다. 특히 '우리 사업에 필요한 사람들을 어디에서, 어떻게 구할 수 있는지' 조언하지 못하는 HRM에 회의를 품곤 한다"는 말로 많은 HRM 전문가를 불편하게 만들었다.

최근 몇 년간 기업들의 가장 중요한 화두 가운데 하나는 사업구조 변화다. 2015년에는 크고 작은 기업들의 인수합병(M&A) 및 매각이 이어져 M&A 역사상 거래 규모가 가장 큰 한 해가 됐다. 이런 상황에서 '새로운 사업구조에 필요한 인재를 언제, 어떻게, 어디에서 조달할지' 대안을 제시하지 못한다면, HRM에 대한 부정적 평가는 더 커질 공산이 크다. 2016년 초 세계경제포럼(WEF)이 글로벌기업 최고인사책임자(CHRO) 등을 대상으로 조사한 결과에서 '탤런트 갭(talent gap)을 메우는 일'이 가장 시급한 HRM 과제로 지목된 것도 놀라운 일이 아니다.

순위 매기기 OUT, 조직 더 유연하게

인력 관리를 잘하려면 새롭게 등장하는 인재 확보 방식들에 익숙해질 필요가 있다. 요즘엔 소수의 기술 인력이 스타트업을 창업하는 경우가 많아 이들을 일괄 확보하는 사례가 늘고 있다. 최근 프로바둑기사 이세돌 9단을 4승1패로 제압해 유명해진 인공지능 프로그램 알파고를 개발한 Google 딥마인드도 20명 정도로 이뤄진 스타트업이었다. 미국 지역에서는 LinkedIn, Monster.com 등 온라인 탤런트 플랫폼 활용이 당연시되고 있으며, 분석기술을 사용한 지원자 스크리닝도 이뤄진다. 기존 구성원 대상의 재교육에 대한 관심도 높다. 온라인공개강좌(MOOC), 사내 소셜 네트워크 등이 적극 활용된다.

GE를 비롯해 Microsoft, Sysco 등 많은 기업이 기존 성과 관리 시스템을 전면 개편하고 있다. 개편 내용은 크게 두 가지다. 첫째, 순위 매기기를 버리고 있다. 직원의 지적 창의성이 기업 경쟁력의 핵심 요소로 부각되는 상황에서, 순위를 통해 구성원 간 상호 경쟁을 부추기는 것이 적절치 않다는 인식 때문이다. Microsoft 측은 "우리가 경쟁자들보다 창의적이지 못했던 주요 원인 가운데 하나가 순위 매기기 방식에 있다고 본다"는 말도 했다. 둘째, 1년 단위 평가 프로세스를 버리고 업무과정에서의 수시 코칭을 강조한다. HRM 전문가인 Josh Bersin은 "성과 관리는 '업무과정 중 수시로 대화하며 더 나은 대안을 만드는 활동'으로 변화하고 있다"고 말한다(그림 1 참조). GE는 'PD@GE(Performance Development at GE)'라는 사내 전용 애플리케이션(앱)을 도입 중이다. 이 앱에는 구성원 각자가 해야 할 일들이 올라오며, 리더들은 이에 대해 수시로 코멘트하고 논의한다. GE에서 리더들은 구성원을 평가

▼ 〈그림 1〉 성과 관리 시스템의 변화 방향

톱다운 연간 평가 프로세스 (Top-down Annual Performance Process)

- 톱다운 방식/목표의 하부 전개
- 연간 행사/관료주의적 활동
- 수많은 양식과 문서
- 순위 결정과 강제 할당에 초점
- 순위와 보상 직결
- HRM에서 주도

⬇

연속적인 관리/피드백 (Continuous Management and Feedback)

- 팀 중심/조직 상하 간 목표 연계, 유연한 적용
- 지속적인 수시 체크
- 모바일 기반, 간단하고 사용하기 편한 툴
- 지속적인 성장과 개발에 초점/No ranking
- 다양한 요소에 기반을 둔 보상 결정
- 현장 중심의 시스템

해 순위를 매기는 것이 아니라 잘할 수 있도록 도와주는 일을 해야 한다. 구성원은 '인사이트(insights)'라는 탭을 통해 동료나 다른 부서 사람들에게도 의견을 요청할 수 있다.

요즘처럼 급변하는 환경 속에서 1년에 한 번 조직도를 그리는 방식으로 조직을 운영하는 것은 더는 유용하지 않다. 그렇다고 수시로 조직의 근간을 흔드는 것도 바람직하지 않다. 바뀐 조직에 적응하려고 노력하는 구성원의 피로감만 높일 수 있다. 요즘 기업들은 '대기업의 안정성과 스타트업의 기민성(agility)을 어떻게 조화롭게 밸런싱하면서 조직을 운영할 것인가'에 대해 저마다의 방식을 고민하며 실험하고 있다. 예컨대 GE, Qualcomm, Intuit 같은 기업들은 '린 스타트업 방식(Lean Startup Practices)'을 시험 중이다. GE는 몇 년 전부터 '식스시그마' 후속 프로그램으로 '패스트웍스(FastWorks)'라는 이름의 린 스타트업 방식을 도입했다. GE 가전사업부는 '퍼스트빌드(Firstbuild)'라는 작은 실험용 공장을 운영한다. 구성원의 아이디어 가운데 의미 있다고 판단된 내용들에 대해서는 실험용 공장에서 소규모로 생산해 시장 성공 가능성을 미리 타진해본다. 성공 가능성이 낮으면 빨리 폐기하고 다른 아이디어를 실험한다. 이 과정을 크라우드소싱과 연계하기도 한다. 소비자로부터 아이디어를 받기도 하고, 소비자에게 제품 기능을 미리 공개해 사전 주문을 받아 소량을 제작하기도 한다. 구성원은 이런 과정을 통해 유망한 프로젝트를 중심으로 모였다 흩어졌다 하며 유연하게 일한다.

HRM 분석기술의 확산

HRM 분야에서도 분석기술을 도입하려는 시도가 활발하다. 대표주자인 미국 인터넷기업 Google 측은 "사람과 관련한 모든 의사결정은 데이터와 분석에 기반을 둔다"고 말한다. Google은 HRM 관련 업무를 수행하는 부서에 'People Operations'라는 이름을 붙였다. 하부조직인 'People Analytics'에서 각종 빅데이터를 분석한다. 채용, 유지, 인력 수요 예측 등 각종 HRM 알고리즘을 개발하고, 사업 니즈에 따라 다양한 분석기법을 만든다. '천재 개발자들은 평균 대비 300배 정도 중요한 성과를 창출한다' 같은 분석 결과도 제시한다. 알고리즘을 직접 개발하기보다 전문업체에 의뢰하는 경우도 많다. HRM 분석기술 솔루션을 제공하는 정보기술(IT) 전문기업도 많이 생기고 있다. 이러한 IT 솔루션에 대한 기업들의 신뢰가 아직까지 높은 편은 아니지만, 여러 기업은 일부 사업 영역에 파일럿 테스트를 하면서 가능성을 지속적으로 타진하고 있다.

구성원의 정보를 다양하게 확보하려는 노력도 활발하다. 휴머니즈(Humanyze)라는 회사는 구성원의 움직임, 언행, 다른 사람들과의 교류 등을 기록할 수 있는 소시오메트릭 배지(Sociometric Badges)를 개발했다(그림 참조). 개인정보 노출 등 윤리적 문제가 제기되고 있지만, 더 많은 정보를 얻으려는 기업들의 노력은 지속될 것으로 보인다.

2016년 초 콘퍼런스 보드가 글로벌 CEO 약 1,000명을 대상으로 실시한 조사에 따르면 2015년에 이어 2016년도 CEO들이 가장 주목하는 이슈는 인적자원인 것으로 나타났다. 최고경영층의 이러한 인식을 바탕으로 HRM 영역에서의 변화 움직임은 앞으로 더욱 활발해질 것으로 예상된다. 다만 사람, 조직과 관련된 이슈들은 단기간에 해결하기가 쉽지 않다. 조급하게 서두르면 오히려 사기 저하, 냉소주의 등 부작용이 나타나기 쉽기 때문이다.

▼ 〈그림 2〉 휴머니즈의 소시오메트릭 배지

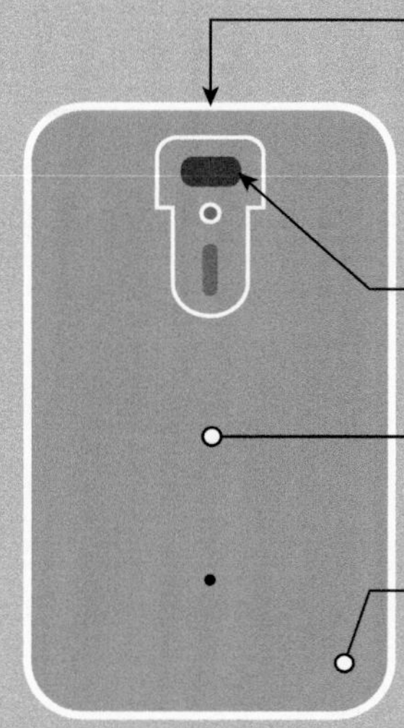

자료: 주간동아, 2016년 3월 21일.

연습문제

1. 품질향상을 위해 인적자원관리의 중요성과 범위에 대해서 설명하라.
2. 품질향상을 위한 조직설계 및 품질개선을 위한 팀의 구성을 설명하라.
3. 고성과 작업시스템의 설계를 위해서 직무설계, 종업원참여, 권한부여, 모집과 경력개발, 교육훈련, 보상과 인정, 종업원 복지, 동기부여, 인사고과 등을 설명하라.
4. 인터넷 시대에서 인적자원관리를 설명하라.

참고문헌

김기영 외 공저 (1999), 품질경영, 박영사.

김연성 외 공저 (2015), 품질경영론, 제5판, 박영사.

안상형·이관석·이명호 (2008), 21세기품질경영, 박영사.

Evans, J. R. and Lindsay, W. M. (2014), *The Management and Control of Quality*, 9th ed., South-Western Cengage Learning.

Hackman, J. R. and Oldman, G. R. (1980), *Work Redesign*, Addison-Wosley Publishing, p. 90.

Robbins, H. A. and Finley, M. (1995), *Why Teams Don't Work:What Went Wrong And How To Make it Right*, Princeton, NJ: Peterson's/Pacesetter Books, pp. 14-15.

PART 03

품질을 통한 경쟁력 향상

12장 설계품질의 관리

13장 제조품질의 관리

제12장
설계품질의 관리

학습목표

1. 설계품질의 개념을 이해한다.
2. 개념개발을 위한 기법에 대해서 이해한다.
3. 설계개발을 위한 기법에 대해서 알아본다.
4. 최적화 기법에 대해서 이해한다.
5. 설계검증을 위한 공정능력에 대해 이해한다.

사례

한국GM의 디자인 경영

GM(General Motors)이 한국 사업장이 가진 경쟁력과 중요성을 강조하면서 국내 철수설을 일축했다. 연구개발(R&D) 법인과 GM아시아태평양지역본부 설립, 창원 도장공장 착공, 글로벌 신차 배정 등 최근 추진된 대규모 투자가 한국 사업장 운영에 대한 강력한 의지를 입증한다는 설명이다.

GM은 2019년 6월 25일 인천 부평 소재 GM 한국 디자인센터에서 언론을 대상으로 '2019 Chevrolet 디자인 프로그램'을 진행했다. 이번 프로그램은 국내 사업장 지속가능성을 재확인하는 차원에서 마련되었다.

행사에는 Julian Blissett GM 수석부사장 겸 GM 해외사업부문(GMI) 사장을 비롯해 Kaher Kazem 한국GM 사장, Roberto Rempel GM테크니컬센터코리아(GMTCK) 사장 등 글로벌 GM 주요 임원진이 참석했다. 이날 GM은 2018년 한국 사업 미래 계획 확정 후 단기간 이룬 성과와 미래 사업을 위해 지속적으로 추진 중인 국내 투자 등 전반적인 회사 경영 현황을 공유했다.

Julian Blissett GMI 사장은 "GMTCK는 신차 개발 분야에서 한국 사업장의 경쟁력을 입증하는 조직으로 글로벌 GM 내에서 두 번째로 큰 규모의 디자인과 엔지니어링 센터를 갖추고 있다"며 "한국 사업장은 견실한 브랜드와 제품 라인업을 바탕으로 글로벌 제품 생산에 있어 중요한 역할을 맡고 있다"고 말했다.

이어 "2018년에 GM은 한국 사업장에 차세대 SUV와 CUV 글로벌 모델 프로그램을 배정하는 등 미래 전략 제품 생산을 추진하기 위해 대규모 투자를 결정한 바 있다"며 "이제는 투자에 대한 성과를 보여줄 시기가 도래했다"고 강조했다.

Julian Blissett 사장은 2018년에 한국 GM이 위기를 벗어날 수 있었던 것에 대해서도 감사의 말을 전했다. "산업은행과 한국 정부, 국내 협력사, 노동조합, 임직원 등 이해 관계자들의 지원과 희생에 감사드린다"며 "이러한 지원을 바탕으로 견고하고 수익성을 갖춘 한국 사업장의 미래를 만들 수 있을 것으로 확신한다"고 했다.

Kaher Kazem 한국 GM 사장은 "글로벌 소형 SUV 생산 연장을 위해 5,000만 달러(약 578억 원)를 투입하고 차세대 CUV 생산을 위한 창원 도장공장을 착공했다"며 "견고한 미래를 위해 계획된 투자가 차질 없이 이행되고 있다"고 전했다. 또한 "Chevrolet 브랜드는 향후 5년 동안 신차 및 부분변경 모델 15종을 한국에 출시할 계획을 밝히고 2018년부터 신차를 출시해오고 있다"며 "2019년 하반기에는 한국 내 스포츠유틸리티 차량(SUV) 시장에 변혁을 불러올 픽업트럭 '콜로라도'와 대형 SUV '트래버스'를 각각 8월 말과 9월 초에 출시할 것"이라고 밝혔다.

Roberto Rempel GMTCK 사장은 한국에 신설된 GM테크니컬센터코리아를 소개했다. Roberto Rempel 사장은 "GMTCK는 GM 글로벌 R&D센터 내에서 차량 개발을 위해 필요한 모든 설비와 자원을 갖춘 핵심 사업장"이라며 "글로벌 GM 내에서 두 번째로 큰 규모를 갖춘 R&D센터로 신차개발과 인포테인먼트, 엔진 및 변속기, 전기차 등 상당한 영역에서 글로벌 신차 개발을 이끌고 있다"고 전했다.

Roberto Rempel GMTCK 사장은 한국에 신설된 GM테크니컬센터코리아를 소개했다. Roberto 사장은 "GMTCK는 GM 글로벌 R&D센터 내에서 차량 개발을 위해 필요한 모든 설비와 자원을 갖춘 핵심 사업장"이라며 "글로벌 GM 내에서 두 번째로 큰 규모를 갖춘 R&D센터로 신차개발과 인포테인먼트, 엔진 및 변속기, 전기차 등 상당한 영역에서 글로벌 신차 개발을 이끌고 있다"고 전했다.

GM은 GMTCK가 국내는 물론 미국과 중국, 남미 등 다양한 국가에서 생산되는 차량 개발 프로젝트에 투입되며 전체 엔지니어 중 약 25%가 GM의 전기차 개발을 담당해 미래 시장에서 중추적인 역할을 수행하고 있다고 강조했다. 또한 2018년 배정받은 차세대 SUV와 CUV 개발을 순조롭게 진행하고 있고 글로벌 차량 연구개발 업무 지원을 위해 최근 100명 규모 엔지니어를 신규 채용했다고 설명했다.

이날 행사가 열린 GM 한국 디자인센터의 경우 전 세계 6개의 GM 글로벌 디자인스튜디오 중 북미 스튜디오 다음으로 가장 규모가 큰 디자인 시설이다. 글로벌 제품 디자인의 핵심 거점 역할을 맡고 있으며 150여 명의 디자이너와 직원들이 근무하고 있다. 2014년 약 400억 원이 투입되어 시설이 2배가량 확장됐고 디자인 작업에 활용할 수 있는 최신 3D 디지털 설비가 도입됐다.

한국 GM 관계자는 "GM 한국 디자인센터는 Chevrolet를 비롯해 Buick과 Cadillac 등 글로벌 GM 내 다양한 브랜드 모델 디자인 작업에도 투입된다"며 "글로벌 시장에 수출되는 스파크와 트랙스, 볼트EV 등 브랜드 대표 제품 디자인을 담당하면서 우수한 경쟁력과 역량을 입증해 왔다"고 말했다.

자료: 동아닷컴, 2019년 6월 25일.

제1절 설계품질의 개념

품질은 설계로부터 시작한다. 공정이 아무리 우수하다고 생산기술이 좋아도 설계가 잘못되면 제품의 품질은 좋아지지 않는다. 잘못된 제품 설계는 불량품만을 생산할 뿐이다.

Taguchi는 모든 불량품의 불량 원인 중 80%는 설계를 잘못하였기 때문이라고 하였다. 그리고 품질과 관련된 비용을 감소시키기 위해서는 제품설계 때부터 품질을 고려해야 한다. 제조품의 비용 중 약 80%는 제품을 설계할 때 결정된다고 하였다. 공정 단계를 많이 거치면 거칠수록 후에 발견된 불량품은 비용을 더 증가시킨다. 그러므로 불량과 관련된 비용을 감소시키기 위해서는 초기서부터 불량을 예방하는 것이 최선이다.

설계품질과 관련되어 이를 향상시킬 수 있는 방법이 식스시그마를 위한 설계(DFSS)이다. **식스시그마를 위한 설계(DFSS)**(design for six sigma)란 식스시그마 관점에서 디자인을 하자는 것으로 공정의 문제를 해결하여 결점이 없는 제품을 고객에게 제공하자는 방법론이다.

그러나 GE는 이러한 식스시그마를 벤치마킹하면서 결점 해결이라는 협의의 관점보다는 그 속에 내포된 고객사상을 통해 성능 좋은, 결점 없는 제품을, 모든 기능을 갖춰야 한다는 것이 아닌 고객이 만족할 수 있는 품질('CTQ's)를 갖추고, 고객이 중요하게 고려하는 결점이 없는 제품을 만드는데 식스시그마를 활용하였다. 여기에서 DFSS가 탄생하였고, 이러한 혁신방법을 가치혁신이라고 할 수 있다.

DFSS는 네 가지의 기본적인 활동으로 구성되어 있다.

첫째, **개념개발**(concept development)은 고객의 요구사항, 기술적 능력, 경제적 실현가능성에 기반을 두고 결정되는 제품·서비스의 기능성이다.

둘째, **설계개발**(design development)은 제조 및 배달에 요구되는 제품·서비스를 충족시키기 위해서 제품 및 공정의 성능에 초점을 맞추는 것이다.

셋째, **설계최적화**(design optimization)는 생산 및 사용 시에 일어날 수 있는 변동을 최소화하는 것이다.

마지막으로 **설계검증**(design verification)은 생산 시스템이 적합한 시그마 수준을 맞추기 위한 능력을 확인하는 것이다.

이 활동들을 위한 기법들을 차례로 설명한다.

제2절 개념개발을 위한 기법 — 품질기능전개(QFD)

고객의 요구사항을 수렴하여 제품설계 단계에서부터 포함시키기 위하여 활용되는 방법 중 하나가 **품질기능전개(QFD)**(quality function deployment)일 것이다. 품질기능 전개는 기능(function)과 전개(deployment)를 합성한 단어이다. 품질기능 전개는 원가절감을 목적으로 미쯔비시 조선의 고베조선소에 의하여 처음으로 소개되었는데 Toyota 자동차는 마케팅, 설계 및 생산 등 범 기능적인 인력으로 구성된 팀의 활용을 통하여 설계시간을 60% 이상 단축함으로 하여 원가절감을 이룩한 사례가 있다.

QFD 과정은 제품의 특성을 결정하기 위한 고객 요구사항의 수렴 및 분석으로부터 시작된다고 할 수 있는데, 시장조사를 통하여 제품에 대한 고객의 요구사항 및 선호도를 도출하고 이는 다시 '고객 요구 충족사항(customer requirements)'이라고 불리는 세부적인 설계 요구사항으로 정리된다. 이미 두 경쟁업체가 있는 지역에 새로운 피트니스 센터를 디자인할 때 QFD를 활용한 사례 중의 하나를 예를 들어보았다.

고객 요구사항에 관한 정보는 〈그림 12-1〉과 같이 품질의 집(HOQ)이라고 불리는

〈그림 12-1〉 품질의 집

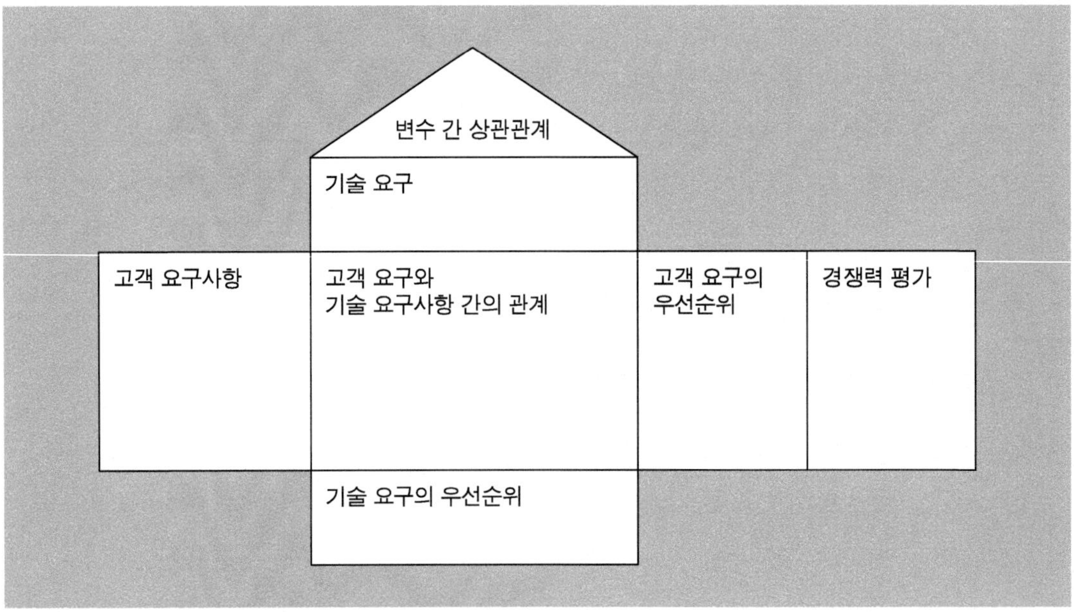

자료: 이창원 외 공역 (2015), 품질경영, 한경사, p. 329.

매트릭스 형태로 정리되는데, 이 매트릭스는 고객의 요구사항들을 생산 및 설계의 기본 목표로 전환하는 작업을 도와주게 된다. 이와 같은 과정은 제품설계 및 생산과 관련이 되어 있는 모든 부서들 간의 긴밀한 협조를 유도할 수 있으며, 다른 부서의 목표들에 대한 이해를 촉진하여 고객만족을 위한 보다 나은 결과를 도출할 수 있게 해주는 것이다.

1. 고객의 인지도 비교

고객이 결정하는 중요도는 가장 관심 있는 부분을 나타낸다. 경쟁제품과의 비교는 시장에서 자사제품이 갖는 절대적 강점과 약점을 나타내기 때문에 품질개선의 기회를 제시한다.

2. 고객 요구사항의 기술 요구로 전환

고객의 요구를 어떻게 하여 설계 요구를 만족시켜야 할 것인가를 결정해야 한다. 각각의 고객 요구사항과 관련된 기술 요구(engineering characteristics)는 설계팀에 의하여 작성된다. 이러한 기술 요구는 고객 요구의 하나 또는 둘 이상에 영향을 미친다. 고객의 요구는 애매하고 추상적인 용어로 표현되지만 기술 요구는 측정 가능한 기술적 용어로 표현되어야 한다. 왜냐하면 이는 나중에 객관적 목표치와 비교할 수 있어야 하기 때문이다.

3. 고객 요구사항과 기술 요구의 관계

일단 고객의 요구와 이에 대응하는 기술 요구가 나열되면 각 기술 요구가 각 고객 요구에 얼마나 영향을 미칠 수 있는지를 분석한다. 이러한 분석은 기술자의 경험, 고객의 반응, 통계적 연구 등을 통해서 평가된다. 그런데 각 기술 요구는 하나 이상의 고객 요구에 영향을 미칠 수 있고 또한 어떤 고객 요구에 대응하는 기술 요구가 다른 고객 요구사항에는 역효과를 나타낼 수가 있기 때문에 이러한 상관관계는 매우 복잡하다고 할 수 있다.

〈**그림 12-2**〉 품질의 집에서 고객의 소리

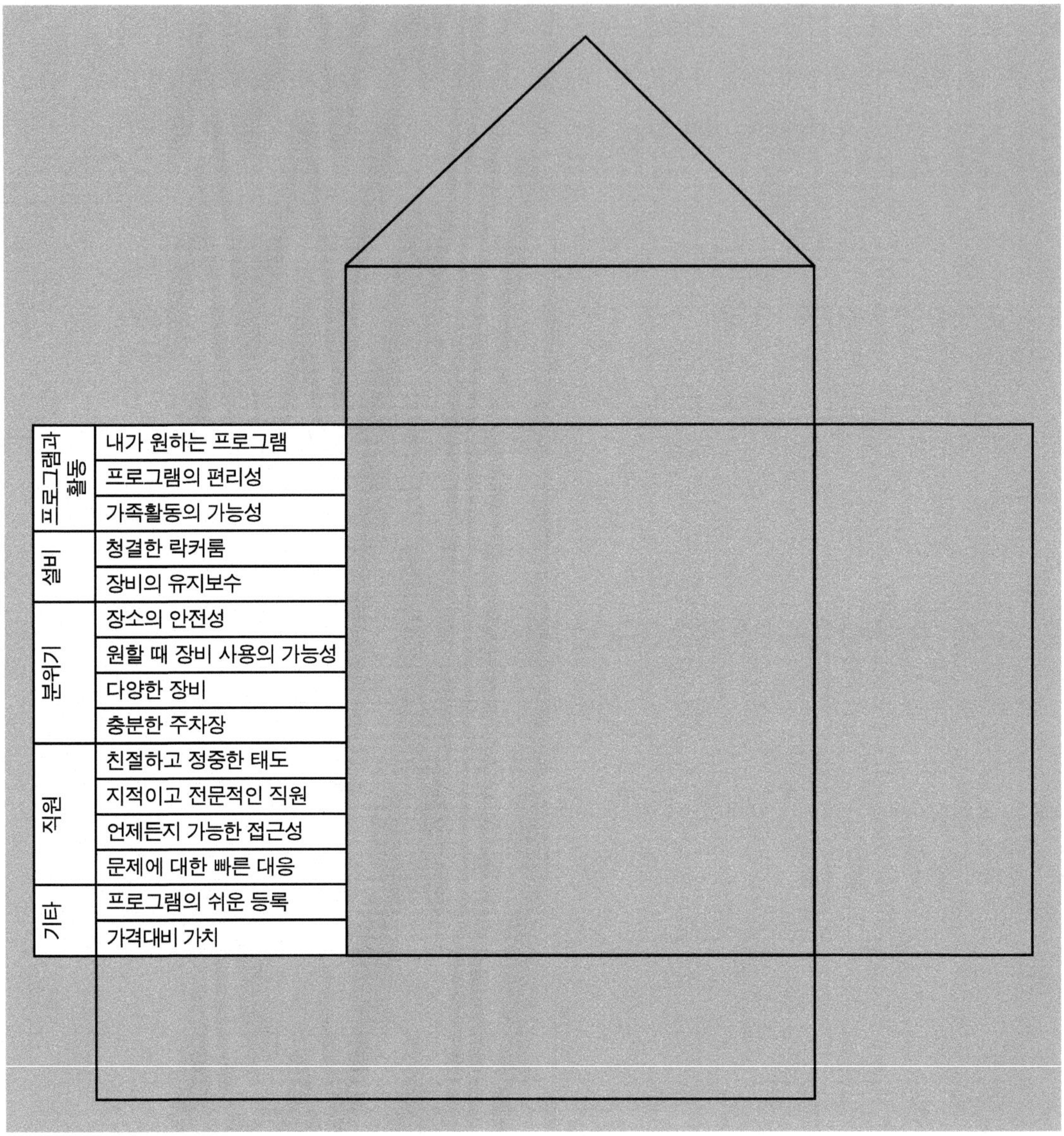

자료: 이창원 외 공역 (2015), 품질경영, 한경사, p. 330.

고객 요구와 기술 요구 사이의 상관관계와 그의 강도를 표시한다. 이러한 관계 표를 작성함으로써 고객의 요구 혹은 기대를 충분히 만족시킬 기술 요구가 있는지 밝힐 수 있다.

〈**그림 12-3**〉 기술 요구 평가, 목표 그리고 전개

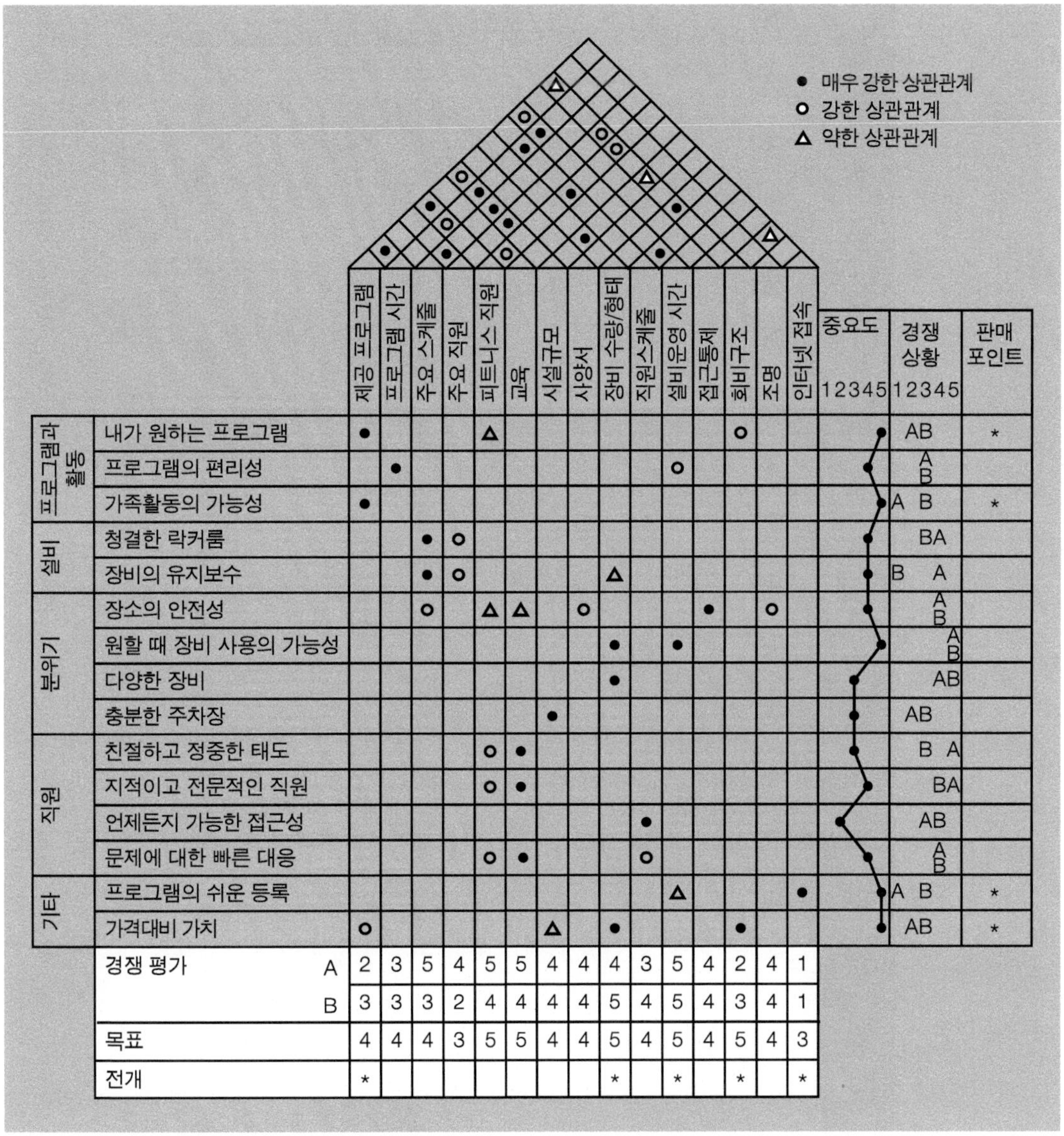

자료: 이창원 외 공역 (2015), 품질경영, 한경사, p. 335.

4. 기술 요구의 비교와 목표치의 설정

일단 팀이 고객의 소리를 규명하고 이를 기술 요구에 연관을 지은 후에는 각 기술 요구에 해당하는 객관적 측정치 항목을(측정단위, 자사제품, 타사제품) 비교, 평가한 다음에 목표치를 설정하기 위해서는 기술적난이도와 그의 중요도 예상비용 등을 추가해야 한

〈그림 12-4〉 자동차업체의 신제품설계 후 제조에 이를 때까지 설계변경 횟수

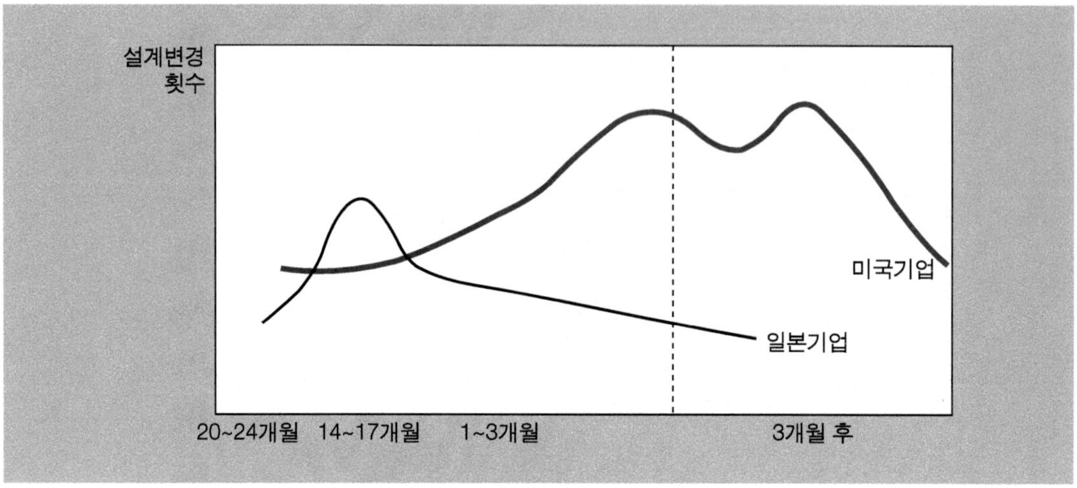

다. 예컨대, 피트니스 센터에서 경쟁사 B와 비교하여 약한 평가를 받는 제공 프로그램, 장비 수량/형태, 설비 운영 시간, 회비 구조, 인터넷 접속 등은 새롭게 향상 목표를 수립하고 이를 개선하는 활동을 전개해야 한다.

제품설계의 단계부터 품질에 대한 고려가 필요하다. 〈그림 12-4〉는 설계에서 제조에 이르기까지 일본기업과 미국기업의 설계변경 특성을 보여주고 있다. 일본 자동차회사는 설계변경의 90%가 작업 시작 전에 끝나는데 반해 미국의 자동차회사에서는 제조과정에서도 끊임없이 설계가 변경되고 있음을 보여주고 있다.

품질의 집 전개과정의 첫 번째 단계는 고객 요구사항에 대한 명세표를 개발하는 것이다. 명세표에 명시된 고객 요구사항들은 다시 상대적 중요도에 따라 정리되며 이 과정에서 고객은 다시 한 번 경쟁기업과 자사의 제품에 대한 비교를 요구받게 된다. 다음 단계는 제품의 기술적 요구를 개발하는 단계인데 본 단계에서는 고객 요구사항을 충족할 수 있는 기술적 요구가 개발된다.

〈그림 12-5〉에서 보는 바와 같이 이 단계들의 연결체제는 전 단계의 '어떻게(How)'가 다음 단계의 '무엇(What)'이 되는 방식으로 이루어진다. 예를 들면 첫 번째 집은 고객의 소리(고객 요구)를 제품의 전반적 기술 요구와 연관을 지으며, 두 번째 집은 기술 요구를 구성요인 특성과 관련지으며, 세 번째 집은 구성요인 특성을 프로세스 운영과 연관 짓고, 마지막은 프로세스 운영과 품질관리계획과 연관 짓는다. 이러한 방식으로 생산 프로세스의

〈그림 12-5〉 각 단계로 연결된 품질의 집

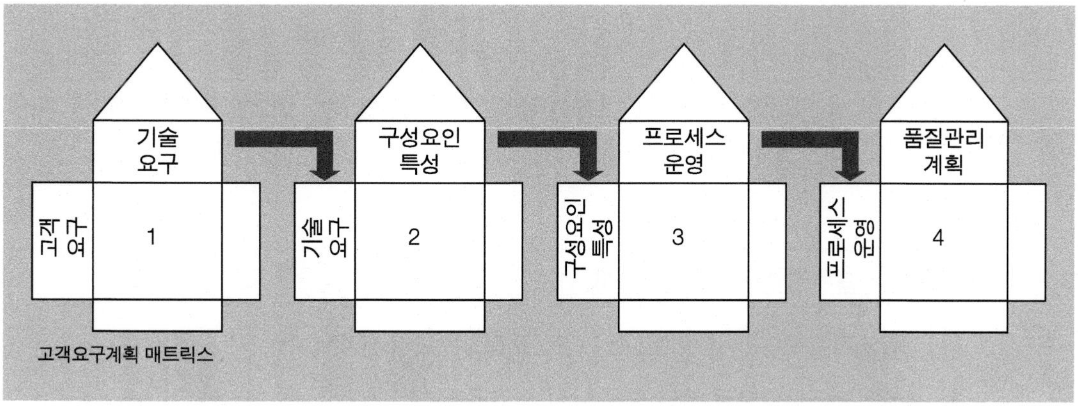

자료: 이창원 외 공역 (2015), 품질경영, 한경사, p. 328.

설계와 품질측정 선택을 포함한 모든 설계와 생산결정은 고객의 소리를 반영하게 된다. 이 프로세스가 정확하게 적용되면 최종제품은 고객의 요구를 모두 수용한 것이 된다.

5. 제품설계

제품설계 단계에서는 제품이나 서비스에 대한 고객의 요구조건들은 규정하는데 QFD가 도움을 준다. 제품개념이 정립되면 팀은 모델의 전개를 시작한다.

6. 구성요인 전개

여기서 제품이나 서비스를 생산하는 데 필요한 부품이나 성분들이 결정된다. 이 단계에서 드러난 부품들은 고객에 의해서 제시된 제품의 요구사항을 충족시키는 일과 깊은 관계를 갖고 있다.

7. 프로세스 운영

이 단계에서 드러난 프로세스들은 고객들에 의해서 제시된 제품에 대한 요구사항을 가장 잘 충족시킨다.

8. 품질관리계획

품질관리계획에서 제품생산에 대한 요구조건들이 전개된다. 프로세스 운영 단계에서의 방법들은 이 마지막 단계에서 내용이 된다. 여기서 결정된 생산방법들을 가지고 회사는 고객의 요구를 만족시킬 수 있는 높은 품질의 제품을 생산할 수 있게 된다.

예제 품질기능전개의 활용 예

(1) 품질기능전개 구성 요소1 — 고객의 요구사항

1. 고객 요구사항으로부터 요구품질을 추출한다.

요구품질 추출과 그룹화 방법은 다음과 같다. 직접 면접조사를 통해 얻은 고객 요구 데이터와 일상 업무를 통해 축적되어 있던 자료를 분석(Scene 전개)하여 요구품질을 추출하고, 이것을 정리(KJ 그룹화법을 이용)하여 품질표에 정리한다.

여기서 요구품질은 제공되는 상품에 대한 요구사항 즉, 품질에 관한 요구를 고객의 언어로 표현한 것이다.

KJ 그룹화법은 아이디어 창출과 정보의 구조적 조합을 위한 방법으로 일본 동경 공업전문대 문화인류학과 교수 Kawakita Jiro가 1964년에 브레인스토밍(brain storming) 개선을 위하여 개발한 방법이다.

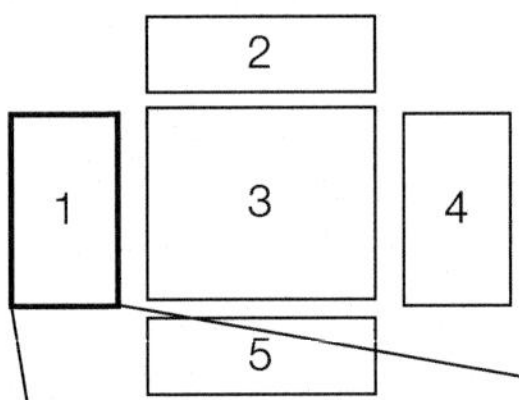

조작이 용이하다.	휴대하기 간편하다.	가지고 다니기 좋다. 작아서 편리하다. 가벼워서 편리하다. 안전하게 들 수 있다.
	조작 중 피곤하지 않다.	무게가 적당하다. 크기가 알맞다.
	조작법이 간단하다.	사용법이 알기 쉽다. 초보자도 조종하기 쉽다.

(2) 품질기능전개 구성 요소2 — 설계 특성

2. 설계특성을 추출한다.

고객의 언어인 요구품질을 설계특성(기술적 언어)으로 바꾼다. 설계특성의 추출은 추상적인 고객의 요구를 기술적인 언어로 변환해가는 과정이며, 요구품질을 평가 계획할 수 있는 품질요소 즉, 설계특성을 추출한다.

설계특성의 정리는 앞의 요구품질과 동일한 방법으로 KJ 그룹화법을 이용해서 1, 2, 3차 레벨로 그룹화하고, 품질표에 기입한다.

- 설계(품질)특성: 품질을 평가하는 척도이며 계획 가능한 성질이나 성능을 말함.

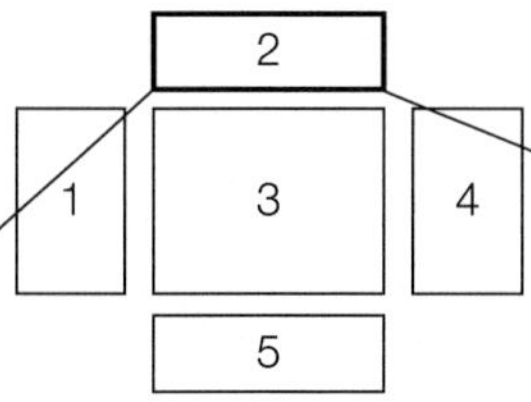

조작성			전기적 성능			
조작 편의성		휴대성	TRS 특성			IS 특성
버튼 수	기능 구현 동작 수	형상 중량	소비 전류	전기적 온도 특성	동작 전압 범위	주파수

(3) 품질기능전개 구성 요소3 — 요구품질과 설계특성 간의 관련성

3. 1에서 추출한 요구품질과 2에서 추출한 설계(품질)특성 간의 관련정도를 분석한다.

설계(품질)특성 등을 통해서 고객의 요구를 어느 정도 만족시킬 수 있는지를 생각하여 하나하나의 관련 정도를 파악한다.

관련 정도는 다음의 네 가지로 구분하여 표시한다.

- 절대적으로 관련있음: ◎
- 관련있음: ○
- 관련이 있으나 약함: △
- 관련없음: Blank

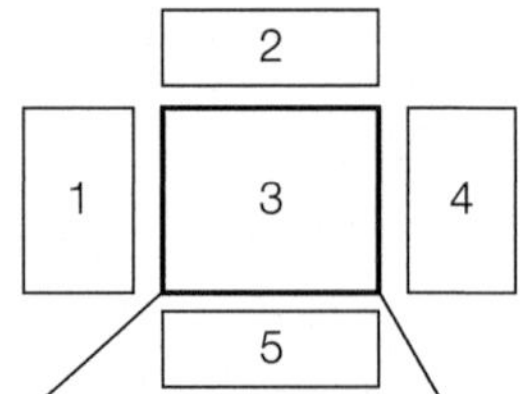

			조작성				전기적 성능			
			조작 편의성		휴대성		TRS 특성			IS 특성
			버튼 수	기능 구현 동작 수	형상	중량	소비 전류	전기적 온도 특성	동작 전압 범위	주파수
조작이 용이하다.	휴대하기 간편하다.	가지고 다니기 좋다.			◎	○				
		작아서 편리하다.				△				
		가벼워서 편리하다.				◎				
		안전하게 들 수 있다.			◎					
	조작 중 피곤하지 않다.	무게가 적당하다.				◎				
		크기가 알맞다.				△				
	조작법이 간단하다.	사용법이 알기 쉽다.	◎							
		초보자도 조종하기 쉽다.		◎						

(4) 품질기능전개 구성 요소4 — 중요도 산출, 경쟁사분석

4. 요구품질의 중요도 산출 및 경쟁사분석, 기획품질 등을 산출한다.

요구품질 중요도는 2차 고객조사를 통해 고객으로부터 요구품질 간의 중요도를 평가받는다.

경쟁사분석은 요구품질에 대해 자사 및 타 경쟁사들의 제품을 만족시키는 수준을 조사한다.

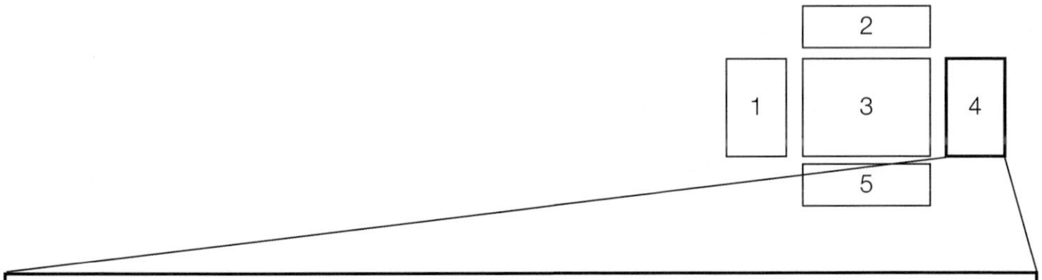

품질기획									
중요도	비교분석				기획			가중치	
	자사	타사			기획품질	레벨업율	세일즈포인트	가중치	절대가중치
		X	Y	Z					
3	3	4	4	2	5	1.67	◎	7.5	8.35
3	4	5	4	5	5	1.25		3.8	4.2
4	4	5	3	3	5	1.25	○	4.5	5.1
3	3	3	3	2	3	1		4.0	4.5
3	4	4	3	3	4	1	○	3.9	4.2
2	3	3	2	4	3	1		4.5	5.1

이것 역시 고객으로부터 직접 평가를 받는다.

기획품질 설정은 요구품질 중요도와 경쟁사분석결과를 참고로 하여 차기 개발제품의 품질 수준을 전략적으로 설정한다.

가중치 계산은 요구품질의 중요도를 설계(품질) 특성의 중요도로 변환시키기 위함이다.

(5) 품질기능전개 구성 요소5 — 기술 특성치 비교, 설계품질 목표치 설정

5. 기술 특성치의 비교와 설계품질 목표치의 설정이다.

품질특성 중요도는 4에서 산출한 요구품질 중요도를 요구품질-품질특성의 관련 정도를 고려해서 품질특성 중요도로 변환시킨다.

경쟁사와 비교는 기존에 가지고 있던 데이터를 참고하거나, 경쟁사 제품을 직접 테스트해서 비교하고 신규 개발형의 제품은 현재의 기술수준으로부터 예상해서 비교한다.

설계품질 목표치의 설정은 품질특성 중요도, 경쟁사 비교 등의 결과를 참고해서 설계의 목표수준을 설정한다. 특히, 설계품질의 목표 레벨이 현재의 기술수준으로 실현 불가능한 경우는 애로공정(bottleneck) 기술로 선정하여 관리하도록 한다.

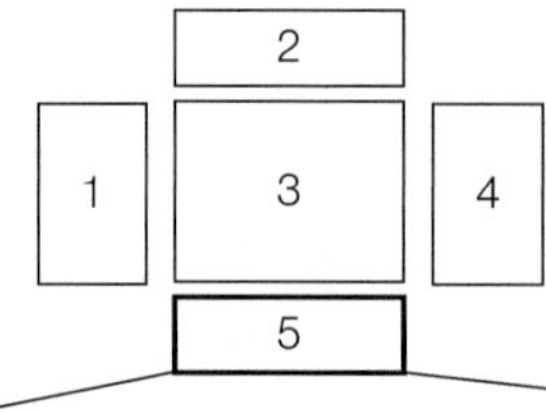

품질특성 중요도			20	38	56	18	22	67
비교 분석	자사		3	2	4	3	5	2
	타사	X	4	2	3	3	5	3
		Y	2	3	3	4	4	3
		Z	3	4	3	2	4	4
설계품질								

제3절 설계개발을 위한 기법

개념을 선택한 뒤 세부적으로 설계자의 개념을 나타내고 경제적이고 효율적이며 고품질의 제품생산을 위해 공정설계를 시작한다. 이러한 개념을 설명하기 위해 마이크로프로세스를 예로 들어본다. 〈그림 12-6〉은 마이크로프로세스의 치수와 허용차를 보여주고 있다.

전통적인 개발, 설계단계에서는 상세설계는 시행착오로 이를 이행하지만, 품질공학에서는 이 부분도 계통적으로 접근하여 경제성 평가를 도입한 설계를 행하는데, 이것

〈그림 12-6〉 마이크로프로세서 명세

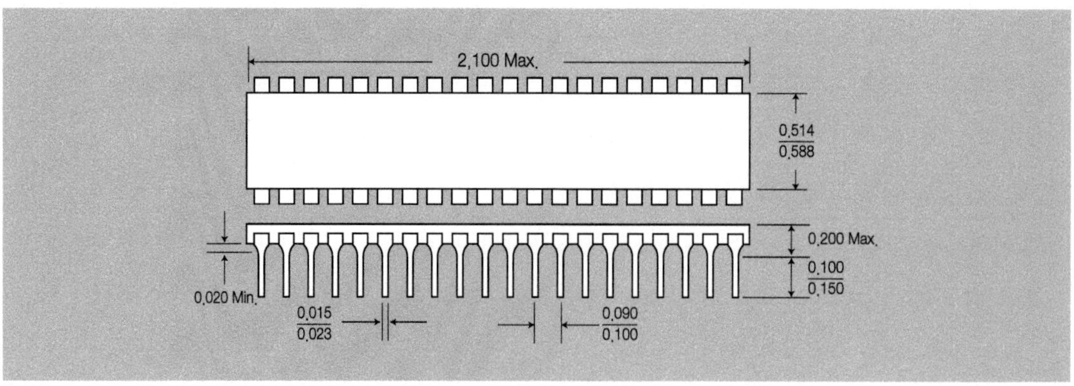

을 **허용차설계**(tolerance design)라 한다. 허용차가 크면 품질변동이 커지고 허용차를 좁히면 생산비용이 증가하는 트레이드 오프(trade-off) 관계가 형성되므로 허용차설계에서는 품질변동에 따른 소비자의 손실과 생산 비용의 증가를 고려하여 허용차를 결정한다.

이 장에서는 두 가지 일반적인 접근방식인 설계고장모드 영향해석(DFMEA)과 신뢰도예측(reliability prediction)을 소개한다.

1. 설계고장모드 영향분석(DFMEA)

개발이나 설계 단계를 원인으로 하는 고장 모드를 해석하여 문제점 발생을 예측함으로서 설계 단계에서 대책을 취하기 위한 것이다.

설계고장모드 영향분석(DFMEA)(design failure mode and effects analysis)은 각각의 설계 요소 또는 기능을 위해 다음 다섯 가지 정보들로 구성되어 있다.

1. 고장 모드들(failure modes)
2. 고객에 미치는 고장의 영향(effect of failure on the customer)
3. 심각성, 발생가능성, 발견률(severity, likelihood of occureence, and detection rating)
4. 고장의 잠재적 원인(potential causes of failure)
5. 시정조치 또는 관리(corrective actions or controls)

2. 신뢰도 예측

오늘날 수송, 통신 및 의료분야에서 사용되고 있는 정교한 장비들은 높은 신뢰성이 요구되고 있다. 높은 신뢰성은 또한 제품의 경쟁우위를 가져올 수 있다. 제품의 전반적인 품질이 향상되면서 소비자들은 제품을 구입할 때마다 보다 높은 신뢰성을 기대한다.

신뢰성은 '제품, 장비 또는 시스템이 주어진 운영조건 하에서 일정기간 동안 그것이 의도하는 기능을 수행하는 확률'로 정의된다. 이 정의는 다음과 같은 네 가지 주요요소를 포함하고 있다.

1. 확률: 정확한 의미를 가진 숫자로 나타낸 측정치로 다른 제품이나 시스템의 설계와 비교하기 위한 타당한 기준을 제공한다. 예를 들면, 신뢰성이 0.97이라면 100개의

〈표 12-1〉 흔한 가정용 램프에 대한 DFMEA 사례 — 오류 형태와 효과분석 Analyst J.A White

부품 이름	고장형태	고장원인	시스템에 영향을 미치는 고장	시정조치	발생 가능성
플러그 부품 번호 P-3	느슨한 전선	진동사용, 처리	전류가 통하지 않음, 열을 발생할 수 있음	외부를 씌운 플러그와 전선	고치지 않은 것은 화재를 야기할 수 있음
	플러그 자체의 고장은 아님	플러그를 끼우거나 뺄 때 사용자가 갈퀴에 접속	심각한 쇼크나 감전사에 이를 수 있음	외부를 씌운 플러그에 안전장치 확대	아이들
금속	구부러지거나 깨짐	떨어짐. 충돌. 강함	선명도의 떨어짐	마감처리 부족, 향상된 포장	화장품류
램프 소켓	금이 가 깨짐	과열, 충돌, 외부 충격	금속에 충돌하면 충격을 야기함, 전구를 교체할 때 쇼크를 일으킬 수 있음	소켓에 사용되는 자재의 향상	위험
전선	꽂을 때 램프가 부러지거나 휨	피로, 열, 부주의, 작은 톱니	전류가 통하지 않음, 열을 발생할 수 있고, 자기 차단, 충격을 야기함	예상되는 심각한 환경에서 긴 수명을 위한 적절한 전선사용	위험함: 지시사항에 대한 경고
	내부의 짧은 전선	열, 약한 절연	전기충격을 야기하거나 램프를 쓸모 없게 만들 수 있음	예상되는 심각한 환경에서 긴 수명을 위한 적절한 전선사용	
	내부전선 끊어짐	소켓이 미끄러지거나 꼬여있는 전선	전기충격을 야기하거나 램프를 쓸모 없게 만들 수 있음	소켓이 돌아가는 것을 막기 위해 톱니 또는 금을 내어 사용	

자료: Evans, J. R. and Lindsay, W. M. (2014), *The Management and Control of Quality*, Thomson.

부품 중 평균적으로 97개가 특정운영 조건 하에서 주어진 시간동안 기능을 다할 것이라는 의미이다.

2. 시간: 의도된 수명을 의미한다.
3. 성능: 제품이나 시스템이 만들어진 목적을 의미한다. 의도하는 기능이 기대성능을 발휘하지 못했을 때는 고장(failure)이라고 한다.
4. 운영조건: 사용유형, 사용량 및 제품이 사용되는 환경조건과 관련된다.

제품이 의도하는 환경, 성능특성 및 수명시간을 정함으로써 제조업자는 설계를 할 수 있고, 제품생존 또는 실패에 대한 확률을 측정하기 위한 시험을 할 수 있다. 이러한 시험분석은 신뢰성 예측을 보다 잘하고 제품과 공정설계를 보다 개선시킬 수 있다. 신뢰성은 제품이나 설계에 의해서 결정되는 예측신뢰성인 **고유신뢰성**(inherent reliability)과 사용기간 동안의 실제신뢰성인 **성취신뢰성**(achieved reliability)으로 구별할 수 있다.

1) 신뢰성 측정

신뢰성은 임무기간 중 일어나는 단위시간당 고장횟수, 즉 고장률 λ로 결정된다. 어떤 제품은 고장이 나면 작업폐기물이 되어 대체되어야 하나 다른 것들은 수선될 수 있다. 고장이 발생하면 대체되어야 하는 품목의 경우에 고장률의 역수는 고장평균시간(MTTF)(Mean Time To Failures)이라 부른다. 수선될 수 있는 품목의 경우에는 평균 고장간격(MTBF)(Mean Time Between Failures)이라고 부른다.

제품의 고장률을 고려할 때 대집단의 품목들이 모두 고장 날 때까지의 테스트되거나 사용되고, 각 품목에 대한 고장시간이 기록된다고 가정하여 시간에 대한 누적 고장률을 〈그림 12-7〉과 같이 그릴 수 있다. 어떤 점에서의 곡선의 기울기 즉, 곡선에 접하는 선의 기울기는 그 시점에 있어서 고장률이 된다. 〈그림 12-8〉은 고장률곡선(failure rate curve) 또는 제품 수명 특성 곡선을 나타내고 있다. 그리고 〈그림 12-9〉처럼 완만한 곡선을 만들기 위해 충분한 데이터를 수집하는 것이 항상 가능한 것은 아니다. 만약 데이터

〈그림 12-7〉 시간초과 누적 고장률 곡선

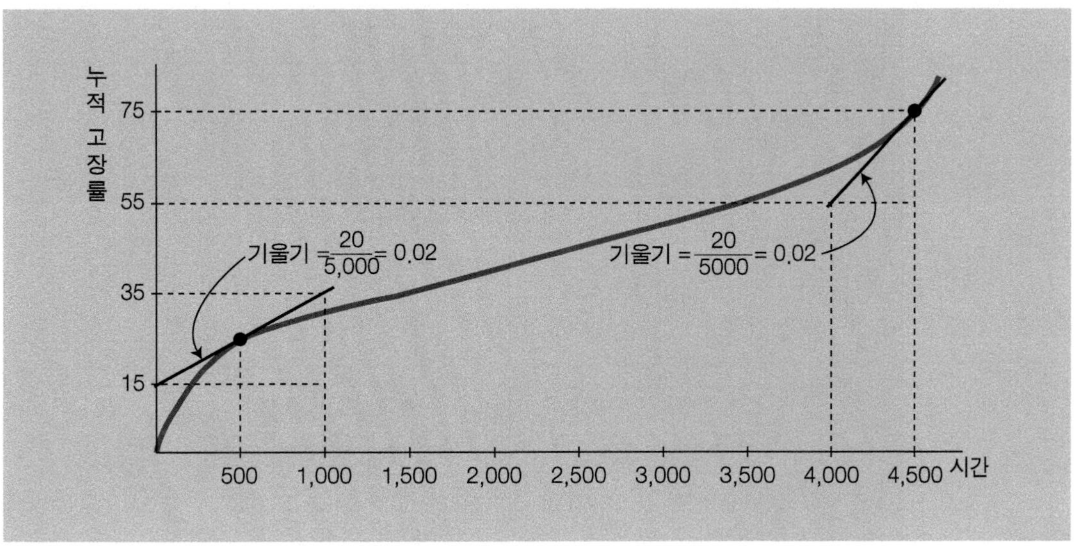

〈그림 12-8〉 고장률 곡선

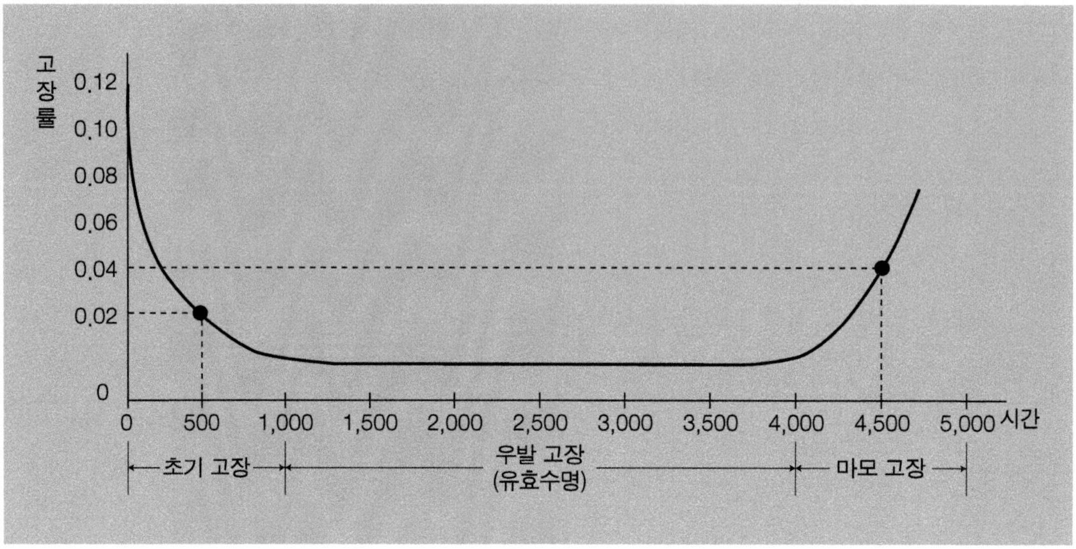

〈그림 12-9〉 평균 고장률(Average Failure Rate over a Time)

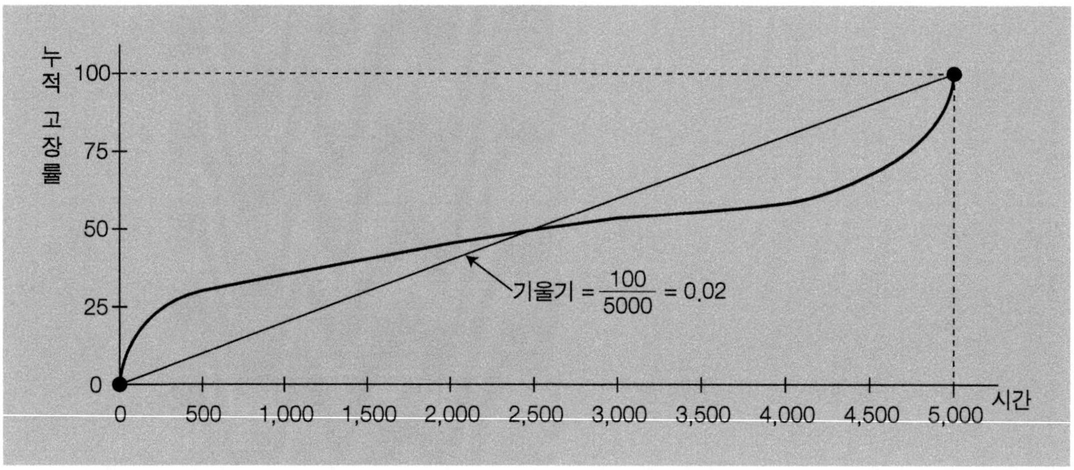

가 한정되어 있다면 고장률 공식은

$$\text{고장률} = \lambda = \frac{\text{고장수}}{\text{전체작업시간}} \quad \text{또는} \quad \lambda = \frac{\text{고장수}}{\text{테스트 수량} \times \text{테스트 시간}}$$

로 나타낼 수 있다.

〈그림 12-8〉에서 세 가지 유형의 고장곡선을 혼합한 분포를 나타내는 고장률 곡선으로서 곡선의 좌측에서 고장률이 감소하는 부분(DFR)를 **초기고장기간**(0~1,000시간), 중간의 고장률이 비교적 낮고 일정한 부분(CFR)을 **우발고장기간**(1,000~4,000시간)이라 하며 우측의 고장률이 증가되는 부분(IFR)을 **마모(또는 열화) 고장기간**(4,000시간~)이라 부른다. 초기고장 기간을 때때로 유아사망기간이라고도 한다.

초기 고장은 공정관리(process control), 중간 및 최종검사, 수명시험, 환경시험 중에 발견할 수 있는데 만약 이런 작업 중에도 발견되지 않고 고객의 손에 넘어간 후 초기고장이 발생된다면 이것의 교정비용이 더 많이 들기 때문에 예측하기 불가능하다. 이러한 우발고장을 감소시키기 위해서는 극한상황(extreme condition)을 고려한 설계 또는 안전계수(Safety Margin)를 고려한 설계 및 등급하향(degrading) 등이 필요하다. 마모기간은 부식 또는 산화, 마모 또는 피로, 불충분한 정비 등으로 인해 생긴다.

2) 신뢰도 수학

고장률의 변동은 시간의 함수로 나타낼 수 있다. 우연고장단계, 즉 제품의 유효 수명단계에서 고장률은 일정하다. 따라서 이 단계에서 고장확률은 지수 확률분포에 의해서 수리적으로 모델화될 수 있다.

λ가 고장확률이라면 고장을 나타내는 확률밀도함수는 지수밀도로 다음과 같이 주어진다.

$$f(t) = \lambda e^{-\lambda t} \qquad t \geqq 0$$

(t_1, t_2) 기간 동안 고장확률은 다음과 같이 표시될 수 있다.

$$e^{-\lambda(t_2 - t_1)}$$

특히 기간 (O.T)에서 고장확률은 다음과 같이 누적분포함수로 주어진다.

$$F(T) = 1 - e^{-\lambda T}$$

신뢰성이 잔존확률이기 때문에 신뢰성 함수는 다음과 같다.

$$R(T) = 1 - F(T) = e^{-\lambda T}$$

이 함수는 어떤 품목이 T기간 내에 고장 나지 않을 확률을 나타낸다. 예를 들어 어떤품목이 100시간의 정상적인 사용기간 동안 0.97의 신뢰성을 가지고 있다고 하면 고장률 λ의 결정은 $R = e^{-\lambda T}$에서 $R = 0.97$, $T = 100$이므로

$$0.97 = e^{-\lambda(100)}$$

$$\text{In } 0.97 = -100\lambda$$

$$\lambda = (\text{In } 0.97)/100 = 0.0304/100 \simeq 0.0003 \text{ 고장/시간}$$

따라서 신뢰성 함수 $R(T) = e^{-0.0003T}$이다.

수리할 수 없는 품목의 경우에 고장률의 역수인 고장평균시간 (MTTF)$\theta = 1/\lambda = 1/0.0003 = 3,333$시간이 된다.

3) 신뢰도 시스템 예측

최근에는 전체시스템이 수많은 부품으로 구성되어 있어 그 배열방법에 따라 신뢰성이 영향을 받는다. 부품들의 배열방법은 직렬, 병렬 또는 혼합형이 있다.

① 직렬시스템

〈그림 12-10〉의 직렬시스템(series syetem)에서는 모든 부품이 기능을 수행해야 한다. 그렇지 않으면 시스템은 고장이 난다. 부품의 신뢰성이 i이며 시스템의 R_i는 개개 신뢰성의 곱이다. 즉, $R_s = R_1R_2 \cdots R_n$이다.

예를 들면, 개인 컴퓨터가 CPU, 모뎀, 프린터로 구성되어 있고, 각각의 신뢰도가 0.997, 0.980, 0.975라고 가정하면 신뢰도는 다음과 같다.

$$R_s = (0.997)(0.980)(0.975) = 0.953$$

〈그림 12-10〉 직렬시스템

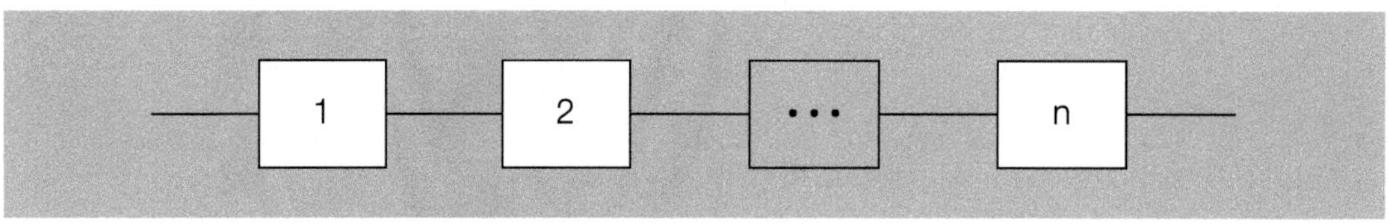

② 병렬시스템

〈그림 12-11〉의 병렬시스템(parallel system)에서는 개개부품의 고장은 직렬시스템에서보다 중요하지 않다.

한 부품이 고장 나더라도 다른 부품이 기능을 수행하기 때문에 하나의 부품이 기능을 수행하는 한 시스템은 성공적으로 운영된다. 병렬시스템의 신뢰성은 개별부품의 신뢰성보다 크다.

$R_1, R_2, \cdots R_n$이 각부품의 신뢰성이라면 각 부품의 고장확률은 각각 $1-R_1, R_2, \cdots,$ $1-R_n$이다. 시스템은 모든 부품이 고장 났을 때 고장 나기 때문에 시스템 고장확률은 $(1-R_1)(1-R_2) \cdots (1-R_n)$이 된다.

따라서 시스템의 신뢰성은 다음과 같다.

$$R_s = 1-(1-R_1)(1-R_2) \cdots (1-R_n)$$

만약 모든 성분이 같은 신뢰도 R을 가지고 있다면

$$R_s = 1-(1-R)^n$$

예를 들어 5대의 컴퓨터가 병렬로 설계되었고 각각의 신뢰도가 0.99라면 신뢰도는 $R_s = 1-(1-0.99)^5 = 0.9999999999$이다.

대부분의 시스템들은 직렬과 병렬시스템의 조합으로 구성되어 있다.

〈그림 12-11〉 병렬시스템

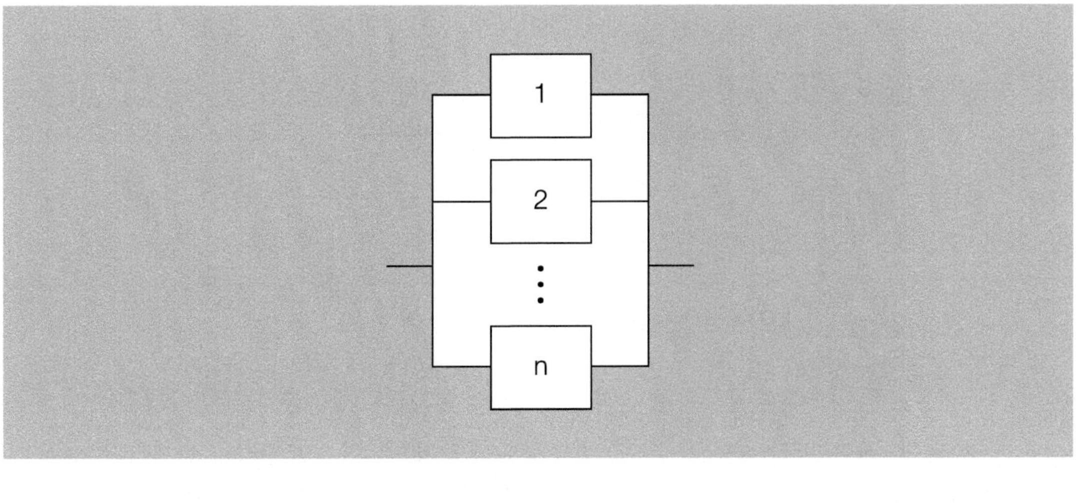

제4절 최적화를 위한 기법

1. Taguchi의 품질의 개념과 접근

Taguchi(1978)는 품질을 "제품이 출하된 시점으로부터 사회에 끼치는 총손실"이라고 새롭게 정의하였다. 여기서 손실이란 제품이 완전하지 못해 발생하는 낭비, 비용, 잠재적인 손해 등을 말한다.

기존의 품질개념과 비교해보면, 비록 제품이 출하시점의 품질 기준에 적합하다 하더라도 Taguchi의 품질개념에서 보면 제품에는 목표 특성치가 정해져 있고, 그 제품이 목표특성치를 만족하지 못하면 목표 특성치와 제품 특성치의 차이에 비례해서 제품은 사회에 손실을 끼친다고 보고 있다.

품질(quality) = 기능산포에 의한 손실 + 폐해항목에 의한 손실 + 사용비용

위와 같이 Taguchi는 품질을 세 가지 손실의 합으로 정의하는데, 기능 산포에 의한 손실은 성능특성치의 변동에 의한 손실을 의미하고, 폐해항목에 의한 손실은 부작용 등에 의하여 소비자가 받는 손실이고, 사용 비용(operating cost)은 제품을 사용할 때 발생되는 비용(전기 값, 물 값 등)을 의미한다.

품질공학(quality engineering)은 라인 외 품질관리와 라인 내 품질관리 활동을 통하여 제품품질이 사회에 끼치는 손실을 최소화하기 위하여 수행되는 모든 활동의 체계라고 정의한다. 제품성능의 변동이나 부작용을 최소화시켜서 사회에 끼치는 총손실을 최소화하기 위하여 수행되는 설계나 개발부서의 품질관리활동을 라인 외 품질관리(off-line QC)라고 부른다. 품질관리의 발전추세로 볼 때 라인 외 품질관리가 최근에 더욱 강조되고 있다. 라인 내 품질관리(on-line QC)는 생산라인에서의 품질관리 활동을 의미한다(Taguchi, 1978).

2. Taguchi의 품질공학시스템

전통적 품질관리 활동에서는 관리도와 통계적 공정관리에 집중했는데, 이를 온라인 품질관리라 한다. 반면 제품 및 공정설계를 통한 품질개선노력을 오프라인 품질관리라 한다.

〈그림 12-12〉 품질공학시스템

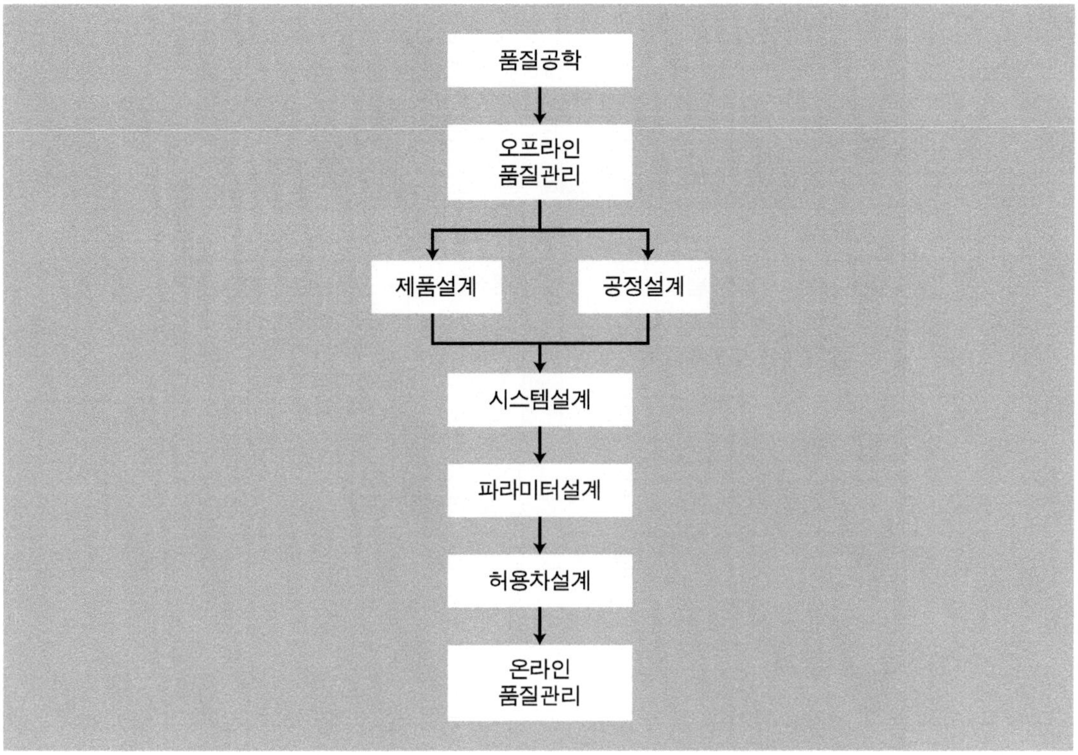

Taguchi의 품질공학시스템은 〈그림 12-12〉에서 보는 바와 같이 오프라인 품질관리와 온라인 품질관리를 포함하는 전체적인 품질관리활동의 체계이다. Taguchi의 오프라인 품질관리는 시스템설계, 파라미터설계, 허용차설계를 포함하는데, 제품과 공정설계에 있어 관련 파라미터의 목표치와 허용차를 결정하기 위하여 이러한 3단계의 과정을 거친다(박성현, 1993).

이와 같은 품질공학에 좀더 구체적인 개요를 살펴보면 〈그림 12-13〉에서와 같이 라인 외 품질관리와 라인 내 품질관리에서 실험계획법의 활용과 통계적 공정관리기법을 활용하여 설명할 수 있다.

1) 제품설계의 3단계

제품설계와 공정설계는 각각 3단계로 구성되어 있다. 이들을 간단히 설명하면 다음과 같다.

〈그림 12-13〉 품질공학의 개요

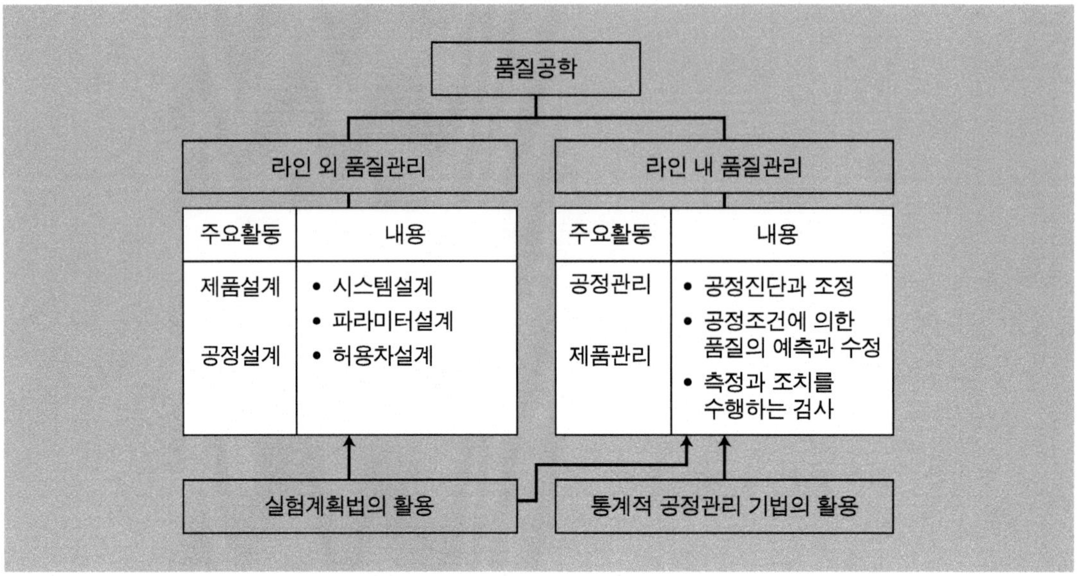

(1) 시스템 설계

개발하려는 제품분야를 고유기술, 전문지식, 경험 등을 바탕으로 제품기획단계에서 결정된 목적기능을 갖는 제품의 원형을 개발한다. 일반적으로 처음부터 완벽한 시스템 설계(system design)는 어려우므로 대개 두세 가지의 가능성 높은 설계를 한 후 다음 단계의 파라미터 설계나 허용차 설계에서 미비점을 보완한다.

(2) 파라미터 설계

'파라미터'는 제품성능의 특성치에 영향을 주는 제어가능한 인자를 의미하며, 파라미터 설계(parameter design)는 이들 인자들의 최적수준을 정하여 주는 것을 말한다. 파라미터를 설계변수라고도 부르며, 파라미터 설계에서는 제품의 품질변동이 잡음에 둔감하면서 목표품질을 가질 수 있도록 설계변수들의 최적조건을 구하여 준다. 이 때 목표품질을 만족시키는 범위 내에서 가능한 한 비용이 적게 드는 조건이나 부품 등을 이용한다.

(3) 허용차 설계

파라미터 설계에 의하여 최적조건을 구하였으나 품질특성치의 변동이 만족할 만한 상태가 아닌 경우에 허용차 설계(tolerance design)가 수행된다. 이 때 사용환경의 변화에 따르는 영향도 조사해야 하며, 품질변동에 큰 영향을 주는 원인을 찾아내어 허용차를 줄일 수 있도록 부품을 선별적으로 바꾸어 주거나 작업방법의 자동화 등 적절한 조치를 취한다.

2) 공정설계의 3단계

설계·개발부서의 제품설계의 세 단계가 완료되면 그 결과가 생산 기술부서로 오게 되며, 생산 기술부서에서는 제품설계에서 정하여진 규격을 만족시킬 수 있는 제품을 생산하기 위한 제조공정의 설계를 해야 한다. 이를 공정설계라 하며, 제품설계에서와 마찬가지로 세 단계의 설계과정을 거친다.

(1) 시스템 설계

고유기술 및 생산기술적인 측면에서 제조공정이 설계되며, 흔히 목표품질을 확보하기 위한 자동제어장치도 같이 설계된다.

(2) 파라미터 설계

제조공정의 각 부분공정의 최적공정조건을 정하여 주고, 또한 구입해야 할 적절한 원부자재, 부품 등도 정하여 준다. 이 설계에서는 각종 잡음의 영향 하에서도 공정능력이 높은 조건을 찾아주는 것이 주요한 목적으로 실험계획법이 흔히 사용된다.

(3) 허용차 설계

공정조건의 허용차와 품질변동의 원인을 찾아내 허용차를 줄여주거나 원인을 제거시키는 것이 주목적이 되는 설계로 실험계획법이 품질변동의 원인을 찾기 위해 주로 사용된다.

3. Taguchi의 품질손실함수

전통적인 손실함수에 있어서는 품질 특성의 실제 값이 규격 한계 내에만 들어오면 그 제품은 양품으로서 아무런 사회적 손실을 발생하지 않지만 벗어나면 모두 동일한 비용을 발생시킨다고 본다.

Taguchi의 손실함수는 이와는 달리 품질변동에 따르는 손실로 품질을 계량화하기 위하여 **품질손실함수(QLF)**(Quality Loss Function)를 사용한다.

품질손실 함수는 "목표치에 벗어나는 품질변동이 클수록 손실은 더욱 커진다."

기존의 관점과 Taguchi의 관점의 차이를 좀더 구체적으로 살펴보기 위해, 생산한 제품에 대한 양/불량을 판정할 때 발생하는 손실을 생각해보자. 전통적 기준에 따르면 생산품의 특성치가 규격상한과 규격하한의 사이에 들어가면 모두 양품(합격품)으로 판정되고, 하한보다 작거나 상한보다 크면 모두 불량품(불합격품)으로 판정된다. 예를 들어 지름 10cm짜리 포탄을 생산할 때 규격하한을 10－0.02＝9.98cm라고 하고 규격상한을 10＋0.02＝10.02cm라고 하면 생산한 포탄의 지름이 9.98~10.02cm 사이에 들어가면 양품으로 판정되고 9.98cm보다 작거나 10.02cm보다 크면 불량품으로 판정된다.

기존의 관점으로 볼 때 규격하한과 규격상한의 사이에 들어간 양품은 비용, 즉 손실을 발생시키지 않지만 그 사이를 벗어난 불량품은 폐기비용이나 수리비용과 같은 비용을 발생시키므로 생산자에게 손실이 된다. 따라서 생산자는 허용 공차를 만족시켜서 불량품을 생산하지 않도록 하는 것을 목표로 하게 된다. 손실에 대한 이러한 관점은 〈그림 12-14(a)〉의 과거의 손실함수로 나타낼 수 있다.

Taguchi의 관점으로 볼 때는 생산한 제품이 목표치를 정확하게 충족시키지 않는 이상 그 제품은 손실을 발생시킨다. 전통적 관점에서는 생산한 제품이 불량품으로 판정되지만 않으면 폐기비용이나 수리비용과 같은 비용을 발생시키지 않으므로 생산자에게는 손실이 생기지 않는다. 그러나 품질특성치가 규격범위 내에 있다 하더라도 목표치와

〈그림 12-14〉 손실함수 비교

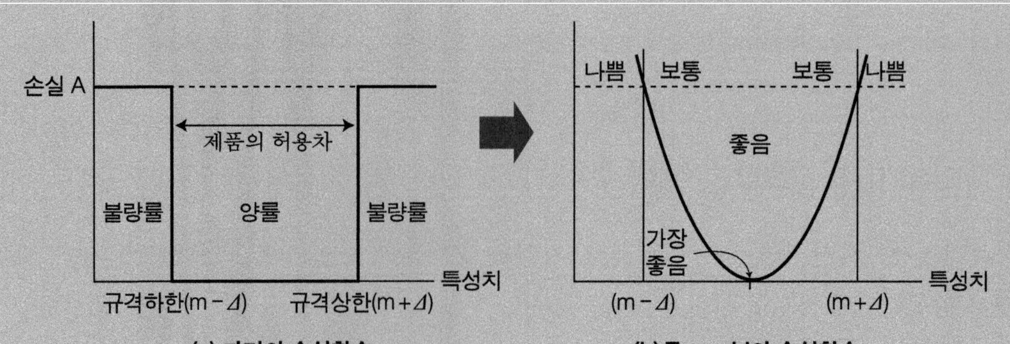

(a) 과거의 손실함수　　(b) Taguchi의 손실함수

일치하지 않으면 고객에게 불편을 야기시키는 등의 다른 손실을 수반한다. 예를 들어 고객이 구두를 살 경우, 원하는 치수보다 다소 크거나 작은 것을 신을 수는 있어도 자기가 원하는 정확한 치수를 보다 선호한다. 따라서 생산자는 목표치를 충족시키는 것을 목표로 하게 된다. 손실에 대한 이러한 관점은 〈그림 12-14(b)〉의 Taguchi 손실함수로 나타낼 수 있다.

손실함수의 예로 제품특성의 목표치가 $\bar{x}$이고 제품의 실질특성치가 x인 경우에 손실함수는,

$$L(x) = k(x - \bar{x})^2$$

여기서 k는 적절한 상수이다. 좋은 품질의 제품은 이 손실항목의 값을 작게 하는 것이다.

Taguchi는 이런 의미에서 손실함수를 다음과 같이 정의하였다.

1. 합격, 불합격의 개념이 아닌 품질 특성치의 변동으로 손실함수를 정의
2. 품질 특성치가 목표치에서 벗어난 정도를 손실금액으로 평가

Taguchi는 설계단계에서 손실함수에 근거하여 SN비(Signal-to-Noise Ratio)를 정의하고 이를 특성치로 하여 실험을 수행하고, 기존의 통계적 분석을 통해 인자들의 최적 조건을 찾는 일반적인 방법을 제시하였다.

제품의 특성치는 보통 망목특성(nominal-the-best type characteristic), 망소특성(smaller -the-better type characteristic), 망대특성(larger-the-better type characteristic)으로 구분된다.

- **망목특성**: 길이 두께와 같이 목표치에 특성치가 접근할수록 좋은 경우를 말한다.
  예) 텔레비전 수상기의 색상밀도와 전원 공급회로의 출력전압

$$\text{손실함수: } L(y) \fallingdotseq k(y-m)^2 \qquad \left[\begin{array}{ll} y & \text{: 특성치} \\ m & \text{: 목표치} \\ L(y) & \text{: 손실함수} \end{array}\right.$$

- **망소특성**: 특성치의 값이 비음이고, 이상적인 값이 0인 경우 값이 증가될수록 성능은 점진적으로 나빠진다. 즉 값이 작을수록 좋은 경우이며 이러한 특성이 망소품질 특성이다.

〈그림 12-15〉 망소특성의 손실함수

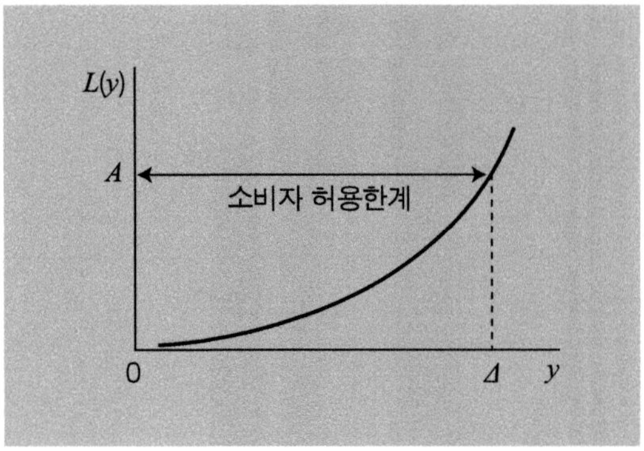

〈그림 12-16〉 망대특성의 손실함수

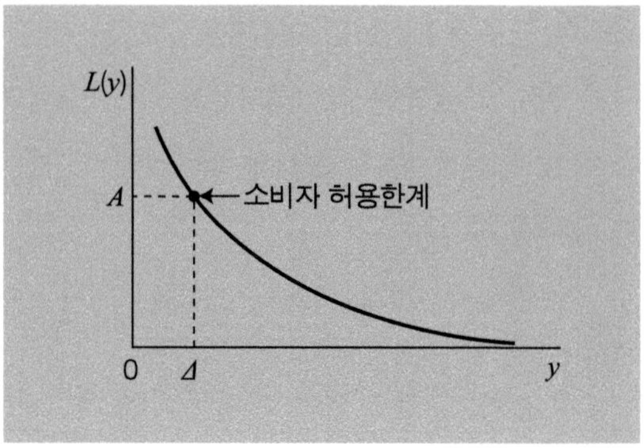

예) 컴퓨터의 반응시간, 전자회로의 누출전류, 자동차로부터의 공해

$$\text{손실함수: } L = kE(y^2) = k(\alpha^2 + \mu^2)$$

- **망대특성**: 특성치의 값이 비음이고 특성치가 0인 경우 가장 나쁜 상태이며 값이 커질수록 성능은 점진적으로 좋아지고 품질손실은 점진적으로 적어진다. 즉 값이 클수록 좋은 것이다.

  예) 수명, 효율, 강도, 내구성 등

$$\text{손실함수: } L = k\left(\frac{1}{\mu^2}\right)\left(1 + \frac{3\sigma^2}{\mu^2}\right)$$

4. Taguchi의 품질 로버스트 설계

설계를 잘 해야만 제품을 경제적으로 생산할 수 있고, 품질 문제를 사전에 방지할 수 있다. 설계가 끝난 제품은 생산에 들어가는데, 여기에서 중요한 것은 설계도에 명시된 대로 생산을 잘 해야만 한다는 것이다. 설계도에는 제품이 어떤 조건 하에서 제 기능을 완전하게 발휘한다는 것을 명시하고 있다. 하지만 중요한 것은 조건이다. 조건의 범위가 상당히 좁다면, 이 조건을 충족시키는 제품을 생산하기도 어렵지만, 생산한다 하더라도 실제 상황에서 사용하기도 상당히 어려울 것이다.

로버스트 설계의 개념을 이해하기 위해서는 먼저 노이즈(noise)의 개념을 알아 둘 필요가 있다. 노이즈란 제품을 생산할 때 제품에 변동을 일으키는 원인, 즉 변동원인을 말한다. 예를 들면 진동, 소음, 기후, 온도, 습도, 먼지, 작업자의 습관 또는 실수, 기계의 노후, 공구의 마모 등이 있다. 로버스트 설계는 제품이 노이즈에 둔감(robust)한, 즉 노이즈에 의한 영향을 받지 않거나 덜 받도록 하는 설계를 말한다.

Taguchi의 로버스트 설계를 설명하기 위해 노이즈에 대한 기존의 접근 방법과 Taguchi의 접근 방법이 어떻게 다른지 살펴보기로 하자.

기존에는 제품에 변동을 일으키는 노이즈를 발견하게 되면 그 노이즈를 제거하거나 차단하기 위해 생산공정을 재설계하는 것이 보통이었다. 이럴 경우 문제의 원인을 제거한다는 면에서 바람직해보일 수도 있으나 실제로는 재설계에 의한 고비용이 문제가 된다.

한편, Taguchi의 로버스트 설계의 개념에 의하면 노이즈를 발견하게 되었을 때 노이즈를 제거하거나 차단하는 것이 현실적으로 어려운 경우 노이즈에 의한 영향을 없애거나 줄일 방법을 찾는다. 즉 노이즈는 그대로 두고 제품이 그 노이즈에 둔감하도록 설계하는 것이다. 이렇게 할 경우 노이즈를 직접 제거 또는 차단하는 방법보다 더 적은 비용이 들게 된다. 로버스트 설계가 기존의 방법보다 비용이 더 적게 드는 것을 보여주는 실례를 들면 다음과 같다.

어떤 제품을 생산하는데 이 제품이 습도에 매우 민감하다고 하자. 그래서 습도가 40~50%인 경우에만 기능을 100% 발휘하고, 이 습도 범위의 밖에서는 기능이 현저하게 감소한다고 할 경우 이런 제품은 생산하기도 어렵고, 또 사용하기도 어렵다. 왜냐하면 이 제품을 생산할 때나, 또 사용할 때 습도를 항상 40~50%로 유지해야 하기 때문이다. 이것은 습도유지를 위한 새로운 시설을 필요로 하기 때문에 비용이 더 소요될 뿐만 아니라, 필요 이상의 시간과 공간을 요한다.

이런 문제를 해결하는 기법이 바로 **품질 로버스트 설계**(quality robust design)이다. 품질 로버스트 설계는 제품이 보다 혹독한 조건하에서도 제 기능을 충분히 수행할 수 있도록 제품을 설계하는 것이다. 다시 말하면, 품질 로버스트 설계란 불리한 작업조건과 환경조건에서도 성능특성이 지속적으로 균일한 제품이 생산되도록 설계하는 것을 말한다.

제5절 설계검증을 위한 기법

여기서는 신뢰도 테스트(reliability testing), 측정시스템 평가(measurement system evaluation)와 공정능력에 대해서 다룬다.

1. 신뢰도 테스트

가속수명시험(accelerated life testing)이란 시험기간을 단축할 목적으로 기준보다 가혹한 조건에서 실시하는 시험으로 정의할 수 있으며, 실 사용조건보다 가혹한 조건(온도, 습도, 진동, 전압, 전류) 또는 사용률을 높여 시험하여 빠른 시간 내에 설계 완성도를 평가하거나 신뢰도를 평가하기 위한 시험이다. 짧은 시간 내에 수명에 관한 더 많은 정보를 수집하여 사용 조건에서의 수명을 빠른 시간 내에 추정이 가능하며, 개발검증 및 양산검증 시험의 평가와 납기단축, 신속한 신뢰성평가 및 확인, 잠재적 고장모드, 설계의 약점을 드러나게 하는 시험방법이다.

부품스트레스시험(component stress testing)은 소비자에게 인도될 부품이나 제품의 품질을 증가시키기 위해 인도 전에 정상이나 가속상태 하에서 시험을 실시하는 기법으로서 현장 신뢰도를 예측하고, 목표치에 도달하며 품질을 증가시키는 중요한 스크리닝(screening) 방법이다. 다시 말해, 출하품질을 향상시키기 위해 제품수명시간의 일부(초기 고장기간)를 소진시키는 시험이라 말할 수 있다.

2. 측정시스템 평가

계측할 게이지와 도구들은 품질 특성을 측정하는 데 사용되었다. 원래 계측학은 객체의 물리적인 속성을 측정하는 데 사용되었지만 오늘날에는 사람, 장비, 설비, 방법들에 관한 정보를 수집하거나 측정값들의 정확함이나 적합성을 증명하는 데 쓰이면서 품질 경쟁력 향상에 중요한 부분으로 대두되고 있다.

정확도(accuracy)는 측정이 얼마나 정확하게 이루어졌는가를 나타낸다. 모든 측정에는 오차를 포함하고 있어 정확한 값(참값)을 얻기란 매우 어렵다. 동일한 측정 방법, 동일 측정기로 여러 사람이 측정하여도 동일한 결과를 얻기 어려운 것은 정확도는 상대적인 변수에 영향을 받기 때문이다.

정밀도(precision)는 2개 이상의 반복 측정 데이터 또는 동일한 측정을 반복하여 얻은 측정 데이터들 간의 일치 여부를 나타낸다. 즉 정밀도는 반복된 측정 데이터를 얻어내어 그 차이가 어느 정도인지를 판단하는 것이다.

반복성(repeatability) 또는 계측기변동(equipment variation)이라는 것은 일관성 있는 결과를 얻는 것이다. 즉 한 명의 측정자가 동일 부품의 동일 특성을 동일한 계측기를 사용하여 비교적 단시간에 여러 번 측정하였을 때 발생한 측정치의 변동이다.

재현성(reproducibility) 또는 측정자변동(operator variation)이라는 것은 동일 부품의 동일 특성을 계측기를 사용하여 여러 명의 측정자가 측정하였을 때 측정자들 간의 측정 평균치의 차이이다. 이는 다음과 같이 정의된다.

〈그림 12-17〉 정확도와 정밀도의 비교

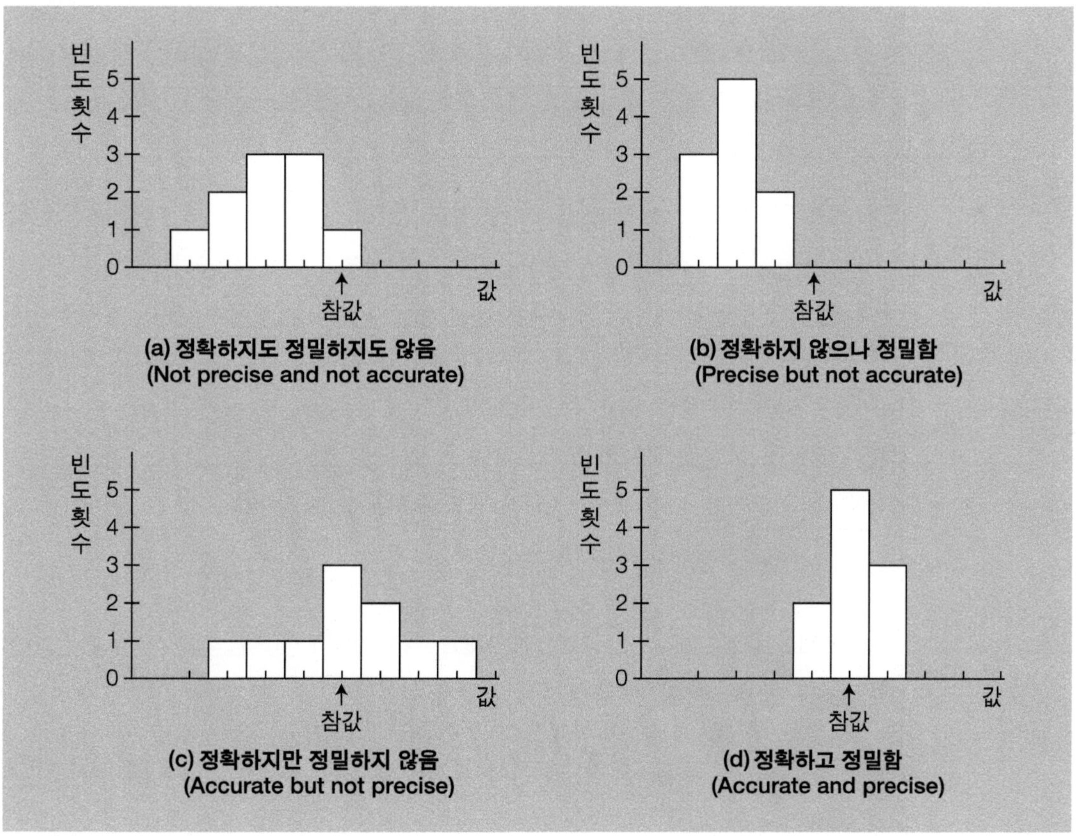

$$\sigma^2_{total} = \sigma^2_{process} + \sigma^2_{measurement}$$

여기서, σ^2_{total} : 관측된 총변동

$\sigma^2_{process}$: 공정에 기인한 변동

$\sigma^2_{measurement}$: 측정오차에 대한 변동

관측치의 총 변동으로부터 측정시스템에 대한 변동을 분리시킨 정보를 이용하여 측정시 시스템에 대한 능력분석이 가능하다.

3. 공정능력

공정능력(process capability)이란 어떤 공정이 어떤 특정 조건 하에서의 공정이 관리(안정) 상태에 있을 공정이 만들어낼 수 있는 품질에 대한 달성능력이라고 말할 수 있다. 예를 들면, 베어링 통의 내부 지름이 1.498인치에서 1.510인치 사이에 있어야 한다고 가정한다. 만약 지름이 너무 작다면 재작업을 통해서 크게 할 수 있다. 그러나 너무 크다면 그 부분을 잘라내야 한다. 관리자들은 다음 세 가지 중 하나의 결정을 내려야 한다. (1) 재작업을 하거나 잘라 내거나 (2) 새로운 시술을 투자해서 더 좋은 공정을 개발하거나 (3) 설계를 바꾸거나 하게 된다.

공정능력 조사(process capability studies)란 어떤 공정이 규격에 맞도록 제품을 생산할 수 있는가를 검토하는 것이다. 보통 공정능력조사의 질문은 다음과 같다.

- 프로세스 중심이 어디인가?
- 프로세스에 얼마나 많은 변동성이 존재하는가?
- 성과가 허용된 시방에 일치하는가?
- 결과물이 어느 정도 시방에 일치할 것이라 기대할 수 있는가?
- 어떤 요소가 변동성에 영향을 미치는가?

엔지니어링은 R&D 파일럿 시설의 적절성을 결정하거나 새로운 프로세스를 평가하기 위해 연구를 실행하며 세 가지 유형의 연구가 실행된다.

1. 최상의 성과(peak performance) 연구: 이상적 조건 하에서 프로세스가 어떤 성과를 내는지 결정하는 것

2. 프로세스 특성 연구: 실제 운영 조건 하에서 프로세스가 어떤 성과를 내는지 결정하는 것
3. 구성 변동성(component variability) 연구: 다양한 원천에서 발생하는 모든 변동들의 상대적 공헌도 평가

프로세스 능력 평가는 체계적인 연구와 비슷하며 다음의 6단계를 거친다.

1. 대표 기계를 선택하거나 프로세스를 세분화
2. 프로세스 조건 정의
3. 대표 기계운영자 선택
4. 연속된 연구를 위해 충분한 자재를 보유한 상태에서 표준 등급의 자재를 제공
5. 사용된 방법의 평가와 측정을 명기
6. 측정과 조건의 기록 방법을 규정한 후 산출 단위를 규정

4. 공정능력지수

공정능력지수(process capability index)는 공정 능력(6σ)과 규격의 폭과의 비율로서 공정이 규격에 맞는 제품을 생산할 수 있는 능력이 충분한지를 나타내는 지수이다. 이에는 규격, 치우침, 목표치 등과의 관계에 따라 C_p, C_{pk}, C_{pm} 등이 있다.

〈표 12-2〉 공정능력지수 공식

지수	설명
$C_p = \dfrac{USL - LSL}{6\sigma}$	공정이 중심에 위치할 경우 공정이 할 수 있는 능력을 평가한다. 공정결과는 정상 분포하고 있다고 가정한다.
$C_{pk} = \mathrm{C_{min}}\left(\dfrac{USL - \bar{x}}{3\sigma}, \dfrac{\bar{x} - LSL}{3\sigma}\right)$	공정의 목표치가 설정된 한계 안에 있을 때 공정의 능력을 평가한다. 만약 목표치가 이안에 들지 않은 경우라면 능력이 과대평가 될 수 있다. 고정결과는 정상분포하고 있다고 가정한다.
$C_{pm} = \dfrac{C_p}{\sqrt{1+\left(\dfrac{\bar{\mu} - T}{\sigma}\right)^2}}$	목표치에 공정능력이 얼마나 근접했는지를 평가한다. 항상 0보다 크다. 공정결과는 정상분포하고 있다고 가정한다.

1) 공정능력지수의 이용

공정능력지수의 활용 예는 다음과 같다.

- 공정이 공차를 어느 정도 잘 유지할 수 있는지 예측할 때
- 제품개발 및 설계단계에서 공정을 선택하거나 변경할 때
- 관리도 운영에서 시료 채취간격을 설정할 때
- 새로운 장비들이 갖추어야 할 기능상 필요조건을 규정할 때
- 제조공정의 품질변동의 감소를 원할 때
- 거래처를 선정할 때

2) 공정의 산포만을 반영하는 C_p

단지 공정변동(actual process spread, natural tolerance)에 대한 규격변동(allowable process spread, part tolerance)의 양적인 표현을 나타내는 것을 말한다.

$$C_p = \frac{USL - LSL}{6\sigma}$$

단, USL = 규격상한(upper specification limit),

LSL = 규격하한(lower specification limit),

NT = 자연공차(natural tolerance)

C_p는 허용규격이 양측으로 주어졌을 때 사용되며 규격범위와 관련한 공정의 범위에 따라서 C_p값은 여러 가지로 나타난다. C_p=1.0은 한 공정에서의 실제공정의 범위와 규격허용의 범위가 일치됨을 나타내며 안정된 정규분포 상태에서는 이론상 규격한계를 벗어나는 부분이 0.23%이다. 그러나 기계나 공구의 마모, 노후화 등에 의해 안정적으로 공정품질을 확보하기 어려우므로 C_p=1.33 이상이 바람직하다고 하며 이때의 고정 불량부분은 0.007%이다(표 12-3 참조).

3) 공정평균의 위치를 반영하는 C_{pk}

공정능력이 산포의 중심에서 벗어난 정도를 공정능력지수에 반영하기 위해 주어진 양측 규격한계의 중심을 m이라 놓으면 m은 다음과 같다.

$$m = \frac{(USL + LSL)}{2}$$

- 일반적인 경우: $C_{pk} = (1 - k)C_p$
- 규격상한만 있는 경우: $C_{pk} = (USL - \bar{x})/3\sigma$
- 규격하한만 있는 경우: $C_{pk} = (\bar{x} - LSL)/3\sigma$

  여기서 치우침도(k): 공정평균이 규격중심에서 벗어나는 정도

〈표 12-3〉 공정능력 유무의 판단기준

공정능력지수	분포와 규격과의 관계	공정능력 유무판단	시정조치
$C_p \geq 1.67$	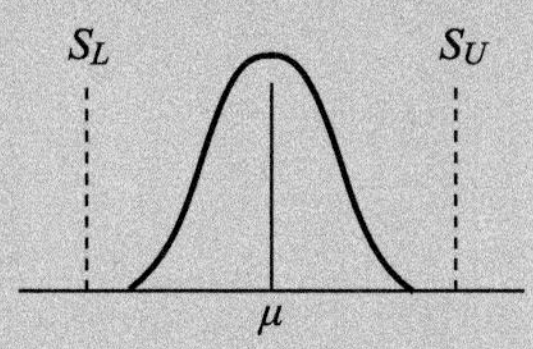	공정능력이 남아돈다	산포가 약간 커져도 걱정할 필요없다. 비용절감이나 관리의 간소화를 도모한다.
$1.67 > C_p \geq 1.33$	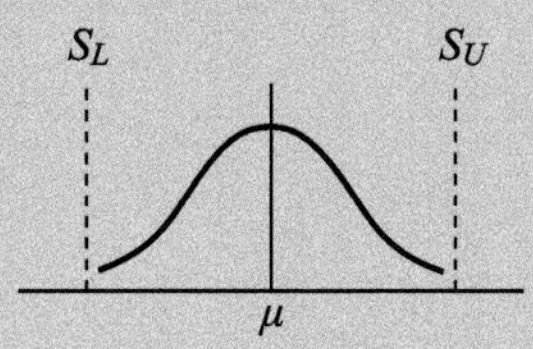	공정능력이 충분하다	아주 이상적인 공정상황이다. 현재의 상태를 유지한다.
$1.33 > C_p \geq 1.00$	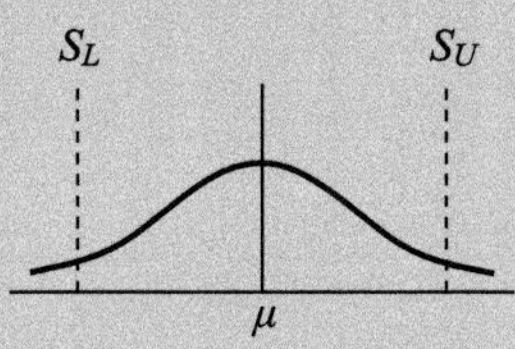	공정능력이 충분하지는 않지만 그 정도면 괜찮다.	공정관리를 확실하게 하며 관리상태를 유지해야 한다. 공정능력지수가 1에 가까워지면 불량발생의 기능성이 있으므로 주의해야 한다.
$1.00 > C_p \geq 0.67$	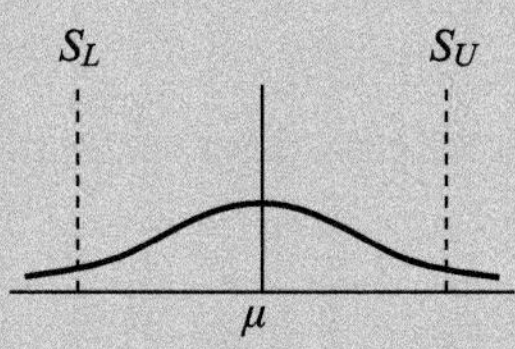	공정능력이 모자란다	불량품이 생기고 있다. 전체선별, 공정의 개선, 관리가 필요하다.
$0.67 > C_p$	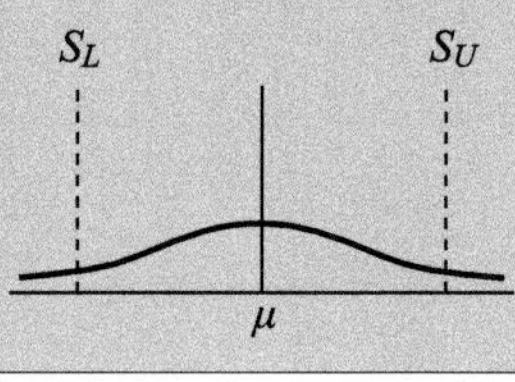	공정능력이 대단히 부족하다.	품질이 전혀 만족스럽지 않다. 서둘러 현상조사, 원인규명, 품질개선과 같은 긴급대책을 강구해야 한다. 규격의 한계도 재검토할 필요가 있다.

4) 공정의 산포만을 반영하는 C_{pm}

C_{pk}는 공정의 산포와 규격한계에 대해 평균이 치우친 정도를 나타낸다. 그러나 이는 목표치(T)를 감안하지 않은 지수이다. 목표치를 고려할 경우, 특히 목표치가 규격한계 내에 있지 않다면 문제가 된다.

이를 고려한 공정능력지수인 C_{pm}은 공정의 규격 한계와 목표치가 주어진 경우 공정평균($\bar{\mu}$)이 목표치에서 얼마나 벗어나있는가를 보여주는 지수이다.

[예제] 형광등의 생산 공정 평균 속성은 90시간이다. 표준편차는 4.8시간이다. 규격중심은 100시간이고, USL = 120시간, LSL = 80시간이다. C_p와 C_{pk}를 구하라.

[답] $$C_p = \frac{120 - 80}{6 \times 4.8} = 1.39$$

$$C_{pk} = \mathrm{C}_{\min}\left(\frac{90 - 80}{3 \times 4.8}, \frac{120 - 90}{3 \times 4.8}\right) = \min(0.69, 2.08) = 0.69$$

이 수치로 공정능력이 모자란다고 해석한다.

사례

Peter Schreyer "자동차 디자이너는 조각가"

"잊지말라, 이 모든 성취는
당신의 영혼이 깃든 스케치로부터 시작된다."

세계적 자동차 디자이너 Peter Schreyer의 삶과 디자인 철학을 담은 책이 나왔다. 이 책 '디자인 너머'는 독일의 시골 식당 한 켠에서 그림을 그리던 한 꼬마가 유럽을 넘어 한국, 그리하여 전 세계로 뻗어나간 디자인 명장이 되기까지 장대한 여정이 파노라마처럼 눈앞에 펼쳐진다. 어린 시절의 드로잉부터 아우디 TT, 골프4, K시리즈를 만들어내기까지, 펜 하나로 세상을 바꾼 디자이너로서의 성장 과정이 함축적인 글과 직관적인 이미지들이 담겼다.

세계 3대 자동차 디자이너로 꼽히는 Peter Schreyer는 현대, 기아차의 새 역사를 만든 디자이너로도 유명하다. 기아자동차 K5의 성공 신화를 이끌어냈고, 현대차 제네시스의 플래그십 모델이자 대통령 의전 차량인 G90을 만들어냈다.

"Peter Schreyer와의 첫 만남은 제가 기아 사장으로 재임하고 있던 2006년으로 거슬러 올라갑니다. 저는 그와의 짧은 첫 만남에서 그가 뛰어난 디자이너일 뿐 아니라, 사람의 마음을 움직일 수 있는 능력의 소유자이며 기아의 디자인 혁신을 주도할 수 있는 적임자임을 직감했습니다."

정의선 현대자동차그룹 회장은 "새벽 시간 우연히 디자인 스튜디오를 지나가다 어둠의 정적 속에서 홀로 서 있는 Peter를 본 적이 있다"며 이렇게 추천사를 썼다. "그는 자리에 서서 뚫어져라 차를 바라보고 있었는데 무언가를 간절히 찾으려는 사람처럼 완전히 몰입해 있었습니다. 아무도 없는 시간에 홀로 고민하는 그의 모습에서 저는 깊은 감동을 받았으며, 그러한 그의 노력과 열정이 예술적 영감의 원천이라 믿게 되었습니다...*(중략) Peter는 우리와 함께한 여정에서 디자이너가 할 수 있는 모든 것을 보여주었습니다. 그의 합류는 현대차그룹 변화의 시작이었고, 그 변화는 현재도 진행 중입니다."

책에는 Peter Schreyer가 디자이너로서 평생에 걸친 여정에서 길어 올린 원칙들이 꼼꼼히 정리되어 있다. 이 책을 통해 40년에 디자인 인생을 관통하는 원칙을 다섯 가지로 나누어 설명한다.

1. 비례와 균형이 전부다.
2. 주제를 찾아내 고수할 것.
3. 자동차 실내 디자인은 건축이다.
4. 주류 너머의 세계로 전진할 것.
5. 개성을 구축하는 것은 결국 아날로그다.

"어떤 의미에서 자동차 디자이너는
조각가입니다. 키네틱 아트,
즉 움직이는 작품을 빚어내는
조각가인 셈이죠.
갖고 싶은 것을 만들어야 합니다."

그는 독일 아우디와 폭스바겐에서 아우디 TT, 뉴비틀, 골프4를 연이어 성공시키며 디자인 명장의 반열에 올랐다. 2006년 한국의 기아자동차에서 보내온 제안을 받아들인다. 곧바로 한국으로 건너와 동서양의 고유한 핵심을 종횡무진 넘나드는 디자인 언어를 탐구하며 '디자인 경영'이라는 새로운 패러다임을 세상에 알렸다. 세계 시장에 승부수를 던지는 단 하나의 디자인 철학은 '직선의 단순함'이다.

펜 하나로 세상을 만드는 사람들에 그는 조언한다. "기술은 제품 개발에 분명히 영향을 미친다. 그러나 기술에만 의지하면 디자이너의 개성을 잃기 쉽다. 자신만의 고유한 필적 같은 것을 영영 잃을 수 있다는 말이다. 기술에 기대 미래지향적인 것에 기대는 건 충분치 않다. 공격성이건 자신감이건 친근함이건 바로 알아볼 수 있는 인간적 요소가 드러나야 한다." 디자인을 넘어 미래를 창조하는 질문에 대한 답이 이 책에 담겼다.

자료: 뉴시스, 2021년 11월 29일.

연습문제

1. 설계품질의 개념을 설명하라.
2. 개념개발을 위한 기법에 대해서 설명하라.
3. 설계개발을 위한 기법에 대해서 설명하라.
4. 최적화 기법에 대해서 설명하라.
5. 설계검증을 위한 공정능력에 대해 설명하라.

참고문헌

김기영 외 공저 (1999), 품질경영, 박영사.

김연성 외 공저 (2015), 품질경영론, 제5판, 박영사.

박성현 (1993), 품질공학, 민영사.

안상형 외 공저 (2008), 21세기품질경영, 박영사.

이창원 외 공역 (2015), 품질경영, 한경사.

Evans, J. R. and Lindsay, W. M. (2014), *The Management and Control of Quality*, 9th ed., South-Western Cengage Learning.

Taguchi, G., E. Elsayed, and Hsiang, T. (1989), *Quality Engineering in Production Systems*, McGraw-Hill.

Taguchi, G (1978), "Off-line and On-line Quality Control System," *International conference on Quality Control.*

제13장 제조품질의 관리

학습목표

1. 제조품질관리의 의미에 대해서 이해한다.
2. 검사의 개념을 이해한다.
3. 샘플링검사를 이해한다.
4. 검사특성곡선을 이해한다.

사례

LG전자 제조품질

LG전자는 전기차(EV) 충전기 생산을 시작으로 본격적인 전기차 충전 솔루션 사업에 나선다고 2023년 5월 25일 밝혔다.

LG전자는 2023년 5월 24일 경기도 평택 LG 디지털파크에서 LG전자 임직원과 GS관계자들이 참석한 가운데 '1호 충전기 제품 생산' 오프닝 세리머니를 진행했다. 이 자리에서 2022년 LG전자의 자회사로 편입된 전기차 충전기 전문업체 애플망고는 '하이비차저(HiEV Charger)'로 사명을 변경한다고 공표했다.

2019년 설립된 하이비차저는 전기차 충전기 핵심기술을 보유한 기업이다. LG전자는 2022년 하이비차저의 지분 60%를 인수하며 자회사로 편입했다. GS 계열은 지분 40%를 보유 중이다.

LG전자는 하이비차저 인수 이후 충전기 개발/생산 능력을 내재화해 나가고 있다. 아울러 충전소 운영 노하우 및 사용 고객과의 접점을 확보하고 있는 GS와의 협업을 통해 전기차 충전 솔루션 사업을 강화해 나갈 계획이다.

이번 세리머니에서는 집과 사무실은 물론 각종 상업시설에서 안전하고 편리하게 설치할 수 있는 7kW(완속, 벽에 부착하는 유형/스탠드), 100kW(급속), 200kW(급속) 등 총 4종의 충전기 제품을 선보였다.

이들 충전기는 안정성(방수/방진/충전 안전 보호기능 등), 설치 공간의 효율화(얇은 두께/2채널 디스펜서), 사용의 편리성(LED 상태 표시/터치 디스플레이 적용 등), 관리의 효율성(커넥터 체결 감지/원격 업데이트 등)을 제고한 것이 특징이다.

LG전자는 일찌감치 전기차 충전 솔루션 사업에 공을 들여왔다. 2018년 전기차 충전 솔루션 선행 개발을 시작으로, 2020년에는 GS칼텍스가 오픈한 미래형 주유소에 전기차 충전 통합 관리 솔루션을 공급한 바 있다. 2022년 11월 조

▲ LG전자 연구원이 하이비차저 충전기로 전기차를 충전하는 모습을 시연하고 있다.
자료: LG전자.

직개편에서는 해당 사업을 전담하는 EV충전사업담당을 신설했다.

LG전자의 제조, 품질관리 및 A/S, 공급망 역량은 높은 신뢰성이 요구되는 전기차 충전 솔루션 사업의 육성에 큰 도움이 될 전망이다.

B2C 및 B2B 사업을 통해 다양한 분야에서 축적해 온 고객 및 공간에 대한 폭넓은 이해를 바탕으로 날로 다양해지는 전기차 충전 고객들의 '충전 경험가치'를 제고해, 맞춤형 복합 충전소 건설도 추진할 계획이다.

성장 확대폭이 큰 북미와 유럽, 아시아 등 글로벌 시장을 겨냥한 제품 출시와 현지 충전 사업자와의 사업모델 협력을 확대해 나갈 계획이다.

독일 컨설팅업체 롤랜드버거(Roland Berger)에 따르면, 글로벌 전기차 충전 시장 규모는 2030년에는 1,860억달러 규모까지 성장할 것으로 전망된다. 친환경 규제 강화와 완성차 업계의 전동화 전략 가속화로 전기차 충전 솔루션 및 인프라 시장의 규모는 더욱 확대될 것으로 예상된다.

서흥규 LG전자 EV충전사업담당 상무는 "이번 충전기 생산은 LG전자가 전기차 충전 솔루션 사업자로서 거듭나는 중요한 모멘텀이다"라며 "고객에게는 편리하고 빠른 충전, 충전 사업자에게는 안정적인 품질기반으로 다양한 충전기 폼팩터, 신규 서비스 등의 차별화 된 충전 솔루션을 제공하는 데 중점을 두겠다"고 말했다.

자료: IT조선, 2023년 5월 25일.

제1절 제조품질관리의 개념

오늘날 모든 제조과정에서는 고도의 기술이 요구되는 시대이며, 품질문제는 개개의 제품에 대한 양호, 불량의 극한된 요구에 그치지 않고 오히려 제품이 지닌 본래의 기능에 대하여 어느 정도 신뢰할 수 있는가 하는 시간적, 공간적으로 확대된 스케일부터 문제시되고 있다.

생산현장에서 설계품질에 맞추어 제품을 생산할 경우, 생산공정의 제 조건, 즉 원자재·기계설비·작업방법 등이 균일하지 않으면 설계품질대로 제조하기가 어렵다. 이때 생산된 제품이 설계규격에 얼마나 적합하게 제조되었는가, 즉 생산된 제품의 품질이 설

〈**그림 13-1**〉 제조품질의 수준결정

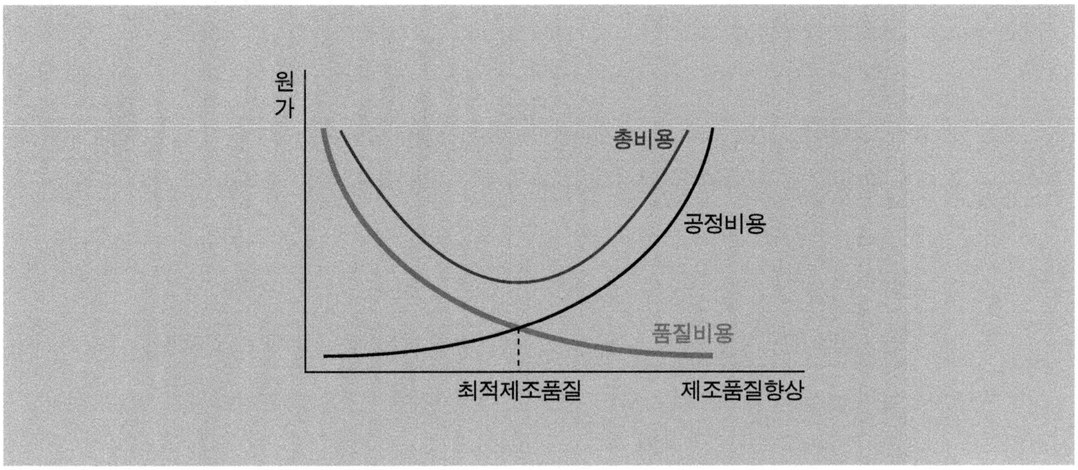

계품질에 일치하는 정도(적합정도)를 **제조품질**(quality of manufacturing) 또는 **적합품질**(quality of conformance)이라 한다.

일반적으로 제품품질 수준의 향상은 비용을 투입하여 좋은 공정을 유지하도록 함으로써 달성된다. 그러나 좋은 공정을 유지하여 제조품질을 향상시키려면 경제성이 고려되어야 한다.

〈그림 13-1〉에서 최적제조품질 수준은 품질비용과 공정비용에 의해 결정되는 총비용곡선상의 최저점에 있음을 말해 준다. 여기서 공정비용은 관리비용의 성격을 갖고 있는 설비·측정기기의 정밀도 및 작업자의 숙련도 등을 유지하거나 향상시키는데 드는 비용이고, 품질비용은 스크랩·재가공 및 선별검사 등에 드는 비용이다.

제2절 검사의 개념

1. 검사의 의의

만일 품질이나 비용 또는 납기에 철저히 신경을 쓰고 있는 완벽한 회사가 있다면, 그 회사에서는 시장조사에 의해 소비자의 요구사항이 완벽하게 파악되고, 설계부서는 이러한 요구사항을 모두 반영한 제품을 설계할 것이다. 제품규격이나 공정계획도 이러한 설계의 목표를 완벽하게 반영할 수 있을 것이며, 생산부서는 이러한 규격에서 절대 벗어나지 않는 제품들을 제조할 것이다.

그러나 현실적으로는 이러한 완벽한 회사는 기대하기 어렵고, 시장조사, 설계, 규격설정, 공정계획, 제도 등의 각 단계에서 어느 정도의 결함은 있을 수밖에 없는데, 이러한 일련의 결함들로 인하여 고객의 요구에 맞지 않는 제품들이 생산된다. 검사는 바로 이러한 결함으로 인하여 사용에 부적합한 제품들을 골라냄으로써 품질을 보증하려는 활동이다.

이와 같은 검사는 어느 시점에서 판단에 불과하기 때문에 엄격한 검사를 한다고 해서 불량품이 양품으로 될 수는 없으며, 좋은 제품을 만들기 위해서는 나쁜 것이 만들어지지 않도록 공정을 충분히 검토(공정관리-공정검사)하고 관리해야 한다. 이와 같은 검사의 목적은 양호품과 불량품 또는 좋은 로트와 나쁜 로트를 구별하기 위해, 공정의 변화와 공정과 규격한계변화를 판별하기 위해, 제품의 결점 정도를 평가하고, 측정기기의 정밀도를 측정하기 위해, 검사원의 정확도와 제품설계에 필요한 정보를 얻기 위해, 공정능력을 측정하기 위해 실시한다.

2. 품질과 검사

"검사에 의해서는 품질을 만들어 넣을 수 없다"고 말한다. 이는 검사는 품질을 평가하고 양호품과 불량품으로, 혹은 합격로트와 불합격로트로 구분할 수는 있지만, 검사만으로는 품질을 높게 할 수는 없다는 것이다. 따라서 제조에 있어서 좋은 품질을 만들어 넣는 것이 바르게 이루어지고 있을 때는 그것을 선별하는 행위로서 어느 정도의 보증은 할 수 있다고 하겠으나, 그렇지 않은 경우에는 검사만으로는 모든 문제점을 찾아 제거하기에는 불충분하므로, 이런 점에서 조급하게 "검사만으로 품질의 보증이나 품질관리가 가능하다"라고 생각하는 것은 옳지 않다. 즉 검사는 적절한 품질관리 활동의 일환으로서 실시되어야만 비로소 그 효과가 나타나고, 또 높이 평가될 수 있는 것이다.

이러한 검사는 반드시 고객입장에서 이루어져야 한다. 왜냐하면 완제품이건 원부자재이건 또는 반제품이라고 해도 그것들을 검사하는 이유는 차공정 또는 소비자가 사용하기에 아무런 문제가 없는지를 확인하고자 하는 것이기 때문이다. 따라서 이를 위하여는 고객의 입장에서 설정된 기준이 필요하다.

이와 같은 품질의 설계, 목표, 및 기준이 명확하지 않을 때는, 검사가 소비자를 위한 것이 되지 않을 수가 있다. 즉 검사 부문의 입장에 서서 검사를 하고 있으며, 이런 경우는 검사부문에서 불량으로 한 것이 제조공정이나 소비자의 입장에서 양호품이고, 혹은 검사에서 양호품으로 한 것이 소비자에게는 불량이라는 경우가 생기는데 이렇게 되면 곤란할 것이다. 제품의 품질은 그것이 만들어진 시점에서 이미 결정된다. 검사의 제일보는 어떠한 제품이 만들어졌는가, 좋은 것이 만들어졌는가를 파악하는 것이다.

3. 검사에 의한 이익

검사에 의해 제품이 부가가치가 높아지지 않는다는 것은 앞서 설명했듯이, 검사에 의한 이익을 생각한다면, 그것은 검사를 하지 않으므로 발생할 손실을 미연에 방지할 수 있었다는 것이 이익이 된다. 검사에 의한 이익으로 생각되는 것은, 다음과 같이 손해의 미연방지에 해당하는 것이 있다.

- 불량품을 사용했기 때문에 직접 받는 손해(공사지연, 운휴, 재해)
- 불량품이 간접으로 주는 손해(양호품의 재검사)
- 불량품을 사용케 하기 위한 할인(보상)
- 제품의 클레임 처리비(출장, 조사, 재검사)
- 반품을 처리하기 위한 비용
- 불량품을 손질하기 위한 비용
- 불량품을 폐기처분하는 손실
- 불량품에 의한 신용의 실추
- 고객·시장의 상실
- 불량품에 의한 진척 지연의 영향

이와 같이 검사는 불량률과 그것이 출하되었을 경우 예측되는 손해와의 관계를 생각할 필요가 있는 것이다.

4. 검사의 종류

검사는 검사가 실시되는 공정, 장소 및 성질에 따라서 분류된다(이순룡, 2004).

1) 검사공정에 따른 분류

1. 수입검사 또는 구입검사: 원재료, 반제품, 제품 또는 외주품을 받아들이는 경우에 행하는 검사를 수입검사라 하고, 외부에서 물품을 구입하는 경우의 검사를 구입검사라고 한다.
2. 공정검사 또는 중간검사: 공정품에 대해 앞의 제조공정이 끝나서 다음의 제조공정으로 이동하는 사이에 행해지는 검사로 중간검사라고도 한다. 불량품을 예방하기 위해 전수검사를 하는 경우도 있지만, 샘플링검사를 하는 경우가 많다.
3. 최종검사(완성품검사 또는 제품검사): 제조공정의 최종단계에서 행하는 검사로서 완성된 제품을 검사한다.
4. 기타의 검사: 입고검사, 출하검사, 인수인계검사 등이 있다.

2) 검사가 행해지는 장소에 의한 분류

1. 정위치검사: 일정한 장소에서 검사를 하는 경우이거나, 시험에 특수한 장치가 필요한 경우와 같이 특별한 장소에 물품을 운반해서 검사하는 방법을 말한다.
2. 순회검사: 검사원이 생산현장을 순회하면서 검사하는 방법을 말한다. 특히 작업준비의 적부를 체크하는 의미로서의 순회검사는 필요한 것이다.

3) 검사의 성질에 의한 분류

1. 파괴검사: 물품을 파괴하지 않고서는 검사의 목적을 달성할 수 없는 경우에 행하여지는 검사로서, 전구의 수명검사, 타이어 인장강도시험 등이다. 이러한 검사에는 샘플링검사를 적용한다.
2. 비파괴검사: 물품을 파괴하지 않고 검사를 하는 방법을 말한다. 가령, 전구의 점등시험, 도금판의 핀홀검사, 맥주병의 이물질검사 등이 이에 속한다.

4) 검사의 대상에 의한 분류

1. 전수검사: 개개의 물품에 대하여 그 전수를 검사하는 경우를 말한다. 샘플링검사보다 경제적일 때 또는 치명적인 결점이 있을 때 전수검사를 한다.
2. 샘플링검사: 물품을 하나하나 검사하지 않고 검사대상 모집단에서 허용오차의 신뢰수준을 전제로 극히 일부분의 물품을 샘플링하여 이것을 측정하고, 측정결과로부터 전체제품의 합격·불합격을 결정하는 검사를 말한다. 보통의 샘플링검사는 로트별 샘플링검사로서, 이는 로트별로 물품을 조사해서 로트의 합격·불합격을 결정한다. 이와 같은 로트별 샘플링검사 외에 제조공정의 관리와 물품의 품질평가, 공정검사의 조정 및 검사작업의 체크를 목적으로 행하는 검사를 관리샘플링검사라 한다.

제3절 샘플링검사

1. 샘플링검사의 의의

일반적으로 전수검사를 하는 것이 불량률을 줄이고 검사대상품목의 품질관리에 필요한 정보량도 많기 때문에 샘플링검사보다 우월한 방법이라고 생각하기 쉬우나 검사항목과 검사량이 많은 경우에는 불량품을 완전히 제거할 수 없고 검사비용도 많이 소요된다는 단점을 갖는다.

샘플링검사는 시간이나 비용의 제약으로 인해 전수검사를 하지 않고, 각 로트로부터의 한정된 표본을 무작위로 추출해 그 결과를 근거로 로트의 합격 여부를 판정한다. 로트로부터 샘플의 크기가 n인 샘플을 추출하여 검사를 한 뒤 불량품의 개수가 허용불량수(c)보다 크면 로트를 불합격, 허용 불량수보다 작으면 로트를 합격시킨다.

다음과 같은 상황에서는 샘플링검사를 전수검사에 대신해서 아주 효과적으로 사용할 수 있다.

- 검사로 인해 제품이 파괴될 때
- 전수검사에 소요되는 비용이 막대할 때

- 전수검사가 기술적으로 불가능하거나, 장시간이 소요될 때
- 검사할 제품이 많고 검사시 오류가 발생할 가능성이 높아 급히 전수검사를 하게 되면 많은 불량품이 통과될 우려가 있을 때
- 배달업자의 제품품질이 우수하여 전수검사가 필요치 않을 때
- 배달업자의 제품품질이 만족스럽더라도 불량품이 있으면 심각한 문제가 발생하게 되어 제품의 계속적 감시활동이 필요할 때
- 자동화된 검사시설이 없을 때

이러한 샘플링검사는 전수검사와 달리 그 합격 여부가 한정된 샘플의 검사결과에 따라 판정되므로 생산자나 소비자는 합격수준의 로트를 불합격시키거나 혹은 불합격수준의 로트를 합격시키는 위험을 감수해야 한다. 그러나 통계적 분석방법에 의해 샘플링검사로 인해 발생할 수 있는 위험의 정도를 높은 신뢰도로 추정할 수 있다.

2. 샘플링검사의 장·단점

샘플링검사는 전수검사와 비교했을 때 다음과 같은 장점을 가지고 있다.

- 검사의 양이 줄어 시간과 비용을 줄일 수 있다.
- 검사에 따른 제품의 손상을 줄일 수 있다.
- 제품의 파괴를 수반하는 검사에도 적용할 수 있다.
- 보다 소수의 인원으로도 검사가 가능하다.
- 검사시 검사자의 피로로 인한 오류가 발생할 확률이 적어진다. 대량생산 체제하에서의 전수검사는 검사자의 피로로 인하여 모든 불량품의 발견이 불가능 하다.

이와는 달리, 샘플링검사는 다음과 같은 단점을 갖기도 한다.

- 좋은 로트를 거부할 위험(생산자위험)과 나쁜 로트를 수락할 위험(소비자위험)을 갖는다.
- 샘플링검사 계획을 선정하고 수립하기 위해서는 계획 및 문서화에 많은 시간과 노력이 소요된다.
- 합격된 로트가 규격에 일치하리라는 보장이 없다.

3. 샘플링검사의 분류

샘플링검사에 통계적 샘플링방식이 적용된 것은 1930년대의 Dodge와 Romig의 연구에서부터였다. 이후 여러 가지 방법들이 고안되고 발표됨으로써 다양한 유형의 샘플링검사가 이루어지고 있다.

일반적으로 샘플링검사는 품질의 특성, 검사의 실시방식, 검사횟수 등에 따라 〈표 13-1〉과 같이 분류된다.

〈표 13-1〉 샘플링검사의 분류

품질의 특성	검사의 실시 방법	검사횟수
① 계수형 샘플링검사	① 규준형 샘플링검사	① 1회 샘플링검사
② 계량형 샘플링검사	② 선별형 샘플링검사	② 2회 샘플링검사
	③ 조정형 샘플링검사	③ 다회 샘플링검사
	④ 연속생산형 샘플링검사	④ 축차 샘플링검사

1) 품질의 특성에 의한 분류

로트의 품질을 표시하는 데에는 불량개수, 결점수, 특성치를 사용하는 방법들이 있는데, 이에 따라 샘플링검사는 〈표 13-2〉와 같이 분류될 수 있다.

계수형 샘플링검사는 검사대상품목의 품질특성이 불량개수, 불량품, 결점수 등 계수적인 측정이 가능한 제품의 검사에 적용하는 검사방법이다. 이러한 계수형 샘플링검사는 샘플링검사의 단위비용이 전수검사의 단위비용보다 적을 때, 혹은 전수검사 대신에 샘플링검사를 함으로써 야기되는 오류로 인한 위험부담이 적을 때 사용되는 방법이다.

계량형 샘플링검사는 무게, 길이, 압력, 온도, 탄력성, 저항력 등과 같이 계량적인 척도로 측정할 수 있는 품질특성을 가진 제품의 검사에 적용하는 검사방법이다.

계수형 샘플링검사법이 샘플링검사의 가장 일반적인 유형이기는 하지만 계량형 검사법이 더욱 유용한 경우가 있을 수 있다. 검사된 물품의 양호·불량 또는 불량개수만을 따지는 계수형 샘플링검사에 비해 계량형 샘플링검사는 품질특성을 측정하므로 샘플에 대한 유용한 정보를 많이 제공한다. 따라서 계수형에 비해 계량형의 샘플의 크기가 훨씬 작다. 그러나 이 검사법은 한번에 하나의 품질 특성만을 평가할 수 있기 때문

〈표 13-2〉 계수형 샘플링검사와 계량형 샘플링검사의 비교

구분 내용	계수형 샘플링검사	계량형 샘플링검사
검사방법	• 검사에 숙련을 요하지 않는다. • 검사에 요하는 시간이 짧다. • 검사설비가 간단하다. • 검사기록이 간단하다.	• 일반적으로 검사에 숙련을 요한다. • 검사에 요하는 시간이 길다. • 검사설비가 복잡하다. • 검사기록이 복잡하다.
적용시 이론상의 제약	• 시료를 채취할 때 랜덤성을 유지하면 좋다. • 샘플링검사를 적용하는 이론적 조건이 일반적으로 쉽게 만족된다.	• 시료의 채취에 랜덤성이 요구되며, 그 적용범위가 정규분포하는 경우 혹은 그 밖의 특수한 경우로 제한된다.
판별능력과 검사개수	• 동등의 판별능력을 얻기 위해서는 시료의 크기가 커진다. • 검사개수가 같을 때는 판별능력이 낮아진다.	• 동등의 판별능력을 얻기 위해서는 시료의 크기가 적어도 된다. • 검사개수가 같을 때는 판단능력이 높아진다.
검사기록을 이용해서 유리한 경우	• 검사기록이 다른 목적에 이용되는 정도가 낮다. • 검사의 비용이 적다. 즉 시간, 설비, 인원이 그리 필요하지 않는 것에 유리하다.	• 검사기록이 다른 목적에 이용되는 정도가 높다. • 검사비용이 상대적으로 많이 든다. 즉 시간, 설비, 인원이 필요해진다. • 값비싼 물품의 파괴검사에 유리하다.

에 품질특성마다 각기 다른 샘플링검사를 준비해야 하고 계량값으로 나타낸 값이 대략적으로 정규분포를 이룰 때 적용할 수 있다는 것이 단점으로 지적된다.

2) 검사의 실시방식에 의한 분류

검사의 실시방식에 따라 샘플링검사는 규준형 샘플링검사, 조정형 샘플링검사, 선별형 샘플링검사, 연속생산형 샘플링검사로 나뉜다.

규준형 샘플링검사는 검사에 있어 생산자와 소비자 양측이 검사의 결과에 대하여 만족할 수 있는 기준을 규정하고 검사를 행하는 방식이다. OC곡선 상에 생산위험(α-risk)과 소비자위험(β-risk)을 일정한 값으로 정해 놓고 검사를 하는 방법이다.

따라서 규준형 샘플링검사에서는 검사될 로트에 관해서 사전에 어떠한 정보도 알 필요가 없다. 예를 들어 로트가 제조된 공정에서 생산된 제품의 평균품질이라든지 또는 그 공정이 안정상태에 있었는지 어떤지에 관한 정보를 필요로 하지 않는 것이다. 더

욱이 이 유형의 샘플링검사는 불합격된 로트를 전수선별하는 것도 필요치 않으므로 파괴검사 등에도 사용할 수 있다는 이점을 지닌다.

조정형 샘플링검사에서는 공급자가 과거에 배달한 제품의 품질 수준에 따라 소비자가 샘플링검사의 합격기준을 조정한다. 즉, 소비자는 품질이 우수한 제품을 공급해 온 생산자에게는 완화된 합격기준을 적용하고 이와 반대로 저급한 품질의 제품을 공급해 온 생산자에게는 엄격한 검사기준을 적용함으로써 검사의 효율성을 높일 뿐만 아니라 공급자들로 하여금 품질향상에 대한 동기를 부여하는 역할을 하게 되는 이점도 있다.

선별형 샘플링검사는 샘플링검사를 실시하여 일정한 검사기준에 따라 판정한 결과 샘플에 포함된 불량개수가 허용불량수 이하인 로트는 합격시키고 그 이상인 로트는 전수검사를 실시함으로써 불량품을 선별하는 검사방식이다. 따라서 합격판정을 받음으로써 불량품 선별과정을 거치지 않고 통과된 로트들과 전수선별을 받은 로트들의 평균 출검품질을 검사받기 이전의 불량률에 비하여 낮아지게 된다.

연속생산형 샘플링검사는 컨베이어와 같은 연속생산시스템에서 제품이 연속적으로 생산되는 경우 적용하는 검사로서 전수검사와 샘플링검사를 교대로 실시한다. 즉, 처음에 개별제품을 일일이 검사하여 양품이 일정개수 이상이 계속되면 샘플링검사로 들어간다. 샘플링검사는 규정된 수의 불량품이 발견될 때까지 계속되다가 규정 이상의 불량품이 발견되면 다시 전수검사로 전환된다.

3) 검사횟수에 따른 분류

검사횟수에 따라 샘플링검사는 1회 샘플링검사, 2회 샘플링검사, 다회 샘플링검사, 그리고 축차 샘플링검사로 나뉘게 된다.

1회 샘플링검사법은 한 로트로부터 무작위 샘플을 1회 추출한 후 이 샘플에서 얻은 결과에 근거하여 그 로트의 합격 여부를 결정하는 방법이다. 이 방법은 먼저 n개로 구성된 무작위 샘플을 추출한다. 샘플을 검사하여 샘플에 있는 불량품의 개수가 미리 설정해 놓은 허용불량수보다 적다면 이들 샘플에서 발견한 불량품만을 되돌려 보내든지 전체로트를 합격시킨다.

반대로 불량품의 수가 허용불량수보다 많다면 그 로트에 대해 전수검사를 시행하든가 전체 로트를 불합격시켜 생산자에게 돌려보낸다. 이 계획의 장점은 이용이 쉽다는 것이지만 이하에서 설명될 다른 방법에 비해 검사해야 하는 품목수가 많다는 단점이 있다.

1회 샘플링검사(Single-Sampling Plan)에서 품질 수준이 아주 좋지도 나쁘지도 않을 경우, 즉 합격판정이나 불합격판정을 내리기가 모호한 경우에는 두 번째 샘플을 추출함으로써 검사결과를 확정지어야 할 것이다. 이와 같이 1회의 검사결과가 불확정적일 경우 다시 한번 더 샘플을 추출하여 검사한 후 그 결과로 합격·불합격을 판정하는 방법이 2회 샘플링검사법이다.

2회 샘플링검사법(Double-Sampling Plan)에서는 두 가지의 샘플크기(n_1, n_2)와 두 가지의 허용불량수(c_1, c_2)를 결정해야 한다. 크기가 n_1개인 샘플을 추출하여 첫 번째 검사를 실시한 결과, 불량품의 수가 첫 번째 허용불량수(c_1)보다 작다면 전체 로트를 합격시킨다. 반대로 불량품의 수가 두 번째 허용불량수(c_2)보다 크다면 전체를 불합격시킨다. 불량품수가 c_1과 c_2 사이일 경우에는 크기가 n_2인 샘플을 추가로 추출한다. 두 표본의 불량품수를 더한 것이 c_2보다 작다면 로트를 합격시키고, c_2보다 크면 전체 로트를 불합격시킨다.

2회 샘플링검사법은 로트의 불량률이 매우 낮거나 높은 경우 1회 샘플링검사법에 비해 검사비용과 시간을 크게 줄일 수 있다. 합격·불합격에 대한 판정이 첫 번째 샘플에만 근거해 이루어지는 경우도 자주 발생하기 때문이다. 그러나 샘플링을 두 번해야 하는 경우가 자주 발생하면 샘플링비용은 1회 샘플링법에 비해 커지게 된다.

다회 샘플링검사법(Multiple-Sampling Plan)은 2차 샘플링을 한 이후에도 합격·불합격판정이 이루어지지 않은 경우 3회 이상의 샘플이 필요하다는 것을 제외하고는 2회 검사법과 비슷하다.

축차 샘플링검사법(Sequential-Sampling Plan)은 다회 샘플링검사의 개념을 확장한 것으로 이 방법에서는 매번 제품 한 개를 검사하며, 그때까지의 누적된 결과에 근거하여 로트를 합격시킬 것인지, 로트를 불합격시킬 것인지, 아니면 샘플링을 계속할 것인지를 결정한다. 검사자는 누적 샘플수에 대해 총불량수를 기록한다. 〈그림 13-2〉에 표시된 것처럼 불량품의 수가 어떤 허용불량수보다 작다면 로트를 합격시키고 불량품의 수가 다른 허용불량수 사이에 위치할 경우 다른 제품을 하나 더 추출하여 검사한다. 일반적으로 축차 샘플링법은 다른 어떤 샘플링검사법보다 평균검사 품목수가 적으며, 검사비용과 시간을 상당히 절감할 수 있는 것으로 알려져 있다.

〈그림 13-2〉 축차 샘플링

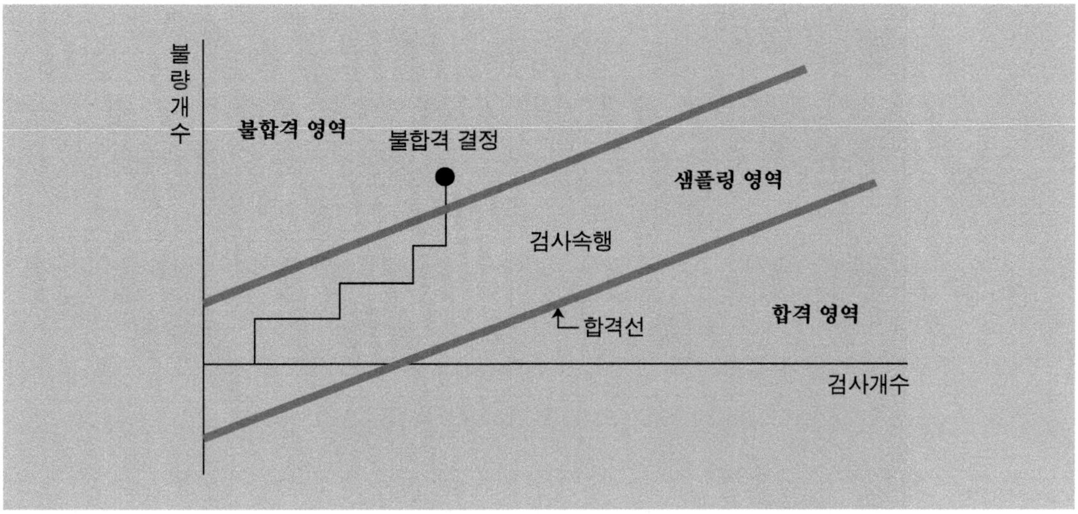

제4절 검사특성곡선

1. 검사특성곡선의 의의

샘플링검사는 로트로부터 일부의 샘플을 추출하여 검사하고 이를 근거로 전체 로트의 합격 여부를 판정한다. 좋은 품질의 로트와 나쁜 품질의 로트를 구별하기 위하여 샘플 크기(n)와 허용불량수(c)를 효과적으로 설정한 샘플링검사법을 사용하면 좋은 품질의 로트를 합격시킬 확률도 높아지고 또한 나쁜 품질의 로트를 거부할 확률도 높아진다.

이러한 샘플링검사를 평가하는 기법이 **검사특성곡선(OC곡선)**(operating characteristic curve)이다. 즉, OC곡선이란 로트의 불량률이 주어졌을 때 그 로트가 합격될 확률을 그래프로 나타낸 것을 말한다. 이 그래프에서는 샘플링검사 결과 각기 다른 불량률을 갖는 로트가 합격품으로 판정될 확률들이 점으로 연결되어 있다. 따라서 이 곡선을 보면 주어진 불량률을 갖는 로트가 합격 또는 불합격될 확률을 알 수 있다.

n과 c의 조합에 의해 특징이 결정되는 샘플링검사에 대해서 하나의 OC곡선을 그릴 수 있기 때문에 이로부터 로트의 품질 수준에 따른 로트의 합격확률을 읽을 수 있다. 즉, 좋은 품질의 로트가 불합격될 확률은 물론 나쁜 품질의 로트가 합격될 확률도 읽을 수 있다.

2. 검사특성곡선의 결정요인

경제적인 샘플링방법은 OC곡선을 결정하는 로트의 크기(N), 샘플의 크기(n), 허용불량수(c)의 값에 의해 결정이 되는데, 이러한 값들은 아래에서 설명되고 있는 생산자위험(α), 소비자위험(β), 합격품질수준(AQL)(Acceptance Quality Level), 로트허용불량(LTPD)(Lot Tolerance Percent Defective)과 같은 요인에 의해 영향을 받는다.

샘플링검사를 할 경우에는 제품과 서비스를 생산하는 생산자와 이들을 사용하는 소비자의 이해관계가 상충하게 된다. 이들은 각각 전수검사를 하지 않고 표본검사를 함으로써 발생할지 모르는 손실을 보지 않으려고 하기 때문이다. 생산자는 좋은 품질의 로트가 소비자의 샘플링검사에서 불합격되지 않기를 바라지만 전수검사를 하지 않고 그 중 일부만을 추출해 검사하기 때문에 불합격으로 판정받을 가능성이 존재하게 된다. 이와 같이 좋은 제품이 불량으로 판정받을 위험을 **생산자위험**(Producer's risk) 또는 α-risk라고 하며, 좋은 제품을 불량으로 판정하는 오류를 '제1종 오류(Type I Error)'라고 한다. 대개 생산자위험은 0.05, 즉 5%로 설정된다.

소비자는 샘플링검사에서 나쁜 품질의 로트가 합격으로 판정이 되는 것을 바라지 않지만, 전수검사를 하지 않고 표본검사를 함으로써 나쁜 제품이 좋은 제품으로 판정받을 수 있다. 이와 같이 나쁜 제품이 좋은 제품으로 판정될 위험을 **소비자위험**(Consumer's risk) 또는 β-risk라고 하며, 나쁜 제품을 좋은 제품으로 판정하는 오류를 '제2종 오류(Type II Error)'라고 한다. 일반적으로 통용되는 소비자위험의 값은 0.1, 즉 10% 수준이다.

합격품질수준(AQL)은 소비자가 만족할 수 있는 양질의 로트라고 판단하여 제품을 인수하고자 하는 품질 수준을 의미한다. 반대로 생산자의 입장에 있어서는 생산자위험인 α수준에서 로트가 불합격판정을 받지 않기를 원하는 불량률의 한계값을 의미한다. 생산자는 대개 이 수준을 품질의 목표로 설정하고 소비자들은 대개 이를 계약서나 구매요구서에 기술한다.

로트허용불량률(LTPD)은 소비자가 로트를 합격시키는 가장 낮은 품질 수준이다. 다시 말해서 LTPD는 소비자가 불합격시키고자 하는 불량품질의 하한선이라 할 수 있을 것이다. 이는 소비자위험 β의 수준에서 로트가 합격되는 허용불량률을 말한다.

샘플링검사법을 선택하는 데 있어 모든 경영자는 AQL 이상의 로트는 항상 합격시키고 AQL 이하의 품질은 항상 불합격시키는 방법을 원할 것이다. 이러한 이상적인 검

〈그림 13-3〉 이상적인 OC곡선

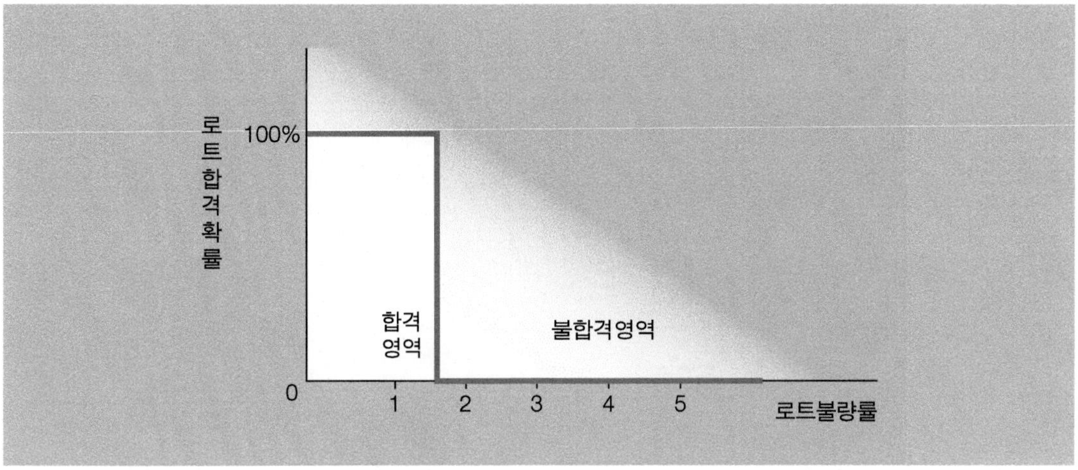

사특성곡선이 〈그림 13-3〉에 나타나 있다. 그러나 이는 전수검사를 통해서만 달성될 수 있는 것이며, 전형적인 OC곡선은 생산자위험과 소비자위험을 완전히 없애는 것은 불가능하다. 그러므로 AQL, LTPD, α, β에 의해 정해진 기대치를 달성할 수 있는 표본의 크기 n과 허용불량수 c를 결정해야만 한다.

3. 검사특성곡선의 성질

OC곡선의 형태는 샘플링에 사용된 로트의 크기 N, 샘플의 크기 n, 허용불량수 c를 어떻게 결정하는가에 따라 각각 다르게 나타난다. 이러한 요인들이 OC곡선의 특성을 결정하게 되는 것인데, 각 요인의 변화에 따라 OC곡선의 모양이 어떻게 변화하는지를 살펴보기로 한다.

1) 샘플의 크기 n이 변하는 경우(N, C는 일정)

〈그림 13-4〉에 N, c를 고정시키고 n을 변화시킬 경우 OC곡선의 모양이 어떻게 변하는지가 나타나 있다. n이 증가함에 따라서 기울기와 위치가 변화하는데 이를 크게 할수록 동일한 불량률을 가지는 로트의 합격확률은 감소하게 됨을 알 수 있다. 즉 샘플의 크기 n이 증가함에 따라서 생산자위험은 증가하는 반면 소비자위험은 감소하게 되는 것이다.

〈그림 13-4〉 n이 변하는 경우의 OC곡선(N, c는 일정)

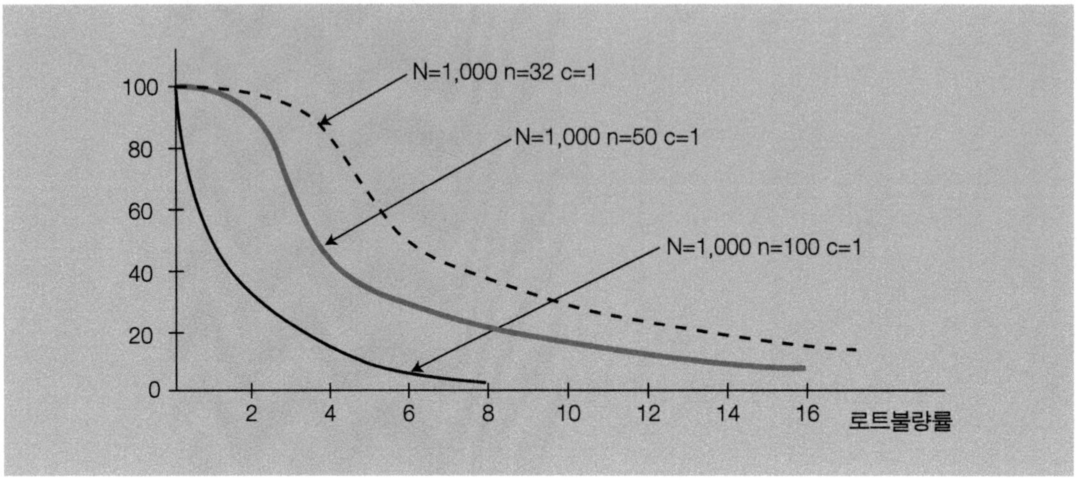

2) 허용불량수 c가 변하는 경우(n, N은 일정)

n, N값을 일정하게 하고 c의 값을 변동시킬 때 OC곡선이 어떻게 변화하는지가 〈그림 13-5〉에 나타나 있다. c의 값이 감소할 경우 OC곡선은 왼쪽으로 이동하며 가파르게 변화하는데, 이는 검사가 엄격해짐을 의미한다. 즉, 불량품이 조금만 나와도 전체 로트가 불합격받을 확률이 높아지게 되는 것이다. 따라서 품질이 좋은 로트와 나쁜 로트의 합격확률이 같이 떨어지므로 소비자위험은 감소하는 반면, 생산자위험은 커지게 된다. 이

〈그림 13-5〉 c가 변하는 경우의 OC곡선

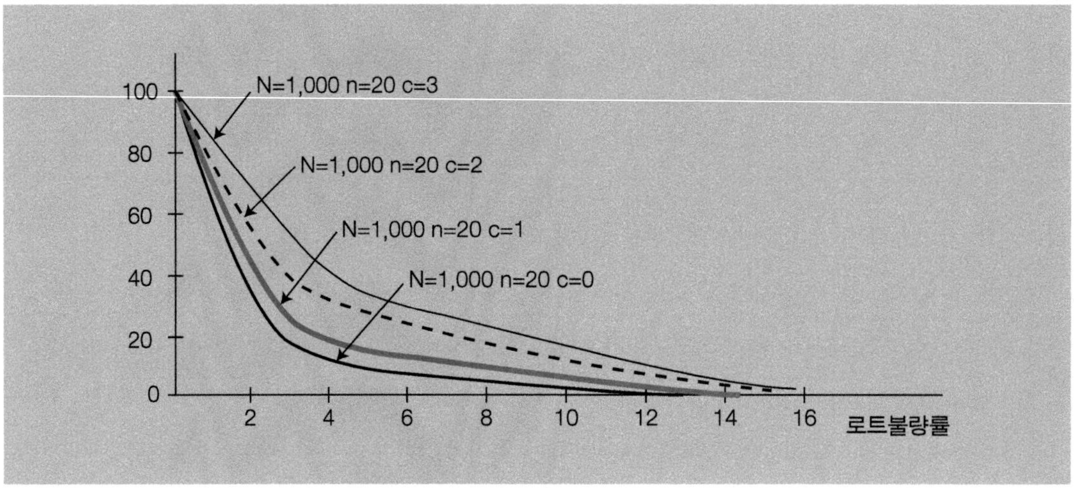

〈그림 13-6〉 N이 변하는 경우의 OC곡선

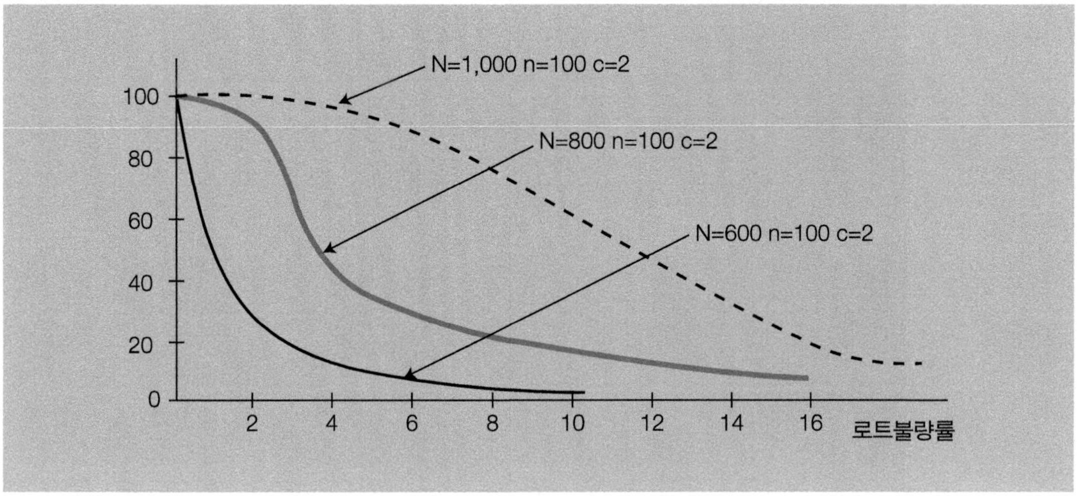

와 반대로 c의 값을 증가시키면 전체 로트가 불합격을 받게 되는 불합격품의 허용개수가 증가함으로써, 검사가 완만해진다는 것을 뜻하므로 생산자위험은 감소하게 되고 소비자위험은 증가하게 될 것이다.

3) 로트의 크기 N이 변하는 경우(n, c는 일정)

〈그림 13-6〉에서 보듯이 로트의 크기 N이 샘플의 크기 n에 비하여 아주 작지 않는 한, N을 변화시키더라도 OC곡선은 그다지 변하지 않는다. 즉, 로트의 크기의 변화가 합격·불합격판정에 미치는 영향은 극히 적다는 것을 알 수 있다. 로트의 크기가 샘플의 크기의 10배 이하일 경우에는 OC곡선에 큰 변화는 없다.

4. 평균출검품질곡선

샘플링검사의 대표적인 형태인 계수선별형 샘플링방식에 따르면 검사 후에는 전체 로트가 일정한 품질 수준을 유지할 수 있는데, 이는 샘플 중의 불량품수가 허용불량수를 초과하여 불합격판정된 로트의 경우, 샘플검사를 거치지 않은 로트의 나머지에 대해서 전수검사를 실시함으로써 불량품을 선별해 내는 작업을 거치게 되기 때문이다. 그러나 이 경우에도 허용불량수를 초과하지 않아 합격처리된 로트의 경우에는 불량품이 남아 있다.

〈그림 13-7〉 AOQL

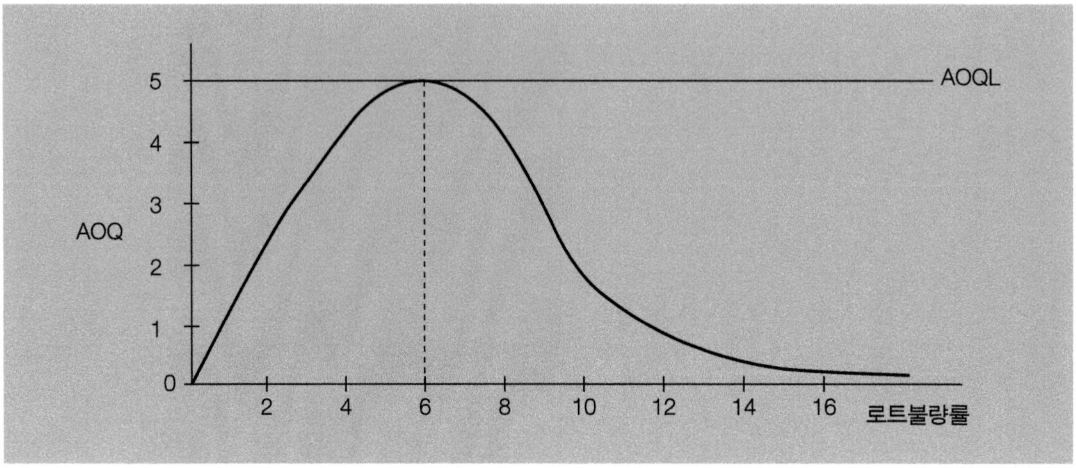

불합격판정을 받아 전수검사를 거친 로트는 불량품이 완전히 제거되므로 전수선별을 거치지 않고 합격된 로트가 포함되었다 하더라도 이들의 평균불량률은 검사 전의 불량률에 비하여 낮아질 것이다. 이를 수정검사법이라 부르는데, 이러한 검사 후의 평균불량률을 가리켜 **평균출검품질(AOQ)**(Average Outgoing Quality)이라 한다. AOQ의 개념은 생산자에게 주로 적용된다. 왜냐하면, 소비자는 표본추출검사에서 불합격판정이 난 로트를 일단 반환시키면 그만이지만 생산자는 그 로트를 전수검사하여 합격시켜야 하는 책임을 지기 때문이다.

평균출검품질(AOQ)은 검사전의 로트불량률에 관계없이 일정한 값을 넘을 수 없는데, 이러한 AOQ의 최대값을 **평균출검품질한계(AOQL)**(Average Outgoing Quality Limit)라고 한다. 이는 샘플링검사에서 불합격판정을 받은 로트만 다시 전수검사하고 불량품을 그 로트에서만 제거하여 품질 수준을 높이기 때문에 나타나는 한계치를 말하는데, 이러한 결과를 나타낸 것이 〈그림 13-7〉이다. AOQ의 값이 점점 증가하다가 일정한 값(AOQL)을 넘지 못하고 다시 작아지는 것을 확인할 수 있을 것이다.

5. 샘플링검사의 절차

샘플링검사를 하기 위해서는 검사목적에 따라 검사단위를 설정하는 것부터 완료된 검사의 결과를 활용하기까지의 절차가 명확하게 수립되어 있어야만 한다. 이렇게 검사절차를 수립함으로써 인원과 비용의 최소화와 검사결과 활용의 최대화를 통해 검사의 효율성을 증가시킬 수 있게 된다. 일반적으로 샘플링검사는 다음의 절차에 따라 이루어진다.

1) 검사단위의 설정

검사단위는 실시하고자 하는 검사의 목적에 따라 각기 다르게 설정되어야 한다. 검사에 사용되는 단위는 개별 혹은 일정한 묶음일 수도 있고, 일정한 길이, 무게, 면적, 체적일 경우도 있다.

2) 검사항목 설정

검사단위가 가지는 성질로서는 길이, 무게, 용량 등의 물리적인 성질 또는 기계적·전기적·화학적 성질 등이 있는데, 이러한 검사의 대상이 되는 품질특성을 검사항목이라고 한다. 검사단위를 결정하고 난 이후에는 위의 성질들 중 어떠한 품질특성을 검사대상으로 삼을 것인지를 선택해야 한다.

3) 검사단위의 품질기준과 측정방법 결정

검사단위의 각 검사항목마다 객관적으로 합격·불합격을 판별할 수 있는 기준과 측정기구·측정방법을 명확히 정해 두어야 한다. 이러한 기준과 방법이 명확히 정의되어 있지 않으면 검사의 신뢰성 문제가 발생할 수 있을 것이다.

4) 검사항목의 중요도 결정

모든 검사항목에 동일한 허용불량률을 적용하는 것은 효과적이지 못하다. 결점이나 불량이 제품의 기능에 미치는 영향의 중요도에 따라 검사항목을 치명적 불량, 중불량, 경불량, 미불량으로 구분하고 이를 기준으로 검사의 엄격성이라든지 허용불량률 등을 조정하는 것이 바람직할 것이다.

치명적 불량은 불량이나 결점으로 인하여 그 물건에 중대한 영향을 주는 것을 말하는 것으로 가스렌지의 잠금장치 불량 등이 이에 해당된다. 이러한 검사항목의 불량은 제품의 인지도에 커다란 영향을 미치게 되므로 다른 항목들에 비하여 엄격한 기준을 적용함으로써 불량품의 출고로 인한 손실을 미연에 방지하는 것이 중요하다. 제품을 그 용도에 사용할 수 없게 만드는 정도의 불량정도를 중불량이라고 하는데, 전구의 단선 등이 이에 해당한다. 경불량은 옷감의 잔주름 등과 같이 물건의 성능을 저하시킨다든지 수명을 단축시키는 것을 의미한다. 이 밖에 미불량은 상품가치는 떨어지지만 물품의 성능, 효율, 수명 등에는 영향을 미치지 않는 것으로, 한 예로 페인트 도장면의 경미한 얼룩, 상처 등을 들 수 있다.

5) 검사유형 설정

검사방법은 검사항목에 따라 달라지므로 항목별로 적절한 검사유형을 정하지 않으면 안 된다. 전수검사를 할 것인지 혹은 샘플링검사를 할 것인지를 정해야 한다. 샘플링검사 시에는 품질의 특성에 따라 계수형 샘플링검사를 할 것인지 계량형 샘플링검사를 할 것인지를 정해야 한다. 또한 규준형인지 조정형인지 아니면 선별형인지, 그리고 검사형식은 1회로 할 것인지 다회로 할 것인지를 결정하고 이를 적절히 조합함으로써 알맞은 검사유형을 선택해야 할 것이다.

6) 샘플링검사의 요소 선정

샘플의 크기 및 합격·불합격의 결정에 영향을 미치는 여러 요소들, 즉 AQL, LTPD, 그리고 AOQL 등을 결정한다. 이때 검사의 목적에 따라 이들의 크기가 달라지므로 목적을 명확히 할 필요가 있다.

7) 검사로트의 범위 구문 및 크기 결정

검사의 효율성을 제고시키기 위해 작업조건을 달리한 로트를 구분해야 하는 것이 원칙이다. 즉, 각기 다른 원료나 부품으로 만들어진 제품, 다른 기계 및 제조방법으로 만들어진 제품, 다른 시간에 만든 제품, 다른 공정계열 또는 작업라인에서 만들어진 제품을 동일 로트로 정한다면 검사의 공정성을 해치게 될 것이다. 그러나 위의 원칙에 너무 충실하다 보면 로트의 크기가 너무 작아지는 수가 많다. 로트의 크기에 비해 샘플크기의 비율이 커지면 시간·비용면에서 비경제적이므로 중요한 경우를 제외하고는 가급적 로트를 크게 하도록 조정해야 할 것이다.

8) 샘플링 방식 결정

샘플링 방식은 샘플의 크기와 허용불량수에 의해 결정되므로 검사의 목적에 적합하고 검사의 효율성을 극대화시킬 수 있도록 n과 c를 결정한다.

9) 샘플 발췌

앞에서 결정한 크기의 샘플을 무작위로 발췌한다.

10) 검사실시

검사시에는 정밀도가 높은 검사기구를 사용하고 정해진 측정방법에 의해 측정함으로써 가급적 측정오차나 측정의 오류가 발생하지 않도록 주의를 기울여야 한다. 오차가 클 경우 이러한 검사결과는 제품에 관한 잘못된 정보를 포함하게 되는데, 이는 시간과 비용의 측면에서 많은 손실을 가져오게 된다.

11) 측정결과와 품질기준 및 허용불량수와 비교

검사결과의 데이터를 기초로 하여 검사단위의 정·불량을 이미 설정한 품질기준과 비교하여 판별하고 불량품을 세어서 허용불량수와 비교한다.

12) 합격·불합격판정

허용불량수보다 불량품수가 적으면 그 로트를 합격으로 판정하고, 많으면 그 로트를 불합격으로 판정한다.

13) 판정 후 조치

검사로트가 합격으로 판정되었을 경우 인수를 하게 된다. 이때 샘플 중에서 발견된 불량품을 그대로 인수할 것인가, 또는 교체할 것인가에 대해 미리 의사결정을 내려두어야 한다. 불합격로트에 대해서는 전부를 공급자에게 반환할 것인가, 아니면 조건부로 예컨대, 가격을 인하하여 인수할 것인가, 혹은 나머지를 전수검사하여 양품만 받아들일 것인가에 대해 미리 명확한 의사결정이 있어야 한다.

14)검사의 기록과 관리

검사결과의 단순한 기록이나 로트에 대한 조치를 취하기 위해서만이 아니라 그 기록을 제조공정의 관리와 같은 활동에 공헌할 수 있도록 활용하기 위해 검사의 기록은 반드시 필요하다. 따라서 기록용지 및 기록방법 등에 관한 양식과 관행을 확립하여 체계적으로 관리를 해야 한다.

15)검사결과의 활용

과거의 검사결과를 활용함으로써 보통검사, 약식검사, 엄격검사와 같이 검사의 정도를 조정할 수 있을 뿐 아니라, 검사 중 또는 검사결과에서 발견된 불량품의 상태 또는 특성치의 경향을 비교·검토함으로써 제조공정의 이상을 재빨리 발견하여 효과적인 조치를 취할 수 있다. 이외에도 검사를 위해 설정한 품질기준이 현실과 부합하는지 아닌지 등 품질상황과 품질요구를 비교·조사하여 적절한 품질표준을 확립할 수 있고, 양질의 물건을 저렴한 비용으로 공급하는 공급자를 선정하기 위한 정보로서 검사결과를 활용할 수 있을 것이다.

사례

GM, '뷰익 엔비스타' 양산 개시

GM이 부평공장에서 뷰익 엔비스타(Envista)의 양산을 시작했다. 우리에게 생소한 이 이름은 뷰익 브랜드로 판매되는 트랙스 크로스오버의 파생 모델이다. 생산설비 투자를 마친 부평공장에서 엔비스타 양산을 시작하면서 GM이 한국 공장에서 연간 50만 대를 생산하겠다는 목표는 실현 가능성이 높아졌다.

GM(General Motors)은 2023년 6월 8일, 부평공장에서 양산 기념식을 열었다.

Roberto Rempel 한국사업장 사장, Brian McMurray 한국연구개발법인 사장, 김준오 전국금속노조 한국지엠지부 지부장 등 임직원이 참석해 뷰익 엔비스타의 성공적인 양산을 자축했다.

양산 기념식 이후 Rempel 사장 등 GM 리더십은 생산공정을 둘러보며, 신제품의 차질 없는 초기 양산과 무결점 제조 품질의 중요성을 강조하고, 현장 임직원들을 만나 노고를 격려했다.

Rempel 사장은 "국내를 비롯해 글로벌 시장에서 폭발적인 수요가 이어지고 있는 쉐보레 트랙스 크로스오버의 성공에 이어, 파생 모델인 뷰익 엔비스타의 본격 양산에 이르기까지 성공적인 양산 체제를 구축해 낸 한국 팀이 매우 자랑스럽다"라며, "쉐보레 트레일블레이저, 트랙스 크로스오버와 같이 앞으로도 고객을 위해 고품질의 차량을 생산하고, 생산성 극대화와 품질 경쟁력 강화를 통해 글로벌 수요에 차질 없이 대응해 나갈 것"이라고 말했다.

연구개발법인 McMurray 사장은 "뷰익 엔비스타는 GM의 글로벌 엔지니어링 팀이 디자인, 엔지니어링, 생산 기술 전반에 걸쳐 글로벌 고객의 니즈에 부합하는 자동차를 만들기 위해 함께 노력한 결과물"이라며, "임직원들이 대단한 일을 해냈다고 생각하며, GM이 뷰익 엔비스타를 통해 전 세계 고객들을 만족시킴으로써 글로벌 시장에서 경쟁력을 다시 한번 입증할 것이라고 확신한다"라고 말했다.

GM은 쉐보레 트랙스 크로스오버 파생 모델의 무결점 생산 품질 확보를 위해 부평공장에 약 2,000억 원을 투자해 생산설비를 정비했다. 그 결과 부평공장은 최고 수준의 생산성과 효율성을 갖춘 혁신적인 시설로 탈바꿈되었으며, 창원공장과 함께 연간 최대 50만 대 규모의 생산 역량을 확보했다.

GM 한국사업장은 쉐보레 트랙스 크로스오버 국내 출시 이후 트레일블레이저의 내수 및 해외 판매도 증가하는 효과를 누리고 있다.두 차종이 시너지를 창출해 2023년 5월, 4만 대 이상을 국내외 시장에 판매하며 전년 동월 대비 판매 실적이 2.5배 이상 증가했다.

2023년 2월 말 글로벌 시장에 판매 개시 이후 국내에서도 출시된 쉐보레 트랙스 크로스오버는 폭발적인 초기 반응에 이어 수요가 급격히 늘고 있으며, 5월 한 달에만 총 1만 5,017대가 수출되는 등 출시 이후 해외 판매량이 지속적으로 늘고 있다.

또한, 쉐보레 트랙스 크로스오버 파생 모델과 함께 부평공장에서 생산되는 트레일블레이저는 2023년 4월, 3개월 연속 국내 자동차 수출 1위 달성과 동시에 누적 수출 50만 대를 돌파하며 글로벌 시장 내 꾸준한 인기를 이어가고 있다.

미국 시장조사기관 J.D.Power의 PIN(Power Information Network)에 따르면 트레일블레이저는 2023년 4월, 가장 큰 판매 시장인 미국에서 소형 SUV 부문 소매 판매 점유율 1위를 달성하며 점유율 4위에 오른 형제 차종 뷰익 앙코르 GX와 함께 치열한 소형 SUV 시장에서 강세를 이어갔다.

자료: 조선비즈, 2023년 6월 9일.

연습문제

1. 제조품질관리의 의미에 대해서 설명하라.
2. 검사의 개념을 설명하라.
3. 샘플링검사를 설명하라.
4. 검사특성곡선을 설명하라.

참고문헌

김기영 외 공저 (1999), 품질경영, 박영사.

김연성 외 공저 (2015), 품질경영론, 제5판, 박영사.

안상형 외 공저 (2008), 21세기품질경영, 박영사.

이순룡 (2004), 품질경영론, 법문사.

Evans, J. R. and Lindsay, W. M. (2014), *The Management and Control of Quality*, 9th ed., South-Western Cengage Learning.

찾아보기

아

자

차

타

파

하

기호

A

B

C

D

E

F

G

H